임은진 · 권용경 지음

프로그래밍으로 배우는 양자컴퓨팅

with 파이썬

자유아카데미

머리말

알란 튜링이 제시한 컴퓨터의 수학적 모델을 전자 회로로 실현한 디지털 컴퓨터는 지난 80여 년간 눈부신 속도로 발전을 거듭하며 지구인의 일상을 혁신적으로 변화시키고 정보의 공유를 가능하게 했다. 그러나 무어의 법칙을 따라 기하급수적으로 증가해 온 디지털 컴퓨터 성능의 기반이 되는 반도체 기술은 물리적 한계에 도달하고 있는 것으로 보인다.

양자 컴퓨터의 등장은 디지털 컴퓨터가 처음 등장했을 때와 유사한 혁신적인 전환점에 해당한다고 볼 수 있다. 20세기 중반 디지털 컴퓨터가 계산과 정보 처리의 방식을 완전히 변화시켰던 것처럼, 양자 컴퓨터는 오늘날 해결 불가능하거나 시간이 많이 소요되는 문제에 대한 새로운 해결책을 제시하고 있다. 양자컴퓨팅은 더 이상 이론 물리학이나 영화 속에만 국한된 먼 개념이 아니라, 암호학, 신약 개발, 인공지능 등 다양한 분야에서 큰 진전을 이룰 수 있는 열쇠를 가진 유망한 기술로 떠오르고 있다.

21세기의 초반 무렵 실험적인 양자 컴퓨터가 구현되기 이전에도 이미 양자컴퓨팅 모델을 이용한 흥미로운 양자 알고리즘들이 개발되었다. 저자들은 소프트웨어를 전공하는 학부생들과 물리학을 전공하는 학부생들에게 양자 알고리즘을 소개하는 강의를 진행하며 새로운 접근법으로 쓰여진 교과서의 필요성을 느껴서 이 책을 집필하게 되었다.

양자컴퓨팅을 소개하는 대부분의 교재는 양자역학의 기본 원리와 양자 연산의 수학적 표현을 설명하는 것부터 시작한다. 저자들은 강의 경험을 통해 양자역학에 대한 기본 지식이 부족한 학생들에게 이러한 방식은 양자컴퓨팅 공부를 시작하는 데 장애물이 될 수 있다는 점을 알게 되었다. 나아가 학생들에게 흥미를 유발하고 동기를 부여하는 방안으로, 먼저 GUI(Graphical User Interface)를 사용하여 양자 회로를 편집해 보는 것이 효과적이라는 것을 발견하였다.

양자 회로를 구현하여 양자 컴퓨터에서 실행하거나 시뮬레이션하는 목적의

SDK(Software Development Toolkit)로는 IBM의 Qiskit, Google의 Cirq, Rigetti의 Forest 등의 파이썬 패키지들이 공개되어 있다. 특히 IBM의 경우, IBM Quantum Platform 서비스를 통하여 제공하는 Quantum Composer를 이용하면 드래그-앤-드롭 방식으로 양자 회로를 편집할 수 있어 접근성이 매우 뛰어나다. 저자들은 IBM의 Qiskit을 이용한 실습과 병행하여 강의를 한 경험을 바탕으로 본 교재를 집필하였다.

양자 알고리즘에 대한 이해와 더불어 실용적인 프로그래밍 능력은 미래의 컴퓨팅 분야에 기여하고자 하는 사람에게 필수적이다. 양자컴퓨팅의 이론과 수학적 원리에 충실한 훌륭한 자료들이 많이 존재하지만, 이 책은 이론과 실습을 균형 있게 제공하는 독특한 접근 방식을 채택하였다. 이를 통해 독자들이 양자 알고리즘을 이론적으로 이해할 뿐만 아니라, 시뮬레이터, 나아가 실제 양자 컴퓨터에서 이를 실습해 볼 수 있는 실질적인 도구를 제공한다.

이 책은 관련 원리를 명확하고 직관적으로 설명한 후, Qiskit을 사용한 파이썬 구현 예시로 이어진다. 독자들이 실습과 코딩 예제를 통해 양자 회로를 구성하고, 양자역학의 기본 개념을 계산에 어떻게 적용하는지 배울 수 있도록 단원을 구성하였다. 또한 기초 지식을 전달하는 1, 2, 3장과 양자 알고리즘을 설명하는 4, 5, 6장, 그리고 양자오류 정정을 소개하는 7장으로 구성되어 있다. 책에서 사용된 파이썬 코드는 https://github.com/QCgeek/ProgrammingQC에 공개되어 있다.

1장에서는 퀀텀 컴포저를 이용하여 단순한 양자 회로를 편집하는 것으로 시작하여, 양자 회로의 상태 정보를 해석하는 방법과 IBM 양자 컴퓨터에서 양자 회로를 실행하는 방법을 소개한다. 또한, 퀀텀 컴포저에서 편집된 양자 회로에 대하여 자동으로 작성되는 파이썬 코드를 생성하는 방법도 다룬다.

2장에서는 파이썬 프로그램 개발 환경에서 Qiskit 패키지를 사용할 수 있도록 설치하는 법과 파이썬 프로그램을 이해하기 위한 기본적인 개념들, 즉 클래스와 객체, 함수의 정의 및 사용법을 소개한다. 또한, 반복문을 사용하기 위해 필요한 list와 range 클래스도 설명한다. 파이썬 프로그램을 처음 접하는 독자들을 위해 가장 필수적인 개념만을 간단 명료하게 예시를 들어 설명하였기 때문에, 프로그래밍을 처음 접하는 독자들에게 유용한 길잡이가 될 것이다. 반면, 숙련된 프로그래머라면 이 부분을 읽을 필요가 없을 것이다. 이어서, Qiskit 패키지에서 제공되는 클래스와 함수들을 사용한 파이썬 코드로 간단한 3-큐비트 양자 회로를 표현하는 객체를 생성하는 방법을 라인별로 설명한다. 생성된 양자 회로 객체를 qiskit_aer 패키지를 이용하여 시뮬레이션하는 방법과 IBM 양자 컴퓨터에서 실행하는 방법, 그리고 측정된 결과를 읽고 그래프로 시각화하는 방법을 배운다. 프로그램을 모듈화하면 이해하기가 쉬워지므로, 양자 회로를 생성하여 반환하는 함수를 사용하여 모듈화하고, 이렇게 반환된 양자 회로를 기존의 양자 회로에 추가하는 방법도 소개한다. 또한, 양자 회로의 역계산 회로를 생성하는 방법과 다중 제어 게이트를 생성하는 함수를 사용하는 방법도 다룬다.

3장에서는 양자 회로의 양자 상태를 기술하고 양자 연산을 적용하는 수학적 방법을 배운다. 중첩성을 가지는 양자 상태는 벡터들의 선형 결합으로 표현할 수 있기 때문에, 선형 대수의 기본 개념과 성질들을 설명하고, 벡터와 행렬 및 그 연산들을 표현하는 디락 표기법(Dirac Notation)을 학습한다. 디락 표기법을 사용하면 양자 회로를 기술하는 선형 연산을 단순명료하게 표현할 수 있음을 이해하게 될 것이다. 이를 바탕으로 양자역학의 기본 체계를 소개하고, 단일 큐비트에 작용하는 양자 게이트들과 다중 큐비트에 작용하는 양자 게이트들의 종류 및 연산, 표현법을 배운다. 또한, 양자 범용 게이트 집합에 대해 소개하고, 양자 얽힘에 의해 생성되는 벨 상태(Bell states)와 이를 활용한 양자 순간이동(Quantum Teleportation)을 양자 회로와 함께 설명한다. 다중 큐비트 상태를 표현하기 위해 텐서곱이 사용되므로 텐서곱 연산에 대해서도 학습할 것이다.

4장에서는 기본적인 양자 알고리즘들을 소개하고, 파이썬 코드를 사용하여 이러한 알고리즘을 구현하는 양자 회로를 생성할 것이다. 생성된 양자 회로를 시뮬레이션 함으로써 도이치-조사(Deutsch-Jozsa) 알고리즘, 번스타인-바지라니(Bernstein-Vazirani) 알고리즘의 동작을 체험해 볼 수 있다. 5장에서는 정렬되지 않은 데이터베이스를 검색하는 그로버(Grover) 알고리즘을 소개한다. 기본 양자 알고리즘들을 처음 접하면 그 실용성에 대해 의구심을 가질 수 있으므로, 그로버 알고리즘을 이용하여 퀴즈의 해를 구하는 예를 포함하였다.

6장에서는 쇼어(Shor)의 소인수분해 알고리즘을 주제로 다룬다. 먼저 소개되는 사이먼(Simon) 알고리즘은 특정 성질을 가진 함수의 반복 주기를 찾는 알고리즘으로, 쇼어 알고리즘의 발견에 중요한 단서를 제공하였다. 양자 푸리에 변환을 활용한 양자 위상 추정(QPE, Quantum Phase Estimation)에 대해서도 학습한다. QPE는 주어진 양자 회로의 고유치의 위상을 추정하는 알고리즘이다. Shor의 소인수분해 알고리즘은 QPE를 통해 추정한 위상으로부터 모듈로-지수 함수의 주기를 찾고, 이 주기를 이용하여 정수의 소인수를 찾는 알고리즘이다.

마지막, 7장에서는 양자 오류 정정에 대해 소개한다. 디지털 컴퓨터에서의 오류 정정과 비교하여 양자 오류 정정의 차이점을 설명하고, 양자컴퓨팅에서도 오류 정정이 가능하다는 것을 간단한 예시를 통해 보인다. 나아가 일반적인 양자 오류 정정 코드를 설명할 수 있는 안정자 체계에 대해서도 소개한다.

이 책은 컴퓨터 공학, 물리학, 수학 등 다양한 전공의 이공계 학생들에게 양자컴퓨팅을 소개하는 교재로 사용될 것을 염두에 두고 작성되었다. 따라서 양자 연산에 익숙하지 않은 학생들도 이해하는 데 어려움이 없도록 수식의 전개 과정을 가능한 한 자세하게 설명하였다. 학생들의 전공에 따라 사전 지식과 관심 분야가 다를 수 있으므로, 이 책을 활용한 강의 방식도 유연하게 조정할 것을 권장한다. 책은 정적인 매체인 반면 강의는 동적인 프로세스이다. 책의 내용은 장별로 일관된 주제를 모아서 정리되어 있으나, 강의 현장에서는 이러한 순서를 그대로 따르기보다는, 다양한 장을 교차하면서 가르치는 것이 효과적일 수 있다. 예를 들어, 2장에 파이썬 프로그래밍 기초가 소개되어 있지만, 실제 강의에서는 이를 독립적으로 가르치기보다는 4장의 양자 알고리즘 실습과 함께 병행하는 방식이 효과적일 것이다. 즉, 아래의 표와 같이 기본적인 양자 알고리즘 실습 중에 파이썬 기초를 설명하고, 알고리즘이 점차 복잡해지면서 프로그래밍 기법도 함께 발전시키는 방식이다. 이 접근 방식은 프로그래밍 경험이 부족한 학생들에게도 파이썬 프로그래밍 능력을 개발할 수 있는 기회를 제공한다. 이러한 순서로 구성된 강의 및 실습 자료는 강의자에게 실질적인 도움이 될 것이다.

양자 알고리즘 실습	파이썬 프로그래밍 연습
양자 회로의 작성 기초	객체와 클래스 개념, 함수를 사용한 모듈화
도이치 알고리즘	numpy.random 패키지 사용, if 문 구조
도이치-조사 알고리즘	list, dict, range 클래스와 for 반복문
번스타인-바지라니 알고리즘	함수의 인자 전달 방식
그로버 알고리즘	지역/전역 변수와 mutable 클래스의 복사
사이먼 알고리즘	numpy.linalg 패키지 사용

이 교재의 목표는 더 많은 독자들에게 양자컴퓨팅을 접근 가능하게 만드는 것이다. 이론과 실습을 조화롭게 제공함으로써, 독자들이 양자 알고리즘에 대한 깊은 이해를 얻는 동시에 소프트웨어 도구를 이용하여 미래에 제공될 양자컴퓨팅 디바이스를 자신 있게 다룰 수 있도록 준비시키고자 한다. 양자컴퓨팅 시대를 준비하는 학생이든, 계산의 최전선을 탐구하려는 전문가든, 이 책은 그 목적을 이루기 위한 기초를 제공할 것이다. 좋은 책을 만들기 위해 최선을 다했지만 오류가 나올 수 있다. 이 점은 양해를 바라며, 출간 후 나올 수 있는 수정사항 등은 자유아카데미 홈페이지 자료실(www.freeaca.com)을 통해 게시할 것이니 참고 부탁드린다.

독자 여러분이 양자컴퓨팅의 매혹적인 세계로 여행을 시작하고, 이 혁신적인 기술을 체득하는 첫 걸음을 내딛는데 도움이 되기를 바란다.

이해를 돕기 위하여 본문에서는 기호들을 글자체에 의해 다음과 같이 구분한다.

`qx, qy`	파이썬 소스 코드의 인용
x, y	양자 회로의 큐비트 인용
x, y	숫자를 나타내는 변수

감사의 말

이 책이 나올 수 있도록 도움을 주신 Qiskit 오픈소스 커뮤니티에 깊은 감사를 드린다. 그들의 작업과 기여 덕분에 전 세계의 많은 학습자와 전문가들이 실질적인 수준에서 양자컴퓨팅에 참여할 수 있게 되었다. 양자정보연구지원센터에서 개최하는 양자정보과학 여름학교와 겨울학교의 운영진들에게 감사드린다. 저자들은 2022년의 여름학교와 겨울학교에 참여하여 많은 도움을 받았다. 또한, 과학기술정보통신부 및 정보통신기획평가원의 국민대학교 소프트웨어중심대학 지원사업(과제 번호2022-0-00964)의 지원에도 감사드린다. 원고를 정독하고 양자 오류 정정에 대해 도움말을 준 대학원생 권명준 군과 인내심을 가지고 원고를 기다려준 자유아카데미 여러분께도 감사의 마음을 전한다.

We acknowledge the use of IBM Quantum services for this work. The views expressed are those of the authors, and do not reflect the official policy or position of IBM or the IBM Quantum team.

차례

1장 양자 회로

2장 프로그램으로 양자 회로 표현하기

3장 양자 상태와 유니터리 변환

7장 양자 오류 정정

1장

양자 회로

양자 알고리즘을 양자 회로로 구현하는 방법은 시각화 도구를 이용하여 회로를 구성하는 방법과 프로그래밍을 통하여 구성하는 방법이 있다. 직관적이고 접근이 쉬운 시각화 도구를 이용하여 양자 회로를 구성하는 것으로 시작하려고 한다. IBM Quantum Composer는 웹 브라우저 기반 도구로, IBM Quantum 플랫폼에 가입하여 쉽게 접근할 수 있으며, 드래그 앤 드롭 방식으로 양자 회로를 시각적으로 만들 수 있다. 1장에서 학습할 내용은 다음과 같다.

- 큐비트의 상태
- 퀀텀 컴포저 사용 방법 및 인터페이스 이해
- 양자 게이트: 파울리 X 게이트, 하다마드 게이트, 제어 X 게이트, 이중 제어 X 게이트
- 양자 게이트를 사용하여 반가산기(Half Adder) 회로 만들기

1.1 양자 회로의 구성

양자 컴퓨팅을 소개하기 위해 양자 회로를 구성하는 과정을 먼저 경험해 보는 것이 좋겠다. 양자 회로는 세 가지 주요 구성 요소로 이루어진다:

- 양자 레지스터: 큐비트(qubit)로 구성된 양자 레지스터는 양자 정보를 저장하는 역할을 한다. 큐비트의 양자 상태는 서로 배타적인 '0'과 '1'의 성질을 동시에 가질 수 있다.
- 양자 게이트: 양자 게이트는 양자 레지스터의 상태를 변환하는 연산을 수행한다. 양자 게이트는 고전적인 논리 게이트와 유사한 역할을 하지만, 역연산이 항상 가능하고 중첩 상태와 얽힘 상태를 조작할 수 있다는 점에서 차별화된다.
- 측정기: 큐비트의 양자 상태는 서로 배타적인 성질이 중첩될 수 있으나, 측정을 통해 0 또는 1의 고전적인 정보로 변환된다. 측정 결과는 고전적인 비트에 저장된다.

양자 회로를 구성하고 실행하는 법을 익히기 위해서 먼저 IBM Quantum 플랫폼을 통해 IBM Quantum Composer[1]에 접속한다. 이 도구는 시각적 인터페이스를 제공하여, 복잡한 양자 알고리즘을 쉽게 시각적으로 구성할 수 있다. 사용자는 마우스를 사용해 양자 게이트를 드래그하고 회로에 추가하여 회로를 설계할 수 있다.

IBM Quantum Composer 사용 방법

- IBM Quantum 계정 생성: IBM Quantum 플랫폼[2]에 접속하여 계정을 생성한다.
- IBM Quantum Composer 실행: 대시보드의 "Learning" 섹션에서 IBM Quantum Composer를 선택하여 양자 회로를 구성할 수 있다.
- 양자 회로 구성: 다양한 양자 게이트들을 드래그 앤 드롭 방식으로 사용해 큐비트에 적용하고, 측정 회로를 추가하여 양자 상태를 분석한다.

이 과정은 실제 양자 컴퓨팅을 경험하기에 좋은 출발점이며, 양자 회로의 동작 방식을 이해하는 데 도움을 준다.

1.1.1 큐비트의 초기 상태

IBM 퀀텀 컴포저(Quantum Composer)의 초기 화면(그림 1-1)은 사용자가 양

1 IBM Quantum Composer. url: https://quantum.ibm.com/composer

2 IBM Quantum. https://quantum.ibm.com/

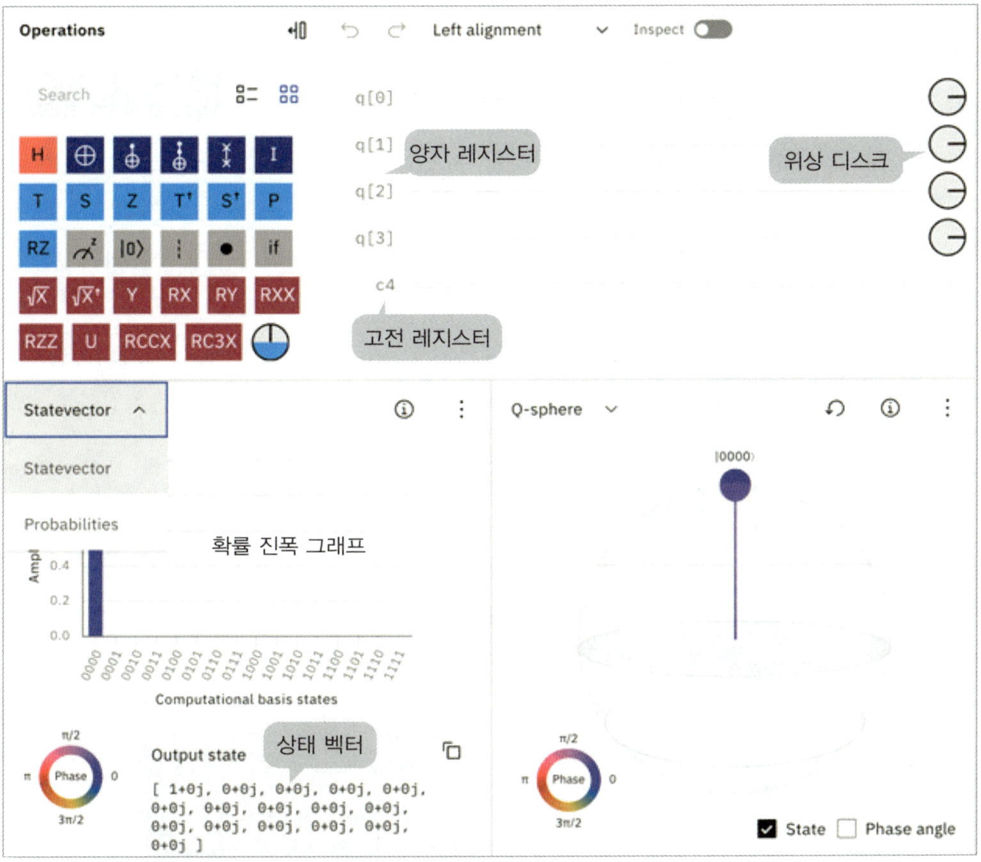

- **양자 레지스터:** 양자 정보를 저장하는 큐비트로 구성된 회로 개체
- **고전 레지스터:** 고전적인 정보를 저장하는 회로 개체
- **위상 디스크:** 큐비트의 양자 상태를 시각적으로 나타내는 도구. 디스크의 총 면적 대비 회색 부분의 면적이 큐비트 상태가 $|0\rangle$일 확률, 하늘색 부분의 면적이 $|1\rangle$일 확률을 나타낸다. 내부 지시선은 $|0\rangle$ 성분과 $|1\rangle$ 성분 사이의 상대적 위상을 나타낸다.
- **상태 벡터:** 양자 레지스터의 상태를 나타내는 복소수 벡터. 벡터의 각 성분은 양자 상태를 기저 상태들의 선형 결합으로 표현할 때, 그 선형 결합의 계수이다.
- **확률 진폭 그래프:** 상태 벡터의 각 성분인 복소수 $x + yj$의 놈 $|x + yj| = \sqrt{x^2 + y^2}$을 나타내는 막대 그래프. 풀다운 메뉴에서 선택할 수 있다.

그림 1-1 퀀텀 컴포저 화면 구성

자 회로를 시각적으로 구성할 수 있는 직관적인 도구이다. 이 화면에는 네 개의 큐비트로 구성된 양자 레지스터와 네 개의 비트로 이루어진 고전 레지스터가 초기화되어 있다. q[3],q[2],q[1],q[0]는 양자 레지스터 각 큐비트를 나타내며, 고전 레지스터 c[3],c[2],c[1],c[0]는 측정된 이진 값을 저장하는 데 사용된다.

양자 레지스터는 양자 정보를 저장하며, 여러 개의 큐비트로 구성되어 있다. 큐비트

는 디지털 회로의 비트에 해당하지만, 큐비트는 고전적인 '0' 혹은 '1' 상태와는 다른 양자 중첩 상태를 가진다는 점에서 차별성을 갖는다. 즉, 큐비트는 서로 배타적인 $|0\rangle$ ('켓 제로')와 $|1\rangle$ ('켓 원')의 상태가 중첩된 상태를 가질 수 있다. 이는 큐비트가 고전 컴퓨터의 이진 시스템보다 훨씬 많은 정보를 저장할 수 있다는 것을 의미한다. $|0\rangle$와 $|1\rangle$은 각각 특정 양자 상태를 나타내는 2×1 벡터를 디락 표기법 또는 브라-켓 표기법으로 표현한 것이다. 디락 표기법은 양자 상태를 간결하고 효율적으로 표현하는데 사용되며 3장에서 자세하게 다룰 것이다.

IBM 퀀텀 컴포저에서는 양자 레지스터의 상태를 여러 가지 방법으로 시각화한다. 이를 통해 사용자는 양자 회로에서 큐비트의 상태 변화를 시각적으로 확인할 수 있다.

- **위상 디스크**(Phase Disk): 색상과 지시선을 통해 큐비트의 양자 상태를 시각적으로 표현하며, 그림 1-1의 회로에서 오른쪽 끝에 위치한다. 디스크의 전체 면적 대비 회색 부분 비율이 큐비트 상태가 $|0\rangle$일 확률, 하늘색 부분 비율이 $|1\rangle$일 확률을 나타낸다. 따라서 디스크 전체가 회색이면 큐비트의 상태가 $|0\rangle$임을, 하늘색이면 $|1\rangle$임을 나타낸다. 이 색상은 큐비트의 상태에 따라 동적으로 변화한다. 초기화되면 모든 큐비트는 $|0\rangle$ 상태이기 때문에, 이에 따라 위상 디스크는 회색으로 표시된다. 위상 디스크 내부 지시선은 $|0\rangle$ 성분과 $|1\rangle$ 성분 사이의 상대적 위상을 나타낸다(이에 대해서는 3장에서 설명).
- **상태 벡터**(Statevector): 회로의 아래 왼쪽에는 양자 레지스터의 상태를 나타내는 상태 벡터가 표시된다. 양자 레지스터의 양자 상태는 기저 상태(basis states)들의 선형 결합으로 표시할 수 있고, 상태 벡터의 각 성분은 이 선형 결합의 복소수 계수를 나타낸다. 예를 들어, 네 개의 큐비트로 구성된 레지스터의 기저 상태는 총 $2^4 = 16$개가 존재하며, $|0000\rangle, |0001\rangle, \cdots, |1111\rangle$이다. 초기화되면 모든 큐비트의 상태는 $|0\rangle$이기 때문에, 이 때 $|0000\rangle$ 성분은 $1 + 0j$이고 다른 기저 상태 성분은 0이다. 파이썬과 같이 허수를 나타내는 기호로 j를 사용한다.
- **확률 진폭 그래프**(Probability Amplitude Graph): 상태 벡터의 각 성분인 복소수 $x + yj$의 놈(norm) $|x + yj| = \sqrt{x^2 + y^2}$을 확률 진폭이라고 한다. 확률 진폭 그래프는 각 기저 상태의 확률 진폭을 막대 그래프로 나타낸 것이다.
- **확률 그래프**(Probabilities Graph): 풀다운 메뉴에서 Statevector 대신 Probabilities를 선택하면 확률 진폭 그래프 대신 확률 그래프를 볼 수 있다. 확률 진폭을 제곱하면, 즉, 상태 벡터의 각 성분의 놈을 제곱하면 해당 기저 상태가 측정될 확률이 된다. 확률 그래프는 각 기저 상태가 측정될 확률을 막대 그래프로 시각화한

것이다.

퀀텀 컴포저에서 n개의 다중 큐비트를 가지는 양자 레지스터를 표현할 때 큐비트 번호는 위쪽에 낮은 번호(0번) 큐비트부터 아래 쪽에 높은 번호($n-1$번) 큐비트가 표시된다. 따라서 이 책에서도 양자 회로도의 큐비트들은 이와 같은 순서로 표현될 것이다. 텍스트나 수식에서는 낮은 번호 큐비트가 오른쪽, 높은 번호 큐비트가 왼쪽에 오는 $q_{n-1}\ q_{n-2}$ ... q_0의 순서로 표현함을 주의하자.

1.1.2 단일 큐비트와 파울리(Pauli) *X* 게이트

IBM 퀀텀 컴포저를 사용하여 다음과 같은 간단한 양자 회로를 구성해 보자. 먼저 양자 레지스터의 큐비트 개수를 네 개에서 한 개로 줄이도록 한다. 이를 위해 그림 1-2에서 보듯이 지우고 싶은 큐비트를 선택(마우스 왼쪽 버튼 클릭)하여 나타난 메뉴 중 휴지통 모

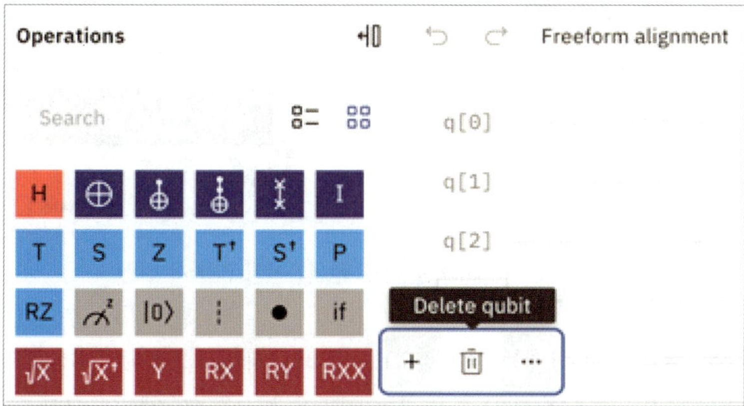

그림 1-2 퀀텀 컴포저에서 큐비트 제거

양을 클릭한다. 거꾸로 큐비트의 개수를 증가하려면 메뉴 중 '+' 기호를 클릭한다. 고전 레지스터의 크기도 비슷하게 '+' 기호와 '−' 기호를 사용하여 변경할 수 있다.

회로 왼쪽의 Operations 화면은 컴포저에서 사용할 수 있는 양자 게이트의 아이콘 모음이다. 양자 게이트에 대한 설명은 3장에 정리되어 있다. 게이트 메뉴의 두 번째 아이콘은 X 게이트의 아이콘이다. 아이콘을 드래그하여 그림 1-3과 같은 회로를 만들 수 있다. 이 회로는 1-큐비트 양자 레지스터에 X 게이트를 적용한 회로이다.

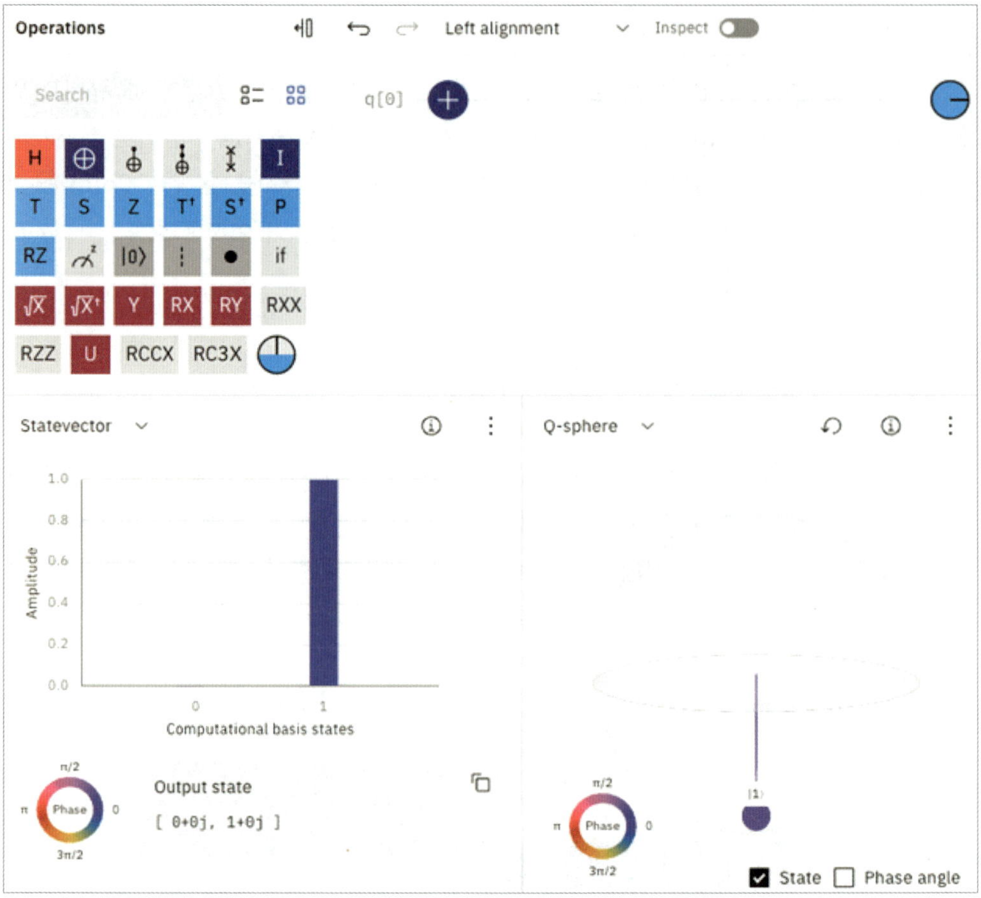

그림 1-3 1-큐비트 양자 회로에 X 게이트를 적용한 후 퀀텀 컴포저 화면

양자 레지스터의 초기 상태는 디지털 회로의 '0' 상태에 해당하는 $|0\rangle$ 상태이다. X 게이트는 $|0\rangle$를 $|1\rangle$으로, $|1\rangle$을 $|0\rangle$로 바꾸는 역할을 하는 양자 게이트이다. 따라서, 구성된 회로의 큐비트 상태는 초기 상태 $|0\rangle$에서 X 게이트에 의해 $|1\rangle$으로 변경되었다. 이는 그림 1-3에서 다음과 같이 확인할 수 있다:

- 위상 디스크가 $|1\rangle$을 나타내는 하늘색이다.
- 상태 벡터(output state)가 $[0+0j,\ 1+0j]$이다. 이 상태벡터는 회로의 단일 큐비트 q[0]의 상태가 $|0\rangle$일 확률이 $|0+0j|^2=0$이고, $|1\rangle$일 확률이 $|1+0j|^2=1$ 임을 나타낸다.
- 확률 진폭 그래프는 $|0\rangle$ 상태의 확률 진폭이 0이고, $|1\rangle$ 상태의 확률 진폭이 1이라는 것을 표시한다.

1.1.3 단일 큐비트와 하다마드(Hadamard, *H*) 게이트

회로를 다음과 같이 변경하여 양자 상태의 변화를 확인해 보자. 회로의 *X* 게이트 아이콘 위에 마우스를 클릭하여 휴지통을 선택하여 *X* 게이트를 지우고 대신 하다마드 게이트 *H*(*H* 기호를 가진 빨간 사각형 아이콘)를 드래그하여 q[0]에 적용하여 그림 1-4의 양자 회로를 생성한다. *H* 게이트에 대해서 3장에서 자세히 설명할 것이다. 이 회로의 양자 상태가 *H* 게이트에 의해 다음과 같이 변경된 것을 확인할 수 있다.

- 위상 디스크는 회색과 하늘색 반반이다. $|0\rangle$와 $|1\rangle$의 상태가 50%의 확률로 중첩(superposition)된 상태를 의미한다.
- 상태 벡터의 값이 [0.707+0*j*, 0.707+0*j*] 이다. 0.707≈ $\frac{1}{\sqrt{2}}$로부터, 큐비트 q[0]의 상

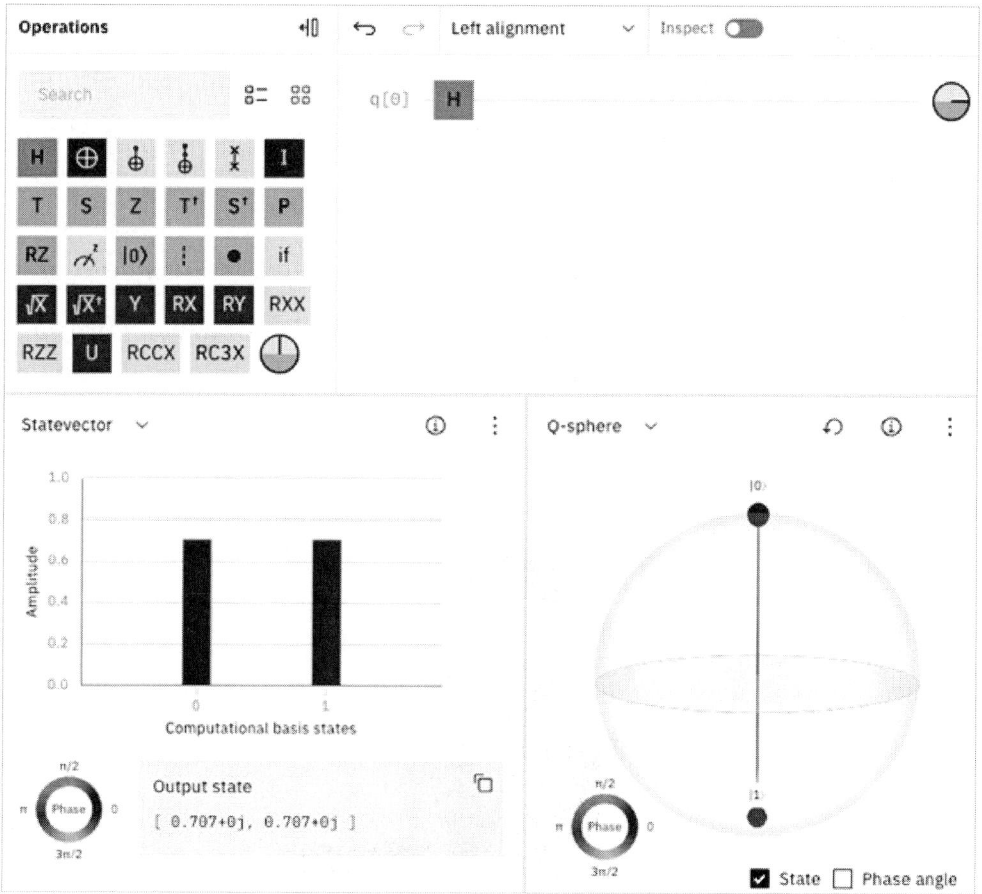

그림 1-4 1-큐비트 양자 회로에 *H* 게이트를 적용한 후 퀀텀 컴포저 화면

태가 $\frac{1}{\sqrt{2}}|0\rangle+\frac{1}{\sqrt{2}}|1\rangle$임을 알 수 있다.

- 확률 진폭 그래프는 $|0\rangle$, $|1\rangle$ 상태의 확률 진폭이 $\frac{1}{\sqrt{2}}\approx0.707$이라는 것을 표시한다.
- 확률 그래프는 $|0\rangle$, $|1\rangle$ 상태일 확률이 모두 $\left(\frac{1}{\sqrt{2}}\right)^2 = \frac{1}{2}$이라는 것을 표시한다.

1.1.4 양자 상태의 측정

양자역학에서 가장 유명한 동물은 슈뢰딩거의 고양이이다. 이는 1935년에 오스트리아의 물리학자 에르빈 슈뢰딩거가 제시한 사고 실험으로 다음과 같이 구성되어 있다. 밀폐된 상자 안에 고양이, 방사성 원소, 방사선이 검출되면 독가스를 내뿜는 장치가 들어 있다. 방사성 원소는 일정 시간 동안 확률적으로 붕괴하여 방사선을 방출한다. 양자역학의 원리에 따르면, 방사성 원소는 관측 전까지는 붕괴된 상태와 붕괴 되지 않은 상태의 중첩 상태에 있고, 이에 따라 고양이 또한 상자를 열고 확인하기 전까지는 '살아있는 상태'와 '죽은 상태'가 중첩된 상태에 있다. 관찰자가 상자를 열어 고양이를 관측하는 순간 중첩 상태는 붕괴되고, 죽었거나 아니면 살아있는 상태로 결정된다.

이 사고 실험은 일상적인 경험에 반하는 양자역학의 모순을 지적하기 위해 처음 제안되었으나, 이후 많은 논쟁을 거치면서 양자 중첩과 얽힘, 양자 측정 등 양자역학의 기본 개념들을 쉽게 설명하기 위한 도구로 자주 인용되고 있다.

그림 1-4의 회로에 측정 아이콘을 드래그하여 측정하는 회로를 만들어 보자. 측정을 하기 위해서는 그 측정 결과인 이진값(0 혹은 1)을 저장하는 고전 레지스터(classical register)가 필요하므로, 고전 레지스터가 1 비트 이상 존재하는 경우에만 측정 아이콘

그림 1-5 살아있는 고양이

을 선택할 수 있다. 고전 레지스터가 지워진 회로에서 큐비트를 클릭하여 풀다운 메뉴의 'manage register' 메뉴를 이용하여 고전 레지스터를 추가할 수 있다. 그림 1-6과 그림 1-7을 참고하자. 그림 1-8의 회로에서 c1으로 표현된 것이 비트 하나로 이루어진 고전

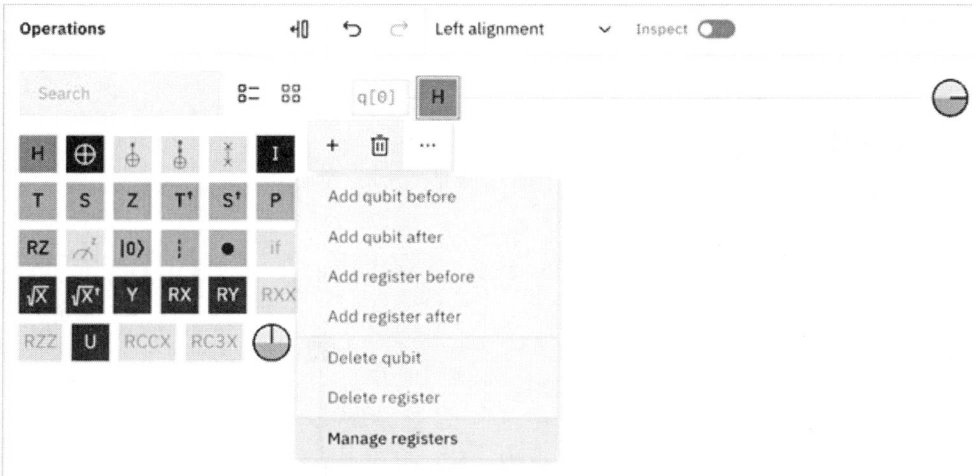

그림 1-6 고전 레지스터 추가하기 1

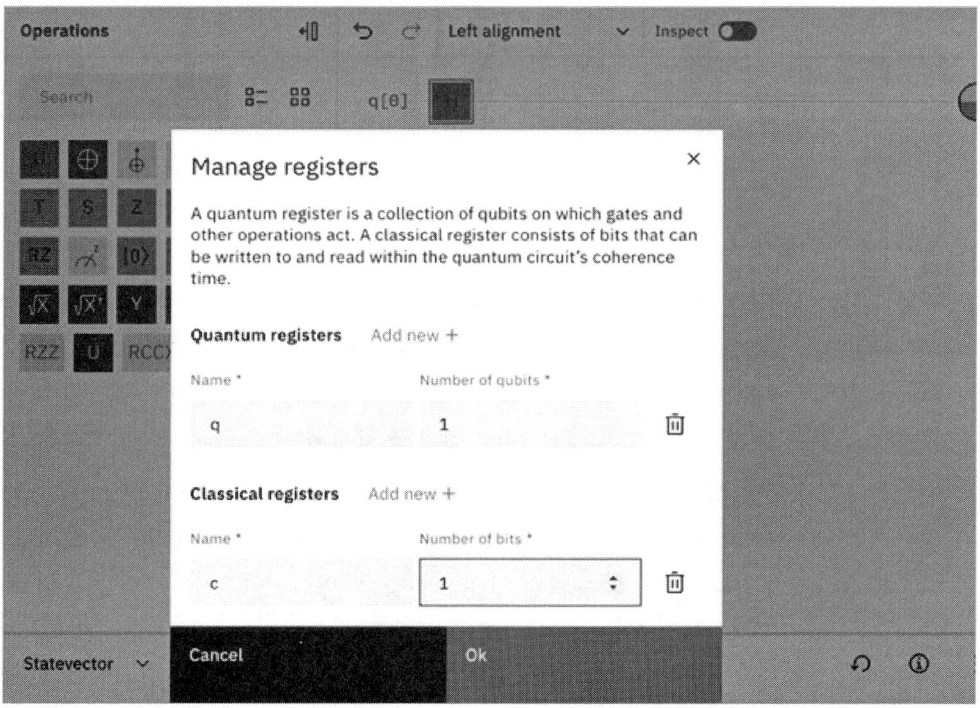

그림 1-7 고전 레지스터 추가하기 2

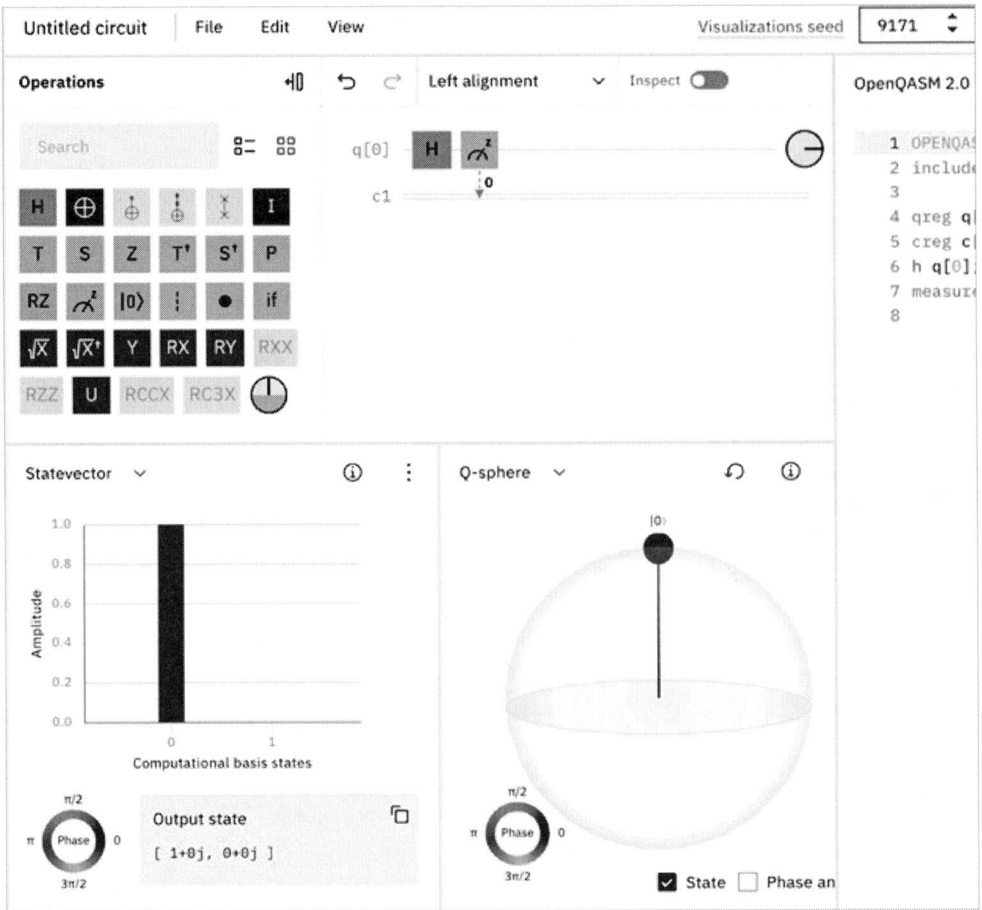

그림 1-8 양자 상태 측정 회로

레지스터를 의미한다.

여러 기저 상태들이 중첩된 상태에 있는 양자 레지스터를 측정하면, 레지스터의 양자 상태는 중첩을 구성하는 기저 상태 중 하나로 붕괴(collapse)하고 그 붕괴된 기저 상태에 해당하는 값이 측정값이 된다. 중첩된 상태가 측정을 통해 특정 기저 상태로 붕괴될 확률은 퀀텀 컴포저의 확률 그래프에 나타나 있다. 양자 측정의 이러한 "상태 붕괴" 특성은 3장에서 자세히 설명할 것이다. 그림 1-8의 회로에서 측정 회로를 추가하기 전 q[0]의 양자 상태는 |0⟩와 |1⟩의 상태가 각각 50%의 확률로 중첩(superposition)되어 있었지만, 측정을 통해 q[0]의 상태가 |0⟩로 붕괴된 것을 관찰할 수 있다. 퀀텀 컴포저는 확률에 따른 상태 붕괴를 시뮬레이션을 통해 구현하며, 시뮬레이션 시드(seed) 값에 따라 측정 결과가 달라질 수 있다. 시드 값은 시뮬레이션의 무작위성을 결정하는 요소로, 화면 오른쪽 위에 보이는 visualization seed 값을 변경하면 다른 측정 결과를 얻을 수 있다.

1.2 퀀텀 컴포저에서 양자 회로 구현하기: 반가산기(Half Adder)

양자 회로의 구성 요소들을 사용하여 퀀텀 컴포저에서 양자 회로를 구현해보는 연습으로, 디지털 회로인 반가산기를 구현해 보겠다. 반가산기는 두 개의 1-비트 입력의 덧셈을 구현하는 회로이다.

1.2.1 반가산기 디지털 회로

그림 1-9의 반가산기 연산으로부터 반가산기 회로는 입력 A, B와 출력 C(올림), S(합)에 해당하는 구성 요소를 필요로 한다는 것을 알 수 있다. 1-비트 입력 A와 B를 더한 결과는 00, 01, 10이 되기 때문에 2-비트 출력이 생성된다. 출력 중 높은 자리 숫자는 올림 숫자(carry-out)이고 낮은 자리 숫자(sum)는 해당 자리의 숫자가 된다. 이를 각각 C와 S로 표현한다. 이 연산에는 아래 자리수의 덧셈 결과 생성된 올림 숫자(carry-in)가 포함되어

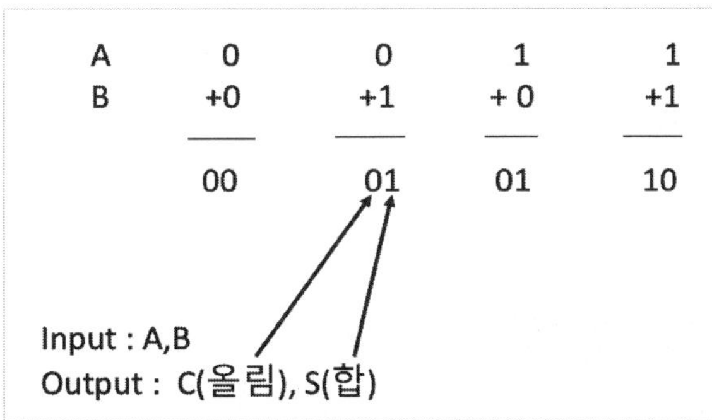

그림 1-9 반가산기의 연산

있지 않기 때문에 반가산기라고 한다.

덧셈 회로에서 반가산기와 가산기의 역할을 이해하기 위해, 6비트 디지털 컴퓨터에서 실행되는 그림 1-10의 7+6 연산 과정을 살펴보자. 7과 6은 각각 이진수로 000111과 000110로 표현된다. 낮은 비트에서부터 1-비트 가산기를 이용하여 1-비트 덧셈을 하고, 그 연산 결과의 올림(carry-out)을 다음 자리의 1-비트 덧셈에 포함한다. 이와 같은 과정을 거쳐 덧셈 결과인 001101이 산출되는 과정으로부터, 반가산기와 가산기의 역할을 구분할 수 있다.

이와 같은 반가산기 연산은 표 1-1의 진리표로 표현할 수 있다. 그림 1-12는 논리 게

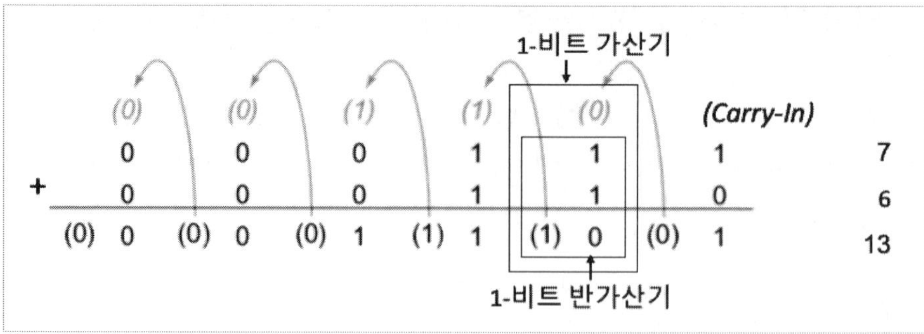

그림 1–10 2진수의 덧셈 연산(7+6)에서 반가산기와 1–비트 가산기의 역할

이트 XOR과 AND를 사용하여 진리표의 입력-출력 관계를 구현하고 있는 반가산기 디지털 회로이다.

표 1–1 반가산기의 진리표

input		output	
A	B	C	S
0	0	0	0
0	1	0	1
1	0	0	1
1	1	1	0

1.2.2 디지털 논리 연산의 성질

디지털 컴퓨터 연산의 기초가 되는 논리 연산들은 양자 컴퓨팅에서도 유용하게 사용되기 때문에 논리 연산의 정의와 그 중요한 성질들을 기억할 필요가 있다. 양자 알고리즘을 학습할 때 이 절의 내용을 참조하도록 한다.

논리 연산은 입력과 출력의 관계를 나타내는 진리표로 표현할 수 있으며, 이 때 0은 거짓, 1은 참을 의미한다. 디지털 회로에서 사용하는 논리 연산은 다음과 같다.

- 논리 부정(NOT): 단항 연산자로 $A' = \bar{A} = \sim A$의 기호로 표현하며, 아래 진리표로 정의된다.

A	$\sim A$
0	1
1	0

- 논리곱(AND): 이항 연산자로 $A \cdot B = A \wedge B = AB$로 표현한다. 아래 진리표로 정의되며, $0 \cdot B = 0$, $1 \cdot B = B$의 관계가 B의 값에 관계없이 성립한다.

A	B	AB
0	0	1
0	1	0
1	0	0
1	1	1

- 논리합(OR): 이항 연산자로 $A+B=A \vee B$로 표현한다. 아래 진리표로 정의되며, $0+B=B$, $1+B=1$의 관계가 B의 값에 관계없이 성립한다.

A	B	$A+B$
0	0	0
0	1	1
1	0	1
1	1	1

- 배타적 논리합(XOR): 이항 연산자로 $A \oplus B$로 표현한다. 모듈로-2 합 연산과 같은 진리표로 정의되며(아래 진리표 참조), $0 \oplus B = B$, $1 \oplus B = \sim B$의 관계가 B의 값에 관계없이 성립한다.

A	B	$A \oplus B$
0	0	0
0	1	1
1	0	1
1	1	0

디지털 회로에서 위의 논리 연산을 구현하는 논리 게이트들은 그림 1-11과 같이 표현한다. 예를 들면, 반가산기의 진리표인 표 1-1을 구현하는 회로는 논리 게이트를 사용

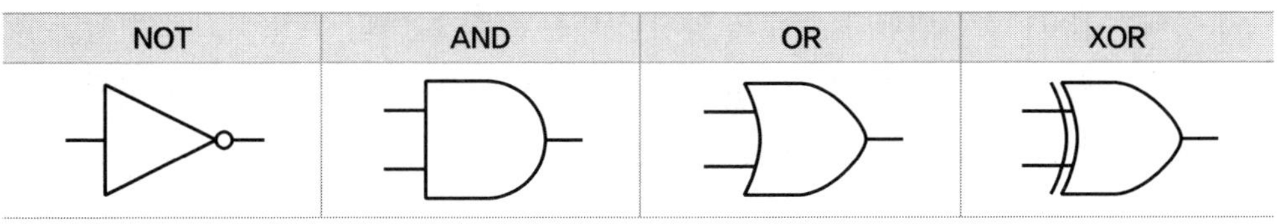

그림 1-11 논리 게이트 기호

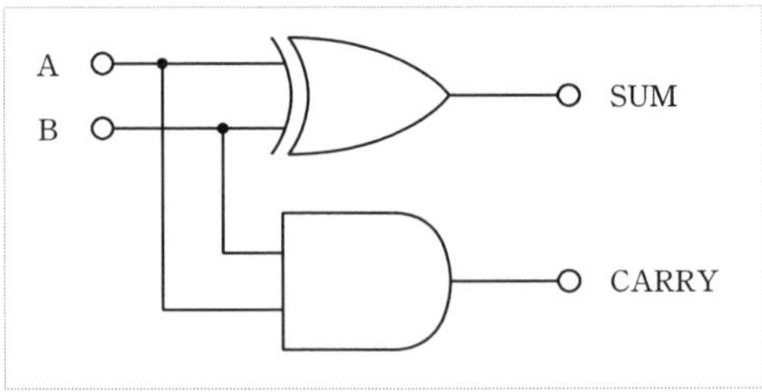

그림 1-12 반가산기의 디지털 회로

하여 그림 1-12과 같이 표현된다.

1.2.3 반가산기 양자 회로의 초기 상태

양자 회로에서 큐비트는 |0⟩와 |1⟩ 외에도 다양한 중첩 상태를 가질 수 있다. 하지만 우리는 |0⟩와 |1⟩ 상태만을 사용해 디지털 회로와 유사한 연산을 수행하는 회로를 구현할 수 있다. 지금부터 반가산기 연산을 양자 회로로 구현하는 과정을 살펴보겠다. 이는 비록 실용성은 없지만, 양자 컴퓨팅을 처음 배우는 학생들이 양자 게이트를 사용해 특정 목적의 양자 회로를 생성하는 것을 연습하기에는 적합하다.

퀀텀 컴포저의 초기 상태는 그림 1-13과 같이 4-큐비트 양자 레지스터가 |0000⟩의 상태로 초기화되어 있다. |0000⟩의 상태란 왼쪽 숫자부터 순서대로 큐비트 q[3], q[2], q[1], q[0]의 상태가 |0⟩, |0⟩, |0⟩, |0⟩라는 것을 의미한다. q[3]은 올림 C, q[2]는 합 S, q[1]은 입력 B, q[0]는 입력 A로 사용하는 반가산기 양자 회로를 구현하도록 한다.

1.2.4 반가산기 양자 회로의 입력

퀀텀 컴포저의 Operations 아이콘 모음 중 두 번째 아이콘은 X 게이트이다. 이 아이콘을 회로 화면으로 드래그-앤-드롭하여 X 게이트를 특정 큐비트에 적용할 수 있다. X 게이트의 연산은 표 1-2와 같으므로 디지털 회로의 NOT 게이트와 유사한 기능을 한다. 큐비트 q[0]와 q[1]에 X 게이트를 적용하면, 두 큐비트의 상태가 각각 |1⟩로 변하고, 따라서 회로의 상태는 |0011⟩로 변한다. 회로의 양자 상태는 그림 1-14의 위상 디스크와 상태 벡터 화면에서 확인할 수 있다. 여기서 q[0]와 q[1]이 반가산기 회로의 입력 A와 B에 해당하며, 이 회로는 1+1을 계산하려는 것이다.

그림 1-13 퀀텀 컴포저의 시작 화면

표 1-2 파울리 X 게이트의 연산

input state	output state
$\|0\rangle$	$\|1\rangle$
$\|1\rangle$	$\|0\rangle$
$\alpha\|0\rangle + \beta\|1\rangle$	$\alpha\|1\rangle + \beta\|0\rangle$

이제 반가산기 회로의 입력 상태를 설정하는 작업을 완료했으므로, 반가산기 회로를 추가하기 전에 배리어(barrier)를 추가하여 회로의 구분을 명확하게 해 보자. Operations 아이콘 모음에서 가운데 위치한 세로 점선 아이콘을 클릭하여 배리어를 추가할 수 있다. 추가된 배리어를 클릭하고 수정 메뉴를 선택하여, 배리어가 q[0], q[1], q[2], q[3] 큐비트에 모두 적용되도록 설정한다. 그림 1-15와 같이 배리어는 회로의 특정 부분을 구분하는 데 사용된다. 배리어를 추가해도 실제 양자 회로에는 영향을 미치지 않으며, 이는 시각적인 요소로서만 작용한다.

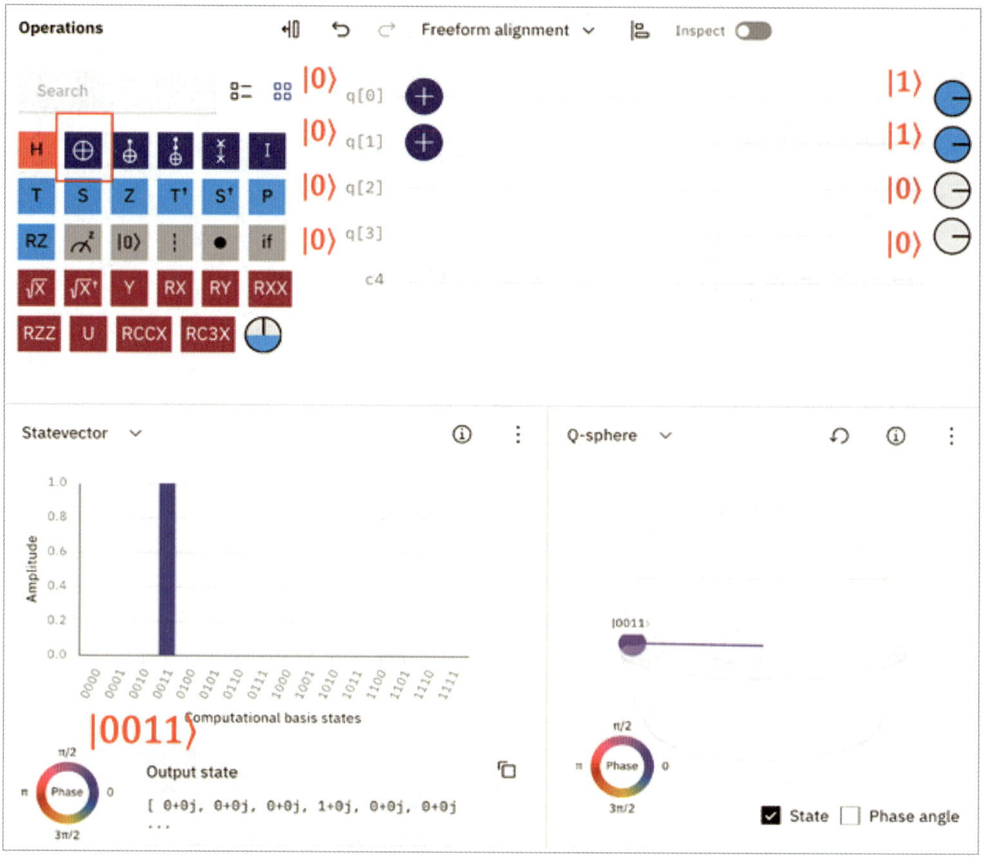

그림 1-14 반가산기 회로의 입력 q[0]와 q[1]을 |1⟩로 초기화

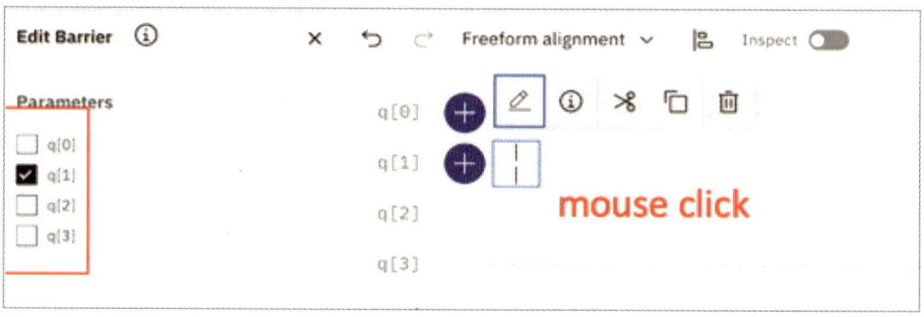

그림 1-15 양자 회로에 배리어 추가하기

1.2.5 반가산기 양자 회로의 합(sum)과 올림(carry)

Operations 아이콘 모음 중 세 번째 아이콘은 제어-*X* 게이트(*CX* 게이트 혹은 *CNOT* 게

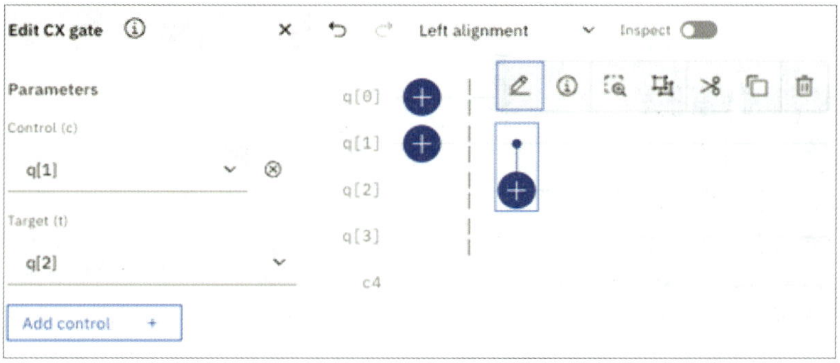

그림 1-16 *CX* 게이트 편집 메뉴

이트)이다. *CX* 게이트를 추가할 때는 아이콘을 회로에 드래그한 다음 마우스를 클릭하여 그림 1-16과 같은 편집 모드에서 제어 큐비트와 타겟 큐비트를 지정할 수 있다.

표 1-3 제어-*X* (*CX*) 게이트 연산의 진리표

input state		output state	
control q[0]	target q[2]	control q[0]	target q[2]
|0⟩	|0⟩	|0⟩	|0⟩
|0⟩	|1⟩	|0⟩	|1⟩
|1⟩	|0⟩	|1⟩	|1⟩
|1⟩	|1⟩	|1⟩	|0⟩

CX 게이트 연산의 진리표는 표 1-3과 같다. 즉, 논리 연산 XOR과 유사하게 다음과 같은 양자 연산을 한다.

- 제어 큐비트의 상태는 어떤 경우에도 변하지 않는다.
- 제어 큐비트의 상태가 |1⟩일 때, 타겟 큐비트에 *X* 게이트(비트 반전) 연산을 적용한다.
- 제어 큐비트의 상태가 |0⟩일 때, 타겟 큐비트의 상태에 어떤 변화도 일으키지 않는다.

그림 1-17에서처럼 q[2]가 타겟 큐비트인 두 개의 *CX* 게이트를 추가하면, 첫 번째와 두 번째 *CX* 게이트의 제어 큐비트인 q[0]와 q[1] 모두 |1⟩ 상태에 있으므로 타겟 q[2]에는 비트 반전 연산이 두 번 적용된다. 즉, q[2]는 첫 번째 *CX* 게이트에 의해 |0⟩ 상태에서 |1⟩ 상태로, 두 번째 *CX* 게이트에 의해 다시 |0⟩ 상태로 변경된다. 이에 따라 회로의 상태는 |0011⟩에서 |0111⟩로 변환되었다가, 다시 |0011⟩ 상태로 되돌아간다. 그 결과 반가산기 회로에서 합(S)에 해당하는 q[2]의 상태가 |0⟩가 되고, 이는 1+1의 연산 결과

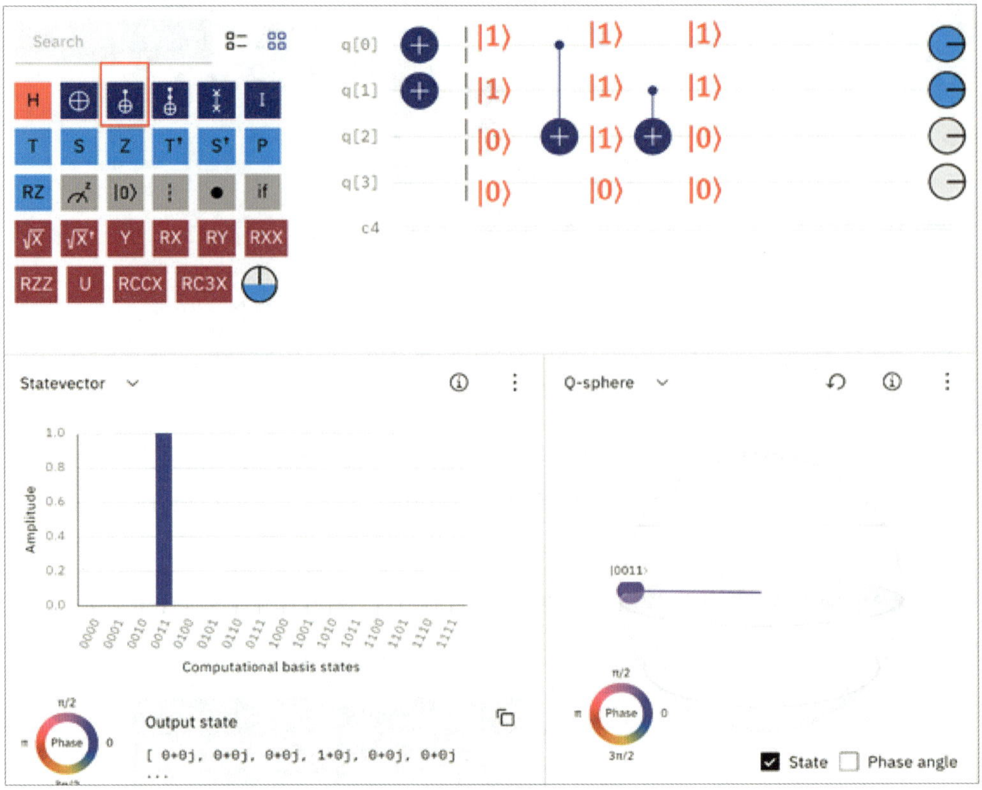

그림 1-17 반가산기의 sum을 q[2]에 계산하는 회로

를 정확히 반영하고 있다.

Operations 아이콘 모음 중 네 번째 아이콘은 이중제어-*X*게이트(*CCX*게이트 혹은 토폴리 게이트)이다. *CCX* 게이트 연산은 표 1-4와 같이 정의된다.

표 1-4 이중제어-*X* 게이트 연산의 진리표

input state			output state		
ctrl0 q[0]	ctrl1 q[1]	target q[3]	ctrl0 q[0]	ctrl1 q[1]	target q[3]
|0⟩	|0⟩	|0⟩	|0⟩	|0⟩	|0⟩
|0⟩	|0⟩	|1⟩	|0⟩	|0⟩	|1⟩
|0⟩	|1⟩	|0⟩	|0⟩	|1⟩	|0⟩
|0⟩	|1⟩	|1⟩	|0⟩	|1⟩	|1⟩
|1⟩	|0⟩	|0⟩	|1⟩	|0⟩	|0⟩
|1⟩	|0⟩	|1⟩	|1⟩	|0⟩	|1⟩
|1⟩	|1⟩	|0⟩	|1⟩	|1⟩	|1⟩
|1⟩	|1⟩	|1⟩	|1⟩	|1⟩	|0⟩

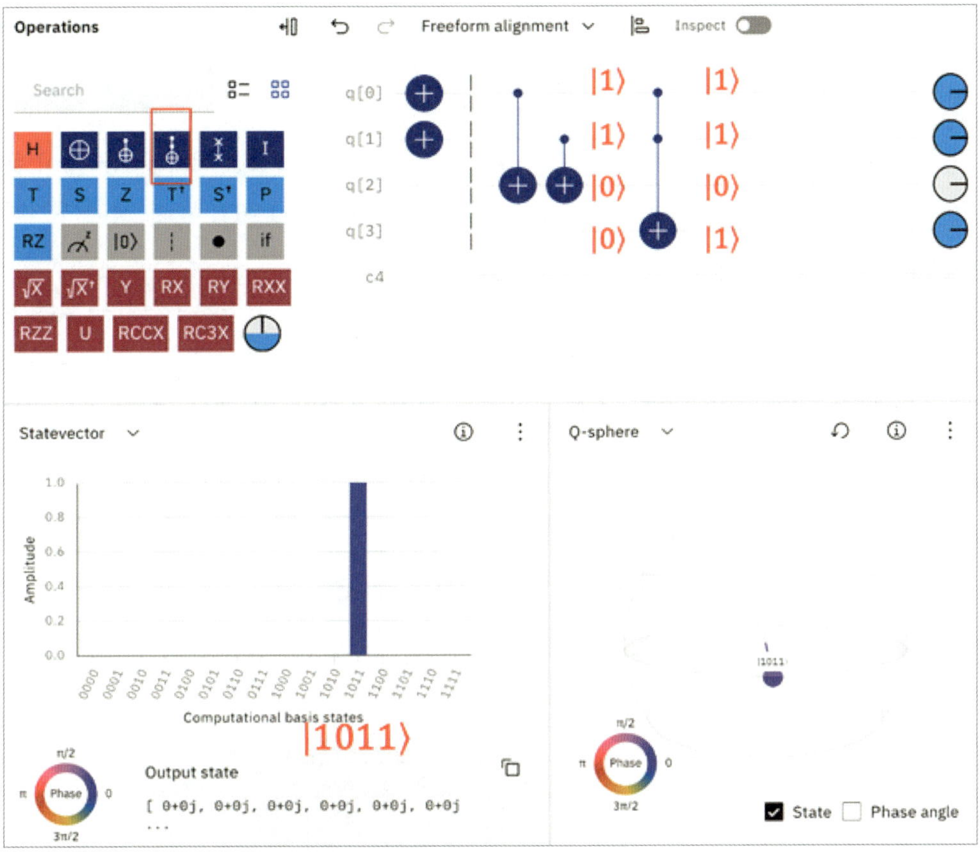

그림 1-18 반가산기의 carry를 q[3]에 계산하는 회로

표 1-4의 진리표에 따르면, *CCX* 게이트는 다음과 같이 작동한다.

- 두 개의 제어 큐비트의 상태는 어떤 경우에도 변하지 않는다.
- 제어 큐비트 둘 다 |1⟩ 상태에 있으면, 타겟 큐비트에 *X* 게이트를 적용하여 비트 반전을 일으킨다.
- 제어 큐비트 중 하나라도 |0⟩ 상태이면 타겟 큐비트의 상태는 변하지 않는다.

그림 1-18의 회로에서, *CCX* 게이트의 제어 큐비트인 q[0]와 q[1]이 모두 |1⟩ 상태에 있기 때문에 타겟 큐비트 q[3]에 *X* 연산이 적용된다. 이에 따라 q[3]의 상태는 *CCX* 게이트에 의해 |0⟩에서 |1⟩으로 변한다. 즉, *CCX* 게이트는 회로의 상태를 |0011⟩에서 |1011⟩으로 변경한다. 이 결과로부터 1+1을 계산했을 때 발생하는 올림(C)에 해당하는 값이 q[3]의 상태로 정확히 나타남을 알 수 있다.

1.2.6 반가산기 양자 회로와 양자 중첩

그림 1-18에서 배리어 이후(오른쪽)의 회로가 반가산기 회로를 구현한 것이고, 배리어 이전(왼쪽)의 회로는 반가산기의 입력을 준비하는 회로이다. 이 회로에서 1+1=10이 계산되었으며, 입력 준비 회로에서 X 게이트를 하나 제거하면 0+1=01, 두 개 모두 제거하면 0+0=00을 계산할 수 있다.

입력 상태를 $|0\rangle$와 $|1\rangle$이 중첩된 상태로 만들기 위해 H 게이트를 사용할 수 있다. H 게이트는 표 1-5와 같이 작동한다. 여기서 중첩된 상태 $\frac{1}{\sqrt{2}}(|0\rangle+|1\rangle)$과 $\frac{1}{\sqrt{2}}(|0\rangle-|1\rangle)$을 각각 $|+\rangle$, $|-\rangle$ 상태라고 한다. 즉, H 게이트는 큐비트 상태를 $|0\rangle$에서 $|+\rangle$로, $|1\rangle$에서 $|-\rangle$로 변환하는 게이트이다.

표 1-5 *H* 게이트 연산

input state	output state
$\|0\rangle$	$\|+\rangle = \frac{1}{\sqrt{2}}(\|0\rangle+\|1\rangle)$
$\|1\rangle$	$\|-\rangle = \frac{1}{\sqrt{2}}(\|0\rangle-\|1\rangle)$
$\alpha\|0\rangle + \beta\|1\rangle$	$\alpha\|+\rangle + \beta\|-\rangle$

그림 1-18의 입력 준비 회로에서 두 개의 X 게이트를 두 개의 H 게이트로 교체하여 그림 1-19의 회로를 만들면, 반가산기의 입력 상태는 $|00{+}{+}\rangle$가 된다. 이를 기저 상태들의 선형 결합으로 표현하면 다음과 같다.

$$|00{+}{+}\rangle=\frac{1}{2}(|0000\rangle+|0001\rangle+|0010\rangle+|0011\rangle)$$

이 입력 상태는 반가산기 회로를 거치면서, 0+0, 0+1, 1+0, 1+1의 연산을 동시에 수행할 수 있게 해준다.

양자 연산은 선형 연산이므로, 중첩된 입력 상태에 대한 출력 상태는 각 입력 상태에 대해 동일한 양자 연산을 적용한 결과들의 선형 결합이다. 따라서 반가산기 회로를 구성하는 CX,CCX 게이트의 작동 결과, 회로의 양자 상태는 다음과 같은 형태의 중첩 상태가 된다.

$$\frac{1}{2}(|0000\rangle+|0101\rangle+|0110\rangle+|1011\rangle)$$

그림 1-19 q[0,1]을 중첩 상태로 했을 때 반가산기 회로의 양자 상태

이는 반가산기 회로에서 0+0=00, 0+1=01, 1+0=01, 1+1=11의 다른 연산들이 동시에 진행되어 중첩 상태로 나타난 것을 의미한다. 이와 같이 양자 중첩을 이용하여 여러 계산을 동시에 진행하는 것은 양자 컴퓨팅의 주요한 특성 중 하나이다. 양자 중첩에 대한 자세한 내용은 3장에서 깊이 있게 다룰 것이다.

그림 1-20에서처럼 회로의 양자 상태가 $\frac{1}{2}(|0000\rangle+|0101\rangle+|0110\rangle+|1011\rangle)$일 때 측정기 아이콘을 각 큐비트에 가져다 놓으면, 네 가지 기저 상태 $|0000\rangle$, $|0101\rangle$, $|0110\rangle$, $|1011\rangle$ 중 하나가 측정되며 그 중 특정 상태가 측정될 확률은 $\left(\frac{1}{2}\right)^2=\frac{1}{4}$이다. 그림 1-20에서는 $|0000\rangle$ 상태가 측정되었다(그림 왼쪽 아래쪽 Statevector 참조). 이 결과는 실제 양자 컴퓨터에서의 실행 결과가 아니라, 측정 결과가 확률적으로 나타나도록 설계한 고전 컴퓨터에서의 시뮬레이션을 통해 얻은 결과이다. 이에 따라 퀀텀 컴포저의 양자 회로에 대한 측정 결과는 설정한 시드 값(visualization seed)에 따라 다르게 나타날 수 있다.

그림 1-20 q[0,1]을 중첩 상태로 했을 때 반가산기 회로의 측정 결과

1.2.7 퀀텀 컴포저로 작성한 양자 회로를 파이썬 코드로 표현하기

퀀텀 컴포저에서 작성된 양자 회로를 생성하는 QASM(Quantum Assembly Language) 코드 혹은 파이썬(Python) 소스 코드를 보고 싶다면, 퀀텀 컴포저 화면(그림 1-21)의 오른쪽에 있는 QASM이 표시된 풀다운 메뉴에서 Qiskit을 선택한다. 이 메뉴에서 표시된 코드는 파이썬의 Qiskit 라이브러리를 사용하여 양자 회로를 구현한 소스 코드다. 해당 소스 코드를 복사한 후, 파이썬 개발 환경(예: Jupyter 노트북, Google Colab 등)에 붙여 넣고 실행하면 반가산기 양자 회로를 구현하는 객체가 생성된다. 이 과정은 시각적 도구에서 작성된 양자 회로를 프로그래밍 방식으로 구현하는 방법을 제공한다.

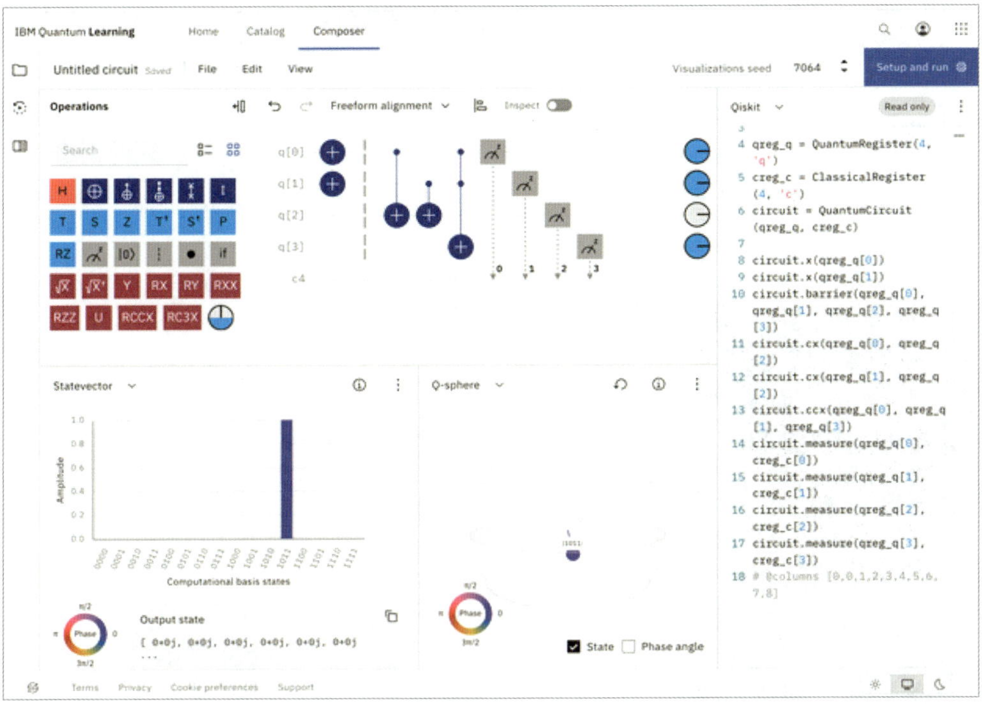

그림 1-21 반가산기 회로 객체를 생성하는 파이썬 코드

1.2.8 퀀텀 컴포저로 작성한 양자 회로를 양자 컴퓨터에서 실행하기

퀀텀 컴포저에서 작성된 양자 회로를 IBM 양자 컴퓨터에서 실행하려면, 화면 오른쪽 위의 "Setup and Run" 버튼을 클릭한다. 이후 나타나는 그림 1-22의 화면에서 사용하고자 하는 IBM 양자 컴퓨터를 선택할 수 있다. 양자 컴퓨터를 선택한 후 "Run on ..." 버튼을 클릭하면 해당 양자 회로가 Job으로 제출된다.

제출된 Job은 IBM 양자 컴퓨터의 대기열에 들어가며, 대기 시간이 지나면 수행된다. Job의 상태는 Composer Jobs 목록(그림 1-23)에 표시된다. 예를 들어, 반가산기 회로를 ibm_brisbane에서 실행한 결과를 그림 1-24와 같이 확인할 수 있다.

양자 컴퓨터에서 측정된 결과 분포는 양자 컴퓨터의 특성상 양자 오류(quantum error)를 포함할 수 있다. 시뮬레이션은 이론적으로 완벽한 양자 상태와 게이트 연산을 바탕으로 진행되는 반면, 실제 양자 컴퓨터에서는 다양한 물리적 제약과 오류가 존재하기 때문에 측정 결과에 차이가 발생한다. 특히 다중 큐비트 양자 회로일수록 오류 발생 가능성이 높아지며, 이로 인해 측정 결과 또한 이론적 예측과 다르게 나타날 수 있다. 따라서 양자 컴퓨터에서 실행된 결과는 양자 오류를 고려해야 하며, 오류 정정 코드(7장 참조)나 향상된 양자 하드웨어 기술 개발을 통해 오류를 줄이기 위한 노력이 활발히 진행되고 있다. Qiskit의 시뮬레이터를 사용하는 경우에도, 오류 모델을 적용하여 양자 회로를 실행할 수 있는 옵션이 있다.

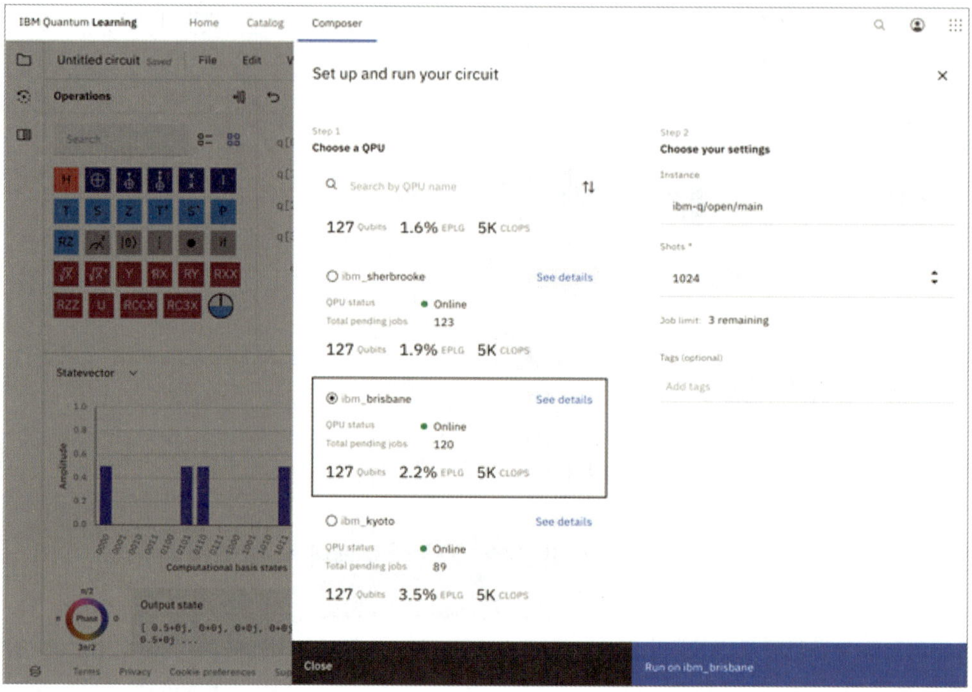

그림 1-22 퀀텀 컴포저의 양자 회로를 IBM 양자 컴퓨터로 실행하는 화면

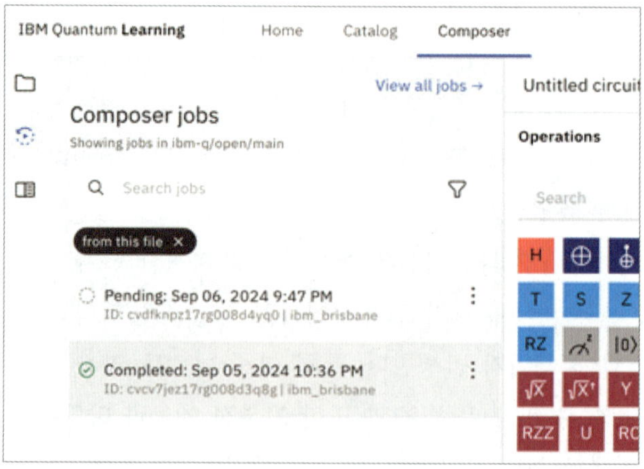

그림 1-23 IBM 양자 컴퓨터에서 수행한 composer jobs 목록

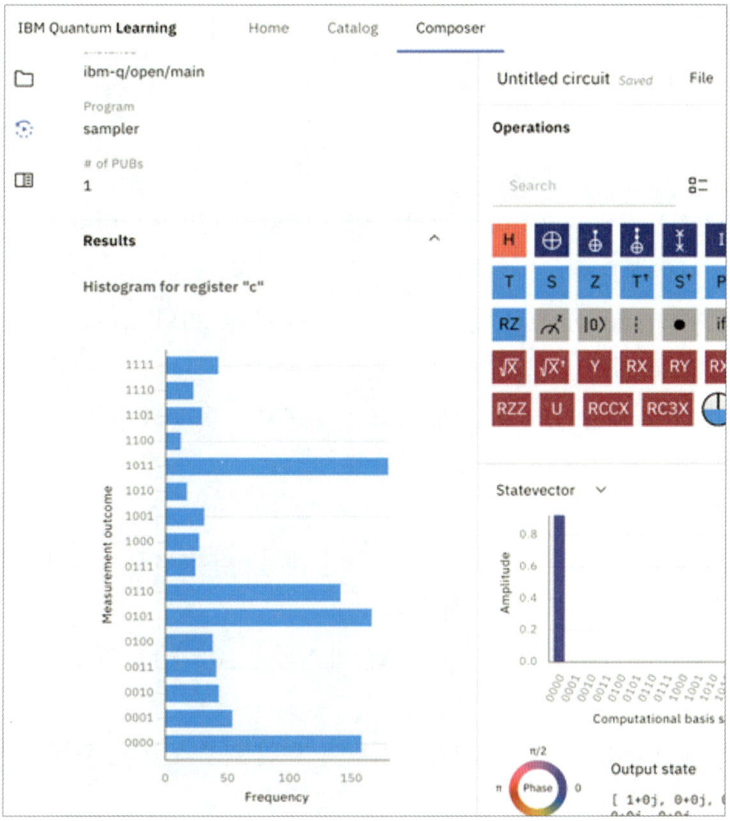

그림 1-24 반가산기 양자 회로를 IBM 양자 컴퓨터에서 실행한 결과

연습문제

1. IBM 퀀텀 컴포저를 이용하여 1-큐비트 양자 레지스터를 가진 양자 회로를 만들고 X 게이트를 적용해 보자.
   (1) 상태 벡터(statevector) 출력을 보고, 양자 레지스터의 상태를 $|0\rangle$와 $|1\rangle$의 선형 결합으로 표현하라.
   (2) 양자 레지스터를 측정했을 때, 측정값이 '0'일 확률과 '1'일 확률은 각각 얼마인가?

2. IBM 퀀텀 컴포저를 이용하여 1-큐비트 양자 레지스터를 가진 양자 회로를 만들고 X 게이트와 H 게이트를 순서대로 적용해 보자.
   (1) 상태 벡터 출력을 보고, 양자 레지스터의 상태를 $|0\rangle$와 $|1\rangle$의 선형 결합으로 표현하라.
   (2) 양자 레지스터를 측정했을 때, 측정값이 '0'일 확률과 '1'일 확률은 각각 얼마인가?

3. IBM 퀀텀 컴포저를 이용하여 1-큐비트 양자 레지스터를 가진 양자 회로를 만들고 X 게이트와 H, T 게이트를 순서대로 적용해 보자.
   (1) 상태 벡터 출력을 보고, 양자 레지스터의 상태를 $|0\rangle$과 $|1\rangle$의 선형 결합으로 표현하라.
   (2) 양자 레지스터를 측정했을 때, 측정값이 '0'일 확률과 '1'일 확률은 각각 얼마인가?

4. IBM 퀀텀 컴포저를 이용하여 2-큐비트 양자 레지스터를 가진 양자 회로를 만들고 q[0]에 X 게이트를 적용해 보자.
   (1) 상태 벡터 출력을 보고, 양자 레지스터의 상태를 $|00\rangle, |01\rangle, |10\rangle, |11\rangle$의 선형 결합으로 표현하라.
   (2) 양자 레지스터를 측정했을 때, 측정값이 '00', '01', '10', '11'일 확률은 각각 얼마인가?

5. IBM 퀀텀 컴포저를 이용하여 2-큐비트 양자 레지스터를 가진 양자 회로를 만들고 q[0]에 X 게이트를 적용하고 q[1]에 H 게이트를 적용해 보자.

(1) 상태 벡터 출력을 보고, 양자 레지스터의 상태를 $|00\rangle, |01\rangle, |10\rangle, |11\rangle$의 선형 결합으로 표현하라.

(2) 양자 레지스터를 측정했을 때, 측정값이 '00', '01', '10', '11'일 확률은 각각 얼마인가?

6. IBM 퀀텀 컴포저를 이용하여 2-큐비트 양자 레지스터를 가진 양자 회로를 만들고 q[0]에 X 게이트를 적용하고 q[1]에 H 게이트를 적용한 다음, q[1]을 제어 큐비트, q[0]를 타겟 큐비트로 하는 CX 게이트를 적용해 보자.

(1) 상태 벡터 출력을 보고, 양자 레지스터의 상태를 $|00\rangle, |01\rangle, |10\rangle, |11\rangle$의 선형 결합으로 표현하라.

(2) 양자 레지스터를 측정했을 때, 측정값이 '00', '01', '10', '11'일 확률은 각각 얼마인가?

7. 문제6의 양자 회로에 큐비트 q[0]를 측정하여 측정값을 고전 레지스터 0번 비트에 저장하고, 큐비트 q[1]를 측정한 값을 고전 레지스터 1번 비트에 저장하는 회로를 만들어 보자. 상태 벡터 출력을 보고, 측정 후 양자 레지스터의 상태를 $|00\rangle, |01\rangle, |10\rangle, |11\rangle$의 선형 결합으로 표현하라.

2장

프로그램으로 양자 회로 표현하기

1장에서 양자 회로의 기본 구성 요소를 학습했으므로, 이제 좀더 복잡한 양자 회로를 구현하는 방법을 살펴보자. 단순한 양자 회로는 퀀텀 컴포저 같은 시각적 도구를 통해 쉽게 구성할 수 있다. 하지만 복잡한 양자 회로는 프로그래밍을 통해 구성하고 실행하는 것이 더 효율적이며, 이를 통해 보다 세밀한 제어와 확장이 가능하다.

2장에서는 파이썬 프로그래밍 언어를 사용하여 양자 회로를 구현하는 프로그램을 작성하고, 그 동작을 이해하는 연습을 할 것이다. 파이썬 프로그램에 익숙하지 않은 독자들을 위해, 클래스와 객체, 함수의 기본 개념 및 사용 문법을 간단히 설명할 것이다. 파이썬 프로그램을 처음 접하는 독자들은 이 장을 읽는 것만으로 파이썬 프로그래밍을 할 수 있는 충분한 지식을 얻을 수 있다. 파이썬 프로그램에 익숙한 독자라면 해당 설명을 빠르게 넘어가고, Qiskit 패키지에서 제공하는 주요 클래스와 함수들에 대한 설명 부분만 학습하면 충분할 것이다.

2.1 파이썬 프로그램과 Qiskit 라이브러리

간단한 양자 회로는 IBM퀀텀 컴포저에서 작성할 수 있지만, 복잡한 회로를 구성하고 이를 시뮬레이터나 양자 컴퓨터에서 실행하려면 IBM의 공개소스 라이브러리인 Qiskit을 이용하여 파이썬 프로그램을 작성해야 한다. Qiskit 라이브러리는 2024년 버전 1.xx이 공개되었으며, 이전 버전인 0.xx 보다 성능이 개선되었으나 일부 호환되지 않는 부분이 있다. 이 책에서는 최신 버전인 1.xx 기준으로 코드를 작성하여 설명한다. Qiskit의 API 레퍼런스는 IBM 웹페이지 Qiskit API Reference[1]에서 확인할 수 있으며, 이 자료를 통해 Qiskit의 최신 기능과 코드 사용법에 대한 자세한 정보를 얻을 수 있다.

2.1.1 개발 환경 및 Qiskit Library 설치

파이썬 프로그램을 처음 접하는 사람이라면 파이썬 개발 환경을 설치하는 것부터 시작해야 한다. 가장 간단한 방법으로 Google Colab을 사용하는 환경을 추천한다. Google Colab[2]은 웹 기반으로 파이썬 코드를 입력하고 실행할 수 있는 편리한 도구로, 추가적인 설치 없이 바로 파이썬 개발을 시작할 수 있다. Google Colab을 사용하여 양자 회로를 작성하는 프로그램을 개발하기 위해 다음과 같은 단계로 진행한다.

1. Google Colab에 가입: Google Colab에 접속하여 Google 계정으로 로그인한다.
2. '새 노트북 만들기' 선택: 로그인 후, '새 노트북 만들기'를 선택한다. 새로 만들어진 노트북에서 파이썬 코드를 입력하고 실행할 수 있다.
3. 노트북 셀: 새 노트북에는 코드를 입력할 수 있는 네모 칸, 즉 "셀(cell)"이 생성된다. 셀에 코드를 입력한 후 셀 왼쪽 위의 화살표 버튼을 클릭하면, 셀의 내용이 실행되고 결과가 셀 아래에 표시된다. 셀의 위와 아래 빈 공간에 커서가 위치하면 '+코드' 버튼이 나타나므로 이 버튼을 클릭하여 셀을 추가할 수 있다.
4. 패키지 설치: 이 책에서 제공된 파이썬 코드를 실행하려면 먼저 Qiskit Library를 설치해야 한다. Qiskit Library 중 qiskit과 qiskit-ibm-runtime, qiskit-aer를 설치한다. 이 때 회로 출력을 위해 필요한 pylatexenc도 함께 설치하는 것이 좋다. matplotlib 와 NumPy는 colab에 이미 설치되어 있기 때문에 다시 설치하지 않는다.

1 https://docs.quantum.ibm.com/api/qiskit

2 https://colab.research.google.com/

```
python

!pip install qiskit qiskit-ibm-runtime qiskit_aer pylatexenc

Collecting qiskit
  Downloading qiskit-1.2.2-cp38-abi3-manylinux_2_17_x86_64.manylinux2014_
Collecting qiskit-ibm-runtime
  Downloading qiskit_ibm_runtime-0.30.0-py3-none-any.whl.metadata (19 kB)
Collecting qiskit_aer
```

코드 2-1 colab에서 qiskit 설치

파이썬 패키지 인스톨러 명령어인 pip명령어는 파이썬 코드의 일부가 아니기 때문에 '!' 기호를 사용하여 시스템 명령어임을 나타낸다. 셀에 입력된 내용이 자동으로 실행되는 것이 아니므로 왼쪽의 화살표를 클릭하여 셀을 실행하면 코드 2-1과 같은 출력 후에 설치가 완료되었음이 표시된다.

5. 설치 확인: 이제 노트북에서 Qiskit을 사용하는 파이썬 코드를 입력하고 실행할 수 있다. 새로운 코드를 입력하는 셀을 새로 만들기 위해서는 '+코드' 버튼을 클릭한다. qiskit을 임포트하고 버전 정보를 출력하는 코드를 입력한 후 수행하여 정상적으로 설치되었는지 확인할 수 있다(코드 2-2 참조).

```
python

import qiskit
qiskit.version.get_version_info()

'1.3.2'
```

코드 2-2 Qiskit 버전 확인

작성한 코드는 셀 왼쪽 위의 화살표를 클릭해야 실행되고, 각 셀은 개별적으로 실행된다는 점을 기억하자. 여기서 중요한 점은 셀을 실행하는 순서가 중요하다는 것이다. 노트북에 여러 셀들이 있을 경우 셀의 위치 순서대로 자동으로 실행되는 것이 아니고, 사용자가 실행한 순서대로 수행된다는 뜻이다. 또한 셀을 수행한 후 코드 내용을 수정했다면, 해당 셀을 다시 실행해야 수정된 내용이 반영된다. Python 소스 코드에서 # 기호 이후의 내용은 그 줄의 끝까지 실행되지 않는 주석 부분이다.

2.1.2 클래스와 객체

파이썬 프로그래밍 언어는 직관적이고 읽기 쉬운 프로그래밍 언어이다. 파이썬은 객체 지향 프로그래밍 언어(object-oriented programming language)로서 프로그램 내에서 데이터는 객체로 표현된다. 이 장에서는 주로 클래스, 객체, 함수와 같은 개념들을 다루게 되며, 이를 이해하는 데 필요한 핵심 개념들을 간단히 설명하려고 한다.

Qiskit Library를 사용하여 양자 회로 객체를 생성하는 파이썬 코드는 다음과 같은 첫 문장으로 시작한다.

python

```
from qiskit import QuantumCircuit
c1 =  QuantumCircuit(2) # QuantumCircuit 클래스의 객체를 생성하여 c1 에 치환
```

코드 2-3 QuantumCircuit 클래스의 양자 회로 객체 생성

여기서 `QuantumCircuit`은 Qiskit 패키지에서 제공하는 클래스 이름이고, `c1`은 프로그램에서 생성하는 변수의 이름이다.

- 변수(variable)란 값을 저장할 수 있는 객체(object)를 의미한다. 프로그램을 실행하는 동안 변수의 값은 변경될 수 있으며, 이를 통해 다양한 연산을 수행할 수 있다. 변수 이름은 알파벳, 숫자, 그리고 밑줄('_')을 조합하여 임의로 만들 수 있지만, 첫 글자는 숫자가 될 수 없다.
- 객체는 데이터를 저장할 수 있는 단위이며, 정수, 문자열, 실수 등 다양한 데이터 타입을 담을 수 있다. 예를 들어, `sum = 3`이라는 코드가 실행되면 `sum`이라는 객체가 생성되고, 여기에 정수 3이 저장된다. `sum` 객체는 파이썬의 `int`형 데이터로, 4바이트의 저장 공간이 할당되며, +와 같은 연산자를 이용한 덧셈 등의 정수 연산을 수행할 수 있다. 객체에 저장되는 데이터의 유형에 따라 객체에 수행할 수 있는 연산이 달라진다.

파이썬에는 다양한 기본 데이터 타입(built-in types)이 이미 정의되어 있어, 정수, 실수와 글자처럼 기본적인 형태의 데이터의 연산을 손쉽게 사용할 수 있게 한다.

- `int`: 정수 데이터를 저장하며, 정수 산술 연산(+,-,*,//)이 가능하다.

- str: 문자열 데이터를 저장하며, 문자열 연결, 슬라이싱 등의 문자열 처리 연산이 가능하다. 문자열 데이터는 홑따옴표나 쌍따옴표를 사용하여 표현할 수 있다. 예를 들면 'quantum' 혹은 "quantum"과 같이 표현한다.
- float: 실수 데이터를 저장하며, 소수점 연산을 처리할 수 있다.

양자 회로처럼 복잡하고 일반적이지 않은 객체를 표현하기 위해서는 사용자가 새로운 데이터 타입(type)을 정의할 수 있는데, 이를 클래스라고 한다. 클래스는 객체를 생성하기 위한 설계도로 볼 수 있다. 클래스를 정의할 때는 그 클래스의 객체가 어떤 데이터를 저장해야 하는지, 그리고 그 객체에 대해 어떤 연산을 수행할 수 있을지를 결정해야 한다. 이를 위해 클래스는 다음과 같은 두 가지 주요 구성 요소를 가진다:

- 속성(attribute 또는 멤버 변수): 객체가 저장하는 데이터이다. 예를 들어, 양자 회로의 경우 큐비트의 상태나 회로에 포함된 게이트 정보를 저장할 수 있다.
- 메소드(method 또는 멤버 함수): 객체에 대해 수행할 수 있는 연산이다. 예를 들어, 양자 회로의 경우 게이트를 추가하는 연산이나 상태를 측정하는 연산을 수행할 수 있다.

클래스는 이러한 속성과 메소드를 정의함으로써 객체의 구조와 행동을 정의한다. 객체는 이 클래스를 기반으로 하여 구체화된 인스턴스로 만들어진다. 예를 들어, qiskit.QuantumCircuit 클래스는 양자 회로를 나타내는 객체를 생성하고, 그 객체에 양자 게이트를 추가하거나 상태를 측정하는 등 다양한 연산을 수행할 수 있다.

python

```
import qiskit
sum = 3
print('type of sum object is ', type(sum))
c1 = qiskit.QuantumCircuit(2)
print('type of c1 object is ', type(c1))
```

```
type of sum object is  <class 'int'>
type of c1 object is  <class 'qiskit.circuit.quantumcircuit.QuantumCircuit'>
```

코드 2-4 객체의 클래스(타입)를 출력하는 함수 type()

코드 2-4에서 객체의 클래스(타입) 이름을 반환하는 type() 함수를 호출하여 sum과 c1 객체의 타입을 각각 확인할 수 있다. c1 객체의 클래스는 다음과 같은 긴 이름을 가진다.

```
class qiskit.circuit.quantumcircuit.QuantumCircuit
```

QuantumCircuit 클래스를 사용하기 위해서는 먼저 qiskit 패키지를 import 해야 한다. 코드 2-4의 import qiskit 대신 코드 2-3의 from qiskit import QuantumCircuit를 사용하면, 클래스 이름을 qiskit.QuantumCircuit 대신에 QuantumCircuit이라고 쓸 수 있다.

python

```python
from qiskit import QuantumCircuit
c1 =  QuantumCircuit(2)
print('object c1 has the following qubits :\n', c1.qubits)
print('object c1 has the following name :\n', c1.name)
```

```
object c1 has the following qubits :
 [Qubit(QuantumRegister(2, 'q'), 0), Qubit(QuantumRegister(2, 'q'), 1)]
object c1 has the following name :
 circuit-158
```

코드 2-5 QuantumCircuit 객체의 속성(멤버 변수) qubits와 name

QuantumCircuit 클래스의 속성은 객체에 저장된 데이터를 나타내며, 이를 통해 객체 내부의 상태에 접근할 수 있다. 예를 들어, QuantumCircuit.qubits는 해당 양자 회로에서 사용되는 큐비트들의 정보를 나타내고, QuantumCircuit.name은 그 양자 회로의 이름을 나타내는 문자열이다. 예를 들면, 코드 2-5에서 객체 c1을 생성한 후에는 c1.qubits와 c1.name을 사용하여 c1객체의 속성들에 접근할 수 있으며, 그 값들을 확인하거나 변경할 수 있다.

python

```python
from qiskit import QuantumCircuit
c1 =  QuantumCircuit(2)
c1.x(0)
```

```
<qiskit.circuit.instructionset.InstructionSet at 0x114dbfd90>
```

코드 2-6 QuantumCircuit 클래스의 메소드 x()

QuantumCircuit 클래스의 메소드 x()는 양자 회로에서 특정 큐비트에 X 게이트를 적용하는 연산을 구현한다. 코드 2-6에서 QuantumCircuit 클래스의 객체인 c1에 대하여 설계도에 따라 c1.x()라는 메소드를 호출할 수 있다. 특정 클래스에서 정의된 메소드들은 그 클래스에 속한 객체만이 호출할 수 있는 함수들이다. 만약 A 클래스와 B 클래스에 동일한 이름의 메소드 x()가 있더라도, A.x()와 B.x()는 다른 함수이다.

클래스 이름을 정하는 규칙은 변수 이름을 정하는 규칙과 동일하다. 관례적으로, 파이썬에서는 클래스 이름의 첫 글자를 대문자로 사용하는 것이 일반적이다. 이는 프로그램의 가독성을 높이고, 클래스와 변수, 함수의 이름을 구별하기 위해 사용된다. 이 규칙은 프로그래머가 코드를 더 쉽게 이해하고 유지 보수하는 데 도움을 준다. 예를 들어, 클래스 이름은 MyClass, QuantumCircuit처럼 첫 글자를 대문자로 시작하고, 변수나 함수 이름은 my_variable 또는 calculate_result()처럼 소문자로 시작하는 것이 일반적이다.

2.1.3 함수를 이용한 모듈화

프로그램을 기능에 따라 모듈화 하여 작성하면 유지 보수가 용이하고 이해하기도 쉽다. 모듈화된 프로그램의 일부를 함수라고 한다. 파이썬에서 함수를 사용하기 위해서는 함수를 먼저 정의해야 한다.

python

```
def concatenate_str(a,b,c):
  # 문자열 a,b,c 를 연결한 문자열을 반환하는 함수
  result = a+b+c
  print (a,b,c,result)
  return result
```

코드 2-7 함수의 정의

함수를 정의하려면 def 키워드를 사용하고, 함수 이름, 괄호, 그리고 콜론(:)을 작성한다. 그 아래에 함수가 실행할 코드를 들여쓰기 하여 작성한다. 함수는 필요에 따라 매개변수(parameters)를 받을 수 있고, return 키워드를 사용해 값을 반환할 수 있다. 코드 2-7에서 concatenate_str() 함수를 정의한다. 매개변수들은 a,b,c이고 result를 반환한다. 파이썬에서 문자열의 덧셈 결과는 두 문자열을 순서대로 연결한 문자열이다.

python

```
answer = concatenate_str('12345','abc','??')
print(answer)
```

```
12345 abc ?? 12345abc??
12345abc??
```

코드 2-8 함수의 호출

함수를 정의한 후에는 함수 이름을 사용하여 원하는 곳에서 호출할 수 있다. 함수가 반환하는 값은 다른 변수에 저장하거나 바로 출력할 수 있다. 코드 2-8에서 concatenate_str() 함수를 호출한다. a='12345', b='abc', c='??'로 실행 되어 '12345abc??'가 반환된다. 매개변수에 전달되는 값을 인자라고 한다.

파이썬 함수는 전역 함수이거나 클래스 메소드(멤버 함수)이다.

- 전역 함수: 전역 함수는 특정 클래스에 속하지 않고, 전역적으로 호출할 수 있는 함수이다. 이 함수들은 보통 프로그램 어디서나 호출 가능하며, 객체를 생성하지 않아도 직접 사용할 수 있다. concatenate_str() 함수는 전역 함수의 예이다.
- 클래스 메소드(멤버 함수): 클래스 멤버 함수는 클래스 내부에 정의된 함수로, 객체에 바인딩되어 그 객체를 통해 호출된다. 멤버 함수를 호출할 때는 클래스의 객체를 통해서 호출된다. QuantumCircuit.x() 함수는 클래스 메소드의 예이다.

클래스 이름 다음에 ( )를 사용하면 클래스 메소드 __init__()를 호출하는 것이다. __init__()는 파이썬 클래스의 생성자 역할을 하는 특수한 메소드이다. 클래스 이름을 호출할 때 자동으로 실행되며, 객체 초기화를 담당한다. 예를 들어 코드 2-3에서 c1 =QuantumCircuit(2)는 QuantumCircuit.__init__(2)를 호출하여 생성된 객체를 c1 변수에 치환하는 것이다.

python

```
from qiskit.visualization import plot_distribution
plot_distribution(count)
```

코드 2-9 전역 함수의 호출

반면에 코드 2-9에서 plot_distribution()은 전역 함수이고, count라는 객체를 인자로 전달하여 plot_distribution()를 호출하는 것이다.

2.1.4 함수의 지역 변수와 전역 변수, 인자의 치환

파이썬에서 변수는 수식에서 치환이 될 때 선언된다. 함수 외부에서 선언된 변수는 전역 변수이고, 함수 내부에서 선언된 변수는 지역 변수이다.

python

```
# 함수의 호출과 지역/전역 변수
def concatenate_str(a,b,c):
    result = a+b+c                          # 지역 변수 result
    print ('a :', a, 'b :', b, 'c :', c, 'result :', result)
    return result

result = 'result is a global variable' # 전역 변수 result
answer = concatenate_str('12345','abc','??')
print('result = ', result)
```

```
a : 12345 b : abc c : ?? result : 12345abc??
result =  result is a global variable
```

코드 2-10 전역 변수와 지역 변수

코드 2-10에는 concatenate_str() 함수 내에 지역 변수 result가 있고, 함수 외부에 선언된 전역 변수 result와 answer이 있다. 전역 변수와 지역 변수는 다음과 같이 사용된다.

- 전역 변수: 함수 외부에서 선언된다.
  - 프로그램 전체에서 접근 가능하다.
  - 함수 내부에서 직접 접근할 수 있다.
- 지역 변수: 함수 내에서 선언된다.
  - 선언된 함수 내부에서만 접근 가능하다.

코드 2-10처럼 concatenate_str() 함수 내에 지역 변수 result가 있고 같은 이름의 전역 변수 result가 있을 경우, 함수 내에서 사용하는 지역 변수 result의 값이 변하더라도 전역 변수 result의 값은 함수 외부에서 변하지 않는다. 코드 2-10에서 전역 변수 result를 출력한 결과로부터 이를 확인할 수 있다.

python

```
# 함수 외부에서 지역 변수 접근 불가
def concatenate_str(a,b,c):
  result = a+b+c                        # 지역 변수 result
  print ('a :', a, 'b :', b, 'c :', c, 'result :', result)
  return result

answer = concatenate_str('12345','abc','??')
print('result = ', result)
```

```
a : 12345 b : abc c : ?? result : 12345abc??

---------------------------------------------------------------------------
NameError                                 Traceback (most recent call last)
Cell In[1], line 8
      5   return result
      7 answer = concatenate_str('12345','abc','??')
----> 8 print('result = ', result)

NameError: name 'result' is not defined
```

코드 2-11 함수 외부에서 지역 변수 접근 오류

반면 코드 2-11에서처럼 함수 외부에 전역 변수 `result`를 선언하지 않고 출력하면 오류가 발생한다. 지역 변수 `result`는 함수 외부에서 접근할 수 없기 때문이다.

python

```
def concatenate_str1(a,b='00',c='*'):
  # 디폴트 매개변수
  result = a+b+c
  print (a,b,c,result)
  return result

answer = concatenate_str1('12345','abc')
print(answer)
```

```
12345 abc * 12345abc*
12345abc*
```

코드 2-12 매개변수의 기본값 (디폴트 매개변수)

기본값을 갖는 매개변수는 함수가 호출될 때 인자가 전달되지 않으면 미리 지정한 기본값을 사용한다. 기본값을 설정하면 함수 호출 시 특정 매개변수에 값을 치환하지 않

아도 된다. 코드 2-12의 concatenate_str1() 함수의 매개변수 a는 기본값이 설정되지 않았고, b와 c는 기본값이 각각 '00', '*'로 설정되었다. 이 함수를 호출할 때 두 개의 인자를 사용했으므로, a='12345', b='abc', c='*'로 실행된다. 기본값이 있는 매개변수는 항상 기본값이 없는 매개변수보다 뒤에 사용해야 한다. 예를 들어, def 함수 (a, b=1):는 허용되지만, def 함수 (a=1, b):는 오류가 발생한다.

```python
def concatenate_str(a,b,c):
    result = a+b+c
    print (a,b,c,result)
    return result

# 키워드 매개변수 사용
answer = concatenate_str('12345',c='abc',b='??')

12345 ?? abc 12345??abc
```

코드 2-13 키워드 매개변수의 사용

키워드 매개변수는 함수를 호출할 때 매개변수의 이름을 명시하여 값을 전달하는 방법이다. 이를 사용하면 매개변수의 순서와 상관없이 인자를 전달할 수 있다. 코드 2-13에서 첫 번째 인자 '12345'는 위치 인자로서 a에 치환된다. 두 번째 인자와 세 번째 인자는 키워드 매개변수이기 때문에 'abc'는 c에 치환되고 '??'는 b에 치환된다. 함수 호출 시 위치 인자와 키워드 인자를 혼합해서 사용할 수 있다. 다만, 위치 인자는 항상 키워드 인자보다 먼저 사용되어야 한다.

2.1.5 for 반복문과 list, range 클래스

파이썬의 반복문을 사용할 때 기본 데이터 타입인 list와 range 클래스가 유용하게 사용되므로 그 사용법을 설명하겠다. list(리스트)는 파이썬에서 가장 많이 사용하는 데이터 구조로, 순서가 있는 변경 가능한 객체들의 집합이다. 리스트는 대괄호 [ ]를 사용해 정의하며, 숫자, 문자열, 심지어 다른 리스트나 객체 등 다양한 자료형을 포함할 수 있다.

python

```
# list class
list1 = [0, 10, 20, 30]
print("list1=", list1)
print("type of list1 : ",type(list1))
list2 = [0,'a',[3,'x']] # 다양한 객체로 구성된 list
print("list2=", list2)
list3 = list1 + list2   # list 의 + 연산
print("list3=", list3)
print("list1[0]=", list1[0])
print("list1[1]=", list1[1])
print("list1[2]=", list1[2])
print("list1[3]=", list1[3])
print(f'index of 20 in list1 is ', list1.index(20)) # list.index()
print("len(list3)=", len(list3)) # list3 의 길이 len() 함수
```

```
list1= [0, 10, 20, 30]
type of list1 :  <class 'list'>
list2= [0, 'a', [3, 'x']]
list3= [0, 10, 20, 30, 0, 'a', [3, 'x']]
list1[0]= 0
list1[1]= 10
list1[2]= 20
list1[3]= 30
index of 20 in list1 is  2
len(list3)= 7
```

코드 2-14 list 클래스

코드 2-14에서 list1, list2, list3 객체들은 리스트 객체이다.

- list2와 같이 리스트 원소들의 타입이 다를 수 있다.
- list 타입 객체의 원소들은 list1[0], list1[1]과 같이 정수 인덱스를 사용하여 접근할 수 있다.
- list.index() 함수를 사용하여 특정 원소의 인덱스를 반환한다. 같은 값을 가지는 원소가 여러 개인 경우 첫 번째 원소의 인덱스를 반환하므로 주의해 사용한다.
- len(list3)은 list3 객체의 원소 개수를 반환한다.
- list 객체에 대한 '+' 연산 결과는 두 개의 리스트 객체를 연결한 list 객체이다.

python

```
# range class
b_range = range (0,40,10)
```

```
print("b_range=", b_range)
print("type of b_range : ",type(b_range))
print("b_range[0]=", b_range[0])
print("b_range[1]=", b_range[1])
print("b_range[2]=", b_range[2])
print("b_range[3]=", b_range[3])
print("index of 20 in b_range is ",b_range.index(20))
print(f'len(b_range)={len(b_range)}')

print('list(b_range)= ',list(b_range))
```

```
b_range= range(0, 40, 10)
type of b_range :  <class 'range'>
b_range[0]= 0
b_range[1]= 10
b_range[2]= 20
b_range[3]= 30
index of 20 in b_range is  2
len(b_range)=4
list(b_range)=  [0, 10, 20, 30]
```

코드 2-15 range 클래스

range 클래스는 정수의 시퀀스를 표현하는 클래스로, 주로 반복문에서 숫자 시퀀스를 생성할 때 사용된다. range(start, stop, step)의 형식으로 사용된다. 세 개의 인자는 다음과 같이 사용되므로 range(n)은 range(0,n,1)과 같다.

- start는 시퀀스의 시작 값을 의미하며 기본값은 0이다.
- stop은 시퀀스의 끝을 의미하며, 시퀀스에 포함되지 않는다.
- step은 값이 증가하는 단위를 의미하며, 기본값은 1이다.

코드 2-15에서 range 클래스 객체 b_range를 생성하였다.

- range 타입 객체의 원소들은 b_range[0], b_range[1]과 같이 정수 인덱스를 사용하여 접근할 수 있다.
- b_range.index() 함수를 사용하여 특정 원소의 인덱스를 반환한다.
- len(b_range)은 b_range 객체의 원소 개수를 반환한다.
- list(b_range)를 호출하여 같은 원소로 구성된 list 객체를 생성할 수 있다.

python

```python
for e in ['xy',1,2.0,[5,4]]:
  print(e)
```

```
xy
1
2.0
[5, 4]
```

```python
for b in range(10,30,5):
  print(b)
```

```
10
15
20
25
```

```python
for c in 'abc':
  print(c)
```

```
a
b
c
```

코드 2-16 for 반복문

for 반복문은 시퀀스 객체(list, range, string 등)의 모든 요소에 대해 그 값을 반복 변수에 저장하고 한 번씩 실행한다. 파이썬 언어에서 범위를 start와 stop으로 표현할 때 $start \leq i < stop$과 같이 stop은 포함하지 않는 범위라는 것을 기억하자.

2.1.6 수정할 수 있는(mutable) 클래스와 copy() 함수

list 클래스는 매우 유용하게 사용되는 클래스이다. list 클래스와 다음 절에 설명되는 dict 클래스는 수정할 수 있는(mutable) 클래스이기 때문에 치환문을 실행할 때 객체가 복사되지 않는 점에 주의하여 사용해야 한다.

```python
list1 = [1,2,3]
list2 = list1
list2 += [4]
print (f'list1={list1} list2={list2}')
```

```
list1=[1, 2, 3, 4] list2=[1, 2, 3, 4]
```

코드 2-17 수정 가능한(mutable) 클래스 list의 치환

코드 2-17에서 리스트 객체인 list1을 list2에 치환할 때 list2의 객체는 새로 생성되지 않는다. 설명 그림과 같이 list2는 list1 객체의 새로운 이름이 될 뿐이다. 프로그래밍 언어에서 '레퍼런스(reference)'라고 하는 개념이다. 그렇기 때문에 list2 객체에 4를 추가하고 list1과 list2를 출력하면 모두 [1,2,3,4]가 출력된다. 실제로는 두 변수가 동일한 객체를 가리키고 있기 때문이다.

```
str1 = 'quantum'
str2 = str1
str2 += 'computing'
print(f'str1={str1} str2={str2}')
```

```
str1=quantum str2=quantumcomputing
```

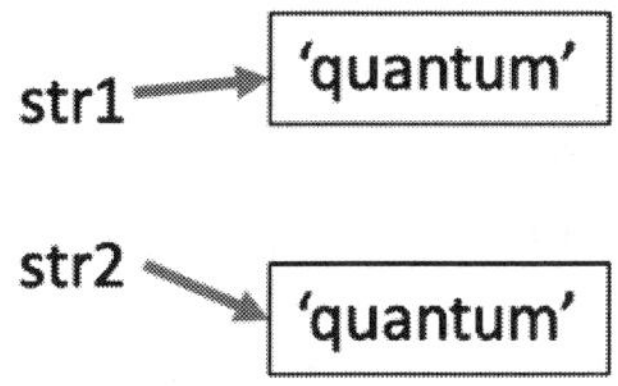

코드 2-18 수정 불가능한(immutable) 클래스 str의 치환

이와 비교하여, 수정 불가능한(immutable) 클래스의 객체는 치환문에서 동일한 내용의 새로운 객체가 생성된다. 수정 불가능한 클래스의 예로는 int, float, str, range 등이 있다. 코드 2-18에서 str 클래스의 객체인 str1을 str2에 치환하면, 설명 그림과 같이 새로운 객체가 생성된다. 그 결과 str2의 내용을 변경해도 str1의 내용은 변경되지 않는 것을 출력에서 확인할 수 있다.

```
list1 = [1,2,3]
list2 = list1.copy()
list2 += [4]
print (f'list1={list1} list2={list2}')
```

```
list1=[1, 2, 3] list2=[1, 2, 3, 4]
```

코드 2-19 수정 가능한(mutable) 클래스 list의 copy() 함수

수정 가능한 클래스의 객체를 동일한 내용으로 복사하여 치환하려면 코드 2-19와 같이 copy() 메소드를 사용한다. 설명 그림과 같이 list2 객체는 새로운 객체이므로, list2의 내용을 변경하더라도 list1의 내용은 변경되지 않는다(출력 참조).

2.1.7 dict 클래스, formatted 문자열

Qiskit 패키지에서 양자 회로를 실행한 결과는 dict 클래스의 객체로 표현된다. dict 클래스를 개략적으로 소개한다.

- dict는 키(key)-값(value) 쌍을 저장하는 해시 테이블 형태의 데이터 구조다.
- 사전(dictionary)처럼 동작하며, 키(key)를 통해 데이터를 빠르게 조회할 수 있다.
- 중괄호 {}를 사용하여 정의하며, 각 키와 값은 콜론 (:)으로 구분되고, 쌍은 쉼표 ','로

구분된다.

- 키는 고유해야 하며, 수정할 수 없는(immutable) 자료형(숫자, 문자열, 튜플 등)만 가능하다.
- 값은 중복 가능하며, 다양한 자료형을 가질 수 있다.

예를 들어, 코드 2-20에서 다음과 같은 스페인어-영어 사전 항목을 dict 클래스 객체 spanish 로 생성하고 for 반복문에서 사용하였다.

key ==spanish.keys()	**value** ==spanish.values()
'cero'	'zero' == spanish['cero']
'uno'	'one' == spanish['uno']

python

```
# dict class is a set of key:value pairs
spanish = {'cero':'zero', 'uno':'one'}

for key in spanish.keys():
  print(key, spanish[key])

print (spanish.keys())
print (list(spanish.keys()))
print (spanish.values())
print (list(spanish.values()))
```

```
cero zero
uno one
dict_keys(['cero', 'uno'])
['cero', 'uno']
dict_values(['zero', 'one'])
['zero', 'one']
```

코드 2-20 dict 클래스

- dict 클래스의 특정 value 값은 spanish['cero']와 같이 key 값을 인덱스로 사용하여 접근한다.
- dict 클래스의 keys() 함수는 모든 key 값들로 구성된 객체를 반환한다. list()를 사용하여 list 객체로 변환할 수 있다.
- dict 클래스의 values() 함수는 모든 value 값들로 구성된 객체를 반환한다. list()를 사용하여 list 객체로 변환할 수 있다.

- dict 객체에 특정 key 값이 존재하는지 판별하는 논리 연산자 in의 사용법을 코드 2-21에서 보여준다.

python

```
# dict class is a set of key:value pairs
spanish = {'cero':'zero', 'uno':'one'}

if 'one' in spanish:
  print('\'one\' is in spanish')
  print("spanish['one'] means ", spanish['one'])
elif 'cero' in spanish:
  print("'cero' is in spanish")
  print("spanish['cero'] means ", spanish['cero'])
else:
  print("'one' is not in spanish")
  print("'cero' is not in spanish")
```

```
'cero' is in spanish
spanish['cero'] means  zero
```

코드 2-21 dict 객체와 in 연산자

파이썬 3.6부터 도입된 f-string(formatted string)의 사용법을 살펴보자. f-string을 사용하면 문자열 안에 변수나 표현식을 포함해 동적으로 값을 삽입할 수 있기 때문에 문자열을 읽기 쉽고 간편하게 구성할 수 있다. f-string은 f" ", f' ', F" ", 또는 F' ' 형태로 문자열을 정의하며, 중괄호 {} 안에 변수나 표현식을 넣어 값을 삽입한다.

python

```
a = 12.346

print (a)
print ('a')
```

✓ 0.0s

```
12.346
a
```

```
print (f'a')
print (f'{a}')
```

✓ 0.0s

```
a
12.346
```

```
print (f"a = {a}")
print (f"a = {a:.2f}")
✓ 0.0s
a = 12.346
a = 12.35
```

코드 2-22 formatted 문자열 (f-string)

코드 2-22에서 사용된 ' ' 혹은 " "는 문자 혹은 문자열을 의미하며, 이 안에 있는 a는 변수가 아니라 단순히 문자 'a'로 처리된다. 반면에, f-string 내부에서 중괄호 {}를 사용하는 경우 중괄호 안에 있는 a는 변수로 인식되어 해당 변수의 값이 출력된다.

- 'a' 또는 "a": 단순히 문자 'a'를 출력하는 것이다. 이는 변수가 아닌 고정된 문자열이다.
- f'{a}': 여기서 중괄호 {} 안에 있는 a는 변수 a로 간주되어 변수 a의 값이 출력된다.
- f'{a:.2f}': 이 표현은 변수 a가 실수(float)일 때 소수점 이하 2자리까지 표현하여 값을 출력한다.

이렇게 f-string을 사용하면 문자열 내에 변수 값과 연산 결과를 손쉽게 포함할 수 있다.

2.1.8 비트(bit) 연산자와 논리 연산자

표 2-1 논리 연산의 진리표

논리 연산	NOT		AND			OR			XOR		
수식 표현	$X = A' = \bar{A} = \sim A$		$X = A \cdot B = A \wedge B = AB$			$X = A+B = A \vee B$			$X = A \oplus B$		
진리표	A	X	A	B	X	A	B	X	A	B	X
	0	1	0	0	0	0	0	0	0	0	0
	1	0	0	1	0	0	1	1	0	1	1
			1	0	0	1	0	1	1	0	1
			1	1	1	1	1	1	1	1	0

파이썬에서 논리 연산자(and, or, not)는 조건문의 관계식을 결합할 때 사용되며, 이들 논리 연산의 수식 표현과 진리표는 표 2-1에 정리되어 있다. 반면, 비트 연산자는 정수형 숫자의 각 비트별로(bitwise) 논리 연산을 수행한다. 대표적인 파이썬 비트 연산자로는 ~, &, |, ^ 등이 있으며, 이들은 각각 논리적 NOT 연산, AND 연산, OR 연산, XOR 연산을 비트 단위에서 수행하는 연산자이다. 양자 회로를 구성할 때 비트 연산과 논리 연산

python

```
x = 0b1100
y = 0b1010
print(f' x&y={x&y:08b} \n x|y={x|y:08b} \n x^y={x^y:08b}')
print(f' ~x={~x & 0b11111111:08b} \n x<<2={x<<2:08b} \n x>>3={x>>3:08b}')
```

```
x&y=00001000
x|y=00001110
x^y=00000110
~x=11110011
x<<2=00110000
x>>3=00000001
```

코드 2-23 비트 연산자의 연산 결과

이 활용되므로 파이썬의 비트 연산자와 논리 연산자들을 알아 두는 것이 유용할 것이다.

코드 2-23에서는 정수 변수 x, y를 2진수 표현으로 1100(십진수 12)과 1010(십진수 10)으로 초기화한 다음, 비트 연산자를 사용한 연산 결과를 8자리 2진수 표현으로 출력한다. 이로부터 각 비트 연산자의 연산 결과를 확인할 수 있다.

- & 연산: x와 y의 동일한 위치에 있는 비트가 모두 1인 경우에만 결과 비트가 1이 된다.

```
  00001100 (x)
& 00001010 (y)
  ------------
  00001000 (결과)
```

- | 연산: x와 y의 동일한 위치에 있는 비트 중 하나라도 1이면 결과 비트가 1이 된다.

```
  00001100 (x)
| 00001010 (y)
  ------------
  00001110 (결과)
```

- ^ 연산: x와 y의 동일한 위치에 있는 비트가 서로 다를 때 결과 비트가 1이 된다.

```
  00001100 (x)
^ 00001010 (y)
  ------------
  00000110 (결과)
```

- ~ 연산: 각 비트를 반전시킨다(1은 0으로, 0은 1로).

```
~ 00001100 (x)
-----------
  11110011 (결과)
```

파이썬에서 ~ 연산의 결과는 부호 있는 정수로 나타나므로, 추가로 & 0b11111111을 사용하여 하위 8비트만 출력하였다.

- `<< n` 왼쪽 시프트 연산: n 비트만큼 비트들을 왼쪽으로 이동시킨다. 이동된 자리의 오른쪽에는 0이 채워진다. 2^n만큼 정수 곱셈을 하는 것과 같다.

```
00001100 (x) << 2
-----------------
00110000 (결과)
```

- `>> n` 오른쪽 시프트 연산: n 비트만큼 비트들을 오른쪽으로 이동시킨다. 이동된 자리의 왼쪽에는 부호비트(양수는 0, 음수는 1)로 채워진다. 2^n으로 정수 나눗셈을 하는 것과 같다.

```
00001100 (x) >> 3
------------------
00000001        (결과)
```

2.1.9 NumPy 패키지

파이썬이 널리 사용되는 이유 중 하나는 풍부한 패키지 생태계가 있다는 점이다. 그 중에서도 NumPy는 가장 보편적으로 사용되는 패키지 중 하나로, 수치 계산과 배열 연산을 효율적으로 처리할 수 있게 해준다. 이 책에서도 예외는 아니다. 이 책에서는 블랙 박스 함수를 무작위로 생성하거나 행렬 연산을 수행하기 위해 NumPy 패키지를 사용하므로, 이와 관련된 함수들의 사용법에 대해 설명하도록 하겠다.

python

```python
import numpy as np

print('pi = ', np.pi)
np.random.seed(809)
print('np.random.randint(1,10) = ', np.random.randint(1, 10))
print('np.random.randint(2, size=3) = ', np.random.randint(2, size=3))
print("np.random.choice(['A', 'B', 'C'], size=[2,3]) =")
print(np.random.choice(['A', 'B', 'C'], size=[2,3]))
print('np.random.permutation(5) = ', np.random.permutation(5))
```

```
pi =  3.141592653589793
np.random.randint(1,10) =  8
np.random.randint(2, size=3) =  [1 0 1]
np.random.choice(['A', 'B', 'C'], size=[2,3]) =
[['C' 'B' 'B']
 ['B' 'C' 'A']]
np.random.permutation(5) =  [1 0 4 2 3]
```

코드 2-24 NumPy.random 사용 예

코드 2-24와 같이 일반적으로 NumPy를 np라는 이름으로 import하여 사용한다.

- π값을 사용하려면 np.pi를 사용한다.
- 난수 사용을 초기화하는 함수 np.random.seed() 함수에 고정된 인자를 사용하면, 난수 생성의 시작점을 고정할 수 있어 재현 가능한 결과를 얻을 수 있다. 인자 없이 np.random.seed() 함수를 호출하면 수행 시마다 다른 결과를 얻는다.
- np.random.randint(s,e)은 s와 e-1 사이의 정수 중 하나를 무작위로 선택하여 반환한다. s가 0인 경우 생략 가능하다.
- np.random.randint(s,e,size=n)은 s과 e-1 사이의 무작위로 선택한 정수 n 개의 리스트를 반환한다.
- np.random.choice(list1, size=[2,3])은 인자로 전달된 리스트의 원소를 무작위로 선택한다. size 인자는 1차원뿐 아니라 다차원의 배열로도 주어질 수 있다.
- np.random.permutation(n)은 0과 n-1 사이의 정수들의 무작위 순열을 반환한다.

python

```python
a = np.array([[1, 0], [0, 2]], dtype=float)
b = np.array([[0, 1], [1, 0]], dtype=float)
print('a =\n', a)
print('b =\n', b)
print('a + b =\n', a + b)
print('a @ b =\n', a @ b)
print ('a.T =\n', a.T)
print('inverse of a =\n', np.linalg.inv(a))
print("determinant of a is ", np.linalg.det(a))
eigenvalues, eigenvectors = np.linalg.eig(a)
for i in range(2):
    print(f"eigenvalue={eigenvalues[i]}, eigenvector={eigenvectors[:,i]}")
```

```
        v1 = eigenvalues[i]*eigenvectors[:,i]
        print('eigenvalue x eigenvector = ', v1)
        v2 = a @ eigenvectors[:,i]
        print('matrix x eigenvector = ', v2)
y = np.array([2, -1])
print(f'y = {y}')
# 방정식 풀이
x = np.linalg.solve(a, y)
print("solution of a*x=y:", x)
```

```
a =
 [[1. 0.]
 [0. 2.]]
b =
 [[0. 1.]
 [1. 0.]]
a + b =
 [[1. 1.]
 [1. 2.]]
a @ b =
 [[0. 1.]
 [2. 0.]]
a.T =
 [[1. 0.]
 [0. 2.]]
inverse of a =
 [[1.  0. ]
 [0.  0.5]]
determinant of a is  2.0
eigenvalue=1.0, eigenvector=[1. 0.]
eigenvalue x eigenvector =  [1. 0.]
matrix x eigenvector =  [1. 0.]
eigenvalue=2.0, eigenvector=[0. 1.]
eigenvalue x eigenvector =  [0. 2.]
matrix x eigenvector =  [0. 2.]
y = [ 2 -1]
solution of a*x=y: [ 2.  -0.5]
```

코드 2-25 NumPy의 행렬 연산

NumPy는 고성능의 다차원 배열 클래스 ndarray를 제공하며, 이를 이용하여 효율적인 행렬 연산을 수행할 수 있다.

- 행렬 곱셈은 `@` 연산자를 사용한다.
- `a.T`는 a의 전치 행렬이다.
- `np.linalg.inv(a)`는 a의 역행렬을 반환한다.
- `np.linalg.det(a)`는 a의 행렬식 값을 반환한다.
- `np.linalg.eig(a)`는 a의 고유값과 고유벡터를 반환한다. `i`번째 고유값에 대한 고

유벡터는 반환된 고유벡터 행렬의 i번째 열벡터이므로 e[:,i]로 사용한다. 고유벡터는 놈(norm)이 1인 단위 벡터이다.

- np.linalg.solve(a, y)는 행렬 a와 벡터 x, y에 대해 $ax = y$로 표현되는 연립 방정식의 해를 반환한다.

2.2 양자 회로를 파이썬 프로그램으로 구현하기

2.2.1 양자 회로의 예 1

Qiskit을 사용하여 양자 회로를 구현하고 수행하려면 먼저 양자 회로를 표현하는 QuantumCircuit 클래스의 객체를 만들어야 한다. 간단한 예로, 그림 2-1의 양자 회로를 구현하는 소스 코드는 코드 2-6과 같다.

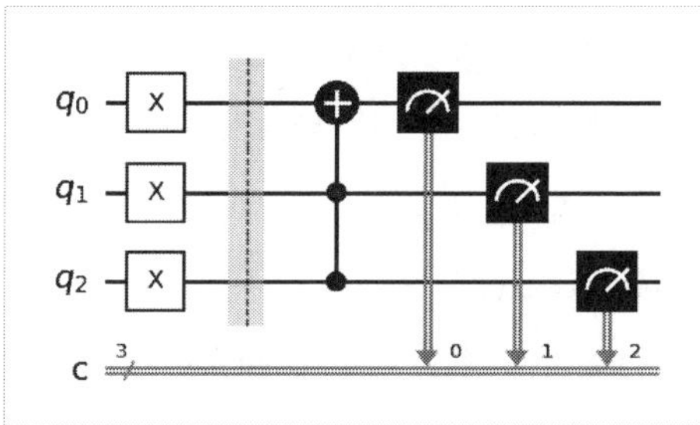

그림 2-1 Qiskit Library를 이용하여 구현한 3-큐비트 양자 회로

python

```
from qiskit import QuantumCircuit # 1. qiskit 라이브러리의 QuantumCircuit 클래스를 사용
# 3 qubit 양자 회로의 예
circuit = QuantumCircuit(3,3)  # 2. 양자 회로 클래스의 객체를 생성

# 양자레지스터의 상태를 0b111 로 초기화
circuit.x(0)      # 3. X gate to q0
circuit.x([2,1]) # 4. 2 X gates to q2,q1

# 회로에 배리어 표시
circuit.barrier() # 5.

circuit.ccx(2,1,0) # 6. CCX(control=2,1,target=0)

# 측정 회로 추가
circuit.measure([0,1,2],[0,1,2]) # 7.
```

```
<qiskit.circuit.instructionset.InstructionSet at 0x103f30730>
```

코드 2-26 3-큐비트 양자 회로를 구현하는 파이썬 코드 1

코드 2-26을 분석해 보기로 하자.

- `Line 1: from qiskit import Quantumcircuit`
  qiskit Library에 포함된 QuantumCircuit 클래스를 import 한다.
- `Line 2: circuit = QuantumCircuit(3,3)`
  3-큐비트의 양자 레지스터와 이를 측정하기 위한 3-비트의 고전 레지스터를 가지는 양자 회로 클래스의 객체를 생성하여 circuit이라는 이름의 객체에 치환한다. 이 회로의 레지스터들은 회로도에서 q_2, q_1, q_0와 c로 표현된다. 회로에 구성 요소를 추가하기 위해서는 QuantumCircuit 클래스들의 멤버 함수들을 호출한다.
- `Line 3: circuit.x(0)`
  QuantumCircuit.x() 함수를 호출하여 회로의 양자 레지스터 중 q[0] 큐비트에 X 게이트를 적용한다. 적용되는 큐비트의 일련 번호를 인자로 사용한다.
- `Line 4: circuit.x([2,1])`
  QuantumCircuit.x() 함수를 호출하여 회로의 양자 레지스터 중 q[2], q[1] 큐비트에 X 게이트를 적용한다. 이와 같이 적용되는 큐비트가 여러 개일 경우 일련 번호의 리스트를 인자로 사용할 수 있다.
- `Line 5: circuit.barrier()`
  QuantumCircuit.barrier() 함수는 회로에 배리어(세로 점선) 표시를 하여 영역을 구분하는 데 사용된다. 양자 연산은 아니다.
- `Line 6:  circuit.ccx(2,1,0)`
  QuantumCircuit.ccx() 함수는 CCX 게이트를 적용하는데 사용된다. 첫 번째와 두 번째 인자는 제어 큐비트의 일련 번호이고, 세 번째 인자는 타겟 큐비트를 지정한다.
- `Line 7:  circuit.measure([0,1,2],[0,1,2])`
  QuantumCircuit.measure() 함수는 Qiskit에서 양자 회로에 측정기를 추가하는 함수이다. 두 개의 정수 리스트를 인자로 받는데, 첫 번째 리스트는 측정 대상 양자 큐비트의 인덱스를, 두 번째 리스트는 측정 결과가 저장될 고전 비트의 인덱스를 나타낸다.

이 셀을 수행하면 그림 2-1과 같은 구성 요소를 가진 circuit 객체가 생성된다. QuantumCircuit.draw() 함수를 이용하여, 생성된 객체 circuit을 양자 회로 그림의 형태로 출력할 수 있다(그림 2-2 참조). 출력 형식은 'mpl'(matplotlib 형식), 'latex'(latex 출력 형식), 'latex_source'(latex 소스 형식), 'text'(특수 문자를 이용해서 text 출력) 등으로 지정할 수 있다. 그림 2-3은 다양한 출력 형식을 사용하여 출력한 결과를 보여준다.

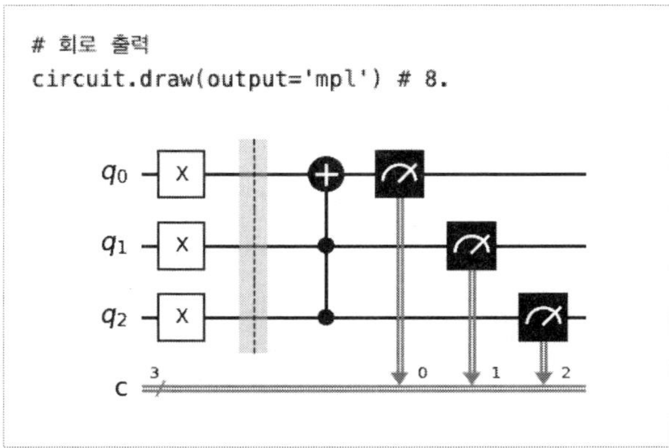

그림 2-2 QuantumCircuit.draw() 함수를 사용하여 회로를 그림으로 출력

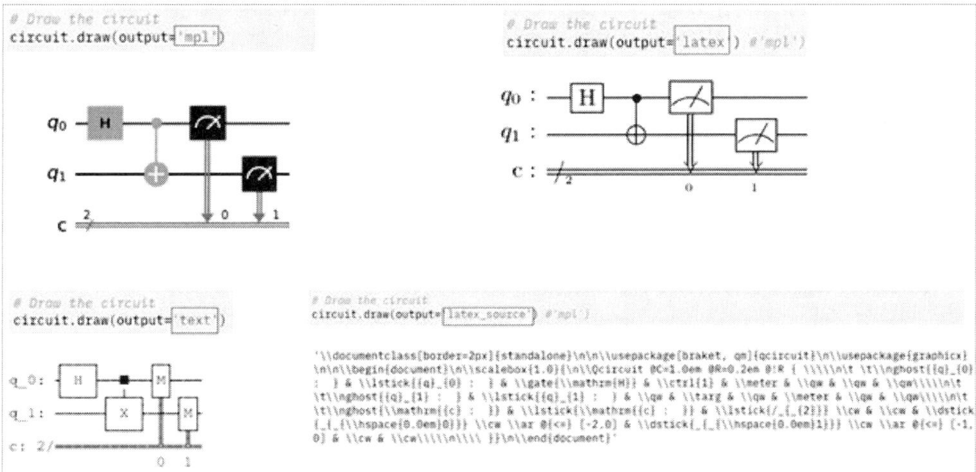

그림 2-3 QuantumCircuit.draw() 함수의 출력 형식들

코드 2-27에서처럼 `QuantumCircuit.draw()` 함수의 `fold` 인자를 -1로 지정하면, 게이트가 많은 회로를 한 줄에 모두 표현할 수 있다(그림 2-4 참조).

```
circuit.draw(output='mpl', fold=-1)
```

코드 2-27 QuantumCircuit.draw() 함수의 fold 인자

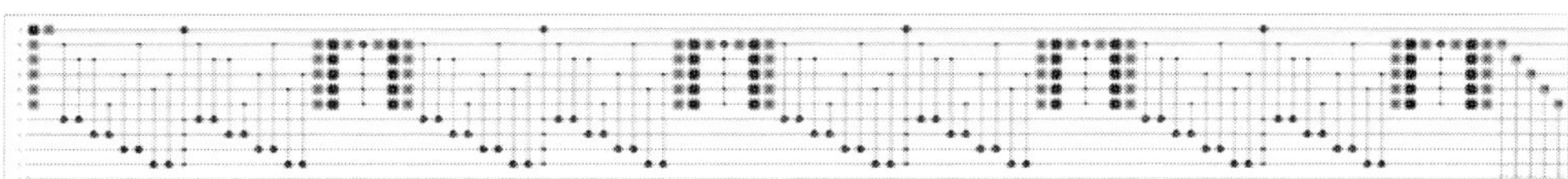

그림 2-4 양자 회로의 한 줄 출력

QuantumCircuit.draw() 함수의 출력 형식을 지정하는 인자들 중 plot_barriers=False로 설정하면 배리어가 회로도에 나타나지 않게 할 수 있다.

2.2.2 양자 회로의 예 2

QuantumRegister, ClassicalRegister 클래스를 사용하여 회로를 구성하면 출력할 때 큐비트의 이름을 설정할 수 있고, 소스 코드에서 양자 레지스터 및 큐비트를 객체로 접근할 수 있다.

```
from qiskit import QuantumCircuit, QuantumRegister, ClassicalRegister # 1'.
# 3 qubit 양자 회로의 예 (2)
qt = QuantumRegister(1,'target')  # 1-1' 1-큐빗 양자 레지스터 객체를 생성, 회로에는 'target'으로 표시
qc = QuantumRegister(2,'control') # 1-2' 2-큐빗 양자 레지스터 객체를 생성, 회로에는 'control'으로 표시
cr = ClassicalRegister(3,'m')     # 1-3' 3-비트 고전 레지스터 객체를 생성, 회로에는 'm'으로 표시
circuit = QuantumCircuit(qt,qc,cr)  # 2'. 양자 회로 클래스의 객체를 생성

# 양자레지스터의 상태를 0b111 로 초기화
circuit.x(qt)      # 3'. X gate to qt
circuit.x(qc)      # 4'. 2 X gates to qc

# 회로에 배리어 표시
circuit.barrier() # 5.

circuit.ccx(qc[1],qc[0],qt) # 6'. CCX(control=qc[1],qc[0],target=qt)

# 측정 회로 추가
circuit.measure([0,1,2],cr) # 7'. q[0](qt)->cr[0], q[1](qc[0])->cr[1], q[2](qc[1])->cr[2]로 측정

# 회로 출력
circuit.draw(output='mpl') # 8.
```

코드 2-28 3-큐비트 양자 회로를 구현하는 파이썬 코드 2

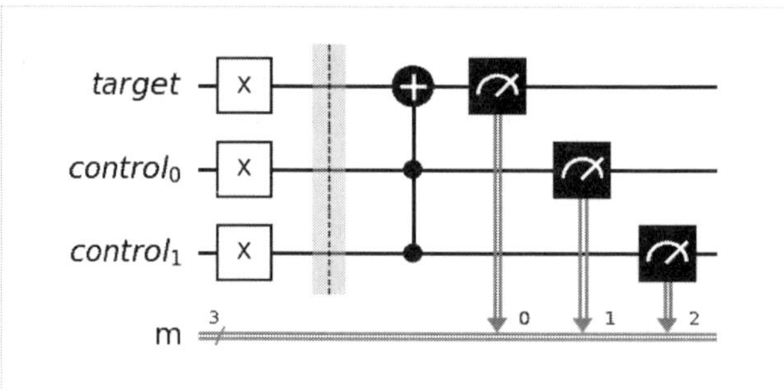

그림 2-5 코드 2-28에 의해 생성된 양자 회로의 출력

코드 2-26의 코드를 코드 2-28의 코드처럼 변경하여 수행하면, 그림 2-2의 양자 회로를 그림 2-5의 형태로 출력한다. 코드의 변경된 부분을 살펴보도록 하겠다.

- **Line 1'**: `from qiskit import QuantumCircuit, QuantumRegister, ClassicalRegister`
  qiskit 패키지에서 QuantumCircuit 클래스뿐만 아니라 QuantumRegister 클래스와 ClassicalRegister 클래스를 import 한다.
- **Line 1-1'**: `qt = QuantumRegister(1, 'target')`
  QuantumRegister 클래스는 다중 큐비트 양자 레지스터들을 표현하는 객체를 만들기 위해 사용된다. 이 클래스는 여러 개의 큐비트를 관리하는 데 사용된다. QuantumRegister 객체를 생성하는 함수는 두 가지 주요 인자를 받는다.
  - 첫 번째 인자(크기): 생성하려는 양자 레지스터의 큐비트 개수를 정의한다.
  - 두 번째 인자(이름): 생성된 레지스터의 큐비트들을 출력하거나 시각화 할 때 사용될 이름을 지정한다.

  이 코드는 크기가 1인, 즉, 하나의 큐비트를 가진 양자 레지스터를 생성하고, 그 레지스터의 이름을 'target'으로 지정한다. 생성된 양자 레지스터는 qt라는 변수로 사용되며, draw() 함수 등을 사용하여 시각적으로 출력될 때 회로도에 'target'으로 표시된다.
- **Line 1-2'**: `qc = QuantumRegister(2, 'control')`
  두 개의 큐비트로 구성된 양자 레지스터가 'control'이라는 이름으로 생성되고, 그 객체는 qc라는 변수로 사용된다.
  이렇게 생성된 큐비트들은 프로그램에서 qt, qc[0], qc[1]과 같이 개별적으로 접근할 수 있으며, 코드 2-26과 마찬가지로 0, 1, 2의 일련 번호로도 접근할 수 있다.
- **Line 1-3'**: `cr = ClassicalRegister(3, 'm')`
  ClassicalRegister 클래스는 고전 레지스터를 표현하는 객체를 생성할 때 사용된다. 이 클래스는 양자 회로에서 고전 데이터를 저장하고 측정값을 기록하는 데 필요하다. ClassicalRegister 객체를 생성하는 함수는 두 가지 주요 인자를 받는다.
  - 첫 번째 인자(크기): 생성하려는 고전 레지스터의 비트 개수를 정의한다.
  - 두 번째 인자(이름): 생성된 레지스터의 비트들을 출력하거나 시각화 할 때 사용될 이름을 지정한다.

  이 코드는 3-비트의 고전 레지스터를 생성하고, 그 레지스터의 이름을 'm'으로 지정한다. 생성된 고전 레지스터는 cr이라는 변수로 사용되며, draw() 함수 등을 사용하여 시각적으로 출력될 때 회로도에 'm'으로 표시된다.
- **Line 2'**: `circuit = QuantumCircuit(qt, qc, cr)`
  QuantumCircuit 클래스를 생성할 때 인자로 QuantumRegister와 ClassicalRegister 객체를 사용할 수 있다.

- Line 3': `circuit.x(qt)`

  `QuantumCircuit.x()` 함수를 호출하여 회로의 양자 레지스터 `qt`의 모든 큐비트에 *X* 게이트를 적용한다. `qt`는 회로의 큐비트 일련 번호 `0`에 해당하므로, `0`을 인자로 사용해도 같다.

- Line 4': `circuit.x(qc)`

  `QuantumCircuit.x()` 함수를 호출하여 회로의 양자 레지스터 `qc`의 모든 큐비트에 *X* 게이트를 적용한다. `qc[:]`로 사용해도 되고, `qc[0]`, `qc[1]`는 큐비트 일련 번호 `1`, `2`에 해당하므로 `[1,2]`를 인자로 사용해도 같다.

- Line 6': `circuit.ccx(qc[1],qc[0],qt)`

  `QuantumCircuit.ccx()` 함수를 호출하여 *CCX* 게이트를 적용한다. 제어 큐비트는 `qc[1]`과 `qc[0]`이고, 타겟 큐비트는 `qt`이다. 큐비트 일련 번호 `2`, `1`, `0`을 대신 사용해도 된다.

- Line 7': `circuit.measure([0,1,2],cr)`

  `QuantumCircuit.measure()` 함수를 이용하여 측정회로를 추가한다. 첫 번째 인자 `[0,1,2]`에서 `0`은 `qt`, `1`은 `qc[0]`, `2`는 `qc[1]` 큐비트의 일련번호에 해당하고, 두 번째 인자 `cr`은 고전 레지스터의 일련 번호 리스트 `[0,1,2]`와 같다. 따라서 각 큐비트의 측정값이 `qt->cr[0]`, `qc[0]->cr[1]`, `qc[1]->cr[2]`의 방식으로 고전 레지스터에 저장된다.

2.3 양자 회로를 실행하기

2.3.1 양자 회로를 시뮬레이션하기

이상 살펴본 코드를 수행하면 고전 컴퓨터 내부에 양자 회로를 표현하는 객체가 생성되었을 뿐이다. 코드 2-29에서는 Qiskit의 시뮬레이터를 사용하여 양자 회로를 여러 번 반복 실행하고, 측정값을 수집하는 방법을 보여준다. 회로가 정상적으로 동작하는지 확인하려면, 반드시 측정 회로가 포함되어야 함을 주의하자.

```
# AerSimulator 를 이용하여 circuit 회로를 1000번 만들어 측정한 결과를 출력

from qiskit.transpiler.preset_passmanagers import generate_preset_pass_manager # 9
from qiskit_ibm_runtime import SamplerV2 as Sampler                           #10
from qiskit_aer import AerSimulator                                            #11
```

```
aer_sim = AerSimulator()                                                          #1
pm = generate_preset_pass_manager(backend=aer_sim, optimization_level=1)          #1
isa_circuit = pm.run(circuit)                                                     #1
sampler = Sampler(mode=aer_sim)                                                   #1
job = sampler.run([isa_circuit], shots=1000)                                      #1

result = job.result()                                                             #1
count = result[0].data.m.get_counts()                                             #1
print (count)                                                                     #1
```

✓ 0.8s

```
{'110': 1000}
```

코드 2-29 양자 회로를 시뮬레이션 하는 코드

- Line 9: `from qiskit.transpiler.preset_passmanagers import generate_preset_pass_manager`
  `qiskit` 패키지의 하위 패키지 `transpiler.preset_passmanagers`에서 `generate_preset_pass_manager` 함수를 import 한다.
- Line 10: `from qiskit_ibm_runtime import SamplerV2 as Sampler`
  `qiskit_ibm_runtime` 패키지에서 `SamplerV2` 클래스를 import하여 `Sampler`라는 이름으로 사용한다(Qiskit 0.X 버전에서 사용하던 `Sampler` 클래스를 V2 버전으로 바꾸어 사용하는 것이다).
- Line 11: `from qiskit_aer import AerSimulator`
  `qiskit_aer` 패키지에서 `AerSimulator` 클래스를 import한다.
- Line 12: `aer_sim = AerSimulator()`
  시뮬레이션을 수행하는 `AerSimulator` 클래스의 객체 `aer_sim`을 생성한다.
- Line 13: `pm = generate_preset_pass_manager(backend=aer_sim, optimization_level=1)`
  `AerSimulator` 클래스로 표현되는 가상의 양자 컴퓨터 디바이스를 위한 패스 매니저 객체 pm을 생성한다.
- Line 14: `isa_circuit = pm.run(circuit)`
  양자 회로를 표현하는 `circuit` 객체를, 양자 컴퓨터 디바이스에 구현할 수 있는 형태의 `isa_circuit` 객체로 트랜스파일(transpile)한다. 패스 매니저 객체 pm은 여러 단계로 이루어진 트랜스파일 과정을 관리한다.
- Line 15: `sampler = Sampler(mode=aer_sim)`
  `aer_sim` 객체를 이용하여 양자 회로를 시뮬레이션하고 출력 레지스터의 값들을 샘

플링하는 Sampler 클래스 객체 sampler를 생성한다.

- **Line 16:** `job = sampler.run([isa_circuit], shots=1000)`
  sampler 객체를 이용하여 isa_circuit을 aer_sim에서 1,000회 시뮬레이션하는 job을 시작한다. 여러 개의 회로를 run() 함수의 인자로 전달하여 시뮬레이션 할 수 있으며, 첫 번째 인자는 회로 객체들의 list이다. 회로가 한 개인 경우에도 [isa_circuit]와 같이 리스트로 표현한다.
- **Line 17:** `result = job.result()`
  job의 수행 결과를 리스트 타입 객체 result에 치환한다.
- **Line 18:** `count = result[0].data.m.get_counts()`
  result 리스트의 첫 번째 원소가 첫 번째 회로 isa_circuit의 시뮬레이션 결과이다. 회로의 측정 결과인 고전 레지스터의 데이터를 표현하는 dict 타입의 객체 count를 생성한다. 여기서 data의 멤버 변수명은 회로 다이어그램에 표시되는 고전 레지스터의 레이블과 같은 이름을 가진다. 변수 이름이 아니라 레이블이라는 점에 유의하자. 사용된 회로에서 고전 레지스터의 레이블은 m이다.
- **Line 19:** `print(count)`
  dict 타입의 객체 count를 출력한다.

시뮬레이션의 출력 결과 '110'이 1,000회 측정되었음을 알 수 있다. dict 타입의 객체 count를 확률 분포 그래프로 표현하는 qiskit.visulaization 패키지의 plot_distribution() 함수를 사용하여 출력한 결과는 코드 2-30과 같다.

```
from qiskit.visualization import plot_distribution
plot_distribution(count)
```

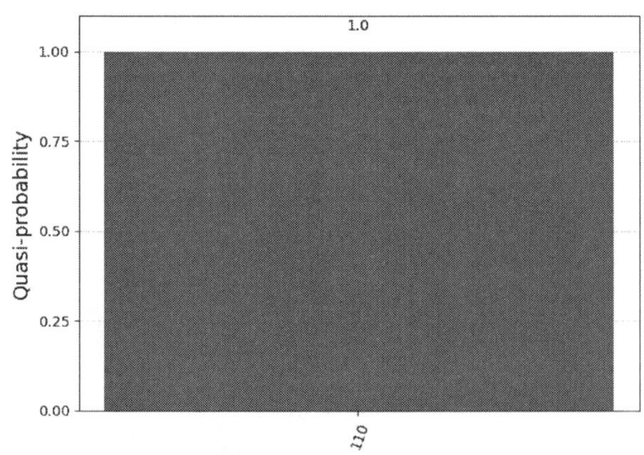

코드 2-30 시뮬레이션 결과를 막대 그래프로 시각화

2.3.2 양자 회로를 IBM 양자 컴퓨터에서 실행하기

IBM Quantum platform에 계정이 있으면 작성한 양자 회로를 IBM 양자 컴퓨터에서 실행할 수 있다. 코드 2-28의 양자 회로를 IBM 양자 컴퓨터에서 실행하는 방법을 코드 2-31에서 소개한다.

```
# IBM Quantum computer 를 이용하여 circuit 회로를 측정한 결과를 출력

from qiskit.transpiler.preset_passmanagers import generate_preset_pass_manager #9
from qiskit_ibm_runtime import QiskitRuntimeService, SamplerV2 as Sampler     #10

service = QiskitRuntimeService(channel="ibm_quantum", token="?????")          #11'
backend = service.least_busy(operational=True, simulator=False)               #12'
pm = generate_preset_pass_manager(backend=backend, optimization_level=1)      #13'

isa_circuit = pm.run(circuit)                                                 #14
sampler = Sampler(mode=backend)                                               #15'
job = sampler.run([isa_circuit], shots=1000)                                  #16
print(f"Job ID is {job.job_id()}")                                            #16-1
```

```
Job ID is cyjarq2nrmz0008tbtz0
```

코드 2-31 양자 회로를 IBM 양자 컴퓨터에서 실행하는 코드

- Line 11': `service = QiskitRuntimeService(channel="ibm_quantum", token="<Your Token>")`
  `YourToken`을 사용하여 IBM 양자 컴퓨터를 사용하는 채널을 생성하여 `service` 객체를 만든다. 이 때 `YourToken`은 사용자의 IBM Quantum Platform 대시보드 화면(그림 2-6) 오른쪽 위의 API Token에서 복사하여 사용한다.
- Line 12': `backend = service.least_busy(operational=True, simulator=False)`
  `service` 객체의 멤버 함수 `least_busy()`를 호출하여, 시뮬레이션 서버(디지털 컴퓨터)가 아닌 작동 중인 IBM 양자 컴퓨터 중에 가장 로드가 적은 컴퓨터를 선택하여 backend 객체를 생성한다.
- Line 13': `pm = generate_preset_pass_manager(backend=backend, optimization_level=1)`
  생성된 backend 양자 컴퓨터 디바이스를 위한 패스 매니저 객체 pm을 생성한다.
- Line 14: `isa_circuit = pm.run(circuit)`
  양자 회로를 표현하는 `circuit` 객체를, 양자 컴퓨터 디바이스에 구현할 수 있는 형

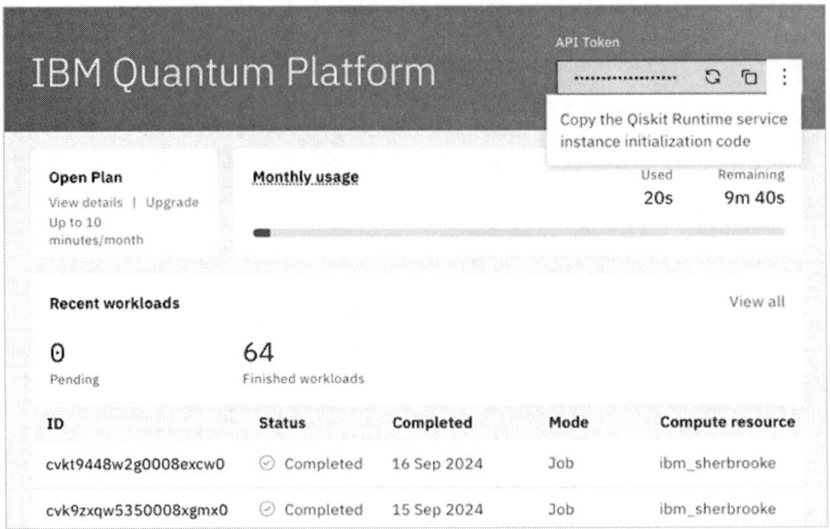

그림 2-6 IBM Quantum Platform에서 API token과 job 목록 확인하기

태의 `isa_circuit` 객체로 트랜스파일(transpile)한다.

- Line 15': `sampler = Sampler(mode=backend)`
  `backend` 양자 컴퓨터에서 양자 회로를 시뮬레이션하고 출력 레지스터의 값들을 샘플링하는 `Sampler` 클래스 객체 `sampler`를 생성한다.
- Line 16: `job = sampler.run([isa_circuit], shots=1000)`
  `sampler` 객체를 이용하여 `isa_circuit`을 `backend` 양자 컴퓨터에서 1000번 수행하는 `job`을 시작한다.
- Line 16-1: `print(f"Job ID is {job.job_id()}")`
  `job`의 id를 출력한다. 한 번 수행된 `job`의 수행 결과는 서버에 기록되어 있다. 그림 2-6의 IBM Quantum Platform 대시보드 화면 중앙의 Recent Workload 목록에서 출력된 `job`의 id를 확인하여 대기 중/실행 완료 여부를 확인할 수 있다.

`sampler.run()` 함수는 job을 IBM 양자 컴퓨터의 대기열에 등록한다.

```
result = job.result()
count = result[0].data.m.get_counts()
print(count)
```

```
{'111': 22, '110': 921, '101': 15, '011': 14, '010': 10, '100': 16, '000': 1, '001': 1}
```

코드 2-32 양자 회로를 IBM 양자 컴퓨터에서 실행한 결과를 출력 코드 2-32를 실행하여 양자 컴퓨터에서 수행한 결과를 출력한다. IBM 양자 컴퓨터에 보내진 job은 일반적으로 대기열에 대기하다가 순서가 되어야 수행된다. 이에 따라 코드 2-32에서 result = job.result()을 실행하면, IBM 양자 컴퓨터로부터 결과를 받을 때까지 시간이 걸릴 수 있다.

```
submitted_job = service.job(job.job_id())                    # 16'
result = submitted_job.result()                               # 17
count = result[0].data.m.get_counts()                         # 18
print(count)                                                  # 19
```

```
{'110': 878, '010': 11, '111': 44, '011': 22, '101': 20, '000': 3, '100': 19
```

코드 2-33 양자 회로를 IBM 양자 컴퓨터에서 실행한 결과를 job_id를 이용하여 출력 (1)

이에 반해, IBM Quantum Platform(그림 2-6)에 로그인하여 job의 상태가 'pending'에서 'completed' 로 변경된 것을 확인한 후 코드 2-33을 실행하면 수행이 종료된 job의 실행 결과를 서버에서 바로 받아볼 수 있다. 이 때, 수행이 종료된 job의 job_id를 service.job() 함수에 인자로 전달한다.

```
submitted_job = service.job('cyjarq2nrmz0008tbtz0')           # 16"
result = submitted_job.result()                               # 17
count = result[0].data.m.get_counts()                         # 18
print(count)                                                  # 19
```

```
{'110': 878, '010': 11, '111': 44, '011': 22, '101': 20, '000': 3, '100': 19
```

코드 2-34 양자 회로를 IBM 양자 컴퓨터에서 실행한 결과를 job_id를 이용하여 출력 (2)

코드 2-34와 같이 service.job() 함수에 job_id의 문자열 값을 인자로 전달하는 것도 가능하다. 실제 양자 컴퓨터에서 수행된 실행 결과는 '110'이 878회 측정되고 그 외의 값들도 측정되었다. 이는 양자 오류가 발생하였기 때문이다. sorted() 함수를 호출하여 측정된 값들을 빈도수 순으로 정렬하여 출력하는 코드를 코드 2-35에 제시하였다.

```
count_sorted = sorted(count.items(), key=lambda x:x[1], reverse=True)
for c in count_sorted:
    print(c)
```

```
('110', 878)
('111', 44)
('011', 22)
('101', 20)
('100', 19)
('010', 11)
('000', 3)
('001', 3)
```

코드 2-35 dict 타입의 측정 결과 count를 빈도순으로 출력

```
from qiskit.visualization import plot_distribution
plot_distribution(count)
```

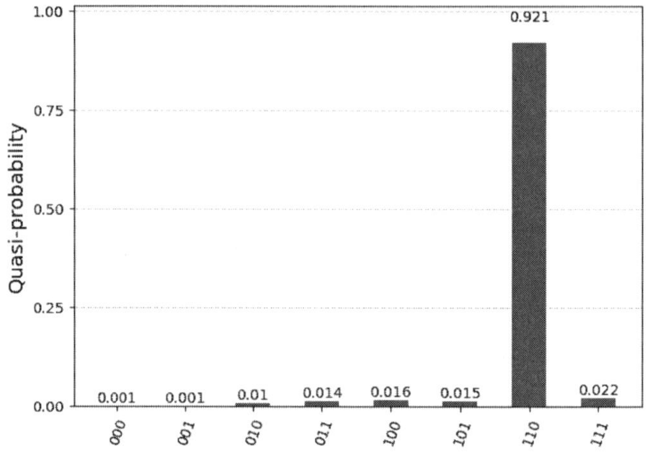

코드 2-36 측정 결과를 막대 그래프로 시각화

코드 2-36에서는 qiskit.visulaization 패키지의 plot_distribution() 함수를 사용하여 측정 결과의 빈도 분포를 그래프로 출력한다.

2.3.3 상태 벡터 출력하기

qiskit.quantum_info 패키지에서는 양자 회로의 상태를 측정하지 않고 계산하여 상태벡터로 출력하는 유용한 클래스가 제공된다. 생성된 circuit 객체를 인자로 하여 Statevector 클래스의 객체 sv를 만들고, latex 형식으로 출력하는 코드는 코드 2-37과 같다. Statevector 클래스의 객체를 생성할 때 사용되는 양자 회로에는 측정 장치가 없어야 한다는 점에 유의하자. 코드 2-28에서 측정 장치를 제거하고 코드 2-37을 수행하면 상태 벡터 $|110\rangle$가 출력된다.

```
# 회로의 양자 상태를 상태 벡터로 출력
from qiskit.quantum_info import Statevector
sv = Statevector(circuit)
sv.draw(output = 'latex')
```

✓ 0.2s

$$|110\rangle$$

코드 2-37 회로의 양자 상태를 상태벡터 객체로 생성하는 Statevector 클래스의 사용

2.4 양자 회로의 모듈화(함수로 구현하기)

프로그래밍에서 모듈화는 코드를 여러 작은 단위(함수)로 나누어, 코드의 재사용성과 가독성을 높이는 중요한 기술이다. 양자 회로도 같은 원리로 모듈화 할 수 있다. 양자 회로 생성을 함수로 작성하면, 복잡한 회로를 쉽게 이해하고 관리할 수 있으며, 재사용도 용이하다.

2.4.1 양자 회로를 함수로 만들기

반가산기 양자 회로를 생성하는 함수를 작성해보기로 하겠다. 1장에서 퀀텀 컴포저를 사용하여 반가산기 양자 회로를 작성하면, 동일한 양자 회로를 생성하는 파이썬 코드가 자동으로 생성된다. 생성된 코드를 복사하여 파이썬 개발 환경에서 수행할 수 있다. 코드 2-38을 실행하면 반가산기 양자 회로를 표현하는 객체가 생성되고 그 회로는 `circuit` 이라는 이름으로 저장된다. 생성된 객체에 대한 정보가 출력되었다.

```
from qiskit import QuantumRegister, ClassicalRegister, QuantumCircuit

qreg_q = QuantumRegister(4, 'q')
creg_c = ClassicalRegister(4, 'c')
circuit = QuantumCircuit(qreg_q, creg_c)

circuit.x(qreg_q[0])
circuit.x(qreg_q[1])
circuit.barrier(qreg_q[0], qreg_q[1], qreg_q[2], qreg_q[3])
circuit.cx(qreg_q[0], qreg_q[2])
circuit.cx(qreg_q[1], qreg_q[2])
circuit.ccx(qreg_q[0], qreg_q[1], qreg_q[3])
circuit.measure(qreg_q[0], creg_c[0])
```

```
circuit.measure(qreg_q[1], creg_c[1])
circuit.measure(qreg_q[2], creg_c[2])
circuit.measure(qreg_q[3], creg_c[3])

✓ 0.4s
<qiskit.circuit.instructionset.InstructionSet at 0x117ce4040>
```

코드 2-38 반가산기 양자 회로 생성 코드 1

코드 2-39는 코드 2-38과 동일한 코드로, 퀀텀 컴포저에서 자동으로 생성된 파이썬 코드를 수정한 것이다. 이 코드에서 양자 레지스터(qreg_q)와 고전 레지스터(creg_c)는 각각 `QuantumRegister`와 `ClassicalRegister` 객체로 생성된다. 이 두 레지스터를 구성 요소로 하는 양자 회로(circuit) 객체를 생성한다. `QuantumCircuit` 클래스의 주요 메소드들이 이 회로를 구성하는 데 사용된다. `x()`, `barrier()`, `cx()`, `ccx()`, `measure()` 함수들이 사용되었다. 코드 2-39와 코드 2-38의 주요 차이점은 다음과 같다.

- Barrier 적용: `QuantumCircuit.barrier()`를 모든 큐비트에 걸쳐 사용할 경우, 인자를 생략하고 호출할 수 있다. 이는 코드 2-38에서 각 큐비트에 대해 배리어를 개별적으로 지정하는 것보다 더 간결한 방식이다.
- 측정 방법: 코드 2-39에서는 양자 레지스터 전체(qreg_q)를 인자로 사용해 `QuantumCircuit.measure()` 함수를 한 번만 호출한다. 이는 코드 2-38에서 개별 큐비트를 각각 측정하는 방식보다 간단하다.

```
from qiskit import QuantumRegister, ClassicalRegister, QuantumCircuit

qreg_q = QuantumRegister(4, 'q')
creg_c = ClassicalRegister(4, 'c')
circuit = QuantumCircuit(qreg_q, creg_c)

circuit.x(qreg_q[0])
circuit.x(qreg_q[1])
circuit.barrier() # circuit.barrier(qreg_q[0], qreg_q[1], qreg_q[2], q
circuit.cx(qreg_q[0], qreg_q[2])
circuit.cx(qreg_q[1], qreg_q[2])
circuit.ccx(qreg_q[0], qreg_q[1], qreg_q[3])
circuit.measure(qreg_q, creg_c)
#circuit.measure(qreg_q[0], creg_c[0])
#circuit.measure(qreg_q[1], creg_c[1])
#circuit.measure(qreg_q[2], creg_c[2])
#circuit.measure(qreg_q[3], creg_c[3])
circuit.draw(output='mpl')
```

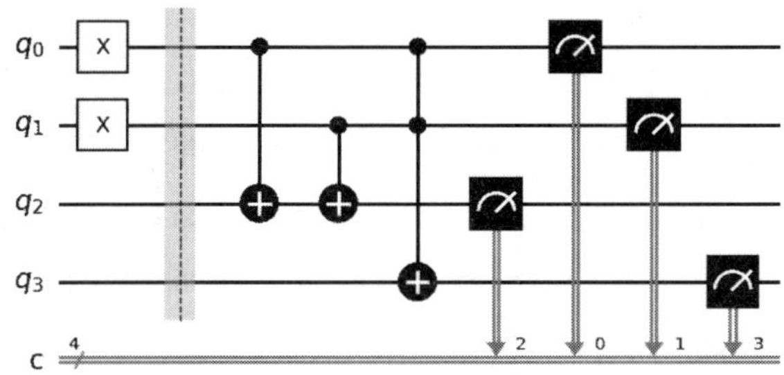

코드 2-39 반가산기 양자 회로 생성 코드 2

```
def half_adder(n):
    qr = QuantumRegister(n)
    circuit = QuantumCircuit(qr)
    circuit.cx(qr[0], qr[2])
    circuit.cx(qr[1], qr[2])
    circuit.ccx(qr[0], qr[1], qr[3])
    circuit.name = 'half_adder'
    return circuit
```

코드 2-40 반가산기 양자 회로를 표현하는 객체를 반환하는 함수 half_adder()

코드 2-40에서는 코드 2-39를 변경하여 반가산기 양자 회로 객체를 생성하여 반환하는 함수 `half_adder()`를 정의한다. 이 함수는 다음과 같이 동작한다.

1. 양자 회로 생성: 입력 인자 n개의 큐비트를 가지는 양자 레지스터 `qr`를 포함하는 양자 회로 `circuit`을 생성한다.
2. *CX* 및 *CCX* 게이트 추가: 두 개의 *CX* 게이트와 *CCX* 게이트를 추가하여, `q[0]`과 `q[1]`의 값을 더한 결과 합(sum)과 올림(carry)을 각각 `q[2]`와 `q[3]`에 저장하는 반가산기 회로를 구현한다.
3. 이름 설정: 생성된 회로의 멤버 변수 name의 값을 `'half_adder'`로 설정한다.
4. 반환: 최종적으로 생성된 양자 회로 객체를 반환한다.

2.4.2 함수 호출하여 양자 회로 추가하기

함수를 선언한다고 해서 함수의 몸체가 실행되는 것은 아니다. 함수는 호출될 때마다 실

행되며, 그때마다 함수 내의 코드가 수행되고 결과값이 반환된다. 코드 2-41에서 먼저 circuit이라는 전역 변수로 양자 회로 객체를 생성하고, QuantumCircuit.x() 함수를 호출하여 양자 레지스터의 qreg_q[0]과 qreg_q[1]을 |1⟩ 상태로 초기화한다. 이후 half_adder(4) 함수를 호출하여 반환된 양자 회로 객체를 c_ha라는 이름의 변수에 저장한다. circuit.append() 함수는 인자로 전달되는 회로를 circuit 회로에 추가하는 역할을 한다. 여기서 c_ha 회로를 circuit 회로에 추가할 때, c_ha 회로의 [0, 1, 2, 3]번 큐비트를 circuit 회로의 같은 번호의 큐비트에 연결하기 위해 두 번째 인자로 [0,1,2,3]을 사용한다. 그 후 모든 큐비트를 측정하는 회로를 추가한 후, circuit.draw()를 호출하면 그림과 같은 회로도가 출력된다.

추가된 회로는 블록으로 표시되며, 블록의 이름은 추가된 회로의 QuantumCircuit.name 멤버 변수의 값을 따른다. 주의할 점은, 코드 2-41의 전역 변수 circuit 객체와 코드 2-40의 half_adder() 함수 내의 지역 변수 circuit 객체는 서로 다른 객체임을 인지하는 것이다. 함수 내부의 circuit은 반환 값으로 c_ha에 전달되고, 전역 변수 circuit과는 무관하다.

```
qreg_q = QuantumRegister(4, 'q')
creg_c = ClassicalRegister(4, 'c')
circuit = QuantumCircuit(qreg_q, creg_c)

circuit.x([qreg_q[0],qreg_q[1]])
circuit.barrier()
c_ha = half_adder(4)
circuit.append(c_ha,[0,1,2,3])
circuit.measure(qreg_q, creg_c)

circuit.draw(output='mpl')
```

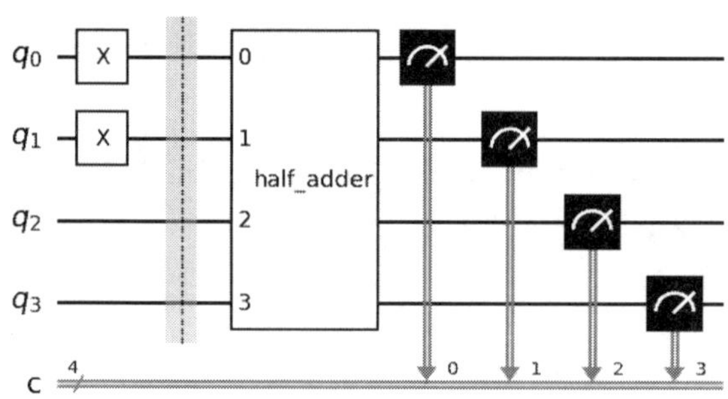

코드 2-41 QuantumCircuit.append() 함수를 이용하여 half_adder()에서 생성된 양자 회로를 circuit에 추가하는 코드 1

```
qreg_q = QuantumRegister(4, 'q')
creg_c = ClassicalRegister(4, 'c')
circuit = QuantumCircuit(qreg_q, creg_c)

circuit.x(qreg_q[0:2]) #circuit.x([qreg_q[0],qreg_q[1]])
circuit.barrier()
circuit.append(half_adder(4),[0,1,2,3])
circuit.measure(qreg_q, creg_c)

circuit.draw(output='mpl')
```

코드 2-42 QuantumCircuit.append() 함수를 이용하여 half_adder()에서 생성된 양자 회로를 circuit에 추가하는 코드 2

코드 2-41을 코드 2-42와 같이 변경할 수 있다. 여기서 qreg_q는 QuantumRegister 클래스의 객체이고, qreg_q[0], qreg_q[1], qreg_q[2], qreg_q[3]는 Qubit 클래스의 객체이다. 이 Qubit 객체들은 다음과 같이 여러 가지 방식으로 표현할 수 있다.

- qreg_q[0:2]는 첫 번째와 두 번째 큐비트로 구성된 리스트 객체를 의미한다. 숫자 0은 생략할 수 있으므로 qreg_q[:2]도 동일한 표현이다.
- 리스트 객체는 덧셈 연산도 가능하므로 qreg_q[:2] + qreg_q[3:4]는 [qreg_q[0], qreg_q[1], qreg_q[3]]와 같은 의미이다.

이에 따라 circuit.x()와 같은 함수 호출 시 인자를 여러 가지 방식으로 전달할 수 있다.

- circuit.x(qreg_q[0]): 단일 큐비트 객체를 전달
- circuit.x([qreg_q[0], qreg_q[1]]) 또는 circuit.x(qreg_q[0:2]): 여러 큐비트를 리스트로 전달
- circuit.x(qreg_q): 전체 양자 레지스터 객체를 전달

또한, 코드 2-42에서는 half_adder(4) 함수의 반환 값을 c_ha에 저장하지 않고, circuit.append() 함수의 인자로 직접 전달하여 코드를 간결하게 작성했다. 이러한 유연성을 통해 코드를 더 효율적으로 구성할 수 있다.

코드 2-43에서는 circuit.append() 함수 대신 circuit.compose() 함수를 사용하는 예를 보여준다. 두 함수 모두 양자 회로에 다른 서브 회로를 추가할 때 사용되지만, 두 함수는 다음과 같은 차이가 있다.

- circuit.append(some_circuit) 함수는 circuit 회로 객체에 some_circuit을 추가한다. 추가된 some_circuit은 circuit.draw() 함수를 호출하여 출력한 회로도에서 블락으로 표시된다(코드 2-41 참조).
- circuit.compose(some_circuit) 함수는 inplace=False가 기본값이므로 circuit 회로 객체는 변경되지 않은 채로, circuit 회로 객체에 some_circuit을 추가하여 생성된 새로운 회로 객체가 생성되어 반환된다. inplace=True로 설정하여 호출하면 circuit.append() 함수와 마찬가지로 circuit 회로 객체에 some_circuit을 추가한다. 추가된 some_circuit은 circuit.draw() 함수를 호출하여 출력한 회로도에서 게이트 단위로 표시된다(코드 2-43 참조).

또한, circuit.append() 함수와 circuit.compose() 함수의 두 번째 인자로 리스트 [0,1,2,3] 대신 range(4) 객체를 사용할 수 있다. 이는 range() 함수가 리스트와 유사한 방식으로 작동하기 때문이다. 이에 따라, 코드 2-43에서는 circuit.compose(half_adder(), range(4), inplace=True)와 같이 compose() 함수를 사용하여, 기존 회로에 반가산기 회로를 추가한다.

```
qreg_q = QuantumRegister(4, 'q')
creg_c = ClassicalRegister(4, 'c')
circuit = QuantumCircuit(qreg_q, creg_c)

circuit.x(qreg_q[0:2]) #circuit.x([qreg_q[0],qreg_q[1]])
circuit.barrier()
circuit.compose(half_adder(4),range(4), inplace=True)
circuit.measure(qreg_q, creg_c)

circuit.draw(output='mpl')
```

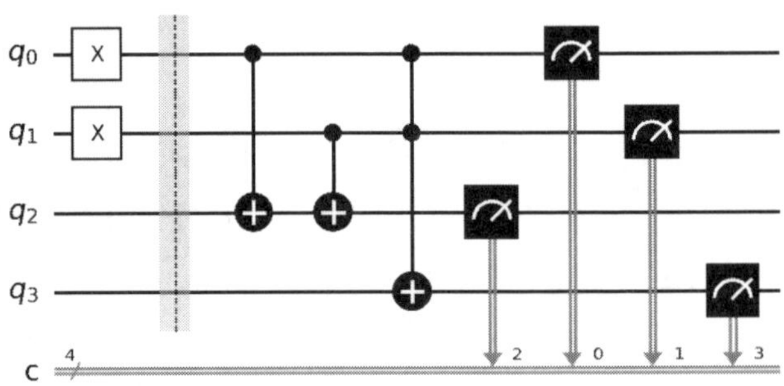

코드 2-43 QuantumCircuit.compose() 함수를 이용하여 half_adder()에서 생성된 양자 회로를 circuit에 추가하는 코드 1

앞에서 설명한 바와 같이, QuantumCircuit.compose() 함수를 사용하여 양자 회로를 추가하면 QuantumCircuit.draw() 함수의 출력 그림에 추가된 회로가 게이트 수준에서 표시된다. 이 방법은 QuantumCircuit.append()와 비교하여, 추가된 회로가 하나의 큰 블록으로 표시되는 것이 아닌 개별 게이트들이 구체적으로 보여진다는 차이점이 있다.

추가되는 회로와 기존 회로의 연결 방식은 QuantumCircuit.append()나 QuantumCircuit.compose() 함수의 두 번째 인자를 사용하여 조정할 수 있다. 이 두 번째 인자는 추가되는 서브 회로의 큐비트가 기존 회로의 어떤 큐비트에 연결될 지를 지정한다. 예를 들어, circuit.append(sub_circuit, [2,3,5])로 호출하면, 추가되는 sub_circuit 회로의 첫 번째 큐비트는 기존 circuit 회로의 큐비트 2와 연결되고, 두 번째 큐비트는 큐비트 3과, 세 번째 큐비트는 큐비트 5와 연결된다. 이 방식은 서브 회로가 어디에 연결될지 정확하게 정의할 수 있게 하며, 여러 큐비트를 다루는 복잡한 회로에서 유용하게 사용된다.

```
qreg_q = QuantumRegister(8, 'q')
#creg_c = ClassicalRegister(4, 'c')
circuit = QuantumCircuit(qreg_q)

circuit.x([qreg_q[2],qreg_q[3]])
circuit.barrier()
circuit.compose(half_adder(4),qreg_q[2:4]+qreg_q[5:6]+qreg_q[7:8], inplace=Tru

circuit.measure_all()
circuit.draw(output='mpl')
```

코드 2-44 8-큐비트 양자 회로의 큐비트 2, 3, 5, 7에 반가산기 회로를 추가하는 코드 1

코드 2-44와 코드 2-45에서는 8-큐비트 양자 회로를 생성하고, q[2], q[3]을 입력으로 하여 q[5]가 합을, q[7]이 올림을 표현하는 반가산기를 추가한다. 이를 위해 circuit.compose() 함수의 두 번째 인자는 다양한 방식으로 표현될 수 있으며, 그 중 몇 가지 방법은 아래와 같다.

- qreg_q[2:4]+ qreg_q[5:6] + qreg_q[7:8]
- [qreg_q[2], qreg_q[3]]+[qreg_q[5]] + [qreg_q[7]]
- [qreg_q[2], qreg_q[3], qreg_q[5], qreg_q[7]]
- [2,3,5,7]

한편, 코드 2-44에서처럼 QuantumCircuit.measure_all() 함수를 사용하여 모든

큐비트를 측정하는 경우에는, 별도의 ClassicalRegister 객체를 선언할 필요가 없다. 이 함수는 자동으로 ClassicalRegister ('meas') 객체를 생성하고, 모든 큐비트에 대한 측정 장치를 포함하기 때문이다. 그림 2-7은 코드 2-44의 출력이다.

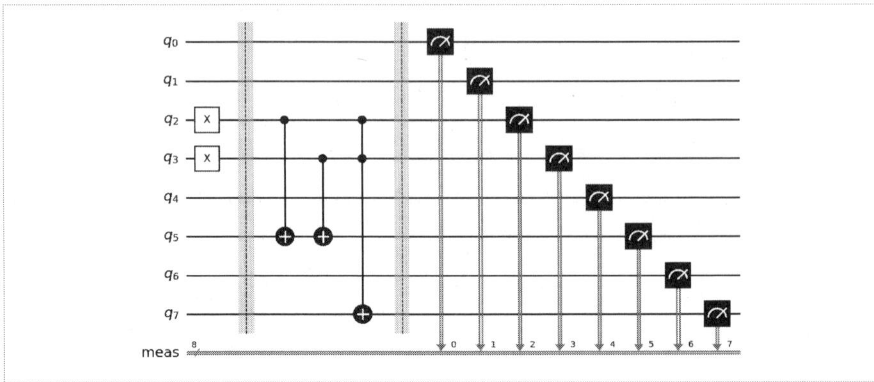

그림 2-7 반가산기 회로가 추가된 8-큐비트 양자 회로

코드 2-45는 코드 2-44를 변경하여 양자 회로의 일부 큐비트들(2,3,5,7 큐비트)만 측정하는 회로를 생성하는 예를 보여준다.

```
qreg_q = QuantumRegister(8, 'q')
creg_c = ClassicalRegister(4, 'c')
circuit = QuantumCircuit(qreg_q, creg_c)

circuit.x([qreg_q[2],qreg_q[3]])
circuit.barrier()
circuit.compose(half_adder(4),[2,3,5,7], inplace=True)
circuit.measure([2,3,5,7],[0,1,2,3])
circuit.draw(output='mpl')
```

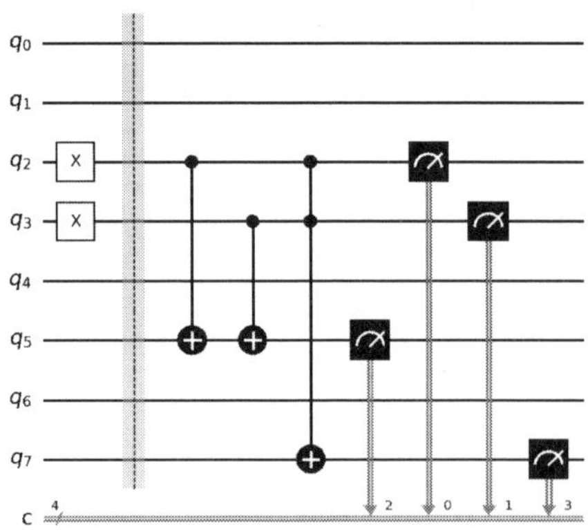

코드 2-45 8-큐비트 양자 회로의 큐비트 2, 3, 5, 7에 반가산기 회로를 추가하는 코드 2

2.4.3 역회로(Inverse Circuit) 생성

3장에서 자세히 설명하는 대로, 모든 양자 연산은 유니터리 연산이고 따라서 가역(reversible) 연산이다. 따라서 모든 양자 회로에는 그 역연산을 수행하는 역회로가 존재한다. 이 역회로는 원래의 회로에서 수행한 연산을 반대로 진행하여 양자 상태를 원래 상태로 복원하게 된다. `QuantumCircuit.inverse()` 함수를 사용하면 양자 회로 객체에 대한 역회로 객체를 생성할 수 있다. 이 함수는 원래 회로의 모든 연산을 역순으로 실행하며, 각각의 양자 게이트는 해당하는 역게이트로 변환된다.

```
qreg_q = QuantumRegister(8, 'q')
creg_c = ClassicalRegister(4, 'c')
circuit = QuantumCircuit(qreg_q, creg_c)

circuit.x([qreg_q[2],qreg_q[3]])
circuit.barrier()
c_ha = half_adder(4)
circuit.compose(c_ha,range(2,6), inplace=True)
circuit.barrier()
circuit.compose(c_ha.inverse(),range(2,6), inplace=True)
circuit.barrier()
circuit.measure(range(2,6),creg_c)
circuit.draw(output='mpl')
```

코드 2-46 반가산기의 역회로를 생성하여 추가하는 코드

코드 2-46은 반가산기 회로와 그 역회로를 연속으로 추가한 8-큐비트 양자 회로를 다음과 같이 생성한다.

- `half_adder(4)` 함수가 생성한 회로 `c_ha` 객체를 8-큐비트 양자 회로의 `2,3,4,5`번 큐비트에 추가한다.
- `c_ha.inverse()` 함수를 호출하여 반가산기의 역회로를 생성하여 다시 `2,3,4,5`번 큐비트에 추가한다.
- `2,3,4,5`번 큐비트를 측정한다.

코드 2-46에 의해 생성된 회로는 그림 2-8과 같은 회로이다. 두 번째와 세 번째 배리어 사이의 회로에서 반가산기의 양자 게이트들이 역순으로 사용되었다. X 게이트의 역게이트가 X 게이트이기 때문에, 이 회로는 반가산기 회로의 역회로에 해당한다.

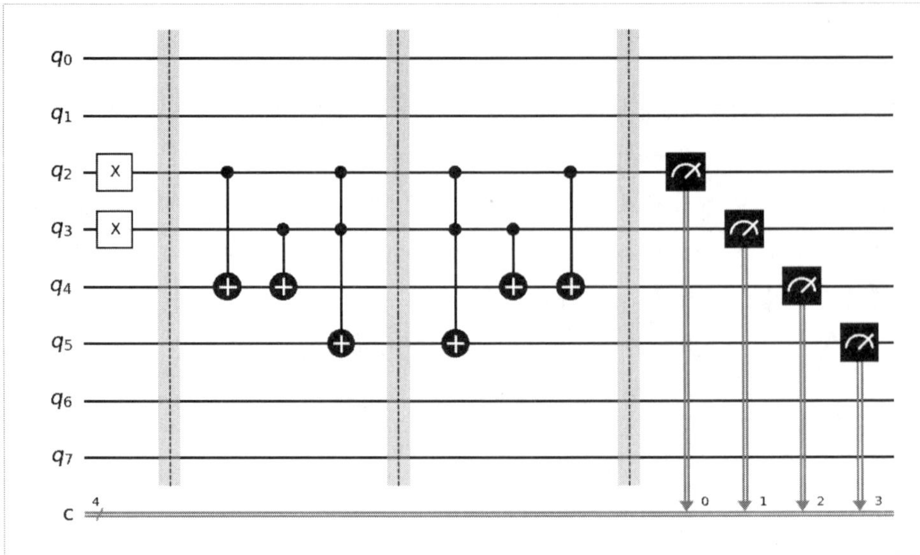

그림 2-8 반가산기 회로와 그 역회로를 추가한 양자 회로

2.4.4 다중 제어 X 게이트의 제어 상태 설정

`QuantumCircuit.mcx()` 함수는 다중제어 X 게이트를 구현하는 데 사용되는 함수로, 제어 큐비트가 세 개 이상일 때 사용된다. 이 함수의 첫 번째 인자는 제어 큐비트의 리스트이고, 두 번째 인자는 타겟 큐비트이다. 이 함수는 제어 큐비트의 상태가 모두 $|1\rangle$일 때, 타겟 큐비트에 X 게이트를 적용한다. 또한, `ctrl_state` 인자를 사용하여 특정 제어 큐비트의 상태가 $|0\rangle$일 때 타겟 큐비트에 X 게이트를 적용하는 게이트를 생성할 수 있다.

그림 2-9는 CX, CCX, 다중제어 X 게이트를 포함하는 양자 회로를 보여준다. 다중제어 X 게이트는 검은색 동그라미로 표시된 제어 큐비트의 상태가 $|1\rangle$이고, 흰색 동그라미로 표시된 제어 큐비트가 $|0\rangle$ 상태일 때, 타겟에 X 게이트를 적용한다.

코드 2-47의 `mcx_test()` 함수는 주어진 제어(controls) 큐비트와 타겟(targets) 큐비트를 사용하여 다양한 제어 X 게이트(CX, CCX, 다중제어 X 게이트)를 구현하는 양자 회로를 생성하고 반환하는 함수이다. 각 제어 큐비트의 상태에 따라 타겟 큐비트에 X 게이트 연산이 적용된다. 이 함수에서 정의된 네 개의 제어 X 게이트에 대한 구체적인 설명은 다음과 같다.

1. CX 게이트: `ctrl_state` 인자가 기본 값 `'1'`이 아닌 `'0'`으로 설정되었다. 따라서 `controls[0]` 큐비트가 $|0\rangle$ 상태일 때, `targets[0]` 큐비트에 X 게이트를 적용한

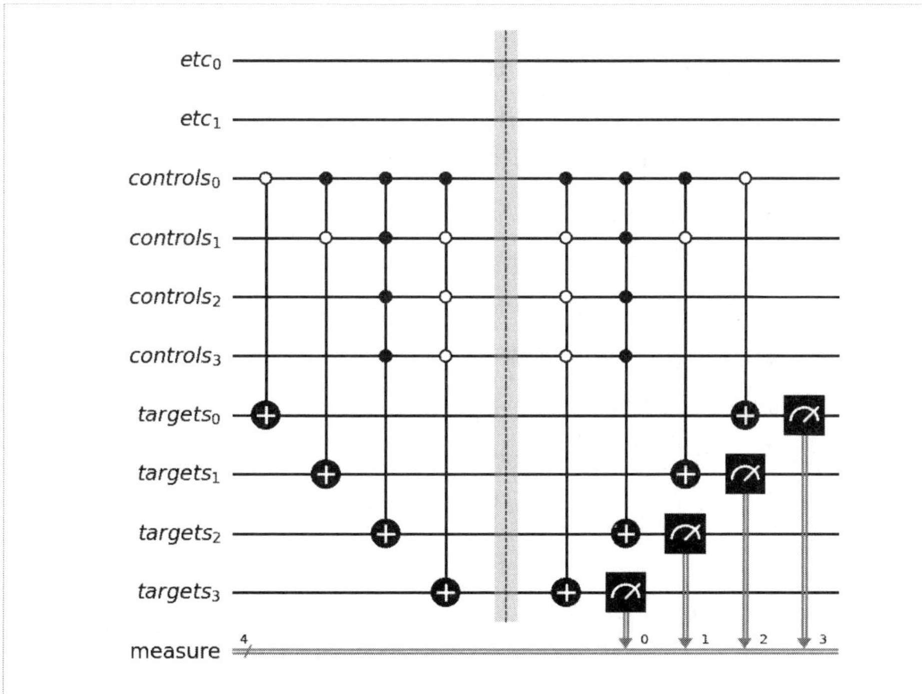

그림 2-9 다중제어 X 게이트의 제어 상태 예시 회로

```
def mcx_test(controls, targets):
  qc = QuantumCircuit(controls, targets)
  qc.cx(controls[0], targets[0], ctrl_state='0')
  qc.ccx(controls[0], controls[1], targets[1], ctrl_state='01')
  qc.mcx([controls[0], controls[1], controls[2], controls[3]], targets[2])
  qc.mcx(controls[0:4], targets[3], ctrl_state='0001')
  qc.name = 'mcx_test'
  return qc

qreg_c = QuantumRegister(4, 'controls')
qreg_t = QuantumRegister(4, 'targets')
qreg_etc = QuantumRegister(2, 'etc')
creg = ClassicalRegister(4, 'measure')
circuit = QuantumCircuit(qreg_etc, qreg_c, qreg_t, creg)

circuit.compose(mcx_test(qreg_c,qreg_t),qreg_c[0:4]+qreg_t[:4], inplace=True)
circuit.barrier()
circuit.compose(mcx_test(qreg_c,qreg_t).inverse(), range(2,10), inplace=True)
circuit.measure(qreg_t, range(3,-1,-1)) # [3,2,1,0]
```

코드 2-47 QuantumCircuit.mcx() 함수를 사용하는 함수 mcx_test()

다. 그림 2-9회로의 제일 왼쪽 게이트에 해당한다.

2. *CCX* 게이트: `ctrl_state` 인자가 '01'로 설정되었다. 따라서 `controls[0]` 큐비트가 $|1\rangle$ 상태이고 `controls[1]` 큐비트가 $|0\rangle$ 상태일 때, `targets[1]` 큐비트에 *X* 게이트 연산을 적용한다. 그림 2-9회로의 왼쪽 두 번째 게이트에 해당한다.
3. 4중제어 *X* 게이트: `ctrl_state` 인자를 명시하지 않았기 때문에, 기본값 '111' 하에서 작동하는 제어 게이트이다. 따라서 `controls[0]`, `controls[1]`, `controls[2]` 큐비트가 모두 $|1\rangle$ 상태일 때, `targets[2]` 큐비트에 *X* 게이트를 적용한다. 그림 2-9 회로의 왼쪽 세 번째 게이트에 해당한다.
4. 4중제어 *X* 게이트: `ctrl_state` 인자는 '0001'로 설정되었다. 따라서 `controls[0]` 큐비트가 $|1\rangle$ 상태이고 나머지 제어 큐비트 `controls[1]`, `controls[2]`, `controls[3]` 큐비트가 모두 $|0\rangle$ 상태일 때 `targets[3]` 큐비트에 *X* 게이트를 적용한다. 그림 2-9 회로의 왼쪽 네 번째 게이트에 해당한다.

코드 2-47에서는 세 개의 양자 레지스터 `qreg_etc`, `qreg_c`, `qreg_t`로 구성된 10-큐비트 양자 회로 `circuit`을 생성하고, `mcx_test(qreg_c, qreg_t)` 함수를 호출하여 반환되는 회로를 추가한 후 다시 그 역회로를 추가한다. `QuantumCircuit.compose()`의 두 번째 인자로 사용된 `qreg_c[0:4]+ qreg_q[:4]`는 큐비트의 일련번호로는 `[2,3,4,5,6,7,8,9]`에 해당하므로 `range(2,10)`을 사용해도 된다. `QuantumCircuit.measure()` 함수에서 `qreg_t`를 측정할 때 고전 레지스터의 비트 순서를 `[3,2,1,0]`의 역순으로 하기 위해 `range(3,-1,-1)`을 사용하였다. 그 결과 그림 2-9의 양자 회로 객체가 생성되었다.

연습문제

1. 다음의 양자 회로를 구성하고 출력하는 파이썬 코드를 작성하라.

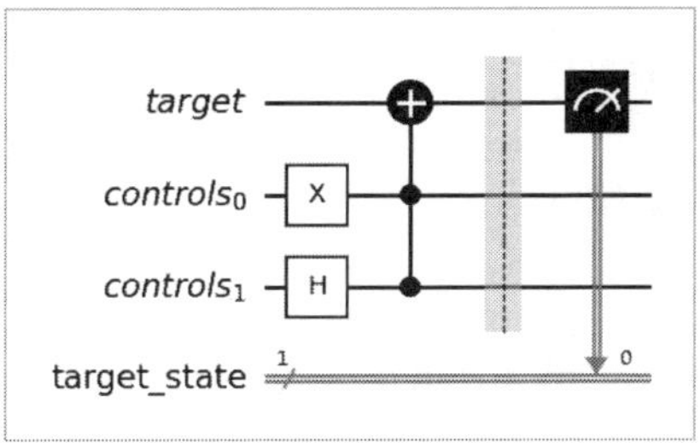

2. 문제 1의 회로를 qiskit_aer 시뮬레이터를 사용하여 1,000회 시뮬레이션하고, 그 과정에서 측정되는 값을 `count` 객체에 저장하는 코드를 작성하라.

3. 문제 2에서 수행한 시뮬레이션을 통해 수집한 측정값의 분포를 보여라.

4. 문제 1의 회로에서 측정 장치를 세 개 큐비트 모두에 설치하여, 회로를 아래 그림과 같이 수정하였다. 각 큐비트의 측정 결과가 고전 레지스터에 할당되는 방식에 주의하여, 아래 그림의 양자 회로를 구현하는 파이썬 코드를 작성하라.

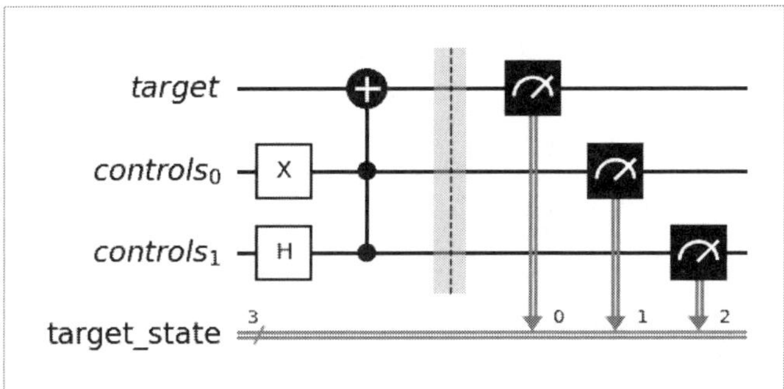

5. 문제 4의 회로를 qiskit_aer 시뮬레이터를 사용하여 1,000회 시뮬레이션하고, 그 과정에서 수집한 측정 값의 분포를 보여라.

6. 다음의 양자 회로를 구성하고 출력하는 파이썬 코드를 작성하라. 측정 레지스터의 순

서에 유의하라.

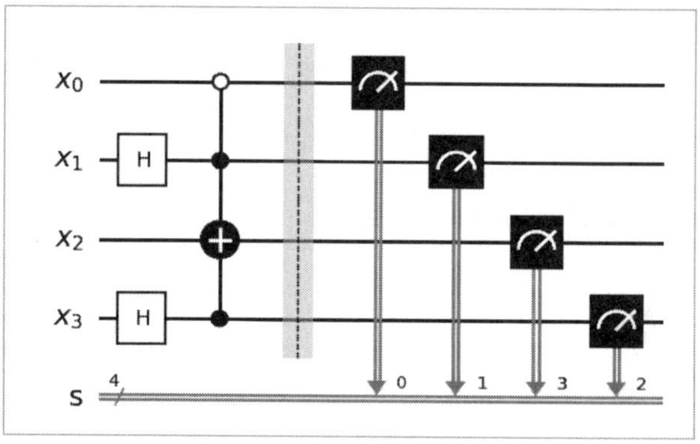

7. 문제 6의 회로를 qiskit_aer 시뮬레이터를 사용하여 1,000회 시뮬레이션하고, 그 과정에서 수집한 측정값의 분포를 보여라.

3장

양자 상태와 유니터리 변환

고전적인 계의 상태와 차별되는 양자 상태의 가장 두드러진 특징 중 하나는, 슈뢰딩거의 고양이 사고 실험에서와 같이 서로 배타적인–서로 직교하는– 두 상태가 중첩되어 새로운 양자 상태를 표현할 수 있다는 점이다. 이러한 중첩의 성질 덕분에 양자 상태는 수학적으로 벡터로 표현할 수 있으며, 계의 가능한 모든 양자 상태들은 벡터 공간인 힐버트(Hilbert) 공간을 구성한다. 이 단원에서는 벡터 공간의 일반적인 성질, 하나의 벡터를 다른 벡터로 변환하는 연산들, 그 중에서도 유니터리(Unitary) 변환과 이와 관련된 선형대수학의 기초 지식에 대해 살펴보겠다. 또한, 양자 알고리즘의 기반이 되는 양자 역학의 기본 체계를 설명하고, 대표적인 양자 게이트들의 작동 방식에 대해 알아볼 것이다. 나아가 양자 상태의 또 다른 주요 특성인 양자 얽힘과 이를 활용한 양자 기술인 양자 순간 이동을 소개할 것이다.

3.1 디락의 브라–켓(Bra – Ket) 표기법

힐버트 공간에서 양자 상태 벡터를 나타내는 표준 방식인 브라-켓 표기법은 20세기 초 양자역학의 체계를 정립하는 데 중요한 역할을 한 영국의 물리학자 폴 디락(Paul Dirac)에 의해 처음 제안되었다. 이 용어는 괄호를 나타내는 영단어 "Braket"에서 유래되었으며, 브라(Bra)는 왼쪽 괄호 "⟨", 켓(Ket)은 오른쪽 괄호 "⟩"를 나타낸다.

디락의 브라-켓 표기법에서 힐버트 공간 $\mathcal{V}$의 원소인 상태 벡터 ϕ는 켓벡터 $|\phi\rangle$로 표시되며, 브라벡터 $\langle\phi|$는 벡터 ϕ의 쌍대 벡터(dual vector)를 나타낸다. 브라벡터 $\langle\phi|$는 $\mathcal{V}$의 쌍대 공간(dual space) $\mathcal{V}^*$의 원소로서, 벡터들 사이의 내적(inner product)을 정의할 때 활용된다. 힐버트 공간에서의 스칼라는 복소수이므로, 벡터들 사이의 내적은 복소수 값을 갖는다. 디락 표기법에서는 벡터 ϕ와 ψ의 내적은 다음과 같이 브라벡터를 왼쪽, 켓벡터를 오른쪽에 두어 괄호를 완성하는 형식으로 표기된다.

$$\langle\phi|\psi\rangle = c \quad (\text{여기서 } c\text{는 복소수})$$

실제 공간에서 크기와 방향을 가지는 벡터는 $\vec{A}$ 혹은 $\boldsymbol{A}$로 표기하며, 두 벡터 $\vec{A}$와 $\vec{B}$의 내적 $\vec{A}\cdot\vec{B}$는 항상 실수값을 갖는다. 이에 반해, 힐버트 공간에서 벡터들 사이의 내적 $\langle\phi|\psi\rangle$의 결과값은 복소수임에 유의해야 한다.

3.2 선형성과 벡터 공간

힐버트 공간 $\mathcal{V}$의 임의의 두 원소 $|v_1\rangle, |v_2\rangle$를 복소수 스칼라 z_1, z_2를 사용하여 선형 결합하면, $\mathcal{V}$의 또다른 원소가 된다. 즉, $z_1|v_2\rangle + z_2|v_2\rangle$는 힐버트 공간 $\mathcal{V}$의 원소이다. 양자계의 상태는 벡터로 표시되기 때문에, 서로 다른 벡터의 선형 결합은 양자 상태의 중첩에 해당한다.

3.2.1 벡터의 내적(Inner Product)과 직교성(Orthogonality)

벡터의 내적은 두 개의 벡터 ϕ, ψ를 곱하여 스칼라 z를 얻는 연산으로, 앞에서 언급한 바와 같이 브라-켓 표기법에서는 $\langle\phi|\psi\rangle = z$ 형태의 수식으로 표현한다. 내적이 0인 두 벡터는 서로 직교(orthogonal)하는 벡터들이다. 즉, $\langle\phi|\psi\rangle = 0$이면 두 벡터 ϕ, ψ는 서로 직교하는 벡터들이다. 힐버트 공간의 벡터 ϕ, χ, ψ 들 사이의 내적은 다음과 같은 성질을

만족한다.

- $\langle\phi|\chi+\psi\rangle = \langle\phi|\chi\rangle + \langle\phi|\psi\rangle$: 분배법칙
- $\langle z\phi|\psi\rangle = z^*\langle\phi|\psi\rangle$, $\langle\phi|z\psi\rangle = z\langle\phi|\psi\rangle$: z^*는 z의 켤레 복소수(complex conjugate)
- $\langle\phi|\psi\rangle = \langle\psi|\phi\rangle^*$
- 모든 벡터 ϕ의 자기 자신과의 내적은 항상 0보다 크거나 같다. 즉, $\langle\phi|\phi\rangle \geq 0$이다.
- 벡터 ϕ의 놈(norm) 혹은 크기 $\|\phi\|$는 다음과 같이 정의된다.

$$\|\phi\| = \sqrt{\langle\phi|\phi\rangle}$$

3.2.2 선형 독립과 기저 벡터(Basis Vectors)

힐버트 공간 $\mathcal{V}$의 벡터 $v_1, v_2, \cdots, v_n$에 대해 $z_1|v_1\rangle + z_2|v_2\rangle + \cdots + z_n|v_n\rangle = 0$을 만족하는 복소수 $z_1, z_2, \cdots, z_n$이 존재하면(모두 0인 경우는 제외), 벡터 $v_1, v_2, \cdots, v_n$은 서로 선형 종속(linearly dependent)이라고 한다. 그러한 복소수 $z_1, z_2, \cdots, z_n$이 존재하지 않는 경우, 벡터 $v_1, v_2, \cdots, v_n$은 서로 선형 독립이라고 한다.

서로 독립인 벡터들인 $v_1, v_2, \cdots, v_n$의 선형 결합으로 힐버트 공간 $\mathcal{V}$의 모든 벡터를 표시할 수 있으면, $\{v_1, v_2, \cdots, v_n\}$을 $\mathcal{V}$의 기저(basis) 벡터들의 집합이라고 한다. 주어진 힐버트 공간에 대해 기저 벡터들의 집합은 다양하게 선택할 수 있지만, 기저 벡터들의 개수는 항상 동일하다. 기저 벡터들의 개수 n이 벡터 공간 $\mathcal{V}$의 차원(dimension)이다. 즉, $\dim \mathcal{V} = n$이다.

다음 성질을 만족하는 $\mathcal{V}$의 기저 벡터 $\{v_1, v_2, \cdots, v_n\}$은 정규직교(orthonormal) 기저 벡터라고 한다.

$$\langle v_i|v_j\rangle = \delta_{ij} = \begin{cases} 1, & i = j \\ 0, & i \neq j \end{cases}$$

여기서, δ_{ij}는 i와 j가 같으면 1, 다르면 0인 값을 갖는 크로네커-델타(Kronecker-delta) 함수이다. 따라서 정규직교 기저 벡터들의 놈은 1이다.

$\{v_1, v_2, \cdots, v_n\}$과 $\{w_1, w_2, \cdots, w_n\}$이 동일한 힐버트 공간 $\mathcal{V}$의 서로 다른 정규직교 기저벡터라고 하면, 두 기저 벡터들 사이에는 다음과 같은 관계식이 성립한다.

$$|v_i\rangle = \sum_{j=1}^{n} U_{ji}|w_j\rangle, \qquad U_{ji} = \langle w_j|v_i\rangle \qquad \text{(식 3–1)}$$

3.2.3 벡터의 행렬 표현(Matrix Representation)

힐버트 공간 $\mathcal{V}$의 임의의 원소인 벡터 ϕ는 정규직교 기저 벡터 $\{v_1, \cdots, v_n\}$들의 선형 결합으로 표현할 수 있다.

$$|\phi\rangle = \phi_1|v_1\rangle + \phi_2|v_2\rangle + \cdots + \phi_n|v_n\rangle = \textstyle\sum_{i=1}^{n} \phi_i\,|v_i\rangle, \qquad \phi_i = \langle v_i|\phi\rangle \in \mathbb{C}\ (\text{복소수})$$

이를 바탕으로 벡터 ϕ는 기저 $\{v_1, \ldots, v_n\}$에 대해, 다음과 같은 $n\times 1$ 열벡터(column vector)로 표현한다.

$$|\phi\rangle \doteq \begin{bmatrix}\phi_1\\ \phi_2\\ \vdots\\ \phi_n\end{bmatrix}$$

힐버트 공간 $\mathcal{V}$에 속하는 또다른 벡터 $|\psi\rangle = \sum_{i=1}^{n} \psi_i\,|v_i\rangle$에 대하여, 내적 $\langle\phi|\psi\rangle$는 다음과 같이 쓸 수 있다.

$$\langle\phi|\psi\rangle = \sum_{i,j}\langle\phi_i v_i|\psi_j v_j\rangle = \sum_{i,j}\phi_i^*\psi_j\,\langle v_i|v_j\rangle = \sum_{i,j}\phi_i^*\psi_j\,\delta_{ij} = \sum_{j}\phi_j^*\,\psi_j$$

따라서, 두 벡터의 내적 $\langle\phi|\psi\rangle$는 다음과 같은 행렬로 표현된다.

$$\langle\phi|\psi\rangle = \sum_j \phi_j^*\,\psi_j = [\phi_1^*\ \phi_2^*\ \cdots\ \phi_n^*]\begin{bmatrix}\psi_1\\ \psi_2\\ \vdots\\ \psi_n\end{bmatrix} \quad ; \quad \phi_j^* = \langle\phi|v_j\rangle,\ \psi_j = \langle v_j|\psi\rangle$$

위의 식을 유도하는 과정에서 $\langle\phi| = \sum_{i=1}^{n}\phi_i^*\,\langle v_i|$이 성립함을 알았다. 즉, $\mathcal{V}$의 쌍대 공간 $\mathcal{V}^*$의 임의의 원소인 브라벡터 $\langle\phi|$는 $\{\langle v_i|\}$들의 선형 결합으로 표현할 수 있다. 따라서 $\{\langle v_i|\}$는 쌍대 공간 $\mathcal{V}^*$의 기저 벡터들의 집합이다. 또한 브라 벡터 $\langle\phi|$는 기저 벡터 $\{\langle v_i|\}$에 대해, $1\times n$ 행렬, 즉, 행벡터(row vector) $[\phi_1^*\ \phi_2^*\ \cdots\ \phi_n^*]$로 표현할 수 있다. 브라벡터 $\langle\phi|$를 표현하는 이 행벡터는 켓벡터 $|\phi\rangle$를 표현하는 열벡터의 켤레-전치(conjugate-transpose) 행렬임에 유의하라.

3.2.4 기저 변환(Change of Basis)

힐버트 공간 $\mathcal{V}$의 벡터 $|\phi\rangle$는 두 개의 정규직교 기저 $\{|v_1\rangle, \cdots, |v_n\rangle\}$, $\{|w_1\rangle, \cdots, |w_n\rangle\}$에 대해 다음과 같이 서로 다른 선형 결합으로 표현할 수 있다.

$$|\phi\rangle = \phi_1|v_1\rangle + \phi_2|v_2\rangle + \cdots + \phi_n|v_n\rangle = \phi'_1|w_1\rangle + \phi'_2|w_2\rangle + \cdots + \phi'_n|w_n\rangle$$

따라서, 정규직교 기저 $\{|v_i\rangle\}$에 관해 $|\phi\rangle \doteq \begin{bmatrix}\phi_1\\\phi_2\\\vdots\\\phi_n\end{bmatrix}$로 표현되고, 또다른 정규직교 기저 $\{|w_i\rangle\}$에 대해서는 $|\phi\rangle \doteq \begin{bmatrix}\phi'_1\\\phi'_2\\\vdots\\\phi'_n\end{bmatrix}$로 표현된다. 여기서 다음과 같은 관계식을 얻게 된다.

$$\phi'_k = \langle w_k|\phi\rangle = \sum_{j=1}^{n}\langle w_k|\phi_j v_j\rangle = \sum_{j=1}^{n}\phi_j\langle w_k|v_j\rangle = \sum_{j=1}^{n}U_{kj}\phi_j\,,\quad U_{kj} = \langle w_k|v_j\rangle$$

(식 3–2)

이를 행렬로 표현하면, $\begin{bmatrix}\phi'_1\\\phi'_2\\\vdots\\\phi'_n\end{bmatrix} = \begin{bmatrix}U_{11} & U_{12} & \cdots & U_{1n}\\U_{21} & U_{22} & \cdots & U_{2n}\\\vdots & \vdots & \ddots & \vdots\\U_{n1} & U_{n2} & \cdots & U_{nn}\end{bmatrix}\begin{bmatrix}\phi_1\\\phi_2\\\vdots\\\phi_n\end{bmatrix}$이다.

위의 행렬 $U_{kj} = \langle w_k|v_j\rangle$는 다음 성질을 만족한다(식 3-1 참조).

$$(U^\dagger U)_{ik} = \sum_j (U^\dagger)_{ij}U_{jk} = \sum_j U^*_{ji}U_{jk} = \sum_j \langle v_i|w_j\rangle\langle w_j|v_k\rangle = \langle v_i|v_k\rangle = \delta_{ik}$$

여기서 $U^\dagger$는 U의 켤레-전치, 에르미트-전치(Hermitian-transpose), 혹은 에르미트-켤레(Hermatian-conjugate) 행렬이다. 따라서, 하나의 정규직교 기저 $\{|v_i\rangle\}$에서 또다른 정규직교 기저 $\{|w_i\rangle\}$로 변환하는 행렬 U는 $U^\dagger U = I$를 만족하는 유니터리 행렬(Unitary matrix)이다.

3.3 선형 연산자(Linear Operators)

힐버트 공간 $\mathcal{V}$에서 정의된 연산자 $\hat{L}$은 $\mathcal{V}$의 한 원소인 벡터를 $\mathcal{V}$에 속하는 또다른 벡터로 대응시킨다. 즉, $|\phi\rangle \in \mathcal{V}$이면, $\hat{L}|\phi\rangle \in \mathcal{V}$이다. 다음 두 조건을 만족하는 연산자 $\hat{L}$을 선형 연산자라고 한다.

- $\mathcal{V}$에 속하는 임의의 두 벡터 $|\phi\rangle, |\psi\rangle$에 대해, $\hat{L}(|\phi\rangle + |\psi\rangle) = \hat{L}|\phi\rangle + \hat{L}|\psi\rangle$
- 임의의 복소수 z와 $\mathcal{V}$에 속하는 임의의 벡터 $|\phi\rangle$에 대해, $\hat{L}(z|\phi\rangle) = z(\hat{L}|\phi\rangle)$

힐버트 공간 $\mathcal{V}$에 속하는 임의의 벡터 $|\phi\rangle$는 기저 벡터 $|v_i\rangle$들의 선형 결합 $|\phi\rangle = \sum_{i=1}^{n}\phi_i|v_i\rangle$로 나타낼 수 있고, 이에 따라 열벡터 $\begin{bmatrix}\phi_1\\\phi_2\\\vdots\\\phi_n\end{bmatrix}$로 표현될 수 있음을 살펴보았다.

또한, 벡터 $|\phi\rangle$의 쌍대 벡터인 브라벡터 $\langle\phi|$는 행벡터 $[\phi_1^* \; \phi_2^* \; \cdots \; \phi_n^*]$로 표현된다. 여기서, 복소수 $\phi_i = \langle v_i|\phi\rangle$이다.

3.3.1 선형 연산자의 행렬 표현

힐버트 공간 $\mathcal{V}$에서 정의된 선형 연산자 $\hat{L}$이 $\mathcal{V}$의 한 원소인 벡터 $|\phi\rangle$를 또 다른 벡터 $|\psi\rangle$에 대응시킨다면, 즉, $\hat{L} : |\phi\rangle \;\; \mapsto \;\; |\psi\rangle = \hat{L}|\phi\rangle$라고 하면,

$$|\psi\rangle = \sum_{i=1}^{n} \psi_i|v_i\rangle = \hat{L}|\phi\rangle = \hat{L}\sum_{i=1}^{n} \phi_i\,|v_i\rangle = \sum_{i=1}^{n} \phi_i\big(\hat{L}|v_i\rangle\big) = \sum_{i=1}^{n} \phi_i \sum_{j=1}^{n} L_{ji}|v_j\rangle$$

여기서 $L_{ji} = \langle v_j|\hat{L}|v_i\rangle$이고, 위 식은 다음과 같이 정리할 수 있다.

$$\sum_{i=1}^{n} \psi_i|v_i\rangle = \sum_{i=1}^{n}\left(\sum_{j=1}^{n} L_{ij}\phi_j\right)|v_i\rangle \qquad \therefore\; \psi_i = \sum_{j=1}^{n} L_{ij}\phi_j$$

위의 식은 다음과 같은 행렬 식으로 표현할 수 있다.

$$\begin{bmatrix}\psi_1\\ \psi_2\\ \vdots\\ \psi_n\end{bmatrix} = \begin{bmatrix}L_{11} & L_{12} & \cdots & L_{1n}\\ L_{21} & L_{22} & \cdots & L_{2n}\\ \vdots & \vdots & \ddots & \vdots\\ L_{n1} & L_{n2} & \cdots & L_{nn}\end{bmatrix}\begin{bmatrix}\phi_1\\ \phi_2\\ \vdots\\ \phi_n\end{bmatrix}$$

따라서, n차원 힐버트 공간에서 정의된 선형 연산자 $\hat{L}$은 기저벡터 $\{|v_i\rangle\}$에 관하여 다음과 같은 $n \times n$ 정방 행렬(square matrix)로 표현할 수 있다.

$$\hat{L} \doteq \begin{bmatrix}L_{11} & L_{12} & \cdots & L_{1n}\\ L_{21} & L_{22} & \cdots & L_{2n}\\ \vdots & \vdots & \ddots & \vdots\\ L_{n1} & L_{n2} & \cdots & L_{nn}\end{bmatrix}, \qquad L_{ij} = \langle v_i|\hat{L}|v_j\rangle \qquad \text{(식 3-3)}$$

3.3.2 유사 변환(Similarity Transformation)

3.2.4 기저 변환(change of basis)에서 살펴본 바와 같이, 힐버트 공간 $\mathcal{V}$의 서로 다른 정규직교 기저벡터 $\{|v_i\rangle\}$와 $\{|w_i\rangle\}$는 다음과 같은 유니터리 변환 관계에 있다.

$$|w_i\rangle = \hat{U}|v_i\rangle = \sum_j U_{ji}\,|v_j\rangle, \qquad U_{ji} = \langle v_j|w_i\rangle = \langle v_j|\hat{U}|v_i\rangle$$

이에 따라, 선형 연산자 $\hat{L}$의 기저벡터 $\{|w_i\rangle\}$에 대한 행렬 표현 L'은 다음과 같이 주어진다.

$$L'_{ij} = \langle w_i|\hat{L}|w_j\rangle = \sum_{kl}\langle U_{ki}v_k|\hat{L}|U_{lj}v_l\rangle = \sum_{kl} U^*_{ki}\,\langle v_k|\hat{L}|v_l\rangle\,U_{lj} = \sum_{kl} U^*_{ki}L_{kl}U_{lj}$$

$$\therefore\ L' = U^\dagger L U = U^{-1}LU$$

기저의 변화에 따라 선형 연산자를 표현하는 행렬은 위와 같이 변환되며, 이러한 행렬 변환을 유사 변환(similarity transformation)이라고 한다.

3.3.3 연산자의 에르미트 켤레(Hermitian Conjugate)

힐버트 공간 $\mathcal{V}$에서 정의된 선형 연산자 $\hat{L}$에 대하여, 다음과 같은 성질을 만족하는 선형 연산자 $\hat{L}^\dagger$이 유일하게 존재한다.

$$\langle\phi|\hat{L}|\psi\rangle = \langle\phi|\hat{L}\psi\rangle = \langle\hat{L}^\dagger\phi|\psi\rangle \quad \text{for all } |\phi\rangle, |\psi\rangle \in \mathcal{V}$$

이 연산자 $\hat{L}^\dagger$을 연산자 $\hat{L}$의 에르미트 켤레(Hermitian conjugate) 연산자라고 한다. 이에 따라 $\mathcal{V}$에 속하는 모든 벡터 $|\phi\rangle, |\psi\rangle$에 대하여 다음 관계식이 만족한다.

$$\langle\hat{L}\phi|\psi\rangle = \langle\psi|\hat{L}\phi\rangle^* = \langle\hat{L}^\dagger\psi|\phi\rangle^* = \langle\phi|\hat{L}^\dagger\psi\rangle = \left\langle\left(\hat{L}^\dagger\right)^\dagger\phi\middle|\psi\right\rangle$$

$$\therefore\ \left(\hat{L}^\dagger\right)^\dagger = \hat{L}$$

즉, 선형 연산자 $\hat{L}$의 에르미트 켤레 연산자 $\hat{L}^\dagger$의 에르미트 켤레 연산자는 $\hat{L}$이다.

기저 벡터 $\{|v_i\rangle\}$에 관해 $\hat{L}^\dagger$을 표현하는 행렬 $(L^\dagger)_{ij}$는, $\hat{L}$을 나타내는 행렬 L_{ij}의 에르미트-켤레(Hermitian-conjugate) 행렬이다. 즉, $(L^\dagger)_{ij} = \left(L_{ji}\right)^*$이다.

$$(L^\dagger)_{ij} = \langle v_i|\hat{L}^\dagger|v_j\rangle = \langle v_i|\hat{L}^\dagger v_j\rangle = \langle\hat{L}v_i|v_j\rangle = \langle v_j|\hat{L}v_i\rangle^* = \left(L_{ji}\right)^*$$

3.3.4 에르미트 연산자(Hermitian Operator)

다음 성질을 만족하는 힐버트 공간 $\mathcal{V}$에서의 선형 연산자 $\hat{H}$를 에르미트(Hermitian) 연산자라고 한다.

$$\langle \phi | \hat{H}\psi \rangle = \langle \hat{H}\phi | \psi \rangle \quad \text{for any } |\phi\rangle, |\psi\rangle \in \mathcal{V}$$

힐버트 공간 $\mathcal{V}$의 모든 벡터 $|\phi\rangle, |\psi\rangle$에 대해, 에르미트 연산자 $\hat{H}$는 $\langle \phi | \hat{H}\psi \rangle = \langle \hat{H}^{\dagger}\phi | \psi \rangle = \langle \hat{H}\phi | \psi \rangle$를 만족하므로 $\hat{H}^{\dagger} = \hat{H}$이다. 즉, 에르미트 연산자의 에르미트 켤레 연산자는 자기 자신이다. 또한, 힐버트 공간 $\mathcal{V}$의 임의의 벡터 $|\psi\rangle$에 대해 $\langle \psi | \hat{H}\psi \rangle^{*} = \langle \hat{H}\psi | \psi \rangle = \langle \hat{H}^{\dagger}\psi | \psi \rangle = \langle \psi | \hat{H}\psi \rangle$이 성립함으로, $\langle \psi | \hat{H}\psi \rangle$는 항상 실수이다. 즉, 에르미트 연산자 $\hat{H}$는 다음 성질을 가진다.

- $\hat{H}^{\dagger} = \hat{H}$
- $\langle \psi | \hat{H}\psi \rangle \in \mathbb{R}$ (실수) for any $|\psi\rangle \in \mathcal{V}$

양자역학에서 계의 상태는 힐버트 공간의 원소인 벡터이고, 측정 가능한 모든 물리량들은 에르미트 연산자에 의해 표현된다.

3.3.5 유니터리 연산자(Unitary Operator)

힐버트 공간 $\mathcal{V}$의 모든 벡터 $|\psi\rangle$에 대해 $\langle \hat{U}\psi | \hat{U}\psi \rangle = \langle \psi | \psi \rangle$이면, 선형 연산자 $\hat{U}$는 유니터리 연산자이다. 이와 같이 유니터리 연산은 벡터의 크기를 보존하는 연산으로, 역 연산(inverse operation)이 항상 가능하다. $\langle \hat{U}\psi | \hat{U}\psi \rangle = \langle \hat{U}^{\dagger}\hat{U}\psi | \psi \rangle = \langle \psi | \psi \rangle$이므로, $\hat{U}^{\dagger}\hat{U} = \hat{U}\hat{U}^{\dagger} = \hat{I}$이다. 여기서 $\hat{I}$는 항등(identity) 연산자이며, 따라서, $\hat{U}^{-1} = \hat{U}^{\dagger}$이다. 즉, 유니터리 연산자 $\hat{U}$의 역연산자는 $\hat{U}$의 에르미트 켤레 연산자이다.

서로 다른 기저들 $\{|v_i\rangle\}$와 $\{|w_i\rangle\}$ 사이의 변환 $\hat{U} : \{|v_i\rangle\} \rightarrow \{|w_i\rangle\}$는 벡터들의 크기를 보존하는 변환으로 유니터리 변환이다. 따라서, 앞에서 살펴본 바와 같이 $\hat{U}$를 표현하는 행렬 U_{ij}가 유니터리 행렬인 것은 당연하다고 할 것이다.

3.3.6 정규직교 기저(Orthonormal Basis)의 성질

앞에서 브라벡터 $\langle \phi|$와 켓벡터 $|\psi\rangle$의 곱 $\langle \phi | \psi \rangle$는 두 벡터의 내적으로 복소수 값을 가진다고 하였다. 이와 달리, 브라벡터와 켓벡터의 순서를 바꾸어 곱하면, 이는 더 이상 내적을 나타내지 않고 힐버트 공간 속의 하나의 벡터를 또다른 벡터로 변환하는 선형 연산자를 나타낸다. 즉, 디락 표기법에서 $|\psi\rangle\langle \phi|$는 힐버트 공간에서 정의된 연산자이다. 아래 식은 연산자 $|\psi\rangle\langle \phi|$를 $\mathcal{V}$의 임의의 원소인 벡터 $|\chi\rangle$에 가하면, 벡터 $|\psi\rangle$에 복소수 스칼라 $\langle \phi | \chi \rangle$

를 곱한 새로운 벡터가 되는 것을 보여 준다.

$$\text{연산자 } |\psi\rangle\langle\phi| : \ |\chi\rangle \ \mapsto \ |\psi\rangle\langle\phi|\chi\rangle \quad \text{for any } |\chi\rangle \in \mathcal{V}$$

연산자 $|\psi\rangle\langle\phi|$의 에르미트 켤레(Hermitian conjugate) 연산자는 $|\phi\rangle\langle\psi|$이다.

$$(|\psi\rangle\langle\phi|)^\dagger = |\phi\rangle\langle\psi|$$

$\{|v_1\rangle, |v_2\rangle, \cdots, |v_n\rangle\}$이 힐버트 공간 $\mathcal{V}$의 정규직교 기저라면 $\{\langle v_1|, \langle v_2|, \cdots, \langle v_n|\}$은 $\mathcal{V}$의 쌍대 공간인 $\mathcal{V}^*$의 정규직교 기저 벡터이며, $|v_i\rangle$와 $\langle v_j|$들은 다음 성질을 만족한다.

(i) $\langle v_i|v_j\rangle = \delta_{ij}$: 정규직교 조건(orthonormality condition)

(ii) $\sum_j |v_j\rangle\langle v_j| = \hat{I}$: 완전성 관계(completeness relation) (식 3–4)

(iii) 임의의 벡터 $|\psi\rangle \in \mathcal{V}$와 그 쌍대 벡터 $\langle\psi|$에 대해,

$$|\psi\rangle = \sum_j \psi_j |v_j\rangle, \quad \langle\psi| = \sum_j \psi_j^* \langle v_j| \quad ; \quad \psi_j = \langle v_j|\psi\rangle \in \mathbb{C}$$

(iv) 벡터 공간 $\mathcal{V}$에서 정의된 선형 연산자 $\hat{L}$에 대해(식 3-4 참조),

$$\hat{L} = \sum_i |v_i\rangle\langle v_i| \cdot \hat{L} \cdot \sum_j |v_j\rangle\langle v_j| = \sum_{ij} |v_i\rangle\, L_{ij}\, \langle v_j|, \quad L_{ij} = \langle v_i|\hat{L}|v_j\rangle$$

$$\hat{L}^\dagger = \sum_{ij} |v_i\rangle\, L_{ji}^* \langle v_j|$$

3.4 고유값(Eigenvalue)과 고유벡터(Eigenvector)

벡터 공간 $\mathcal{V}$에서 정의된 선형 연산자 $\hat{A}$가 스칼라 a와 벡터 $|a\rangle$에 대해 다음 식을 만족한다면, 스칼라 a를 연산자 $\hat{A}$의 고유값, 벡터 $|a\rangle$를 고유값 a에 해당하는 $\hat{A}$의 고유벡터라고 한다.

$$\hat{A}|a\rangle = a|a\rangle$$

이 때, 위의 식을 선형 연산자 $\hat{A}$의 고유값 방정식(eigenvalue equation) 이라고 한다.

3.4.1 유니터리 연산자의 고유값과 고유벡터

다음과 같은 유니터리 연산자 $\hat{U}$에 대한 고유값 방정식을 고려하자.

$$\hat{U}|u\rangle = u|u\rangle \quad \text{(식 3–5)}$$

이 식의 양 변에 에르미트 켤레를 취하면 다음 식을 얻게 된다.

$$\langle u|\hat{U}^\dagger = \langle u|u^* \quad \text{(식 3–6)}$$

위의 식 3-5와 식 3-6으로부터, $\langle u|\hat{U}^\dagger\hat{U}|u\rangle = \langle u|u\rangle = |u|^2\langle u|u\rangle$의 관계식을 얻게 된다. 따라서, $|u|^2 = 1$이다. 즉, 유니터리 연산자 $\hat{U}$의 고유값 u는 크기가 1인 복소수로서, $u = e^{i\phi}$ $(\phi \in \mathbb{R})$ 형태로 쓸 수 있다.

3.4.2 에르미트 연산자의 고유값과 고유벡터

앞에서 설명한 바와 같이, 양자역학에서 계(system)의 모든 상태는 힐버트 공간의 벡터이고, 측정 가능한 모든 물리량(physical observable)은 에르미트 연산자로 표현된다. 에르미트 연산자 $\hat{H}$의 고유값 방정식 $\hat{H}\,|i\rangle = h_i|i\rangle$의 양변의 왼쪽에 고유 브라 $\langle j|$를 곱하면 다음 식을 얻게 된다.

$$\langle j|\hat{H}|i\rangle = h_i\langle j|i\rangle \quad \text{(식 3–7)}$$

그런데, $\hat{H}^\dagger = \hat{H}, \langle j|\hat{H}^\dagger = \langle j|h_j^*$로부터 다음 식을 얻을 수 있다.

$$\langle j|\hat{H}|i\rangle = \langle j|\hat{H}^\dagger|i\rangle = h_j^*\langle j|i\rangle \quad \text{(식 3–8)}$$

식 3-7과 식 3-8로부터 다음 식을 얻을 수 있다.

$$(h_i - h_j^*)\langle j|i\rangle = 0 \quad \text{(식 3–9)}$$

식 3-9에서, $i = j$이면 $h_i = h_i^*$이다. 즉, 에르미트 연산자의 고유값 h_i는 실수이다. 고유값이 실수이기 때문에 식 3-9은 다음과 같이 쓸 수 있다.

$$(h_i - h_j)\langle j|i\rangle = 0$$

여기서 $h_i \neq h_j$이면, $\langle j|i\rangle = 0$이어야 한다. 따라서 고유값이 서로 다른 에르미트 연산자의 고유벡터들은 서로 직교한다.

이상 살펴본 내용을 바탕으로 에르미트 연산자의 고유값 h_i들과 고유벡터 $|i\rangle$들이 가지는 성질을 정리하면 다음과 같다.

- 에르미트 연산자의 모든 고유값은 실수이다. 즉, $h_i \in \mathbb{R}$이다.

- 서로 다른 고유값에 해당하는 에르미트 연산자의 고유벡터들은 직교한다.

$$\langle i|j\rangle = 0 \text{ for } h_i \neq h_j$$

동일한 고유값 h_i에 해당하는 $\hat{H}$의 고유벡터가 두 개 이상이라면, 이 고유벡터들은 서로 축퇴(Degenerate)혹은 겹침되어 있다고 하며, 축퇴된 고유벡터들의 어떤 선형 결합도 고유값이 h_i인 $\hat{H}$의 고유벡터가 된다. 축퇴된 고유벡터들을 적절히 선형 결합함으로써, 고유값이 h_i이면서 서로 직교하는 고유벡터들을 항상 얻을 수 있다.

예를 들어, 고유값이 h_i에 해당하는 두 개의 축퇴된 고유벡터 $|i_1\rangle$, $|i_2\rangle$가 있다고 하자. (단, 다른 모든 고유벡터들은 고유값이 h_i가 아니다.) 이 두 고유벡터는 반드시 서로 직교하지는 않는다. 하지만, 이 두 고유벡터들의 선형 결합으로 얻는 또다른 두 개의 고유벡터 $|i_\alpha\rangle = \alpha_1|i_1\rangle + \alpha_2|i_2\rangle$, $|i_\beta\rangle = \beta_1|i_1\rangle + \beta_2|i_2\rangle$는 서로 정규직교(orthonormal) 할 수 있다. 즉, $\langle i_\alpha|i_\beta\rangle = 0$이고, $\langle i_\alpha|i_\alpha\rangle = \langle i_\beta|i_\beta\rangle = 1$이 되는 계수 $\alpha_1, \alpha_2, \beta_1, \beta_2$가 항상 존재한다.

- 에르미트 연산자의 모든 고유벡터들의 집합 $\{|i\rangle\}$는 벡터 공간 $\mathcal{V}$를 채우는 정규직교 기저가 될 수 있다. 즉, $\mathcal{V}$의 임의의 벡터 $|\phi\rangle$는 고유벡터들의 선형 결합으로 표현할 수 있다.

$$\text{For any } |\phi\rangle \in \mathcal{V},\ |\phi\rangle = \sum_i \phi_i|i\rangle\ , \quad \phi_i = \langle i|\phi\rangle \in \mathbb{C}$$

이는 아래에 주어진 완전성 관계(completeness relation)와 동치이다.

$$\sum_i |i\rangle\langle i| = \hat{I}$$

이에 따라, 에르미트 연산자 $\hat{H}$는 다음과 같은 스펙트럼 분해(spectral decomposition)가 가능하다.

$$\hat{H} = \sum_i |i\rangle\, h_i\langle i|$$

3.5 벡터 공간의 텐서 프로덕트(Tensor Product Spaces)

고전적인 컴퓨터와 마찬가지로, 양자 컴퓨터 역시 여러 개의 큐비트를 사용하여 정보를 저장하고 필요한 양자 연산을 실행한다. 이와 같이 두 개 이상의 계가 존재하는 경우, 각 계의 양자 상태들은 각기 다른 힐버트 벡터 공간에 연관되며, 전체 계의 벡터 공간은 개별 계의 벡터 공간들의 텐서 곱(tensor product)에 의해 표현된다. $\mathcal{V}$, $\mathcal{W}$를 각

각 $\{|v_i\rangle\}$와 $\{|w_j\rangle\}$를 정규직교 기저로 갖는 벡터 공간이라고 할 때, 이 두 벡터 공간의 텐서 곱 $\mathcal{V} \otimes \mathcal{W}$는 $\{|v_i\rangle \otimes |w_j\rangle, i = 1, \cdots, \dim\mathcal{V};\ j = 1, \cdots, \dim\mathcal{W}\}$을 기저로 갖는 벡터 공간이다. 따라서 $\mathcal{V} \otimes \mathcal{W}$의 차원은 $\mathcal{V}$의 차원과 $\mathcal{W}$의 차원을 곱한 것과 같다. 즉, $\dim(\mathcal{V} \otimes \mathcal{W}) = (\dim\mathcal{V})(\dim\mathcal{W})$이다. 벡터들의 텐서 곱은 아래와 같이 기호 ⊗를 사용하지 않고 간단히 표기하기도 한다.

$$|v_i\rangle \otimes |w_j\rangle = |v_i\rangle|w_j\rangle \text{ or } |v_i, w_j\rangle$$

3.5.1 프러덕트 공간의 벡터

벡터 공간 $\mathcal{V} \otimes \mathcal{W}$의 벡터들 사이의 내적은 다음과 같이 개별 벡터공간의 벡터들 사이의 내적의 곱의 형태로 표시할 수 있다.

$$(\langle w_j| \otimes \langle v_i|)(|v_k\rangle \otimes |w_l\rangle) = \langle v_i|v_k\rangle_{\mathcal{V}} \langle w_j|w_l\rangle_{\mathcal{W}}$$

항등 연산자 $\hat{I}$는 정규직교 기저 벡터들로 표시하면 다음과 같다.

$$\hat{I} = \sum_{ij} (|v_i\rangle \otimes |w_j\rangle)(\langle w_j| \otimes \langle v_i|) = \sum_{ij} |v_i, w_j\rangle\langle w_j, v_i|$$

따라서, $\mathcal{V} \otimes \mathcal{W}$의 임의의 벡터 $|\Psi\rangle$는 아래와 같이 표현할 수 있다.

$$|\Psi\rangle = \sum_{ij} \Psi_{ij} |v_i, w_j\rangle, \quad \Psi_{ij} = \langle w_j, v_i|\Psi\rangle$$

3.5.2 프러덕트 공간의 연산자

$\hat{A}$와 $\hat{B}$가 각각 $\{|v_i\rangle, i = 1, \cdots, n\}$와 $\{|w_j\rangle, j = 1, \cdots, m\}$를 정규직교 기저로 갖는 벡터 공간 $\mathcal{V}$, $\mathcal{W}$에서 정의된 선형 연산자일 때, 이들의 텐서 곱 연산자 $\hat{A} \otimes \hat{B}$는 벡터 공간 $\mathcal{V} \otimes \mathcal{W}$에서의 선형 연산자이다:

$$(\hat{A} \otimes \hat{B})(|v_i\rangle \otimes |w_j\rangle) = (\hat{A}|v_i\rangle) \otimes (\hat{B}|w_j\rangle)$$

여기서,

$$\hat{A}|v_i\rangle = \sum_j A_{ji}|v_j\rangle, \quad \hat{B}|w_i\rangle = \sum_j B_{ji}|w_j\rangle; \quad A_{ji} = \langle v_j|\hat{A}|v_i\rangle, \quad B_{ji} = \langle w_j|\hat{B}|w_i\rangle$$

위의 두 식으로부터 다음 관계식을 얻을 수 있다.

$$(\hat{A} \otimes \hat{B})(|v_i\rangle \otimes |w_j\rangle) = \left(\sum_k A_{ki}|v_k\rangle\right) \otimes \left(\sum_l B_{lj}|w_l\rangle\right) = \sum_{kl} A_{ki}B_{lj}|v_k\rangle \otimes |w_l\rangle$$

위의 식으로부터 텐서 프로덕트 연산자 $\hat{A} \otimes \hat{B}$를 나타내는 행렬은 개별 벡터 공간 $\mathcal{V}$와 $\mathcal{W}$에서 두 연산자를 표현하는 $n \times n$ 행렬 A와 $m \times m$ 행렬 B의 다이렉트 곱(direct product) 혹은 크로네커 곱(Kronecker product) $A \otimes B$에 의해 주어진다. 행렬 $A \otimes B$은 $nm \times nm$ 정방 행렬이다.

3.5.3 행렬의 크로네커 곱(Kronecker Product)

다음과 같은 두 개의 정방 행렬 A와 B를 고려하자. A, B는 각각 $n \times n$, $m \times m$ 정방 행렬이다.

$$A = \begin{bmatrix} a_{11} & \cdots & a_{1n} \\ \vdots & \ddots & \vdots \\ a_{n1} & \cdots & a_{nn} \end{bmatrix}, \quad B = \begin{bmatrix} b_{11} & \cdots & b_{1m} \\ \vdots & \ddots & \vdots \\ b_{m1} & \cdots & b_{mm} \end{bmatrix}$$

두 행렬의 크로네커 곱 $A \otimes B$는 다음과 같이 정의된다.

$$A \otimes B = \begin{bmatrix} a_{11}B & \cdots & a_{1n}B \\ \vdots & \ddots & \vdots \\ a_{n1}B & \cdots & a_{nn}B \end{bmatrix}$$

$$= \begin{bmatrix} a_{11}b_{11} & \cdots & a_{11}b_{1m} & & a_{1n}b_{11} & \cdots & a_{1n}b_{1m} \\ \vdots & \ddots & \vdots & \cdots\ \cdots & \vdots & \ddots & \vdots \\ a_{11}b_{m1} & \cdots & a_{11}b_{mm} & & a_{1n}b_{m1} & \cdots & a_{1n}b_{mm} \\ & \vdots & & \ddots & & \vdots & \\ & \vdots & & & & \vdots & \\ a_{n1}b_{11} & \cdots & a_{n1}b_{1m} & & a_{nn}b_{11} & \cdots & a_{nn}b_{1m} \\ \vdots & \ddots & \vdots & \cdots\ \cdots & \vdots & \ddots & \vdots \\ a_{n1}b_{m1} & \cdots & a_{n1}b_{mm} & & a_{nn}b_{m1} & \cdots & a_{nn}b_{mm} \end{bmatrix}$$

따라서 행렬 $A \otimes B$의 각 요소들과 행렬 A, B의 요소들 사이의 관계는 다음 식에 의해 주어진다.

$$(A \otimes B)_{m(k-1)+l,m(i-1)+j} = A_{ki}B_{lj} \quad \text{for} \;\; i,k = 1,\cdots,n \;\text{ and }\; j,l = 1,\cdots,m$$

한편 다음과 같이 각각 $n \times 1$, $m \times 1$ 열벡터인 α, β를 고려하자.

$$\alpha = \begin{bmatrix} \alpha_1 \\ \vdots \\ \alpha_n \end{bmatrix}, \qquad \beta = \begin{bmatrix} \beta_1 \\ \vdots \\ \beta_m \end{bmatrix}$$

이 두 열벡터의 크로네커 곱 $\alpha \otimes \beta$는 다음과 같다.

$$\alpha \otimes \beta = \begin{bmatrix} \alpha_1\beta \\ \vdots \\ \alpha_n\beta \end{bmatrix} = \begin{bmatrix} \alpha_1\beta_1 \\ \vdots \\ \alpha_1\beta_m \\ \vdots \\ \vdots \\ \alpha_n\beta_1 \\ \vdots \\ \alpha_n\beta_m \end{bmatrix}$$

3.6 양자역학의 기본 체계

이 절에서는 몇 가지 기본 가정(basic postulates)에서 출발하여 양자 역학의 체계를 살펴보도록 한다.

3.6.1 계(System)의 양자 상태

계의 양자 상태는 힐버트 공간의 규격화된(normalized) 벡터들로 표현된다. 규격화된 벡터란 놈(norm)이 1인 벡터이다. 계의 모든 양자 정보는 힐버트 공간의 벡터 $|\psi\rangle$에 담겨 있고, $\langle\psi|\psi\rangle = 1$이다. 두 상태 벡터 $|\psi\rangle$와 $|\phi\rangle$의 선형 결합 $|\chi\rangle = \alpha|\psi\rangle + \beta|\phi\rangle$ 또한 계의 다른 양자 상태를 나타내는 힐버트 공간의 벡터이다. 여기서 선형 결합의 계수 α, β는 상태 벡터 $|\chi\rangle$가 규격화되도록 하는(즉, $\langle\chi|\chi\rangle = 1$이 되도록 하는) 복소수들이다. 이러한 상태 벡터의 선형 결합은 고전적인 계의 상태와 달리 서로 다른 두 상태의 중첩을 허용하는 양자 상태의 특징을 나타낸다.

3.6.2 측정 가능한 물리량(Physical Observables)과 양자화

에너지, 위치, 운동량, 각운동량과 같은 모든 측정 가능한 물리량은 힐버트 공간의 에르미트 연산자로 표현된다. 앞에서 살펴본 바와 같이, 에르미트 연산자의 고유값은 항상 실수이며, 모든 고유벡터들의 집합은 힐버트 공간을 채우는 정규직교 기저가 될 수 있다. 이는 계의 임의의 상태 벡터가 어떤 측정 가능한 물리량의 고유벡터들의 선형 결합으로 표현할 수 있음을 의미한다.

에르미트 연산자 $\hat{A}$에 해당하는 물리량을 측정할 때, 아래 고유값 방정식을 만족하는 $\hat{A}$의 고유값 a 만이 측정된다.

$$\hat{A}|a\rangle = a|a\rangle$$

따라서 에르미트 연산자의 고유값이 실수라는 사실은 측정되는 물리량이 항상 실수값을 가지는 것을 보장한다. 또한 측정값은 모든 실수일 수 없고 위의 방정식을 만족하는 고유값들로만 제한되어, 불연속적(discrete)으로 나타날 수 있게 된다. 이처럼 어떤 물리량의 측정값이 불연속적인 스펙트럼을 갖는 현상을 양자화(quantization)라고 한다. 수소 원자의 에너지 스펙트럼이 불연속적인 것은 양자화 현상의 대표적인 예이다. 그러나 모든 물리량의 스펙트럼이 불연속적인 것은 아니며, 일부 구간에서는 불연속적이지만 다른 구간에서 연속적인 스펙트럼을 갖는 경우도 있다.

3.6.3 양자 측정의 확률론적 해석과 상태 붕괴

계가 힐버트 공간의 벡터 $|\psi\rangle$로 표현되는 상태에 있을 때, 에르미트 연산자 $\hat{A}$에 해당하는 물리량을 측정한다고 하자. 이 때 상태 벡터 $|\psi\rangle$는 $\hat{A}$의 고유 벡터 $|a\rangle$의 선형 결합으로 나타낼 수 있다.

$$|\psi\rangle = \sum_a c_a|a\rangle$$

여기서 선형 결합의 계수 $c_a = \langle a|\psi\rangle$는 복소수이고, 상태 벡터 $|\psi\rangle$의 놈이 1이라는 조건으로부터 다음 식이 만족된다.

$$\sum_a |c_a|^2 = 1$$

물리량 $\hat{A}$를 측정하면, 측정값은 $\hat{A}$의 고유값 중 하나만 가능하며, 특정 고유값 a가 측정될 확률은 $|c_a|^2$이다.

$$(\text{측정값이 } a\text{일 확률}) = |c_a|^2 = |\langle a|\psi\rangle|^2$$

측정 결과 특정한 고유값 a가 측정되었다면, 계의 상태는 더 이상 측정 전 상태인 $|\psi\rangle$가 아니라 측정값 a에 해당하는 고유 상태인 $|a\rangle$로 변환된다.

$$|\psi\rangle \xrightarrow{\text{측정값}:a} |a\rangle$$

이를 측정에 의한 상태 붕괴라고 하며, 이 과정은 비가역적이다. 즉, 상태 붕괴가 일어난 후에는 측정 전 상태로 되돌아갈 수 없다.

계가 규격화된 벡터 $|\psi\rangle$에 의해 표현되는 양자 상태에 있을 때, 에르미트 연산자 $\hat{A}$에 해당하는 물리량을 측정하면, 그 측정의 기대값 $\langle\hat{A}\rangle$는 다음과 같이 주어진다.

$$\langle\hat{A}\rangle = \langle\psi|\hat{A}|\psi\rangle$$

이제 양자 측정의 확률론적 가정으로부터 측정 기대값에 대한 위의 식의 타당성을 확인해 보자. $|\psi\rangle = \sum_a c_a|a\rangle$로부터 다음 식을 얻을 수 있다.

$$\langle\psi|\hat{A}|\psi\rangle = \sum_{a'}\langle a'|c_{a'}^* \cdot \hat{A} \ \ \cdot \sum_{a} c_a|a\rangle = \sum_{a,a'} c_{a'}^* c_a \langle a'|\hat{A}|a\rangle = \sum_{a,a'} c_{a'}^* c_a a \langle a'|a\rangle$$

$\langle a'|a\rangle = \delta_{a,a'}$이므로, 식은 다음과 같이 단순화된다.

$$\langle\psi|\hat{A}|\psi\rangle = \sum_a |c_a|^2 \cdot a$$

물리량 $\hat{A}$를 측정했을 때 특정한 고유값 a가 측정될 확률이 $|c_a|^2$이므로 위의 식은 측정 기대값이 $\langle\psi|\hat{A}|\psi\rangle$임을 확인해 준다.

3.6.4 양자 상태의 시간 진화(Time Evolution)

시간 t의 경과에 따른 계의 상태 변화는 시간 의존적인 슈뢰딩거 방정식(time-dependent Schrödinger equation)에 의해 결정된다.

$$i\hbar\frac{d}{dt}|\psi(t)\rangle = \hat{H}|\psi(t)\rangle$$

여기서 $\hbar$는 플랑크 상수이고, $\hat{H}$는 계의 총 에너지를 나타내는 해밀토니안(Hamiltonian) 연산자이다. 이 슈뢰딩거 방정식의 해는 다음과 같이 표현할 수 있다.

$$|\psi(t)\rangle = \exp\left[-\frac{it\hat{H}}{\hbar}\right]|\psi(0)\rangle$$

이제, 시간 독립적인(time-independent) 슈뢰딩거 방정식으로 불리우는 해밀토니안 연산자의 고유값 방정식을 고려하자.

$$\hat{H}\,|\lambda_i\rangle = \lambda_i|\lambda_i\rangle$$

여기서 고유벡터 $\{|\lambda_i\rangle\}$가 정규직교 기저이므로, $t = 0$에서 초기 상태 벡터 $|\psi(0)\rangle$는 다음과 같이 $|\lambda_i\rangle$들의 선형 결합으로 표현할 수 있다.

$$|\psi(0)\rangle = \sum_i c_i(0)\,|\lambda_i\rangle$$

이로부터 아래 식을 얻을 수 있다.

$$|\psi(t)\rangle = \exp\left[-\frac{it\hat{H}}{\hbar}\right]\sum_i c_i(0)\,|\lambda_i\rangle = \sum_i c_i(0)e^{-\frac{i\lambda_i t}{\hbar}}\,|\lambda_i\rangle$$

따라서 시간 독립적인 슈뢰딩거 방정식을 풀어 해밀토니안의 고유값 $\{\lambda_i\}$와 고유벡터 $\{|\lambda_i\rangle\}$들을 알면, 계의 양자 상태가 시간에 따라 어떻게 진화하는지 알 수 있다.

3.7 2준위 양자계(Two-level Quantum Systems): 큐비트(Qubits)

양자 컴퓨팅의 기본 단위인 큐비트(qubit)는 두 개의 독립적인 상태의 중첩으로 계의 양자 상태를 표현할 수 있는 2준위(two-level) 양자계이다. 따라서 큐비트의 양자 상태는 2차원 힐버트 공간의 벡터로 표현된다. 앞에서 살펴본 양자 역학의 기본 체계를 바탕으로, 큐비트의 상태 변환과 저장된 양자 정보를 확인하는 측정에 대해 알아보자.

3.7.1 상태 벡터와 측정

2준위 양자계인 큐비트의 측정 가능한 물리량 $\hat{A}$는 서로 직교하는 두 개의 고유 벡터를 갖는다. 이를 각각 $|0\rangle$과 $|1\rangle$이라고 하면, $\langle 0|1\rangle = 0$, $\langle 0|0\rangle = \langle 1|1\rangle = 1$이다. 고유벡터 $|0\rangle$에 해당하는 고유값을 '0', 고유벡터 $|1\rangle$에 해당하는 고유값을 '1'이라고 하자.

큐비트의 임의의 양자 상태는 다음과 같이 $|0\rangle$과 $|1\rangle$의 중첩으로 표현할 수 있다:

$$|\psi\rangle = \alpha_0|0\rangle + \alpha_1|1\rangle$$

여기서 α_0, α_1는 $|\alpha_0|^2 + |\alpha_1|^2 = 1$을 만족하는 복소수이다. 큐비트의 양자 상태가 $|\psi\rangle$일 때 물리량 $\hat{A}$를 측정하면 그 결과는 다음과 같이 나타난다.

- 측정 값은 '0' 혹은 '1' 이다.

- '0'이 측정될 확률은 $|\alpha_0|^2$, '1'이 측정될 확률은 $|\alpha_1|^2$이다.
- 측정 값이 '0'이었다면 측정 후 계의 상태는 $|0\rangle$, 측정값이 '1'이었다면 측정 후 계의 상태는 $|1\rangle$이다.

아래 그림은 큐비트의 양자 상태에 대한 정보를 얻기 위해 물리량이 측정될 때 나타나는 현상을 정리한 것이다.

$$|\psi\rangle = \alpha_0|0\rangle + \alpha_1|1\rangle \xrightarrow{\text{측정}} \begin{cases} |0\rangle, & \text{측정값 "0"} \; ; \; P_0 = |\alpha_0|^2 \\ |1\rangle, & \text{측정값 "1"} \; ; \; P_1 = |\alpha_1|^2 \end{cases}$$

3.7.2 정규직교 기저와 벡터의 행렬 표현

큐비트의 양자 상태를 표현하기 위해, 위에서는 특정한 물리량 $\hat{A}$의 고유벡터들인 $|0\rangle$과 $|1\rangle$을 정규직교(orthonormal) 기저 벡터로 사용하였다. 이제 $|0\rangle$과 $|1\rangle$의 선형 결합을 통해 또 다른 정규직교 기저 벡터들을 얻을 수 있음을 확인해 보자.

$$|+\rangle = \frac{1}{\sqrt{2}}(|0\rangle + |1\rangle), \quad |-\rangle = \frac{1}{\sqrt{2}}(|0\rangle - |1\rangle)$$

위의 식에서 정의한 $|+\rangle$, $|-\rangle$ 상태 벡터들은 놈이 1이고, 서로 직교한다. 즉, $\langle +|+\rangle = \langle -|-\rangle = 1$, $\langle +|-\rangle = 0$이다. 따라서, $\{|+\rangle, \ |-\rangle\}$는 2차원 힐버트 공간을 채울 수 있는 새로운 정규직교 기저 벡터들이다. 또한, 다음과 같이 정의된 $\{|+i\rangle, |-i\rangle\}$ 역시 큐비트 상태들의 힐버트 공간을 채울 수 있는 정규기저 벡터가 될 수 있다.

$$|+i\rangle = \frac{1}{\sqrt{2}}(|0\rangle + i|1\rangle), \quad |-i\rangle = \frac{1}{\sqrt{2}}(|0\rangle - i|1\rangle)$$

큐비트의 임의의 양자 상태 $|\psi\rangle$를 이 세 가지 기저 중 하나를 선택하여 중첩으로 표현할 수 있다.

$$|\psi\rangle = \alpha_0|0\rangle + \alpha_1|1\rangle = \alpha_+|+\rangle + \alpha_-|-\rangle = \alpha_{+i}|+i\rangle + \alpha_{-i}|-i\rangle$$

여기서 선형 결합의 계수들 사이의 관계는 다음 식과 같다.

$$\alpha_+ = \frac{1}{\sqrt{2}}(\alpha_0 + \alpha_1), \; \alpha_- = \frac{1}{\sqrt{2}}(\alpha_0 - \alpha_1); \; \alpha_{+i} = \frac{1}{\sqrt{2}}(\alpha_0 - i\alpha_1), \; \alpha_{-i} = \frac{1}{\sqrt{2}}(\alpha_0 + i\alpha_1)$$

상태 벡터 $|\psi\rangle$가 놈이 1인 벡터이기에 계수들은 다음 규격화 조건을 만족해야 한다.

$$|\alpha_0|^2 + |\alpha_1|^2 = |\alpha_+|^2 + |\alpha_-|^2 = |\alpha_{+i}|^2 + |\alpha_{-i}|^2 = 1$$

기저 벡터 $\{|0\rangle, |1\rangle\}$를 다음과 같이 2×1 열벡터(column vector)로 나타내면

$$|0\rangle \equiv \begin{bmatrix} 1 \\ 0 \end{bmatrix} \quad |1\rangle \equiv \begin{bmatrix} 0 \\ 1 \end{bmatrix},$$

상태 벡터 $|\psi\rangle = \alpha_0|0\rangle + \alpha_1|1\rangle$의 열벡터 표현은 다음과 같다.

$$|\psi\rangle = \begin{bmatrix} \alpha_0 \\ \alpha_1 \end{bmatrix}$$

나아가 앞에서 살펴본 또 다른 기저 벡터들은 다음과 같은 열벡터로 표현된다.

$$|+\rangle = \frac{1}{\sqrt{2}}(|0\rangle + |1\rangle) = \frac{1}{\sqrt{2}}\begin{bmatrix} 1 \\ 1 \end{bmatrix}, \quad |-\rangle = \frac{1}{\sqrt{2}}(|0\rangle - |1\rangle) = \frac{1}{\sqrt{2}}\begin{bmatrix} 1 \\ -1 \end{bmatrix}$$

$$|+i\rangle = \frac{1}{\sqrt{2}}(|0\rangle + i|1\rangle) = \frac{1}{\sqrt{2}}\begin{bmatrix} 1 \\ i \end{bmatrix}, \quad |-i\rangle = \frac{1}{\sqrt{2}}(|0\rangle - i|1\rangle) = \frac{1}{\sqrt{2}}\begin{bmatrix} 1 \\ -i \end{bmatrix}$$

이러한 열벡터 표현으로부터 기저벡터 $\{|0\rangle, |1\rangle\}$은 2×2 행렬 $\sigma_z = \begin{bmatrix} 1 & 0 \\ 0 & -1 \end{bmatrix}$의 고유벡터들임을 확인할 수 있다. 마찬가지로 $\{|+\rangle, |-\rangle\}$은 행렬 $\sigma_x = \begin{bmatrix} 0 & 1 \\ 1 & 0 \end{bmatrix}$, $\{|+i\rangle, |-i\rangle\}$는 행렬 $\sigma_y = \begin{bmatrix} 0 & -i \\ i & 0 \end{bmatrix}$의 고유벡터들이다. 이런 이유로 $\{|0\rangle, |1\rangle\}$, $\{|+\rangle, |-\rangle\}$, $\{|+i\rangle, |-i\rangle\}$을 각각 z-기저, x-기저, y-기저라고 한다. 여기서 고려한 2×2 정방 행렬 $\sigma_x, \sigma_y, \sigma_z$를 파울리 행렬(Pauli Matrix)이라고 한다.

양자 컴퓨팅에서는 일반적으로 z-기저인 $\{|0\rangle, |1\rangle\}$를 큐비트 상태를 나타내기 위한 계산 기저(computational basis) 벡터로 사용한다.

3.7.3 파울리 행렬의 성질

이제 다음과 같이 정의된 파울리 행렬의 성질에 대해 알아보자.

$$\sigma_x = \begin{bmatrix} 0 & 1 \\ 1 & 0 \end{bmatrix}, \quad \sigma_y = \begin{bmatrix} 0 & -i \\ i & 0 \end{bmatrix}, \quad \sigma_z = \begin{bmatrix} 1 & 0 \\ 0 & -1 \end{bmatrix}$$

우선 $\sigma_x^\dagger = \sigma_x$, $\sigma_y^\dagger = \sigma_y$, $\sigma_z^\dagger = \sigma_z$이고, $\sigma_x^2 = \sigma_y^2 = \sigma_z^2 = I$임을 쉽게 확인할 수 있다. 즉, 파울리 행렬은 다음 관계식을 만족한다.

$$\sigma_x^\dagger = \sigma_x = \sigma_x^{-1},\ \ \sigma_y^\dagger = \sigma_y = \sigma_y^{-1},\ \ \sigma_z^\dagger = \sigma_z = \sigma_z^{-1}$$

따라서 파울리 행렬은 에르미트 행렬이면서, 동시에 유니터리 행렬이다. 또한 세 파울리 행렬은 모두 행렬식(determinant)이 -1이고, 트레이스(trace)는 0, 고유값은 ± 1 이다. 큐비트 상태에 대한 기저 벡터 $\{|0\rangle, |1\rangle\}, \{|+\rangle, |-\rangle\}, \{|+i\rangle, |-i\rangle\}$들은 각각 $\sigma_z, \sigma_x, \sigma_y$의 고유값 $+1, -1$에 해당하는 고유벡터들이다.

또한 파울리 행렬들 사이에는 다음과 같은 교환 및 반교환 관계가 성립한다:

- 교환 관계(commutation relation): $[\sigma_i, \sigma_j] = \sigma_i\sigma_j - \sigma_j\sigma_i = 2i\epsilon_{ijk}\sigma_k$
- 반교환 관계(anticommutation relation): $\{\sigma_i, \sigma_j\} = \sigma_i\sigma_j + \sigma_j\sigma_i = 2\delta_{ij}I$

여기서 i, j는 1,2,3 중 하나의 값을 나타내고, $\sigma_1 = \sigma_x,\ \sigma_2 = \sigma_y,\ \sigma_3 = \sigma_z$이다. 그리고 레비-치비타 기호(Levi-Civita symbol) 혹은 치환 텐서(permutation tensor)라 불리우는 ϵ_{ijk}는 다음과 같이 정의된 함수이다.

$$\epsilon_{ijk} = \begin{cases} +1 & \text{for } (i,j,k) = (1,2,3),\ (2,3,1),\ \text{or}\ (3,1,2) \\ -1 & \text{for } (i,j,k) = (1,3,2),\ (3,2,1),\ \text{or}\ (2,1,3) \\ \ \ 0 & \text{for } i = j,\ j = k,\ \text{or}\ \ k = i \end{cases}$$

위의 식에서 $[A, B] = AB - BA$를 행렬 A와 B의 교환자(commutator)라 하며, $\{A, B\} = AB + BA$를 A와 B의 반교환자(anticommutator)라 한다. 파울리 행렬들 사이의 교환 및 반교환 관계로부터 다음 식을 쉽게 유도할 수 있다.

$$\sigma_i\sigma_j = \delta_{ij}I + i\epsilon_{ijk}\sigma_k$$

3.7.4 큐비트 상태의 기하학적 표현: 블로흐 구(Bloch Sphere)

위에서 살펴본 것처럼, 큐비트의 임의의 양자 상태 $|\psi\rangle$는 정규직교 기저 벡터 $|0\rangle$과 $|1\rangle$을 사용하여 다음과 같이 나타낼 수 있다.

$$|\psi\rangle = \alpha_0|0\rangle + \alpha_1|1\rangle$$

여기서 $|\alpha_0|^2 + |\alpha_1|^2 = 1$을 만족하는 복소수 α_0, α_1는 오일러 공식을 사용하면 다음과 같이 표현된다.

$$\alpha_0 = r_0 e^{i\theta_0},\qquad \alpha_1 = r_1 e^{i\theta_1}\ \ ;\qquad r_0, r_1 \geq 0,\qquad 0 \leq \theta_0, \theta_1 < 2\pi$$

이로부터 상태 벡터 $|\psi\rangle$는 다음과 같이 쓸 수 있다.

$$|\psi\rangle = r_0 e^{i\theta_0}|0\rangle + r_1 e^{i\theta_1}|1\rangle = e^{i\theta_0}\left(r_0|0\rangle + r_1 e^{i(\theta_1-\theta_0)}|1\rangle\right)$$

위 식에서 전역 위상(global phase) θ_0는 어떤 값을 갖더라도 동일한 양자 상태를 나타내며 물리적으로 의미가 없다. 따라서 큐비트의 임의의 양자 상태 $|\psi\rangle$는 r_0, r_1과 상대 위상(relative phase) $\varphi = \theta_1 - \theta_0$를 사용하여 다음과 같이 표현할 수 있다.

$$|\psi\rangle = r_0|0\rangle + r_1 e^{i\varphi}|1\rangle$$

여기서 r_0, r_1은 $r_0^2 + r_1^2 = 1$을 만족하는 음이 아닌 실수이다. 따라서 r_0, r_1는 다음과 같이 삼각함수 형태로 표현할 수 있다.

$$r_0 \equiv \cos\left(\frac{\theta}{2}\right), \quad r_1 \equiv \sin\left(\frac{\theta}{2}\right); \quad 0 \le \theta \le \pi$$

$r_0, r_1 \ge 0$이므로 매개변수(parameter) θ는 0과 π 사이의 값만을 가져야 한다. 이에 따라 큐비트의 임의의 상태 벡터 $|\psi\rangle$는 두 개의 매개변수 θ와 φ를 사용하여 다음과 같이 표현할 수 있다.

$$|\psi\rangle = \cos\left(\frac{\theta}{2}\right)|0\rangle + \sin\left(\frac{\theta}{2}\right)e^{i\varphi}|1\rangle \quad ; \quad 0 \le \theta \le \pi \ , \ 0 \le \varphi < 2\pi$$

위 식에서 θ를 구형 좌표계(spherical coordinate system)의 극각(polar angle), φ를 방위각(azimuthal angle)으로 설정하면, 큐비트의 양자 상태는 반지름이 1인 단위 구(unit sphere) 표면 위의 한 점에 대응된다. 이 단위 구를 블로흐 구(Bloch sphere)라고 한다. 즉, 큐비트의 힐버트 공간은 기하학적으로 블로흐 구의 표면에 해당한다.

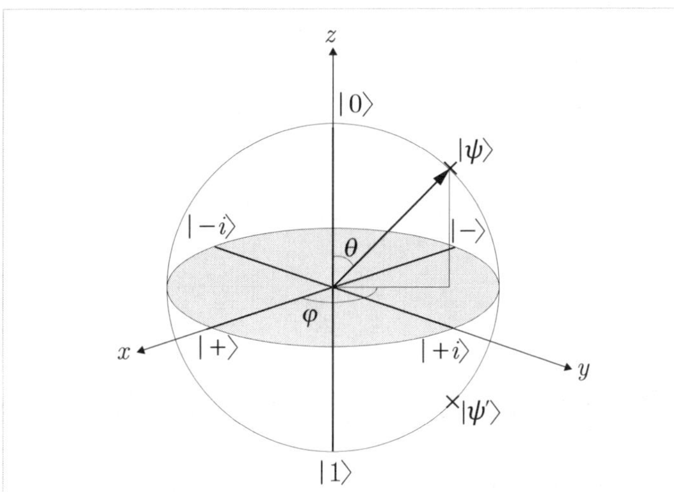

그림 3-1 블로흐 구 표면 위의 한 점에 대응된 큐비트의 상태 벡터

그림 3-1은 극각 θ, 방위각 φ인 블로흐 구 표면 위의 한 점에 양자 상태 벡터 $|\psi\rangle = \cos\frac{\theta}{2}|0\rangle + \sin\frac{\theta}{2}e^{i\varphi}|1\rangle$가 대응된 것을 보여 준다. 이 그림에서 보는 것처럼, 기저 벡터 $|0\rangle$과 $|1\rangle$은 각각 z축 상의 $\theta = 0, \pi$에 해당하는 점에 대응되고, 또 다른 기저 벡터 $|+\rangle$와 $|-\rangle$는 각각 x축 상의 점 $\left(\theta = \frac{\pi}{2},\ \varphi = 0\right)$, $\left(\theta = \frac{\pi}{2},\ \varphi = \pi\right)$에 대응된다. 또한 기저 벡터 $\{|+i\rangle, |-i\rangle\}$은 y축 상의 $\left(\theta = \frac{\pi}{2},\ \varphi = \frac{\pi}{2}\right)$, $\left(\theta = \frac{\pi}{2},\ \varphi = \frac{3}{2}\pi\right)$인 점에 대응된다.

3.7.5 큐비트 상태의 변환: 유니터리 연산(Unitary Operation)

이제 블로흐 구 표면 위의 점 (θ, φ)에 대응되는 큐비트 상태 벡터 $|\psi\rangle$로부터 블로흐 구 표면 위의 또다른 점 (θ', φ')에 대응되는 벡터 $|\psi'\rangle$로의 상태 변환을 고려해 보자. 상태 벡터들은 놈이 1인 벡터이기 때문에 변환 과정에서 벡터들의 놈이 보존되어야 하며, 따라서 모든 큐비트 상태의 변환은 유니터리 변환(Unitary transformation)이어야 한다. 즉, 상태 벡터 $|\psi\rangle$에 적절한 유니터리 연산자 $\hat{U}$를 적용하여 새로운 상태 벡터 $|\psi'\rangle$를 얻을 수 있다.

$$|\psi'\rangle = \hat{U}\,|\psi\rangle$$

그림 3-2에서처럼 상태 벡터를 기하학적으로 표현하면, 상태 벡터의 유니터리 변환은 블로흐 구의 단위 벡터들을 회전시키는 변환에 해당한다. 예를 들어, 상태 벡터 $|0\rangle$를 y축에 대해 반시계방향으로 $\frac{\pi}{2}$만큼 회전시키면 $|+\rangle$ 상태로 변환되고, x축에 대해 반시계방향으로 $\frac{\pi}{2}$ 만큼 회전시키면 $|-i\rangle$ 상태가 된다.

양자 계의 상태를 또 다른 상태로 변환시키는 연산은 놈을 보존하는 유니터리 연산이다. 양자 회로에서 큐비트의 상태를 원하는 상태로 변환시키기 위해 적절한 양자 게이트를 사용하고, 이 양자 게이트를 통해 필요한 유니터리 연산을 큐비트의 상태 벡터에 적용하게 된다. 아래에서는 양자 회로에서 자주 사용하는 대표적인 양자 게이트들과 그들이 큐비트의 상태를 어떻게 변환시키는지 알아보겠다. 우선 단일 큐비트에 적용되는 주요한 양자 게이트들을 알아보고, 그 다음에 다중 큐비트에 적용되는 양자 게이트들에 대해 학습할 것이다.

3.8 단일 큐비트 양자 게이트(Single-Qubit Quantum Gates)

단일 큐비트 양자 게이트는 개별 큐비트의 양자 상태에 유니터리 연산을 가하는 양자 회

로 소자이다. 단일 큐비트의 입력(input) 상태 $|\psi\rangle = \alpha_0|0\rangle + \alpha_1|1\rangle$에 유니터리 연산자 $\hat{U}$를 가해 출력(output) 상태 $|\psi'\rangle = \alpha_0'|0\rangle + \alpha_1'|1\rangle$를 얻는 양자 게이트를 고려하자. 이러한 연산 과정을 정규직교 기저벡터 $\{|0\rangle, |1\rangle\}$에 대해 행렬로 표현하면 다음과 같다.

$$\begin{bmatrix} \alpha_0' \\ \alpha_1' \end{bmatrix} = \begin{bmatrix} U_{00} & U_{01} \\ U_{10} & U_{11} \end{bmatrix} \begin{bmatrix} \alpha_0 \\ \alpha_1 \end{bmatrix} \quad ; \quad U_{ij} = \langle i|\hat{U}|j\rangle, \quad i,j = 0 \text{ or } 1$$

양자 회로에서 사용되는 대표적인 단일 큐비트 양자 게이트들과 이를 통해 적용되는 유니터리 연산 $\hat{U}$에 대해 자세히 알아보자.

3.8.1 파울리 게이트 (Pauli Gates)

파울리 게이트는 큐비트의 양자 상태를 제어하는데 있어 기본적인 역할을 하는 단일 큐비트 게이트로서, X, Y, Z 게이트라고 불리우는 세 종류가 있다. 이들은 각각 다음과 같이 파울리 행렬 $\sigma_x, \sigma_y, \sigma_z$로 표현되는 선형 연산을 단일 큐비트의 상태 벡터에 적용한다.

$$X \doteq \sigma_x = \begin{bmatrix} 0 & 1 \\ 1 & 0 \end{bmatrix}, \quad Y \doteq \sigma_y = \begin{bmatrix} 0 & -i \\ i & 0 \end{bmatrix}, \quad Z \doteq \sigma_z = \begin{bmatrix} 1 & 0 \\ 0 & -1 \end{bmatrix} \qquad \text{(식 3–10)}$$

앞에서 파울리 행렬의 성질을 알아보았듯이, 유니터리 연산 X는 $X^\dagger = X$ 그리고 $X^2 = I$의 성질을 가진다. Y, Z 게이트 연산 또한 동일한 성질을 가진다.

이제 게이트 연산 X를 기저 상태 $|0\rangle$에 적용해 보자.

$$X|0\rangle \doteq \begin{bmatrix} 0 & 1 \\ 1 & 0 \end{bmatrix} \begin{bmatrix} 1 \\ 0 \end{bmatrix} = \begin{bmatrix} 0 \\ 1 \end{bmatrix} \doteq |1\rangle$$

이와 같이 $X|0\rangle = |1\rangle$이고, 마찬가지로 $X|1\rangle = |0\rangle$이다. 즉, X 게이트는 해당 큐비트의 기저 상태 $|0\rangle$을 $|1\rangle$로, $|1\rangle$을 $|0\rangle$으로 반전시키는(flip) 게이트로서, 고전 컴퓨터의 부정 연산(*NOT*) 논리게이트의 역할을 하는 양자 게이트이다.

식 3-10의 행렬 표현으로부터 Y 게이트와 Z 게이트에 의한 단일 큐비트의 상태 변환은 다음과 같음을 확인할 수 있다.

$$Y|0\rangle = i|1\rangle \ , \ Y|1\rangle = -i|0\rangle \quad ; \quad Z|0\rangle = |0\rangle \ , \ Z|1\rangle = -|1\rangle$$

항등(Identity) 게이트 혹은 I 게이트는 큐비트의 상태를 그대로 유지하는 게이트이다. 즉, $I|0\rangle = |0\rangle$, $I|1\rangle = |1\rangle$인 게이트이다. 아래와 같이 항등 행렬로 표현할 수 있다.

$$I \doteq \begin{bmatrix} 1 & 0 \\ 0 & 1 \end{bmatrix}$$

3.8.2 하다마드 게이트(Hadamard Gate or *H* Gate)

하다마드 게이트 혹은 H 게이트는 다음과 같이 X 게이트와 Z 게이트의 합으로 표현할 수 있는 게이트이다. H 게이트는 다음과 같은 유니터리 행렬로 표현된다.

$$H = \frac{1}{\sqrt{2}}(X + Z) \doteq \frac{1}{\sqrt{2}}\begin{bmatrix} 1 & 1 \\ 1 & -1 \end{bmatrix}$$

하다마드 게이트를 기저 벡터 $|0\rangle$에 적용하면, 다음과 같이 $|0\rangle$과 $|1\rangle$이 중첩된 상태인 $|+\rangle$ 상태를 얻게 된다.

$$H|0\rangle \doteq \frac{1}{\sqrt{2}}\begin{bmatrix} 1 & 1 \\ 1 & -1 \end{bmatrix}\begin{bmatrix} 1 \\ 0 \end{bmatrix} = \frac{1}{\sqrt{2}}\begin{bmatrix} 1 \\ 1 \end{bmatrix}, \qquad H|0\rangle = \frac{1}{\sqrt{2}}(|0\rangle + |1\rangle) = |+\rangle$$

마찬가지로, $H|1\rangle = \frac{1}{\sqrt{2}}(|0\rangle - |1\rangle) = |-\rangle$이다. 또한 $H^2 = I$로부터, $H|+\rangle = |0\rangle$, $H|-\rangle = |1\rangle$임을 쉽게 확인할 수 있다. 다음 식은 기저 상태에 하다마드 게이트를 적용한 결과를 정리한 것이다.

$$H|0\rangle = |+\rangle,\ H|1\rangle = |-\rangle\ ;\ H|+\rangle = |0\rangle,\ H|-\rangle = |1\rangle$$

3.8.3 위상-편이 게이트(Phase-shift Gate): $P(\lambda)$

P 게이트라고도 불리는 위상-편이 게이트 $P(\lambda)$의 행렬 표현은 다음과 같다.

$$P(\lambda) \doteq \begin{bmatrix} 1 & 0 \\ 0 & e^{i\lambda} \end{bmatrix}$$

이를 기저 벡터에 적용하면, $P(\lambda)|0\rangle = |0\rangle$이고 $P(\lambda)|1\rangle = e^{i\lambda}|1\rangle$이다. 앞에서 살펴본 파울리 Z 게이트는 $\lambda = \pi$인 위상-편이 게이트에 해당한다. 즉, $P(\pi) = Z$이다.

큐비트의 임의의 양자 상태 $|\psi\rangle = \cos\frac{\theta}{2}|0\rangle + e^{i\varphi}\sin\frac{\theta}{2}\ |1\rangle$에 위상-편이 게이트 $P(\lambda)$를 적용하면 큐비트 상태가 다음과 같이 주어진다.

$$P(\lambda)|\psi\rangle = \cos\frac{\theta}{2}|0\rangle + e^{i(\varphi+\lambda)}\sin\frac{\theta}{2}|1\rangle$$

이로부터 $P(\lambda)$ 게이트는 큐비트 상태의 상대적 위상(relative phase)을 λ 만큼 편이하는 게이트임을 알 수 있다. 즉, $P(\lambda):\ \varphi\ \rightarrow\ \varphi + \lambda$이다.

3.8.4 S, T 게이트

S 게이트는 $\lambda = \frac{\pi}{2}$인 위상-편이 게이트로서 행렬로 표현하면 다음과 같다.

$$S = P\left(\frac{\pi}{2}\right) = \begin{bmatrix} 1 & 0 \\ 0 & i \end{bmatrix}, \quad S^{\dagger} = P\left(-\frac{\pi}{2}\right) = \begin{bmatrix} 1 & 0 \\ 0 & -i \end{bmatrix}$$

따라서, $S|0\rangle = |0\rangle$, $S|1\rangle = i|1\rangle$이다. $S^{\dagger}$는 S의 켤레-전치(conjugate-transpose) 게이트로서 $\lambda = -\frac{\pi}{2}$인 위상-편이 게이트 $P\left(-\frac{\pi}{2}\right)$이다.

T 게이트는 $\lambda = \frac{\pi}{4}$인 위상-편이 게이트로서 다음과 같은 행렬로 표현된다:

$$T = P\left(\frac{\pi}{4}\right) = \begin{bmatrix} 1 & 0 \\ 0 & e^{i\frac{\pi}{4}} \end{bmatrix}, \quad T^{\dagger} = P\left(-\frac{\pi}{4}\right) = \begin{bmatrix} 1 & 0 \\ 0 & e^{-i\frac{\pi}{4}} \end{bmatrix}$$

따라서, $T|0\rangle = |0\rangle$, $T|1\rangle = \frac{1+i}{\sqrt{2}}|1\rangle$이다. T 게이트는 전역 위상을 제외하면 대각 요소가 각각 $e^{-i\frac{\pi}{8}}$, $e^{i\frac{\pi}{8}}$인 2×2 대각 행렬(diagonal matrix)과 같기 때문에 $\frac{\pi}{8}$ 게이트라고도 한다. $T^{\dagger}$는 T의 켤레-전치 게이트로서 $\lambda = -\frac{\pi}{2}$인 위상-편이 게이트이다.

3.8.5 양자 게이트 항등식(Quantum Gate Identities)

아래 표 3-1은 대표적인 단일 큐비트 게이트들의 소자 기호 및 게이트 연산의 행렬 표현들을 정리한 것이다.

표 3-1 단일 큐비트 게이트들

하다마드 게이트	─[H]─	$\frac{1}{\sqrt{2}}\begin{bmatrix} 1 & 1 \\ 1 & -1 \end{bmatrix}$
파울리-X 게이트	─[X]─	$\begin{bmatrix} 0 & 1 \\ 1 & 0 \end{bmatrix}$
파울리-Y 게이트	─[Y]─	$\begin{bmatrix} 0 & -i \\ i & 0 \end{bmatrix}$
파울리-Z 게이트	─[Z]─	$\begin{bmatrix} 1 & 0 \\ 0 & -1 \end{bmatrix}$
S 게이트	─[S]─	$\begin{bmatrix} 1 & 0 \\ 0 & i \end{bmatrix}$
T 게이트	─[T]─	$\begin{bmatrix} 1 & 0 \\ 0 & e^{i\frac{\pi}{4}} \end{bmatrix}$

이들 단일 큐비트 게이트들 사이에는 다음과 같은 항등식이 성립한다. 위에서 살펴본 게이트 연산의 행렬 표현을 사용하여 각 항등식을 쉽게 확인할 수 있다.

- $XX = YY = ZZ = HH = I$
- $SS^{\dagger} = TT^{\dagger} = I$
- $SS = Z \rightarrow \quad S = \sqrt{Z}$
- $TT = S \rightarrow \quad T = \sqrt{S} = \sqrt[4]{Z}$
- $XY = -YX = iZ, \quad YZ = -ZY = iX, \quad ZX = -XZ = iY$
- $XYX = -Y, \quad XZX = -Z$
- $HXH = Z, \quad HZH = X$

3.9 다중 큐비트 게이트(Multi–qubit Gates)

이 단원에서는 여러 개의 큐비트에 걸쳐 작동하는 다중-큐비트 게이트들에 대해 알아본다. 그 중에서도 두 개의 큐비트로 이루어진 계의 양자 상태를 변환시키는 2-큐비트 게이트에 대해 먼저 살펴보자. 2-큐비트 힐버트 공간의 정규직교 기저 벡터들은 단일 큐비트 기저 벡터들의 텐서 곱 $|q_1 q_0\rangle = |q_1\rangle_1 \otimes |q_0\rangle_0$을 통해 얻을 수 있다. 즉, $\{|00\rangle, \ |01\rangle, |10\rangle, |11\rangle\}$이 2-큐비트 양자 상태에 대한 네 개의 정규직교 기저 벡터를 형성한다. 이들 2-큐비트 기저 벡터들은 크로네커 곱을 이용하여 다음과 같이 4×1 열벡터로 표현할 수 있다.

$$|00\rangle \doteq \begin{bmatrix} 1\begin{bmatrix}1\\0\end{bmatrix} \\ 0\begin{bmatrix}1\\0\end{bmatrix} \end{bmatrix} = \begin{bmatrix}1\\0\\0\\0\end{bmatrix} \qquad |01\rangle \doteq \begin{bmatrix} 1\begin{bmatrix}0\\1\end{bmatrix} \\ 0\begin{bmatrix}0\\1\end{bmatrix} \end{bmatrix} = \begin{bmatrix}0\\1\\0\\0\end{bmatrix}$$

$$|10\rangle \doteq \begin{bmatrix} 0\begin{bmatrix}1\\0\end{bmatrix} \\ 1\begin{bmatrix}1\\0\end{bmatrix} \end{bmatrix} = \begin{bmatrix}0\\0\\1\\0\end{bmatrix} \qquad |11\rangle \doteq \begin{bmatrix} 0\begin{bmatrix}0\\1\end{bmatrix} \\ 1\begin{bmatrix}0\\1\end{bmatrix} \end{bmatrix} = \begin{bmatrix}0\\0\\0\\1\end{bmatrix}$$

임의의 2-큐비트 상태 벡터 $|\alpha\rangle$는 다음과 같이 위의 기저 벡터들의 선형 결합으로 나타낼 수 있다.

$$|\alpha\rangle = \alpha_{00}|00\rangle + \alpha_{01}|01\rangle + \alpha_{10}|10\rangle + \alpha_{11}|11\rangle \doteq \begin{bmatrix}\alpha_{00}\\ \alpha_{01}\\ \alpha_{10}\\ \alpha_{11}\end{bmatrix}$$

여기서 $|\alpha_{00}|^2 + |\alpha_{01}|^2 + |\alpha_{10}|^2 + |\alpha_{11}|^2 = 1$이다. 이제 양자 회로에서 사용되는 대표적인 다중 큐비트 게이트들에 대해 알아보도록 하자.

3.9.1 *CX* 게이트(Controlled-NOT Gate or *CNOT* Gate)

CX (Controlled-X) 혹은 *CNOT* 게이트는 제어 큐비트(controlled qubit)와 타겟 큐비트(target qubit)로 이루어진 한 쌍의 큐비트에 작동하는 2-큐비트 게이트이다. 제어 큐비트 q_1의 상태가 $|1\rangle$일 때 타겟 큐비트 q_0에 X 게이트를 적용하고, 제어 큐비트의 상태가 $|0\rangle$이면 타겟 큐비트의 상태를 그대로 둔다. 표 3-2는 *CX* 게이트의 진리표를 보여 준다.

제어 큐비트를 q_1, 타겟 큐비트를 q_0로 하는 *CX* 게이트 CX_{10}는 논리 연산자 *XOR*의 기호 "⊕"를 사용하여 다음과 같이 하나의 수식으로 쓸 수 있다.

$$CX_{10}|c,t\rangle = |c, c\oplus t\rangle\,,\quad c,t \in \{0,1\}$$

이 식에 따르면 제어 큐비트 q_1의 입력 및 출력 상태는 모두 $|c\rangle$인 반면, 타겟 큐비트 q_0의 입력 상태가 $|t\rangle$일 때 출력 상태는 $|c \oplus t\rangle$가 되며, 이는 표 3-2의 진리표와 부합한다. 아래 그림 3-2는 *CX* 게이트의 회로 기호와 각 큐비트의 입력 및 출력 상태를 보여 준다.

CX_{10} 게이트를 2-큐비트 계의 정규직교 기저 벡터 $\{|00\rangle, |01\rangle, |10\rangle, |11\rangle\}$에 관해 행렬로 표현하면 다음과 같다.

표 3-2 *CX* 게이트의 진리표

input state		output state	
control q_1	Target q_0	control q_1	Target q_0
$\|0\rangle$	$\|0\rangle$	$\|0\rangle$	$\|0\rangle$
$\|0\rangle$	$\|1\rangle$	$\|0\rangle$	$\|1\rangle$
$\|1\rangle$	$\|0\rangle$	$\|1\rangle$	$\|1\rangle$
$\|1\rangle$	$\|1\rangle$	$\|1\rangle$	$\|0\rangle$

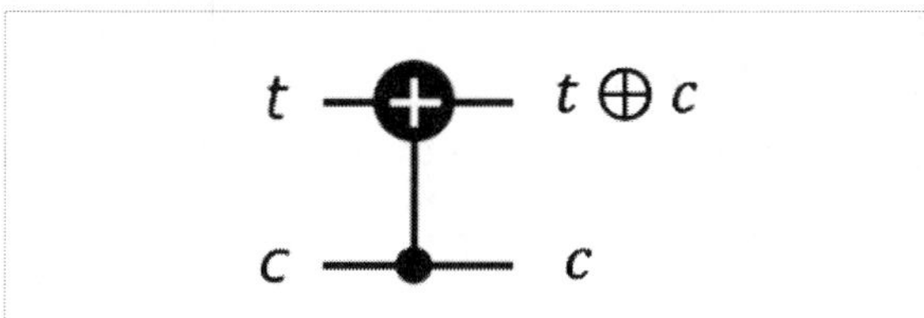

그림 3-2 *CX* 게이트의 회로 기호와 입력 및 출력 상태

$$CX_{10} \doteq \begin{bmatrix} 1 & 0 & 0 & 0 \\ 0 & 1 & 0 & 0 \\ 0 & 0 & 0 & 1 \\ 0 & 0 & 1 & 0 \end{bmatrix}$$

따라서 임의의 2-큐비트 상태 $|\alpha\rangle = \alpha_{00}|00\rangle + \alpha_{01}|01\rangle + \alpha_{10}|10\rangle + \alpha_{11}|11\rangle$에 CX_{10} 게이트를 적용하면 출력 2-큐비트 상태는 다음과 같이 주어진다.

$$CX_{10}|\alpha\rangle \doteq \begin{bmatrix} 1 & 0 & 0 & 0 \\ 0 & 1 & 0 & 0 \\ 0 & 0 & 0 & 1 \\ 0 & 0 & 1 & 0 \end{bmatrix} \begin{bmatrix} \alpha_{00} \\ \alpha_{01} \\ \alpha_{10} \\ \alpha_{11} \end{bmatrix} = \begin{bmatrix} \alpha_{00} \\ \alpha_{01} \\ \alpha_{11} \\ \alpha_{10} \end{bmatrix}$$

즉, $CX_{10}|\alpha\rangle = \alpha_{00}|00\rangle + \alpha_{01}|01\rangle + \alpha_{10}|11\rangle + \alpha_{11}|10\rangle$이다. 한편, 제어 큐비트와 타겟 큐비트를 맞바꾼 CX_{01}을 나타내는 행렬은 다음과 같이 주어진다.

$$CX_{01} \doteq \begin{bmatrix} 1 & 0 & 0 & 0 \\ 0 & 0 & 0 & 1 \\ 0 & 0 & 1 & 0 \\ 0 & 1 & 0 & 0 \end{bmatrix}$$

제어 큐비트가 $|0\rangle$과 $|1\rangle$의 중첩 상태에 있을 때, CX 게이트는 양자 상태의 주요한 특징 중 하나인 얽힌(entangled) 상태를 만들 수 있다. 이에 대해선 아래 3.11단원에서 대표적인 양자 얽힌 상태인 벨 상태(Bell States)를 소개할 때 구체적으로 살펴보도록 하겠다. 한편, 모든 유니터리 양자 연산은 단일 큐비트 게이트들과 CX 게이트로 구성할 수 있다는 것이 알려져 있다. 그런데 2-큐비트 게이트인 CX 게이트를 수행하는 것이 단일 큐비트 게이트들보다 실제 하드웨어에서 훨씬 많은 시간이 소요되기 때문에, 일반적으로 양자 회로의 시간 효율성은 필요한 CX 게이트들의 수에 의해 결정된다.

3.9.2 *CZ* 게이트(Controlled-Z Gate)

2-큐비트 게이트인 CZ 게이트는 제어 큐비트 q_1의 상태가 $|1\rangle$일 때 타겟 큐비트 q_0에 Z 게이트를 적용하고, 제어 큐비트의 상태가 $|0\rangle$이면 타겟 큐비트의 상태를 그대로 둔다. 표 3-3은 CZ 게이트의 진리표를 보여 준다.

q_1을 제어 큐비트로 q_0을 타겟 큐비트로 하는 CZ_{10} 게이트를 정규직교 기저 벡터 $\{|00\rangle, |01\rangle, |10\rangle, |11\rangle\}$에 관해 행렬로 표현하면 다음과 같다.

표 3-3 *CZ* 게이트의 진리표

input state		output state	
control q_1	Target q_0	control q_1	Target q_0
$\|0\rangle$	$\|0\rangle$	$\|0\rangle$	$\|0\rangle$
$\|0\rangle$	$\|1\rangle$	$\|0\rangle$	$\|1\rangle$
$\|1\rangle$	$\|0\rangle$	$\|1\rangle$	$\|0\rangle$
$\|1\rangle$	$\|1\rangle$	$\|1\rangle$	$-\|1\rangle$

$$CZ_{10} \doteq \begin{bmatrix} 1 & 0 & 0 & 0 \\ 0 & 1 & 0 & 0 \\ 0 & 0 & 1 & 0 \\ 0 & 0 & 0 & -1 \end{bmatrix}$$

임의의 2-큐비트 상태 $|\alpha\rangle = \alpha_{00}|00\rangle + \alpha_{01}|01\rangle + \alpha_{10}|10\rangle + \alpha_{11}|11\rangle$에 CZ_{10} 게이트를 적용하면 출력 상태는 $CZ_{10}|\alpha\rangle = \alpha_{00}|00\rangle + \alpha_{01}|01\rangle + \alpha_{10}|10\rangle - \alpha_{11}|11\rangle$이 된다. CZ 게이트 연산은 제어 큐비트와 타겟 큐비트를 바꾸어도 연산 결과가 바뀌지 않는다. 따라서 그림 3-3에서와 같이, CZ 게이트의 회로 기호에서 제어 큐비트와 타겟 큐비트를 구분할 필요가 없다.

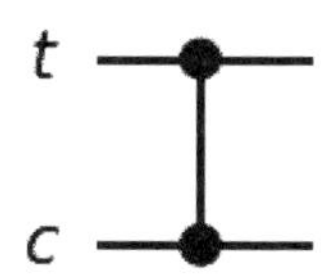

그림 3-3 *CZ* 게이트의 회로 기호

3.9.3 SWAP 게이트

SWAP 게이트는 두 개 큐비트의 상태를 맞바꾸는 2-큐비트 게이트이다. 즉, $|a, b\rangle$ 상태를 $|b, a\rangle$ 상태로 변환하는 게이트이다. 표 3-4는 SWAP 게이트를 나타내는 회로 기호와 행렬 표현을 보여 준다.

표 3-4 SWAP 게이트의 회로 기호와 행렬 표현

SWAP 게이트	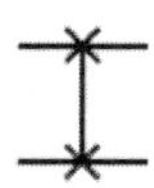	$\begin{bmatrix} 1 & 0 & 0 & 0 \\ 0 & 0 & 1 & 0 \\ 0 & 1 & 0 & 0 \\ 0 & 0 & 0 & 1 \end{bmatrix}$

3.9.4 CCX 혹은 $CCNOT$ 게이트(Double-controlled X Gate)

input state			output state		
ctrl0	ctrl1	target	ctrl0	ctrl1	target
$\|0\rangle$	$\|0\rangle$	$\|0\rangle$	$\|0\rangle$	$\|0\rangle$	$\|0\rangle$
$\|0\rangle$	$\|0\rangle$	$\|1\rangle$	$\|0\rangle$	$\|0\rangle$	$\|1\rangle$
$\|0\rangle$	$\|1\rangle$	$\|0\rangle$	$\|0\rangle$	$\|1\rangle$	$\|0\rangle$
$\|0\rangle$	$\|1\rangle$	$\|1\rangle$	$\|0\rangle$	$\|1\rangle$	$\|1\rangle$
$\|1\rangle$	$\|0\rangle$	$\|0\rangle$	$\|1\rangle$	$\|0\rangle$	$\|0\rangle$
$\|1\rangle$	$\|0\rangle$	$\|1\rangle$	$\|1\rangle$	$\|0\rangle$	$\|1\rangle$
$\|1\rangle$	$\|1\rangle$	$\|0\rangle$	$\|1\rangle$	$\|1\rangle$	$\|1\rangle$
$\|1\rangle$	$\|1\rangle$	$\|1\rangle$	$\|1\rangle$	$\|1\rangle$	$\|0\rangle$

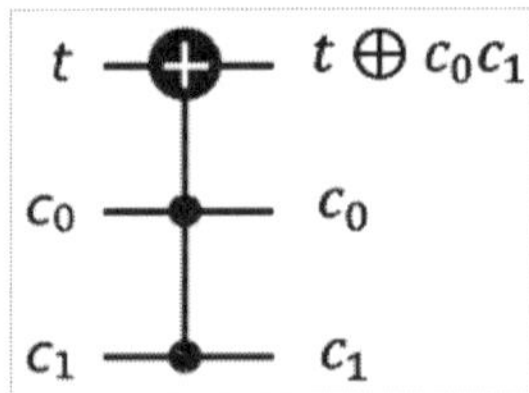

그림 3-4 CCX 게이트의 진리표와 회로 기호

토폴리 게이트(Toffoli Gate)라고도 불리우는 CCX 게이트는 두 개의 제어 큐비트와 하나의 타겟 큐비트에 작동하는 3-큐비트 게이트이다. 두 개의 제어 게이트의 상태가 모두 $|1\rangle$일 때, 타겟 큐비트에 X 게이트를 적용한다. q_1, q_2가 제어 큐비트, q_0가 타겟 큐비트인 CCX_{210} 게이트에 의한 상태 변환은 다음 식으로 표현할 수 있다.

$$|a, b, c\rangle \xrightarrow{CCX_{210}} |a, b, c \oplus ab\rangle$$

그림 3-4는 CCX_{210} 게이트의 진리표와 회로 기호를 보여준다. 이러한 CCX_{210} 게이트를 행렬로 표현하면 다음과 같다.

$$CCX_{210} \doteq \begin{bmatrix} 1 & 0 & 0 & 0 & 0 & 0 & 0 & 0 \\ 0 & 1 & 0 & 0 & 0 & 0 & 0 & 0 \\ 0 & 0 & 1 & 0 & 0 & 0 & 0 & 0 \\ 0 & 0 & 0 & 1 & 0 & 0 & 0 & 0 \\ 0 & 0 & 0 & 0 & 1 & 0 & 0 & 0 \\ 0 & 0 & 0 & 0 & 0 & 1 & 0 & 0 \\ 0 & 0 & 0 & 0 & 0 & 0 & 0 & 1 \\ 0 & 0 & 0 & 0 & 0 & 0 & 1 & 0 \end{bmatrix}$$

3.10 양자 범용 게이트 집합(Quantum Universal Gate Set)

정보를 처리하는 전혀 새로운 방식을 제시하는 양자 컴퓨팅 과정에서, 양자 게이트라고 불리는 기본적인 연산 단위들이 중요한 역할을 한다. 앞에서 언급한 것처럼, 모든 양자 연산은 유니터리 연산이며, 따라서 가역적이다. 이는 입력 상태에 일련의 양자 게이트들을 적용하여 얻은 출력 상태를 입력 상태로 되돌릴 수 있는 양자 게이트들의 조합이 반드시 존재함을 의미한다. 반면, 고전적 컴퓨터에서의 게이트 연산은 일반적으로 비가역적이다. 예를 들어, 고전적 컴퓨팅에서 두 개의 입력 비트에 논리 연산자 AND를 적용해 단일 비트의 출력을 얻은 후, 그 출력 상태로부터 원래의 입력 상태를 도출하는 것은 불가능하다. 이는 양자 게이트 연산과 고전적 게이트 연산의 주요한 차이점 중 하나이다.

양자 컴퓨팅에서는 특정한 게이트들의 집합을 사용하여 모든 종류의 양자 연산을 구성할 수 있다. 이를 '양자 범용 게이트 집합'이라고 부른다. 몇 개의 양자 게이트들의 조합만으로 큐비트 상태에 대한 어떤 유니터리 변환도 요구되는 정확도까지 근사적으로 실행할 수 있다면, 이 게이트들의 집합은 양자 범용 게이트 집합이 된다. 즉, 범용 게이트 집합에 속하는 게이트들을 조합하면 어떤 양자 알고리즘도 실행할 수 있다. 이는 고전적 컴퓨터에서 범용 게이트 집합에 속하는 몇 가지 기본 논리 게이트로 모든 가능한 논리 연산을 수행할 수 있는 것과 동일한 개념이다.

양자 게이트들의 집합이 양자 연산에 범용적으로 활용되기 위해선 다음과 같은 몇 가지 특성을 갖는 양자 상태를 생성할 수 있어야 한다.

- 중첩(superposition)
- 양자 얽힘(quantum entanglement)
- 복소수 진폭(complex amplitude)
- 클리포드 그룹$\{H, CNOT, S\}$을 넘어서는 더 많은 게이트들을 포함

다음에 열거한 양자 게이트들의 집합은 위의 특성을 모두 만족하면서 범용 양자 게이트 집합으로 알려져 있다.

- $\{H,\ CNOT,\ T\}$
- $\{CNOT,\ \text{all single qubit gates}\}$
- $\{CNOT,\ R_y(\pi/4),\ S\}$

예를 들어, $\{H, CNOT, S\}$의 경우, H 게이트를 통해 중첩 상태, $CNOT$ 게이트를 통해 양자 얽힌 상태, T 게이트를 통해 복소수 진폭을 가진 상태를 생성할 수 있으며, $T^2 = S$로부터 클리포드 그룹의 게이트들을 모두 포함하는 등, 범용 양자 게이트 집합이 갖추어야 할 모든 조건을 만족한다.

범용 게이트 집합에 속하는 양자 게이트들을 구현하는 것은 양자 컴퓨팅의 범용성을 확보하는 데 필수적이다. 어떤 특정한 양자 알고리즘도 이 게이트들의 조합으로 구현할

수 있으므로, 이로 인해 양자 컴퓨팅의 가능성이 크게 확장될 수 있다. 큐비트들 사이의 복잡한 상호작용을 이해하고 범용 양자 게이트를 하드웨어적으로 구현하는 것은 양자 컴퓨팅 기술의 핵심 부분이다.

3.11 양자 얽힘과 벨 상태(Quantum Entanglement and Bell States)

양자 얽힘은 양자 중첩과 함께 양자 상태가 고전적 상태와 확연히 구별되는 특징으로, 양자 컴퓨팅과 양자 통신, 양자 암호학 분야에서 핵심적으로 활용되고 있다. 이 단원에서는 양자 얽힘과 그 대표적인 상태인 벨 상태에 대해 알아본다.

3.11.1 양자 얽힘

앞에서 살펴본 바와 같이, 두 개의 계로 이루어진 전체 계의 양자 상태는 개별 계의 벡터 공간 $\mathcal{V}$, $\mathcal{W}$들의 텐서 프러덕트에 의해 표현되는 프러덕트 공간 $\mathcal{V} \otimes \mathcal{W}$의 벡터이다. $\{|v_i\rangle\}$와 $\{|w_j\rangle\}$를 각각 벡터 공간 $\mathcal{V}$, $\mathcal{W}$의 정규직교 벡터라고 할 때, $\mathcal{V} \otimes \mathcal{W}$는 $\{|v_i\rangle \otimes |w_j\rangle = |v_i, w_j\rangle\}$을 기저로 갖는 벡터 공간이다. 따라서 전체 계의 상태 벡터 $|\Psi\rangle$는 아래와 같이 표현할 수 있다.

$$|\Psi\rangle = \sum_{ij} \Psi_{ij} \, |v_i, w_j\rangle, \quad \Psi_{ij} = \langle w_j, v_i|\Psi\rangle$$

상태 벡터 $|\Psi\rangle$가 벡터 공간 $\mathcal{V}$의 원소인 $|\phi_v\rangle$와 $\mathcal{W}$의 벡터 $|\phi_w\rangle$의 텐서 곱으로 표현될 수 있으면, 즉, $|\Psi\rangle = |\phi_v\rangle \otimes |\phi_w\rangle$이면, 상태 $|\Psi\rangle$는 프러덕트 상태라고 하며 개별 계의 상태로 분리 가능하다. 개별 계의 상태로 분리 가능하지 않은 상태, 즉, $|\Psi\rangle = |\phi_v\rangle \otimes |\phi_w\rangle$의 형태로 표현할 수 없는 전체 계의 양자 상태 $|\Psi\rangle$를 얽힌 상태(entangled state)라고 한다.

3.11.2 벨 상태(Bell States)

벨 상태는 두 큐비트의 상태가 서로 최대로 얽혀 있는 다음과 같은 네 가지 특별한 2-큐비트 양자 상태이다.

- $|\Phi^+\rangle = \frac{1}{\sqrt{2}}|00\rangle + \frac{1}{\sqrt{2}}|11\rangle$

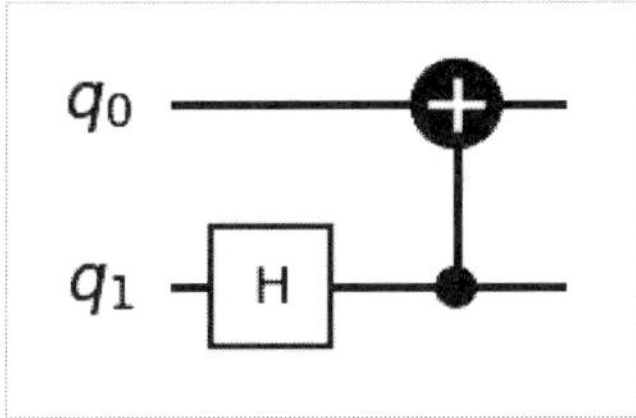

그림 3-5 벨 상태 양자 회로

- $|\Phi^-\rangle = \frac{1}{\sqrt{2}}|00\rangle - \frac{1}{\sqrt{2}}|11\rangle$
- $|\Psi^+\rangle = \frac{1}{\sqrt{2}}|01\rangle + \frac{1}{\sqrt{2}}|10\rangle$
- $|\Psi^-\rangle = \frac{1}{\sqrt{2}}|01\rangle - \frac{1}{\sqrt{2}}|10\rangle$

예를 들어, 두 개의 큐비트 q_0, q_1으로 이루어진 계가 네 가지 벨 상태 중 하나인 $|\Phi^+\rangle = \frac{1}{\sqrt{2}}|00\rangle + \frac{1}{\sqrt{2}}|11\rangle$ 상태에 있다고 가정해 보자. 이때 큐비트 q_0을 측정하면, 50%의 확률로 '0'이 측정되고, 50%의 확률로 '1'이 측정될 것이다. $|\Phi^+\rangle$ 상태에서 큐비트 q_1을 측정해도 측정 결과는 동일하게 나타난다. 그러나 q_1을 측정하여 측정값 '0'을 얻은 후 q_0을 측정하면, 100% 확률로 '0'이 측정된다. 그 이유는 q_1을 측정하여 '0'의 값을 얻는 순간, 2-큐비트 상태는 $|\Phi^+\rangle = \frac{1}{\sqrt{2}}|00\rangle + \frac{1}{\sqrt{2}}|11\rangle$에서 $|00\rangle$으로 붕괴하기 때문이다. $|00\rangle$ 상태에서 q_0을 측정하면 '0'이 측정될 수밖에 없다. 이와 같이 두 개의 큐비트가 벨 상태에 있을 때, 하나의 큐비트를 측정하면 다른 큐비트의 상태도 즉시 알 수 있고, 이 현상은 두 큐비트 사이의 물리적인 거리에 상관없이 일어난다. 예를 들어 하나의 큐비트를 지구에 있는 Alice가 갖고 있고, 다른 큐비트를 화성에 있는 Bob이 갖고 있어도 Alice와 Bob은 서로 큐비트 정보를 즉각적으로 공유할 수 있다.

그림 3-5은 대표적인 양자 얽힌 상태인 벨 상태 $|\Phi^+\rangle = \frac{1}{\sqrt{2}}|00\rangle + \frac{1}{\sqrt{2}}|11\rangle$를 생성하는 양자 회로를 보여준다. 2-큐비트 입력 상태 $|00\rangle$가 회로의 하다마드 게이트와 CX 게이트를 거쳐 벨 상태로 변환되는 과정은 다음과 같다.

$$|00\rangle = |0\rangle_1 \otimes |0\rangle_0 \xrightarrow{H \text{ on } q_1} \frac{1}{\sqrt{2}}\left(|0\rangle_1 + |1\rangle_1\right) \otimes |0\rangle_0 \xrightarrow{CX_{10}} \frac{1}{\sqrt{2}}(|00\rangle + |11\rangle)$$

하다마드 게이트에 의해 큐비트 q_1의 상태가 $|0\rangle$과 $|1\rangle$이 중첩된 상태가 되고, q_1을 제어 큐비트로 하는 CX 게이트에 의해 큐비트 q_0, q_1이 서로 얽혀 있는 상태 $|\Phi^+\rangle$가 생성된다.

이와 같은 벨 상태는 양자 정보 이론과 양자 컴퓨팅에서 매우 중요한 역할을 한다. 양자 순간 이동(quantum teleportation), 양자 암호 및 양자 컴퓨팅의 여러 알고리즘에서 기본적인 구성 요소로 사용되고 있다. 양자 얽힘을 활용하여 정보를 전혀 손실 없이 하나의 위치에서 다른 위치로 전송할 수도 있다. 벨 상태는 또한 양자 역학이 고전 물리학과 근본적으로 다르다는 것을 보여주는 실험적 증거를 제공한다. 벨 부등식에 대한 실험은 양자 얽힘 현상이 실제로 존재함을 입증하였고, 양자 상태가 비국소적인 성질(nonlocality)을 가지고 있음을 보여 준다.

3.12 양자 순간 이동(Quantum Teleportation)

양자 얽힘을 활용하는 대표적인 양자 기술은 양자 정보를 한 위치에서 다른 위치로 순간적으로 전송하는 양자 순간 이동이다. 이 기술은 정보의 전달 방식에 혁명적인 변화를 제공하며, 복잡한 양자 알고리즘과 양자 네트워크 구축에 필수적이다. 이제 양자 순간 이동이 작동하는 프로토콜에 대해 구체적으로 알아보겠다.

Alice는 자신이 갖고 있는 큐비트 q_0의 양자 상태 $|\psi\rangle = \alpha|0\rangle + \beta|1\rangle$를 Bob이 갖고 있는 큐비트 q_2에 전달하려고 한다. 이 때 Alice는 q_0가 어떤 상태에 있는지 알고 있지 않다. 즉, Alice는 복소수 계수 α, β에 대한 어떤 정보도 갖고 있지 않다. Alice는 또 다른 큐비트 q_1을 가지고 있고, q_1과 Bob의 큐비트 q_2의 양자 상태는 서로 얽혀 있다. Alice는 이메일, 전화 등을 통해 고전적인 정보를 Bob에게 전해줄 수 있다.

이러한 상황에서 Alice는 아래 그림 3-6의 양자 회로를 통해 자신이 가진 큐비트 q_0의 양자 상태를 Bob이 가진 큐비트 q_2에 정확히 이식할 수 있다. 이 회로가 어떻게 작동하여 양자 순간 이동이 가능하게 되는지 확인해 보자.

- t_0 단계에서 Alice의 큐비트 q_0의 양자 상태는 $|\psi\rangle = \alpha|0\rangle + \beta|1\rangle$이고, Alice의 또다른 큐비트 q_1과 Bob의 큐비트 q_2는 모두 $|0\rangle$상태에 있다. 따라서 세 개의 큐비트 q_2,

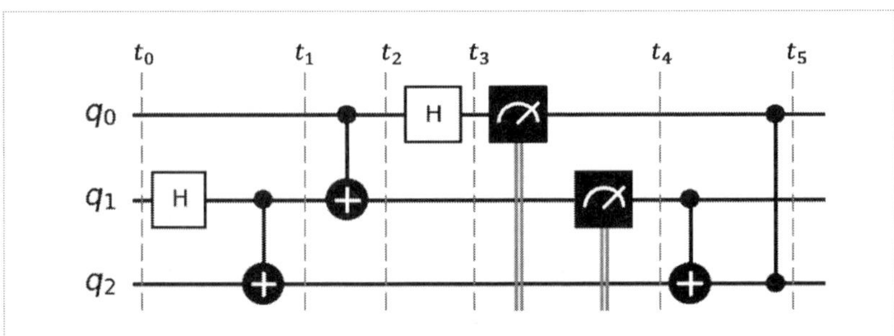

그림 3-6 양자 순간 이동 회로

q_1, q_0의 양자 상태는 다음과 같다.

$$|\Psi_0\rangle = |0\rangle \otimes |0\rangle \otimes (\alpha|0\rangle + \beta|1\rangle) = |00\rangle\,(\alpha|0\rangle + \beta|1\rangle)$$

- H 게이트와 CX_{12}를 사용하여 q_2, q_1의 상태를 Bell 상태로 만들면, t_1 단계에서의 3-큐비트 상태는 다음과 같다.

$$|\Psi_1\rangle = \frac{1}{\sqrt{2}}(|00\rangle + |11\rangle)(\alpha|0\rangle + \beta|1\rangle) = \frac{1}{\sqrt{2}}(\alpha|000\rangle + \alpha|110\rangle + \beta|001\rangle + \beta|111\rangle)$$

  이렇게 서로 얽혀 있는 큐비트 q_1과 q_2를 각각 서로 떨어진 곳에 있는 Alice와 Bob이 나눠 갖는다. 이 단계가 Alice의 큐비트 q_0의 양자 상태를 Bob의 큐비트 q_2로 순간 이동하기 위한 준비 단계이다.

- 이제 Alice의 두 큐비트 q_1, q_0에 CX_{01}을 적용하면 t_2 단계에서의 3-큐비트 양자 상태는 다음과 같이 주어진다.

$$\begin{aligned}|\Psi_2\rangle &= \frac{1}{\sqrt{2}}(\alpha|000\rangle + \alpha|110\rangle + \beta|011\rangle + \beta|101\rangle)\\ &= \frac{1}{\sqrt{2}}(|00\rangle + |11\rangle)\,\alpha|0\rangle + \frac{1}{\sqrt{2}}(|01\rangle + |10\rangle)\,\beta|1\rangle\end{aligned}$$

- Alice의 큐비트 q_0에 H 게이트를 적용하면 t_3 단계에서의 3-큐비트 양자 상태는 다음과 같다.

$$|\Psi_3\rangle = \frac{1}{\sqrt{2}}(|00\rangle + |11\rangle)\,\alpha\frac{1}{\sqrt{2}}(|0\rangle + |1\rangle) + \frac{1}{\sqrt{2}}(|01\rangle + |10\rangle)\,\beta\frac{1}{\sqrt{2}}(|0\rangle - |1\rangle)$$

  $|\Psi_3\rangle$에 대한 위의 식은 다음과 같이 정리할 수 있다.

$$\begin{aligned}|\Psi_3\rangle = &\frac{1}{2}(\alpha|0\rangle + \beta|1\rangle)|00\rangle + \frac{1}{2}(\alpha|1\rangle + \beta|0\rangle)|10\rangle\\ &+\frac{1}{2}(\alpha|0\rangle - \beta|1\rangle)|01\rangle + \frac{1}{2}(\alpha|1\rangle - \beta|0\rangle)|11\rangle\end{aligned}$$

- 3-큐비트 상태가 $|\Psi_3\rangle$일 때 Alice가 자신의 가진 두 개 큐비트 q_1, q_0에 대해 측정을 하면, 측정값은 각각 25%의 확률로 '00', '10', '01', '11'이 될 것이다. 그리고 Alice의 측정 결과에 따라 t_4 단계에서 Bob이 가진 큐비트 q_2의 상태가 다르게 결정된다. 아래 표 3-5은 Alice의 측정 결과에 따른 큐비트 q_2의 상태를 보여 준다.
- Alice는 자신의 큐비트 q_1 q_0에 대한 측정 결과(고전적인 정보)를 Bob에게 전화나 이메일로 전달한다. Alice가 알려준 측정값에 따라 Bob이 자신의 큐비트 q_2

표 3-5 양자 순간 이동의 결과

Alice의 큐비트 q_1, q_0에 대한 측정 결과	Bob이 가진 큐비트 q_2의 상태	Bob이 가진 q_2의 상태를 $\lvert\psi\rangle = \alpha\lvert 0\rangle + \beta\lvert 1\rangle$로 변환
'00'	$\alpha\lvert 0\rangle + \beta\lvert 1\rangle$	$I(\alpha\lvert 0\rangle + \beta\lvert 1\rangle) = \alpha\lvert 0\rangle + \beta\lvert 1\rangle$
'10'	$\alpha\lvert 1\rangle + \beta\lvert 0\rangle$	$X(\alpha\lvert 1\rangle + \beta\lvert 0\rangle) = \alpha\lvert 0\rangle + \beta\lvert 1\rangle$
'01'	$\alpha\lvert 0\rangle - \beta\lvert 1\rangle$	$Z(\alpha\lvert 0\rangle - \beta\lvert 1\rangle) = \alpha\lvert 0\rangle + \beta\lvert 1\rangle$
'11'	$\alpha\lvert 1\rangle - \beta\lvert 0\rangle$	$ZX(\alpha\lvert 1\rangle - \beta\lvert 0\rangle) = \alpha\lvert 0\rangle + \beta\lvert 1\rangle$

에 적절한 양자 게이트를 적용하면, q_2의 상태는 Alice의 큐비트 q_0의 최초 상태인 $\lvert\psi\rangle = \alpha\lvert 0\rangle + \beta\lvert 1\rangle$로 변환된다. 즉, Alice의 측정 결과가 '00'이면 I 게이트, '10'이면 X 게이트, '01'이면 Z 게이트, 그리고 '11'이면 X 게이트와 Z 게이트를 순서대로 큐비트 q_2에 적용한다(표 3-5 참조). 그림 3-6의 양자 회로에서 t_4단계 후에 q_1, q_2에 CX 게이트, 그리고 q_0, q_2에 CZ(controlled-Z) 게이트를 적용하는 것은 Alice의 측정 결과에 따라 Bob이 q_2에 적절한 양자 게이트를 적용하는 것과 동일한 효과를 준다. 따라서 최종 단계인 t_5단계에서 Bob이 가진 큐비트 q_2의 상태는 Alice의 큐비트 q_0의 최초 상태인 $\lvert\psi\rangle = \alpha\lvert 0\rangle + \beta\lvert 1\rangle$가 된다. 이때 Alice가 가진 두 개의 큐비트 q_1, q_0의 상태는 측정 결과에 따라 $\lvert 00\rangle, \lvert 01\rangle, \lvert 10\rangle, \lvert 11\rangle$ 중 하나가 된다.

이상 설명한 바와 같이, 그림 3-6의 양자 회로를 따라 Alice의 큐비트 q_0의 상태가 Bob의 큐비트 q_2에 정확히 이식되는 양자 순간 이동이 이루어진다. 이 과정에서 몇 가지 주목할 점은 다음과 같다.

첫째, 하나의 단일 큐비트 상태를 순간 이동하기 위해서, Alice와 Bob이 양자 얽힌 큐비트 한 쌍을 나눠 가지고 있어야 한다.

둘째, 순간 이동되는 과정에서 누구도 양자 상태 $\lvert\psi\rangle = \alpha\lvert 0\rangle + \beta\lvert 1\rangle$에 대한 정보, 다시 말해 α, β가 어떤 복소수인지에 대한 정보를 습득하지 않았다는 것이다. 이것은 우리가 어떤 양자 상태에 대한 정보를 습득하는 순간 계는 더 이상 정보 습득 전과 동일한 상태에 있지 않게 되는 양자역학의 특성을 반영하고 있다.

마지막으로 주목할 점은 Alice가 가진 큐비트의 미지의 양자 상태가 Bob의 큐비트로 정확하게 이식되었지만, 그 양자 상태에 대한 어떤 흔적도 Alice의 큐비트에는 남아 있지 않다는 점이다. 따라서 양자 순간 이동은 임의의 양자 상태를 완벽하게 복제하는 것은 불가능하다는 "복제 불가능 정리(No Cloning Theorem)"에 위배되지 않는다. 고전적 컴퓨팅에서는 정보를 자유롭게 복사할 수 있다는 점을 고려하면, 이 복제 불가능 정리는 양자 컴퓨팅과 양자 정보 이론의 독특한 성질을 보여주는 또다른 예이며 양자 통신의 보안성을 보장해 주는 이론적 근거가 된다.

연습문제

1. 행렬 $\begin{bmatrix} \cos\phi & -\sin\phi \\ \sin\phi & \cos\phi \end{bmatrix}$에 대한 다음 물음에 답하라.

(a) 이 행렬이 유니터리 행렬임을 보여라.

(b) 행렬의 고유값을 모두 구하고, 각 고유값에 해당하는 고유벡터를 구하라.

2. 행렬의 크로네커 곱 연산을 사용하여, 다음 관계식이 성립함을 보여라. 여기서 A, B는 각각 $n \times n$, $m \times m$ 정방 행렬이고, α, β는 각각 $n \times 1$, $m \times 1$ 열벡터이다.

$$(A \otimes B)(\alpha \otimes \beta) = A\alpha \otimes B\beta$$

3. 다음 열벡터가 파울리 행렬 $\sigma_y = \begin{bmatrix} 0 & -i \\ i & 0 \end{bmatrix}$의 고유 벡터임을 보이고, 해당하는 고유값을 구하라.

(a) $\frac{1}{\sqrt{2}}\begin{bmatrix} 1 \\ i \end{bmatrix}$ (b) $\frac{1}{\sqrt{2}}\begin{bmatrix} 1 \\ -i \end{bmatrix}$

4. X, Y, Z, H 게이트의 행렬 표현을 사용하여 다음 항등식이 성립함을 보여라

(a) $X^2 = Y^2 = Z^2 = H^2 = I$ (b) $XY = iZ, \quad YZ = iX, \quad ZX = iY$

(c) $HXH = Z, \quad HZH = X$ (d) $XY = -YX, \; YZ = -ZY, \; ZX = -XZ$

5. 세 개의 *CNOT* 게이트를 아래 그림과 같이 연속적으로 적용하면 *SWAP* 게이트와 동일한 연산을 할 수 있음을 보여라.

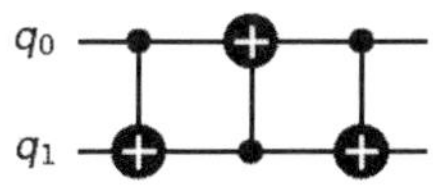

6. q_0, q_1이 제어 큐비트이고 q_2가 타겟 큐비트인 *CCX* 게이트를 8×8 행렬로 표현하라.

7. X, H, $CNOT$ 게이트를 사용하여, 2-큐비트 초기 상태 $|00\rangle$으로부터 아래 벨 상태를 생성할 수 있는 양자 회로도를 그려라.

(a) $\Phi^-\rangle = \frac{1}{\sqrt{2}}|00\rangle - \frac{1}{\sqrt{2}}|11\rangle$ (b) $|\Psi^+\rangle = \frac{1}{\sqrt{2}}|01\rangle + \frac{1}{\sqrt{2}}|10\rangle$

(c) $|\Psi^-\rangle = \frac{1}{\sqrt{2}}|01\rangle - \frac{1}{\sqrt{2}}|10\rangle$

4장

기본 양자 알고리즘

1~3장에서는 양자 회로를 수학적으로 표현하는 방법과 프로그램 상에서 객체로 표현하는 방법을 배웠다. 이제, 이러한 지식을 바탕으로 기본적인 양자 알고리즘들을 탐구해 보겠다. 본 단원에서는 도이치(Deutsch) 알고리즘, 도이치–조사(Deutsch–Jozsa) 알고리즘, 그리고 번스타인–바지라니(Bernstein–Vazirani) 알고리즘을 다루게 될 것이다.

특히, 이 알고리즘들을 설명할 때 중요한 개념인 '위상 킥백(Phase Kickback)'에 대해서도 자세히 설명할 것이다. 위상 킥백은 다양한 양자 알고리즘의 작동 원리를 이해하는 데 핵심적인 역할을 한다. 따라서 도이치 알고리즘을 소개한 후에 해당 개념을 상세히 다루겠다.

각 알고리즘은 먼저 이론적 설명을 통해 동작 원리를 살펴본 후, 파이썬을 이용해 양자 회로로 구현하고 시뮬레이션하는 실습을 통해 직접 경험해볼 수 있도록 구성하였다. 이 과정을 통해 양자 알고리즘의 구조와 작동 방식을 체계적으로 이해할 수 있을 것이다.

4.1 도이치(Deutsch) 알고리즘

0 혹은 1의 값을 0 혹은 1의 값에 사상하는 함수 f를 $f:\{0,1\} \to \{0,1\}$로 표현한다. 이러한 함수는 다음과 같은 네 가지가 있다.

$$f_0(x) = 0 \ \text{ for } x \in \{0,1\}, \qquad f_1(x) = 1 \ \text{ for } x \in \{0,1\}$$

$$f_2(x) = x = \begin{cases} 0 & \text{if } x = 0 \\ 1 & \text{if } x = 1 \end{cases}, \qquad f_3(x) = \sim x = \begin{cases} 1 & \text{if } x = 0 \\ 0 & \text{if } x = 1 \end{cases}$$

이 네 개의 함수 중 함수 값이 0 혹은 1 하나인 함수 f_0와 f_1은 상수 함수(constant function)이고, 함수 값이 0과 1 두 가지 경우가 모두 가능한 함수 f_2, f_3를 균형 함수(balanced function)라고 한다. 함수 f_3를 정의하는 식에서 ~ 연산은 논리 부정 연산을 의미한다.

미지의 함수 $f(x)$는 내부 수식은 알 수 없는 상태에서, 임의의 입력값 x에 대해 출력값 $f(x)$만을 계산할 수 있는 블랙 박스 함수이다. 도이치 문제는 이러한 블랙 박스 함수 $f(x)$가 상수 함수인지 아니면 균형 함수인지를 구분하는 문제이다. 고전 컴퓨팅에서는 x가 0과 1인 두 가지 경우 모두에 대해 $f(x)$를 계산해야만 이 문제를 해결할 수 있다. 반면, 도이치 알고리즘은 $f(x)$ 값을 한 번만 계산하여 이 함수가 균형 함수인지, 상수 함수인지 결정하는 양자 알고리즘이다.

4.1.1 도이치 알고리즘의 기본 회로 분석: $f(x) = x$인 경우

그림 4-1은 도이치 알고리즘을 구현하는 기본 양자 회로를 보여 준다. 이 회로의 t_2단계와 t_3단계 사이에 있는 회로 구성 요소는 미지의 함수 f에 따라 바뀌게 된다. 그림 4-1에서는 이 구성 요소가 CX 게이트 하나로 이루어져 있는데, 이는 함수 f가 균형 함수 $f(x) = x$인 경우에 해당한다. 그 이유는 아래에서 설명하고, 여기서는 이 양자 회로의 각 단계에서 2-큐비트 상태 $|x, y\rangle$가 어떻게 변화하는지 살펴보도록 하겠다.

- t_1 단계에서 회로의 양자 상태는 다음과 같다.

$$|\psi_1\rangle = H|0\rangle \otimes |0\rangle = |+0\rangle$$

- t_2 단계에서 회로의 양자 상태는 다음과 같다.

$$|\psi_2\rangle = |+\rangle \otimes HX|0\rangle = |+-\rangle$$

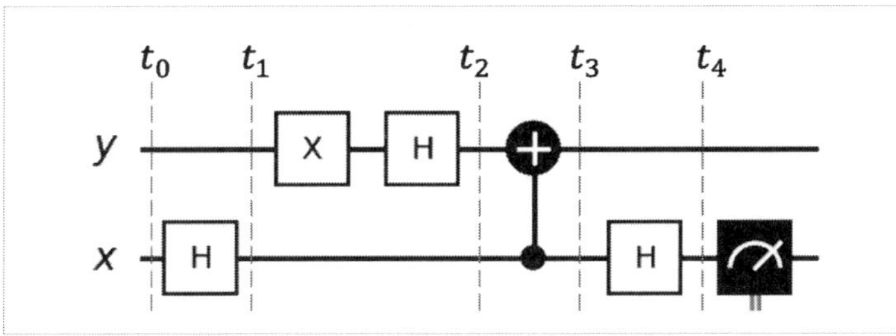

그림 4-1 $f(x) = x$인 경우 도이치 알고리즘을 구현한 양자 회로

- t_3 단계에서 회로의 양자 상태는 다음과 같다.

$$|\psi_3\rangle = CX_{1,0}|+-\rangle = CX_{1,0}\frac{1}{\sqrt{2}}(|0\rangle + |1\rangle) \otimes \frac{1}{\sqrt{2}}(|0\rangle - |1\rangle) = \frac{1}{2}(|00\rangle - |01\rangle + |11\rangle - |10\rangle)$$

- t_4 단계에서 회로의 양자상태는 다음과 같다.

$$|\psi_4\rangle = (H \otimes I)\frac{1}{2}(|00\rangle - |01\rangle + |11\rangle - |10\rangle) = \frac{1}{2}(|{+0}\rangle - |{+1}\rangle + |{-1}\rangle - |{-0}\rangle)$$

$$= \frac{1}{2\sqrt{2}}(|00\rangle + |10\rangle - |01\rangle - |11\rangle + |01\rangle - |11\rangle + |00\rangle + |10\rangle)$$

$$= \frac{1}{2\sqrt{2}}(2|10\rangle - 2|11\rangle) = \frac{1}{\sqrt{2}}|1\rangle \otimes (|0\rangle - |1\rangle) = |1\,-\rangle$$

따라서 함수 f가 균형 함수 $f(x) = x$인 경우, 그림 4-1의 t_4단계에서 큐비트 x에 대한 측정 결과는 100%의 확률로 '1'이 된다.

4.1.2 도이치 알고리즘의 회로 분석: 일반적인 함수 $f(x)$인 경우

이제 이 회로를 임의의 블랙 박스 함수 $f(x)$에 대하여 일반화해 보도록 하자. 그림 4-2에서 U_f는 입력 상태 $|x, y\rangle$를 출력 상태 $|x, y \oplus f(x)\rangle$로 변환하는 회로의 구성 요소이다. 여기서, $\oplus$ 연산자는 논리 연산 XOR을 의미한다. 즉, $0 \oplus 0 = 1 \oplus 1 = 0$, $0 \oplus 1 = 1 \oplus 0 = 1$이다. $f(x)$가 미지의 함수이기 때문에 U_f의 구조와 작동 방식은 알려져 있지 않다. 이와 같이, 주어진 입력 상태에 대해 특정 출력을 반환하는 양자 회로의 구성 요소로서, 그 내부 작동 방식이 알려져 있지 않은 블랙박스를 오라클(Oracle)이라고 한다. 그림 4-2의 양자 회로에 사용된 오라클 U_f는 미지의 함수 $f(x)$를 사용해 다음과 같은 양자 연산을 수행한다.

$$U_f|x, y\rangle = |x, y \oplus f(x)\rangle$$

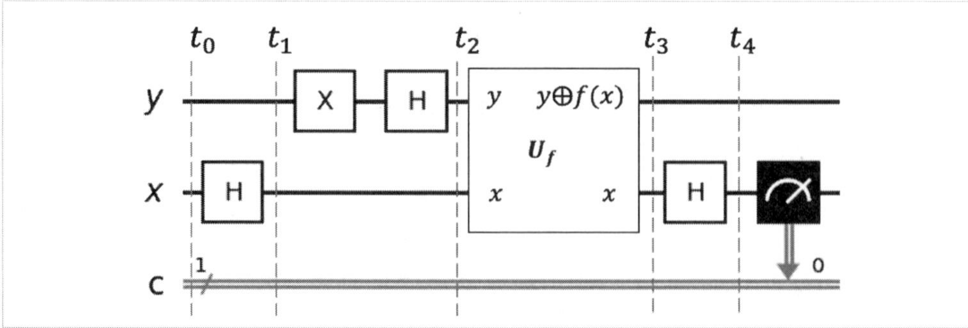

그림 4-2 미지의 함수 $f(x)$에 대한 도이치 알고리즘 회로

이와 같이 오라클 U_f는 함수 $f(x)$에 따라 다르게 작동하는 블랙박스이며, 그림 4-1의 회로에서는 오라클 U_f가 $CX_{1,0}$게이트 하나로 구현되어 있다. $CX_{1,0}|x, y\rangle = |x, y \oplus x\rangle$로부터, $CX_{1,0}$ 게이트는 $f(x) = x$인 경우의 오라클 U_f라는 것을 알 수 있다.

그림 4-2의 회로에서 큐비트 x, y는 $|0\rangle$ 상태로 초기화된 후, y에는 H 게이트와 X 게이트를 연속적으로 적용하고 x에는 H 게이트만 적용한다. 이렇게 준비된 2-큐비트 상태를 오라클 U_f의 입력으로 사용한다. 오라클 U_f 연산 후, 큐비트 x에 다시 H 게이트를 적용하고 측정을 통해 $f(x)$가 균형 함수인지 아니면 상수 함수인지 판별한다. 이 과정의 원리와 어떻게 $f(x)$의 특성을 결정할 수 있는지를 이해하기 위해 회로의 단계별 동작을 분석해 보겠다.

- t_1, t_2 단계에서의 양자 상태는 그림 4-1회로와 같으므로, $|\psi_2\rangle = |+\ -\rangle$이다.
- t_3 단계에서 회로의 양자 상태는 다음과 같다.

$$|\psi_3\rangle = U_f|+\ -\rangle = U_f \frac{1}{\sqrt{2}}(|0\rangle + |1\rangle) \otimes \frac{1}{\sqrt{2}}(|0\rangle - |1\rangle) = \frac{1}{2}U_f(|00\rangle - |01\rangle + |10\rangle - |11\rangle)$$

$f(x)$ 의 값은 0 아니면 1이므로 다음 관계식이 성립한다.

$$\begin{aligned} |x,\ 0 \oplus f(x)\rangle &= (1 - f(x))|x, 0\rangle + f(x)|x, 1\rangle \\ |x,\ 1 \oplus f(x)\rangle &= f(x)|x, 0\rangle + (1 - f(x))|x, 1\rangle \end{aligned}$$

이로부터 다음 식을 얻을 수 있다.

$$\begin{aligned} U_f|00\rangle &= |0, 0 \oplus f(0)\rangle = (1 - f(0))|00\rangle + f(0)|01\rangle \\ U_f|01\rangle &= |0, 1 \oplus f(0)\rangle = f(0)|00\rangle + (1 - f(0))|01\rangle \end{aligned}$$

$$U_f|10\rangle = |1, 0 \oplus f(1)\rangle = (1 - f(1))|10\rangle + f(1)|11\rangle$$
$$U_f|11\rangle = |1, 1 \oplus f(1)\rangle = f(1)|10\rangle + (1 - f(1))|11\rangle$$

위의 관계식을 사용하면 $|\psi_3\rangle$는 다음과 같이 주어진다.

$$|\psi_3\rangle = \frac{1}{2}\left[(1-2f(0))|00\rangle - (1-2f(0))|01\rangle + (1-2f(1))|10\rangle - \big(1-2f(1)\big)|11\rangle\right]$$

$$= \frac{1}{2}\left[\big(1-2f(0)\big)|0\rangle \otimes (|0\rangle - |1\rangle) + (1-2f(1))|1\rangle \otimes (|0\rangle - |1\rangle)\right]$$

$$\therefore \quad |\psi_3\rangle = \frac{1}{\sqrt{2}}\left[\big(1-2f(0)\big)|0\rangle + (1-2f(1))|1\rangle\right] \otimes |-\rangle$$

- t_4 단계에서 회로의 양자 상태는 다음과 같다.

$$|\psi_4\rangle = (H \otimes I)\frac{1}{\sqrt{2}}\left[\big(1-2f(0)\big)|0\rangle + \big(1-2f(1)\big)|1\rangle\right] \otimes |-\rangle$$

$$= \frac{1}{\sqrt{2}}\left[\big(1-2f(0)\big)\, H|0\rangle + \big(1-2f(1)\big)\, H|1\rangle\right] \otimes I|-\rangle$$

$$= \frac{1}{2}\left[\big(1-2f(0)\big)(|0\rangle + |1\rangle) + \big(1-2f(1)\big)(|0\rangle - |1\rangle)\right] \otimes |-\rangle$$

$$= \left[(1 - f(0) - f(1))|0\rangle + (f(1) - f(0))|1\rangle\right] \otimes |-\rangle$$

따라서 이 단계에서 큐비트 y의 상태는 $|-\rangle$, x의 상태는 $(1 - f(0) - f(1))|0\rangle + (f(1) - f(0))|1\rangle$ 이다.

$f(x)$가 균형 함수라면 $f(0) \neq f(1)$이므로 $f(0) + f(1) = 1$, $f(0) - f(1) = \pm 1$이고, $f(x)$가 상수 함수라면 $f(0) = f(1)$이므로 $f(0) + f(1) = 2$ 혹은 0, $f(0) - f(1) = 0$이다. 따라서 t_4 단계에서 큐비트 x를 측정하면, 함수 $f(x)$의 특성에 따라 측정 결과는 다음과 같이 주어진다.

- $f(x)$가 균형 함수인 경우 $\begin{cases} (\text{측정값이 '0'일 확률}) = \big(1 - (f(0) + f(1))\big)^2 = 0 \\ (\text{측정값이 '1'일 확률}) = \big(f(1) - f(0)\big)^2 = 1 \end{cases}$
- $f(x)$가 상수 함수인 경우 $\begin{cases} (\text{측정값이 '0'일 확률}) = \big(1 - (f(0) + f(1))\big)^2 = 1 \\ (\text{측정값이 '1'일 확률}) = \big(f(1) - f(0)\big)^2 = 0 \end{cases}$

이에 따라 x에 대한 측정 결과가 '0' 이면 $f(x)$는 상수 함수이고, '1'이면 $f(x)$는 균형 함수이다. CX 게이트 하나로 구성된 그림 4-1의 오라클 U_f 회로는 균형 함수 $f(x) = x$에 해당하므로, x의 측정값이 '1'이 될 확률이 100%인 것이다. 이상 살펴본 바와 같이, 도이치 알고리즘은 오라클 U_f를 단 한 번만 적용하여 함수 $f(x)$의 특성을 판별할 수 있으며, 이는 고전 컴퓨팅과 차별화되는 특징이다.

4.1.3 도이치 오라클 회로를 구현하는 함수

이제 파이썬 프로그램에서 qiskit library를 이용하여 도이치 알고리즘을 구현하는 양자 회로를 만들어 보자. 이를 위해 우선 그림 4-2의 오라클 U_f를 구현하는 회로를 생성하여 반환하는 함수를 작성하는 것으로 시작한다. 오라클 함수는 $f(x)$에 따라 다르게 구현되므로, 네 개의 다른 오라클 함수 `deutsch_oracle_circuit0()`, `deutsch_oracle_circuit1()`, `deutsch_oracle_circuit_x()`, `deutsch_oracle_circuit_notx()`를 작성하도록 한다. 이 파이썬 함수들은 각각 $f(x) = 0$, $f(x) = 1$, $f(x) = x$, $f(x) = \sim x$에 해당하는 오라클 회로를 구현하는 함수이다. 여기서 $f(x) = 0$과 $f(x) = 1$은 상수 함수, $f(x) = x$와 $f(x) = \sim x$는 균형 함수임에 유의하자. `deutsch_oracle_circuit()`함수는 `numpy.randint(4)` 함수를 호출하여 0, 1, 2, 3 중 하나의 숫자를 무작위로 선택한 후, 그 결과에 따라 $f(x) = 0$, $f(x) = 1$, $f(x) = x$, $f(x) = \sim x$ 중 하나의 함수에 대한 오라클 회로를 작성하는 함수이다.

코드 4-1의 `deutsch_oracle_circuit0()` 함수를 호출하면, 그림과 같은 회로 객

```
from qiskit import QuantumCircuit, QuantumRegister
# f(x) = 0 인 상수 함수의 도이치 오라클 회로를 구현하는 함수
def deutsch_oracle_circuit0():
    qy = QuantumRegister(1, 'y')
    qx = QuantumRegister(1, 'x')
    qc = QuantumCircuit(qy, qx) # qc 라는 이름의 2큐비트 양자 회로 객체를 생성
                                # qy 의 상태 |y XOR f(x)> =|y XOR 0> = |y>
    qc.name = 'Deutsch0'
    return qc                   # qc 객체를 반환

circuit = deutsch_oracle_circuit0() # 함수를 호출하여 회로를 표현하는 객체를 생성
circuit.draw(output='mpl') # circuit 회로를 matplot library 형식의 그림 화일로 출력
```

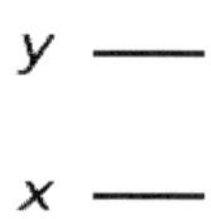

코드 4-1 상수 함수 $f(x) = 0$에 해당하는 도이치 오라클 회로를 구현하는 함수

체가 반환된다. 이 회로는 그림 4-2의 양자 회로에서 상수 함수 $f(x) = 0$에 해당하는 오라클 회로를 구현한다.

- $U_f|x, y\rangle = |x, y \oplus f(x)\rangle$에서 $f(x) = 0$이므로, 오라클 U_f에 의해 상태가 변하지 않는다. 따라서 추가적인 양자 게이트가 필요하지 않다.

```
from qiskit import QuantumCircuit, QuantumRegister
# f(x) = 1 인 상수 함수의 도이치 오라클 회로를 구현하는 함수
def deutsch_oracle_circuit1():
    qy = QuantumRegister(1, 'y')
    qx = QuantumRegister(1, 'x')
    qc = QuantumCircuit(qy, qx) # qc 라는 이름의 2큐비트 양자 회로 객체를 생성

    qc.x(qy)                  # qy 의 상태 |y XOR f(x)> =|y XOR 1> = |NOT y>
    qc.name = 'Deutsch1'
    return qc                # qc 객체를 반환

circuit = deutsch_oracle_circuit1() # 함수를 호출하여 회로를 표현하는 객체를 생성
circuit.draw(output='mpl') # circuit 회로를 matplot library 형식의 그림 화일로 출력
```

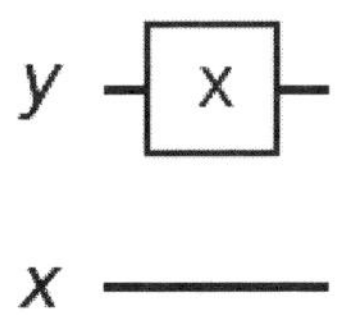

코드 4-2 상수 함수 $f(x) = 1$에 해당하는 도이치 오라클 회로를 구현하는 함수

코드 4-2의 `deutsch_oracle_circuit1()`를 생성하고 호출하면, 그림과 같은 회로 객체가 반환된다. 이 회로는 그림 4-2의 양자 회로에서 상수 함수 $f(x) = 1$에 해당하는 오라클 회로를 구현한다.

- $U_f|x, y\rangle = |x, y \oplus f(x)\rangle$에서 $f(x) = 1$이므로, $U_f|x, y\rangle = |x, y \oplus 1\rangle = |x, \sim y\rangle = |x\rangle \otimes X|y\rangle$이다. 이를 구현하기 위해, 그림과 같이 큐비트 y에 X 게이트를 적용하였다.

```
from qiskit import QuantumCircuit, QuantumRegister
# f(x) = x 인 균형 함수의 도이치 오라클 회로를 구현하는 함수
def deutsch_oracle_circuit_x():
    qy = QuantumRegister(1, 'y')
    qx = QuantumRegister(1, 'x')
```

```
    qc = QuantumCircuit(qy, qx) # qc 라는 이름의 2큐비트 양자 회로 객체를 생성

    qc.cx(qx,qy)            # qy 의 상태 |y XOR f(x)> =|y XOR x> = |y>
    qc.name = 'Deutschx'
    return qc               # qc 객체를 반환

circuit = deutsch_oracle_circuit_x() # 함수를 호출하여 회로를 표현하는 객체를 생성
circuit.draw(output='mpl') # circuit 회로를 matplot library 형식의 그림 화일로 출력
```

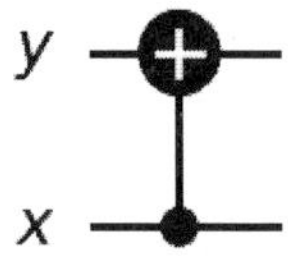

코드 4-3 균형 함수 $f(x) = x$에 해당하는 도이치 오라클 회로를 구현하는 함수

코드 4-3의 deutsch_oracle_circuit_x()를 생성하고 호출하면, 그림과 같은 회로 객체가 반환된다. 이 회로는 그림 4-2의 양자 회로에서 균형 함수 $f(x) = x$에 해당하는 오라클 회로를 구현한다.

- $U_f|x, y\rangle = |x, y \oplus f(x)\rangle$에서 $f(x) = x$이므로, $U_f|x, y\rangle = |x, y \oplus x\rangle = CX_{x,y}|x, y\rangle$이다. 이를 구현하기 위해 그림과 같이 x를 제어 큐비트, y를 타겟 큐비트로 하는 CX 게이트를 적용하였다.

```
from qiskit import QuantumCircuit, QuantumRegister
# f(x) = ~x 인 균형 함수의 도이치 오라클 회로를 구현하는 함수
def deutsch_oracle_circuit_notx():
    qy = QuantumRegister(1, 'y')
    qx = QuantumRegister(1, 'x')
    qc = QuantumCircuit(qy, qx) # qc 라는 이름의 2큐비트 양자 회로 객체를 생성

    qc.x(qx)
    qc.cx(qx,qy)            # qy 의 상태 |y XOR f(x)> =|y XOR ~x> = |y>
    qc.x(qx)                # Uf 함수에서 x 상태는 변하지 않으므로 qx 를 원래 상태로 복구
    qc.name = 'Deutsch_notx'
    return qc               # qc 객체를 반환

circuit = deutsch_oracle_circuit_notx() # 함수를 호출하여 회로를 표현하는 객체를 생성
circuit.draw(output='mpl') # circuit 회로를 matplot library 형식의 그림 화일로 출력
```

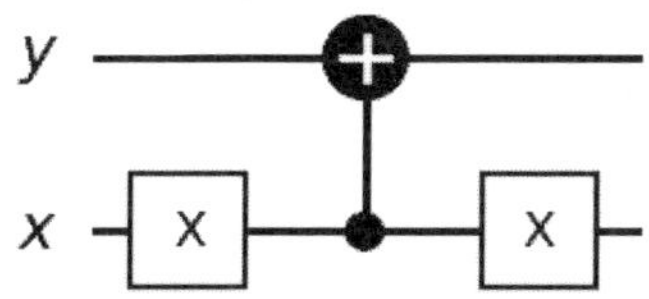

코드 4-4 $f(x) = \sim x$에 해당하는 도이치 오라클 회로를 구현하는 함수

코드 4-4의 deutsch_oracle_circuit_notx()를 생성하고 호출하면, 그림과 같은 회로 객체가 반환된다. 이 회로는 그림 4-2의 양자 회로에서 균형 함수 $f(x) = \sim x$에 해당하는 오라클 회로를 구현한 것이다.

- 큐비트 x에 X 게이트를 적용해, 그 상태를 $|x\rangle$에서 $X|x\rangle = |\sim x\rangle$로 변환한다.
- $CX_{\text{x, y}}$게이트를 적용하면, 2-큐비트 상태가 다음과 같이 주어진다.

$$CX_{\text{x, y}}|\sim x, y\rangle = |\sim x, y \oplus \sim x\rangle$$

- 큐비트 x에 X 게이트를 한 번 더 적용하면, 2-큐비트 상태는 $|x, y \oplus \sim x\rangle$가 된다. 이는 $U_f|x, y\rangle = |x, y \oplus f(x)\rangle$에서 $f(x) = \sim x$인 경우이다. 따라서 코드 4-4는 $f(x) = \sim x$에 해당하는 오라클 회로를 구현한다.

```
from qiskit import QuantumCircuit, QuantumRegister
from numpy import random
# 임의의 f(x) 함수에 대한 도이치 오라클 회로를 구현하여 반환하는 함수
def deutsch_oracle_circuit():
    qy = QuantumRegister(1, 'y')
    qx = QuantumRegister(1, 'x')
    qc = QuantumCircuit(qy, qx) # qc 라는 이름의 2큐비트 양자 회로 객체를 생성

    random.seed()             # 난수 함수를 임의로 초기화
    f = random.randint(4)     # 0,1,2,3 중 임의의 숫자 선택
    print('random number : ', f)
    if f == 0:
        pass                  # qy 의 상태 |y XOR f(x)> =|y XOR 0> = |y>
    elif f == 1:
        qc.x(qy)              # qy 의 상태 |y XOR f(x)> =|y XOR 1> = |NOT y>
    elif f == 2:
        qc.cx(qx,qy)          # qy 의 상태 |y XOR f(x)> =|y XOR x> = |y>
    else :
        qc.x(qx)
        qc.cx(qx,qy)          # qy 의 상태 |y XOR f(x)> =|y XOR ~x> = |y>
        qc.x(qx)
```

```
        qc.name = 'Deutsch'
        return qc                  # qc 객체를 반환
    circuit = deutsch_oracle_circuit() # 함수를 호출하여 회로를 표현하는 객체를 생성
    circuit.draw(output='mpl') # circuit 회로를 matplot library 형식의 그림 화일로 출력
```

```
random number :  3
```

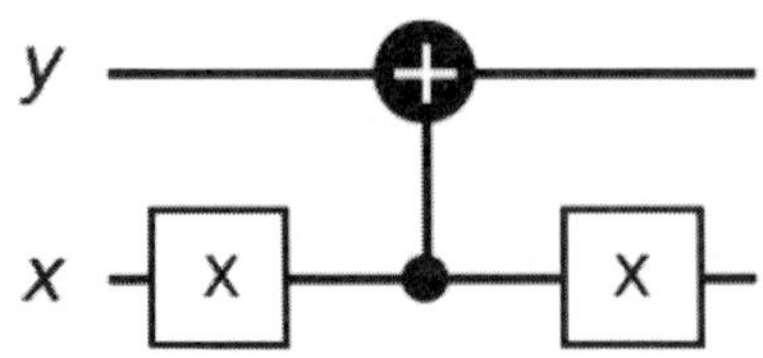

코드 4-5 임의의 함수 $f(x)$에 해당하는 도이치 오라클 회로를 구현하는 함수

코드 4-5의 `deutsch_oracle_circuit()`함수는 NumPy 패키지의 난수 발생 함수를 사용하여 무작위로 $f(x)$를 선택하고 이에 대한 오라클 회로를 구현하는 함수이다. `numpy.random.seed()`함수는 난수 발생기를 초기화하는 함수이다. `numpy.random.randint(4)` 함수를 호출하면, 변수 `f`의 값은 0, 1, 2, 3 중 하나의 값을 무작위로 갖게 된다. 선택된 값을 확인할 수 있도록 `f`의 값을 출력하고, `if` 문을 이용하여 `f==0`이면 $f(x) = 0$, `f==1`이면 $f(x) = 1$, `f==2`이면 $f(x) = x$, `f==3`이면 $f(x) = \sim x$에 대한 오라클 회로를 구현한다. 이 함수의 실행 예에서는 `f`의 값이 3이었기 때문에 $f(x) = \sim x$에 대한 오라클 회로가 생성되었다.

4.1.4 도이치 알고리즘 회로

```
from qiskit import QuantumCircuit, QuantumRegister, ClassicalRegister
# 도이치 오라클 함수를 호출하여 도이치 회로를 circuit 이라는 이름의 객체로 구현 (회로가 수행되는 것은 아님에 주의)
qx = QuantumRegister(1,'x') # 1 큐비트의 양자 레지스터 객체를 qx 라는 이름으로 생성, 회로에는 'x'로 표시
qy = QuantumRegister(1,'y') # 1 큐비트의 양자 레지스터 객체를 qy 라는 이름으로 생성, 회로에는 'y'로 표시
c = ClassicalRegister(1,'c') # 1 비트의 고전 레지스터 객체를 c 라는 이름으로 생성, 회로에는 'c'로 표시
circuit = QuantumCircuit(qy, qx, c) # qy,qx,c 를 가지는 양자 회로를 circuit 이라는 이름의 객체로 생성
circuit.x(qy)                          # qy 에 X gate -> qy 상태가 |1> 이 됨
circuit.h(qy)                          # qy 에 H gate -> qy 상태가 |-> 이 됨
circuit.h(qx)                       # qx 의 제일 낮은 자리 큐비트에 H gate 적용

# deutsch_oracle_circuit() 을 호출하여 오라클 회로를 circuit 에 추가
circuit.append(deutsch_oracle_circuit(), [0,1])

circuit.h(qx)              # qx 의 제일 낮은 자리 큐비트에 H gate 적용
circuit.measure(qx,c)         # qx 레지스터의 모든 큐비트들을 측정하여 c 레지스터로 읽는 회로를 구현
circuit.draw(output='mpl') # circuit 회로를 matplot library 형식의 그림 화일로 출력
```

```
random number :  3
```

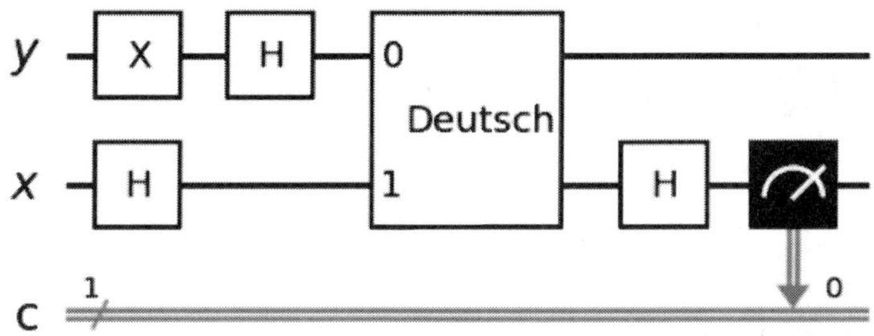

코드 4-6 도이치 오라클 함수를 호출하여 도이치 알고리즘을 구현하는 양자 회로 객체를 생성하는 코드

코드 4-6은 다음과 같은 단계를 거쳐 도이치 알고리즘을 구현하는 양자 회로 객체를 생성하고 출력한다.

- qx, qy라는 이름의 1-큐비트 양자 레지스터 객체와 c라는 이름의 1-비트 고전 레지스터 객체를 생성한다.
- qx, qy, c 레지스터들로 구성된 양자 회로를 circuit이라는 이름의 새로운 객체로 생성한다.
- qy 큐비트에 X 게이트와 H 게이트를 순서대로 적용하여 $|-\rangle$ 상태가 되게 한다.
- qx 큐비트에 H 게이트를 적용하여 $|+\rangle$ 상태가 되게 한다.
- $f(x)$의 특성에 따른 오라클(U_f) 회로를 만드는 deutsch_oracle_circuit() 함수를 호출하여 반환되는 회로를 추가한다.
- qx 큐비트에 H 게이트를 적용한 후 측정한다.
- 생성된 회로를 출력한다.

이 코드를 실행하면 그림과 같은 양자 회로를 표현하는 객체가 생성되는 것일 뿐, 실제로 수행되지는 않는다. 이 양자 회로의 동작 결과를 보기 위해서는 실제 양자 컴퓨터나 시뮬레이터에서 생성된 회로 객체를 실행하여야 한다.

```
# AerSimulator 를 이용하여 circuit 회로를 측정한 결과를 출력
from qiskit.transpiler.preset_passmanagers import generate_preset_pass_manage
from qiskit_ibm_runtime import SamplerV2 as Sampler
from qiskit_aer import AerSimulator
```

```
aer_sim = AerSimulator()
pm = generate_preset_pass_manager(backend=aer_sim, optimization_level=1)

isa_circuit = pm.run(circuit)
sampler = Sampler(mode=aer_sim)
job = sampler.run([isa_circuit], shots=1)
result = job.result()
count = result[0].data.c.get_counts()
print (count)
```
✓ 0.5s

```
{'1': 1}
```

코드 4-7 circuit 객체에 표현된 도이치 알고리즘 회로를 시뮬레이션하는 코드

2장에서 소개한대로, 코드 4-7를 수행하면 시뮬레이터를 사용하여 `circuit` 객체에 표현된 양자 회로를 반복 실행하며 측정한 결과를 `result` 객체로 얻을 수 있다. 도이치 알고리즘은 여러 번 반복해도 이론적으로 같은 값이 측정되는 회로이므로, 한 번만 측정한 후 고전 레지스터 `c`에 저장된 측정값의 분포를 `count` 객체에 치환하여 출력하면 '1'이 한 번 측정된 것을 확인할 수 있다.

```
if ('0' in count) :
    answer = 'constant' #
else :
    answer = 'balanced' #

print (f'f(x) is a {answer} function.')
```
✓ 0.0s

```
f(x) is a balanced function.
```

코드 4-8 도이치 회로의 측정 결과로부터 $f(x)$를 판별

코드 4-8은 시뮬레이션 결과를 표현하는 dict 타입 객체 `count`에 '0'이라는 측정 결과가 있었는지 확인하여, $f(x)$가 상수 함수인지 균형 함수인지를 판별하여 출력하는 코드이다. 측정 결과로부터 $f(x)$가 균형 함수로 판별되었다. 이는 회로의 구성 요소 U_f가 함수 $f(x) = \sim x$에 해당하는 도이치 오라클이라는 것에 부합한다(코드 4-6의 출력 참조).

4.2 위상 킥백(Phase Kickback) 회로

4.2.1 단일 큐비트 위상 킥백 회로

그림 4-2의 도이치 양자 회로의 오라클 U_f는 다른 양자 알고리즘을 구현하는 과정에서도 매우 유용하게 사용된다. 함수 $f(x)$에 대하여 $U_f|x, y\rangle = |x, y \oplus f(x)\rangle$의 연산을 수행하는 오라클 U_f는 입력 상태가 $|x, -\rangle$일 때, 다음과 같이 작동한다.

$$U_f|x, -\rangle = U_f \frac{1}{\sqrt{2}}(|x, 0\rangle - |x, 1\rangle) = \frac{1}{\sqrt{2}}(|x, 0 \oplus f(x)\rangle - |x, 1 \oplus f(x)\rangle)$$

$$= \begin{cases} \frac{1}{\sqrt{2}}(|x, 0\rangle - |x, 1\rangle) = |x, -\rangle & \text{if } f(x) = 0 \\ \frac{1}{\sqrt{2}}(|x, 1\rangle - |x, 0\rangle) = -|x, -\rangle & \text{if } f(x) = 1 \end{cases}$$

따라서,

$$U_f|x, -\rangle = (-1)^{f(x)}|x, -\rangle$$

이고, 이 관계식은 그림 4-3과 같이 도식화할 수 있다. 왼쪽 그림의 오라클 U_f는 큐비트 x, y에 대한 2-큐비트 양자 연산이다. 반면, 오른쪽 그림의 바깥쪽 사각형 내부의 양자 회로 V_f는 상태 $|-\rangle$를 유지하는 y를 내부 큐비트로 사용하며, 입력 큐비트 x에 대해 다음과 같은 단일 큐비트 양자 연산을 수행한다.

$$V_f|x\rangle = (-1)^{f(x)}|x\rangle$$

이와 같이 V_f는 함수 $f(x)$의 값에 따라 상태 $|x\rangle$의 위상을 변화시키는 양자 회로이다. 이러한 이유로 V_f를 "위상 킥백(Phase Kickback)" 회로라고 부른다.

도이치 알고리즘을 구현한 회로의 동작은 위상 킥백 회로를 이용하여 간단하게 설명

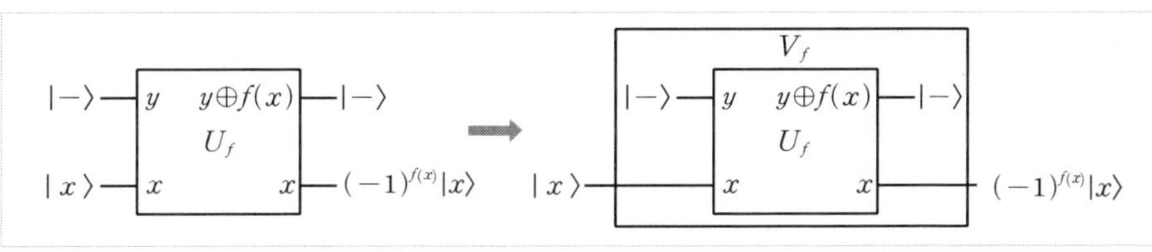

그림 4-3 오라클 U_f와 위상 킥백 회로 V_f

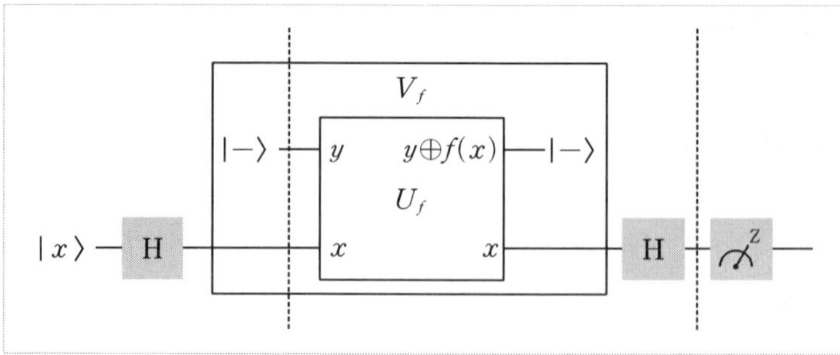

그림 4-4 위상 킥백 회로 V_f를 사용한 도이치 알고리즘 회로

할 수 있다. 위상 킥백 회로 V_f를 사용하여 그림 4-4와 같이 표현된 도이치 회로는 입력 상태 $|x\rangle$에 대한 출력이 다음과 같이 주어진다.

$$\begin{aligned} HV_fH|x\rangle = HV_f|+\rangle &= \frac{1}{\sqrt{2}}HV_f(|0\rangle + |1\rangle) = \frac{1}{\sqrt{2}}H\big((-1)^{f(0)}|0\rangle + (-1)^{f(1)}|1\rangle\big) \\ &= \frac{1}{\sqrt{2}}\big((-1)^{f(0)}|+\rangle + (-1)^{f(1)}|-\rangle\big) \\ &= \frac{1}{2}\Big((-1)^{f(0)}(|0\rangle + |1\rangle) + (-1)^{f(1)}(|0\rangle - |1\rangle)\Big) \\ &= \frac{1}{2}\big(((-1)^{f(0)} + (-1)^{f(1)})|0\rangle + ((-1)^{f(0)} - (-1)^{f(1)})|1\rangle\big) \end{aligned}$$

이 결과는 오라클 U_f에 기반한 그림 4-2의 도이치 회로에서 큐비트 x의 최종 상태와 동일하다. 따라서 그림 4-4 회로의 측정 결과 또한 앞 절에서 분석한 바와 같이, $f(x)$가 상수 함수일 경우 '0', 균형 함수일 경우 '1'이 된다.

4.2.2 다중 큐비트 위상 킥백 회로

위상 킥백 회로는 입력 $|x\rangle$가 단일 큐비트 상태일 경우뿐만 아니라, 다중 큐비트 상태인 경우에 대해서도 확장할 수 있으며, 이는 앞으로 배우게 될 알고리즘들의 동작 원리를 설명하는데 유용하게 사용된다. $|x\rangle$가 n-큐비트 상태인 경우, x는 n-비트 이진수이고, 함수 f는 $f:\{0,1\}^n \rightarrow \{0,1\}$로 표현된다. 이러한 함수 $f(x)$에 대한 오라클 U_f를 다음과 같이 정의하면

$$U_f|x, y\rangle = |x, y \oplus f(x)\rangle,$$

함수 $f:\{0,1\} \rightarrow \{0,1\}$의 경우와 같이 다음 관계식이 성립한다.

$$U_f|x,-\rangle = U_f\frac{1}{\sqrt{2}}(\,|x,0\rangle - \,|x,1\rangle) = \frac{1}{\sqrt{2}}(|x,0 \oplus f(x)\,\rangle - \,|x,1 \oplus f(x)\,\rangle)$$

$$= \begin{cases} \frac{1}{\sqrt{2}}(|x,0\,\rangle - \,|x,1\,\rangle) = |x,-\rangle & \text{if } f(x) = 0 \\ \frac{1}{\sqrt{2}}(|x,1\,\rangle - \,|x,0\,\rangle) = -|x,-\rangle & \text{if } f(x) = 1 \end{cases}$$

따라서 y 큐비트를 내부에 포함하면, 입력으로 n-큐비트 상태 $|x\rangle$를 사용하는 위상 킥백 회로 V_f가 실행하는 n-큐비트 양자 연산은 다음과 같은 $2^n \times 2^n$의 행렬로 표현할 수 있다.

$$V_f = \begin{bmatrix} (-1)^{f(0)} & 0 & \cdots & 0 & 0 \\ 0 & (-1)^{f(1)} & \cdots & 0 & 0 \\ \vdots & \vdots & \ddots & \vdots & \vdots \\ 0 & 0 & \cdots & (-1)^{f(2^n-2)} & 0 \\ 0 & 0 & \cdots & 0 & (-1)^{f(2^n-1)} \end{bmatrix}$$

이와 같이, 위상 킥백 회로 V_f는 $f(x)$의 함수 값이 1인 n-비트 이진수 x에 해당하는 양자 상태 $|x\rangle$에만 -1의 위상을 추가하여 표시자(marker) 역할을 하는 연산으로 활용된다. 아래에서 도이치-조사 알고리즘, 번스타인-바지라니 알고리즘, 그로버 알고리즘을 설명할 때, 이 위상 킥백 회로가 중요하게 활용될 것이다.

4.3 도이치-조사(Deutsch-Jozsa) 알고리즘

도이치-조사 알고리즘은 n-비트 이진수 x에 대해 정의된 함수 $f(x)$가 상수 함수인지, 아니면 균형 함수인지를 판별하는 양자 알고리즘이다. 이 알고리즘은 도이치 알고리즘의 확장판으로, 도이치 알고리즘이 단일 비트 입력을 다루는 반면, 도이치-조사 알고리즘은 n-비트 입력을 다룬다. 일반적으로 n-비트 이진수에 대해 정의된 함수 $f:\{0,1\}^n \to \{0,1\}$는 상수 함수도 균형 함수도 아닐 수 있다.

표 4-1은 $n = 3$인 경우, 모든 가능한 x에 대해 서로 다른 세 개의 함수의 함수 값을 보여 준다. 여기서 함수 f_1는 상수 함수, f_2는 균형 함수, 그리고 f_3는 상수 함수도 균형 함수도 아니다. 도이치-조사 알고리즘은 n-비트 이진수에 대해 정의된 함수 $f(x)$가 상수 함수이거나 균형 함수라는 가정 하에서, 함수의 특성을 판별할 수 있는 양자 알고리즘이다. 고전 컴퓨팅에서 이 문제를 해결하기 위해서는, x의 모든 가능한 값 중에서 절반 이상에 대해 함수 값을 계산해야 한다. 즉, $(2^{n-1}+1)$번의 함수 값 계산이 필요하다. 하지만, 도

표 4-1 함수 $f(x)$의 예

x	$f_1(x)$
000	0
001	0
010	0
011	0
100	0
101	0
110	0
111	0

x	$f_2(x)$
000	0
001	1
010	0
011	1
100	1
101	1
110	0
111	0

x	$f_3(x)$
000	1
001	0
010	0
011	0
100	0
101	0
110	1
111	0

이치-조사 양자 알고리즘을 사용하면, 단 한번의 $f(x)$ 계산으로 이 함수가 균형 함수인지 상수 함수인지를 판별할 수 있다.

4.3.1 도이치-조사 알고리즘의 회로 분석

그림 4-5는 다중 큐비트 위상 킥백 회로를 사용하여 도이치-조사 알고리즘을 구현하는 양자 회로를 보여 준다. 이 회로는 그림 4-4의 도이치 회로에서 입력 상태 $|x\rangle$를 n-큐비트 상태로 확장한 것이다. 오라클 U_f의 보조 입력 큐비트 y는 $|-\rangle$ 상태로 초기화 되어 있다. 이제 그림 4-5의 회로에서 각 단계별로 n-큐비트 양자 상태의 변화를 살펴보겠다. 여기서 n-큐비트 상태 $|x\rangle = |x_{n-1}x_{n-2} \dots x_0\rangle$이다 ($x = \sum_{i=0}^{n-1} x_i 2^i$).

- 초기 상태 $|00 \dots 0\rangle = |0\rangle^{\otimes n}$에 있는 n개의 입력 큐비트 각각에 H 게이트를 한 개씩 적용($H^{\otimes n}$)하면, t_1단계에서 상태는 다음과 같이 주어진다.

$$|\psi_1\rangle = H^{\otimes n}\,|0\rangle^{\otimes n} = |+\rangle^{\otimes n} = \frac{1}{\sqrt{2^n}} \bigotimes_{i=0}^{n-1} (|0\rangle + |1\rangle) = \frac{1}{\sqrt{2^n}} \sum_{x=0}^{2^n-1} |x\rangle$$

- 미지의 함수 $f(x)$에 해당하는 위상 킥백 회로 V_f의 출력은 앞에서 설명한 대로 다음과 같이 주어진다.

$$|\psi_2\rangle = V_f\left(\frac{1}{\sqrt{2^n}} \sum_{x=0}^{2^n-1} |x\rangle\right) = \frac{1}{\sqrt{2^n}} \sum_{x=0}^{2^n-1} (-1)^{f(x)} |x\rangle$$

- 기저 상태 $|x\rangle$에 있는 n개의 큐비트 각각에 H 게이트를 하나씩 적용($H^{\otimes n}$)하면 n-큐비트 상태는 다음과 같이 주어진다(증명은 132 페이지 박스 참조).

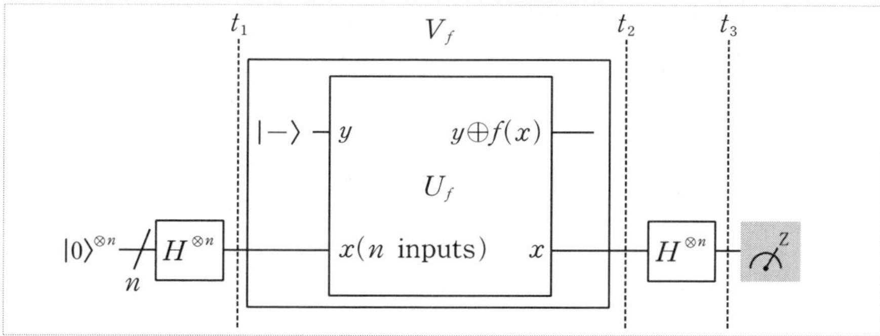

그림 4-5 위상 킥백 회로 V_f를 사용하여 도이치-조사 알고리즘을 구현하는 양자 회로

$$H^{\otimes n}|x\rangle = \frac{1}{\sqrt{2^n}} \sum_{a=0}^{2^n-1} (-1)^{x \cdot a} |a\rangle, \qquad x \cdot a = x_{n-1}a_{n-1} \oplus \cdots \oplus x_1 a_1 \oplus x_0 a_0 \quad \text{(식 4-1)}$$

여기서 $\oplus$ 연산은 모듈로-2 덧셈이고, 위와 같이 정의된 $x \cdot a$ 연산을 x와 a의 비트별 내적(bitwise inner product)이라고 한다. 위의 식을 이용하면, t_3단계에서 n-큐비트 상태는 다음과 같다.

$$|\psi_3\rangle = \frac{1}{\sqrt{2^n}} \sum_{x=0}^{2^n-1} (-1)^{f(x)} H^{\otimes n}|x\rangle = \frac{1}{2^n} \sum_{x=0}^{2^n-1} \sum_{a=0}^{2^n-1} (-1)^{f(x)+x \cdot a} |a\rangle$$

$|\psi_3\rangle$ 상태에서 n개의 큐비트에 대한 측정 결과가 '000⋯0'이 될 확률은 다음과 같다.

$$\left| \frac{1}{2^n} \sum_{x \in \{0,1\}^n} (-1)^{f(x)+x \cdot 0} \right|^2 = \left| \frac{1}{2^n} \sum_{x \in \{0,1\}^n} (-1)^{f(x)} \right|^2$$

$f(x)$가 상수 함수인 경우, $(-1)^{f(x)}$는 모든 x에 대해 1 또는 -1의 동일한 값을 갖는다. 반면, $f(x)$가 균형 함수일 경우, $(-1)^{f(x)}$는 절반의 x에 대해 1, 나머지 절반에 대해서는 -1의 값을 가질 것이다. 따라서, n개의 큐비트 모두에서 측정값이 '0'일 확률은 미지의 함수 $f(x)$가 상수 함수인 경우 1이고, 균형 함수인 경우 0이다.

$$(\text{측정값이 '000}\cdots\text{0'일 확률}) = \begin{cases} 1, & \text{if } f(x): \text{상수 함수} \\ 0, & \text{if } f(x): \text{균형 함수} \end{cases}$$

위의 회로 분석에 따르면, 모든 큐비트의 측정값이 '0'인 경우 $f(x)$는 상수 함수이며, 하나라도 '1'이 측정된 경우 $f(x)$는 균형 함수이다. 이에 따라 그림 4-5의 양자 회로를 한 번만 실행해도 미지의 함수 $f(x)$의 특성을 판별할 수 있다. 만약 $f(x)$가 균형 함수도 아니고 상수 함수도 아닌 경우에는, n개의 큐비트에 대한 측정 결과가 '000⋯0'일 확률 p는 $0 < p < 1$이다. 따라서 함수 $f(x)$가 상수 함수이거나 균형 함수라는 전제가 없다면, 도이치-조사 알고리즘으로는 함수 $f(x)$의 특성을 판별할 수 없다.

박스

식 4-1을 귀납적으로 증명해 보겠다.

$$H^{\otimes n}|x\rangle = \frac{1}{\sqrt{\ n}} \sum_{a=0}^{2^n-1} (-1)^{x \cdot a} |a\rangle, \qquad x \cdot a = x_{n-1}a_{n-1} \oplus \cdots \oplus x_1 a_1 \oplus x_0 a_0$$

이 식은 임의의 n-큐비트 기저 상태에 각 큐비트마다 하나의 H 게이트를 적용한 후의 양자 상태를 나타내며, 양자 회로 분석에서 자주 활용되는 식이다.

- $n = 1$의 경우

$$\begin{cases} H|0\rangle = \frac{1}{\sqrt{2}}(|0\rangle + |1\rangle) = \frac{1}{\sqrt{2}}((-1)^{0 \cdot 0}|0\rangle + (-1)^{0 \cdot 1}|1\rangle) \\ H|1\rangle = \frac{1}{\sqrt{2}}(|0\rangle - |1\rangle) = \frac{1}{\sqrt{2}}((-1)^{1 \cdot 0}|0\rangle + (-1)^{1 \cdot 1}|1\rangle) \end{cases}$$

$$\therefore \quad H|x\rangle = \frac{1}{\sqrt{2^1}} \sum_{a \in \{0,1\}^1} (-1)^{x \cdot a} |a\rangle$$

- $n = 2$의 경우

  $n = 1$의 경우에 얻은 위의 식을 사용하면 다음과 같이 표현된다.

$$H^{\otimes 2}|x_1 x_0\rangle = H|x_1\rangle \otimes H|x_0\rangle = \frac{1}{\sqrt{2^2}} \left[\sum_{a_1 \in \{0,1\}} (-1)^{x_1 \cdot a_1} |a_1\rangle \right] \otimes \left[\sum_{a_0 \in \{0,1\}} (-1)^{x_0 \cdot a_0} |a_0\rangle \right]$$

$$\therefore \quad H^{\otimes 2}|x_1 x_0\rangle = \frac{1}{\sqrt{2^2}} \sum_{a_0 a_1 \in \{0,1\}^2} (-1)^{x_1 a_1 \oplus x_0 a_0} |a_1 a_0\rangle$$

- $n > 2$의 경우

$$\begin{aligned} H^{\otimes n}|x_{n-1} \cdots x_1 x_0\rangle &= H|x_{n-1}\rangle \otimes \cdots \otimes H|x_0\rangle \\ &= \frac{1}{\sqrt{2^n}} \left[\sum_{a_{n-1} \in \{0,1\}} (-1)^{x_{n-1} a_{n-1}} |a_{n-1}\rangle \right] \otimes \cdots \otimes \left[\sum_{a_0 \in \{0,1\}} (-1)^{x_0 a_0} |a_0\rangle \right] \end{aligned}$$

$$= \frac{1}{\sqrt{2^n}} \sum_{a_0 a_1 \ldots a_{n-1} \in \{0,1\}^n} (-1)^{x_{n-1}a_{n-1} \oplus \cdots \oplus x_1 a_1 \oplus x_0 a_0} |a_{n-1} \cdots a_1 a_0\rangle$$

$$\therefore \; H^{\otimes n}|x\rangle = \frac{1}{\sqrt{2^n}} \sum_{a \in \{0,1\}^n} (-1)^{x \cdot a} |a\rangle$$

위의 관계식이 증명되었다. 이를 $|x\rangle = |0\rangle^{\otimes n}$에 적용하면 다음과 같다.

$$H^{\otimes n}|0 \ldots 0\rangle = \frac{1}{\sqrt{2^n}} \sum_{a \in \{0,1\}^n} (-1)^{0 \cdot a} |a\rangle = \frac{1}{\sqrt{2^n}} \sum_{a \in \{0,1\}^n} |a\rangle = |+\rangle^{\otimes n}$$

이 식은 아래 그림에 주어진 회로의 n-큐비트 입력 상태와 출력 상태 사이의 관계를 표현한 것이며, 그림 4-5의 회로에서 t_1단계의 n-큐비트 상태 $|\psi_1\rangle$에 대한 식과 동일하다.

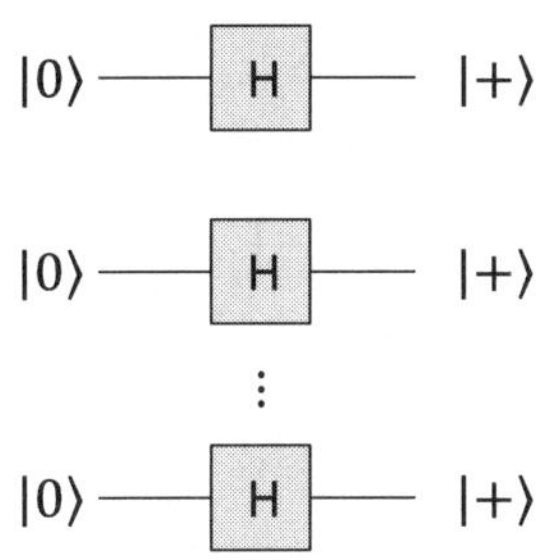

4.3.2 도이치-조사 오라클 회로를 구현하는 함수

도이치-조사 알고리즘을 구현하는 회로를 생성하는 프로그램을 작성해보도록 하자. 코드 4-9의 `dj_oracle_const(n)` 함수는 n-비트 이진수 x에 대하여 $f(x)$=0이거나 $f(x)$ = 1인 상수 함수를 선택하여 도이치-조사 알고리즘의 오라클 회로를 생성하여 반환하는 함수이다. 상수 함수를 무작위로 선택하기 위하여 **NumPy** 패키지의 `numpy.random.randint(2)` 함수를 사용하였다. `dj_oracle_const(3)`을 호출하여 생성된 회로는 아래 출력과 같다. 출력된 회로를 확인하면 상수 함수로 $f(x)$ = 1이 선택되었음을 알 수 있다.

```
from qiskit import QuantumCircuit, QuantumRegister
import numpy as np
# f(x) = 0 혹은 f(x) = 1 인 상수 함수의 도이치-조사 오라클 회로를 구현하는 함수
def dj_oracle_const(n):
    qy = QuantumRegister(1, 'y')
    qx = QuantumRegister(n, 'x')
    qc = QuantumCircuit(qy, qx) # qc 라는 이름의 n+1큐비트 양자 회로 객체를 생성

    np.random.seed()
    x = np.random.randint(2)
    if x == 1 :                 # if x==1 f(x)=1, if x==0 f(x)=0
      qc.x(0)
    qc.name = 'DJ-const'
    return qc               # qc 객체를 반환

circuit = dj_oracle_const(3) # 함수를 호출하여 회로를 표현하는 객체를 생성
circuit.draw(output='mpl') # circuit 회로를 matplot library 형식의 그림 화일로 출력
```

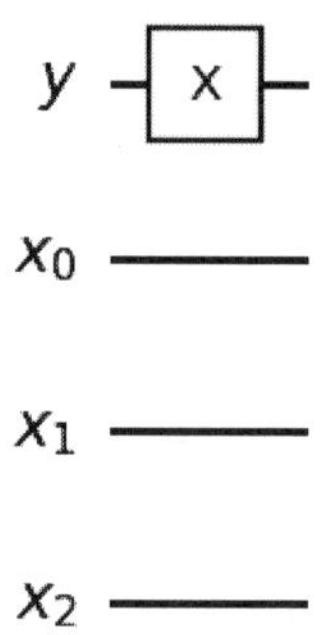

코드 4-9 상수 함수에 대한 도이치-조사 오라클 회로를 구현하는 함수

```
# 균형 함수의 도이치-조사 오라클 회로를 구현하는 함수
def dj_oracle_balanced(n):
    qy = QuantumRegister(1, 'y')
    qx = QuantumRegister(n, 'x')
    qc = QuantumCircuit(qy, qx) # qc 라는 이름의 n+1큐비트 양자 회로 객체를 생성

    np.random.seed()
    k = np.random.randint(1,n+1)    # make sure s is not all 0's
    a = np.random.permutation(n)
    a = a[:k]                      # a = k개의 n 보다 작은 정수들의 집합
    print(a)
    for x in a :
      qc.cx(qx[x],qy)          # 제어 큐비트 qx[x], 타겟 큐비트 qy 인 CX(CNOT) gate

    qc.name = 'DJ-balanced'
    return qc                 # qc 객체를 반환

circuit = dj_oracle_balanced(3) # 함수를 호출하여 회로를 표현하는 객체를 생성
```

```
circuit.draw(output='mpl') # circuit 회로를 matplot library 형식의 그림 화일로 출력
```

```
[0 2]
```

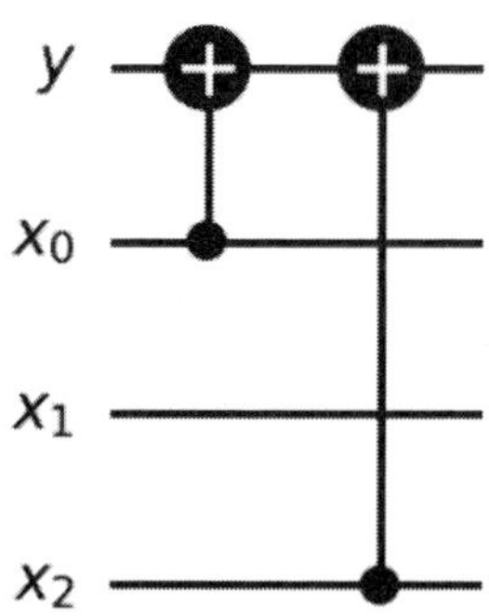

코드 4-10 균형 함수에 대한 도이치-조사 오라클 회로를 구현하는 함수

임의의 균형 함수 $f(x)$에 대한 도이치-조사 오라클 회로를 생성하는 함수 `dj_oracle_balanced()`를 코드 4-10에 구현하였다. n-비트 이진수 $x = \sum_{i=0}^{n-1} x_i 2^i$에 대하여, 다음과 같이 정의된 함수 $f(x)$를 고려하자.

$$f(x) = x_{n-1} \oplus \cdots \oplus x_1 \oplus x_0$$

이렇게 정의된 함수 $f(x)$는 $x_{n-1}, x_{n-2}, \cdots, x_0$ 중 1의 개수가 짝수이면 0, 홀수이면 1의 값을 갖는 함수이다. 따라서 $f(x)$는 균형 함수이다. 또한, 무작위로 선택한 k개의 $(1 \le k \le n)$ x_i들의 모듈로-2 덧셈으로 정의된 다음과 같은 함수 또한 균형 함수이다.

$$f(x) = x_{a_{k-1}} \oplus \cdots \oplus x_{a_1} \oplus x_{a_0} \qquad \text{(식 4-2)}$$

여기서, $0 \le a_{k-1}, \cdots, a_1, a_0 < n$이며 $a_i \ne a_j$이다. 예를 들어, 3-비트 이진수 x에 대해 정의된 함수 $f(x) = x_2 \oplus x_0$는 표 4-2에서 보는 바와 같이 균형 함수이다.

코드 4-10에서는 균형 함수 $f : \{0,1\}^n \to \{0,1\}$를 무작위적으로 선택하기 위해, 식 4-2에 의해 정의된 균형 함수 $f(x)$의 객체를 생성한다. 이를 위해, $0 \le a_{k-1}, \cdots, a_1, a_0 < n$이며 $a_i \ne a_j$인 무작위로 선택한 k개의 $(1 \le k \le n)$ 정수들로 이루어진 리스트 a를 먼저 만들어야 한다. `dj_oracle_balanced()`에서 `np.random.randint(1,n+1)`을 호출하여 리스트 `a`의 길이 `k`를 무작위로 정하고, `np.random.permutation(n)`의 처음 `k`개의 원소들을 리스트 `a`로 선택한다. for 순환문에서 `k`개의 $CX_{x_{a_i}, y}$ 게이트를 추가하여,

표 4-2 3-큐비트 균형 함수 $f(x)$의 예

x	$f(x) = x_2 \oplus x_0$
000	0
001	1
010	0
011	1
100	1
101	0
110	1
111	0

$U_f|x, y\rangle = |x, y \oplus f(x)\rangle$를 구현하였다. 코드 4-10의 출력 회로는 a=[0 2]인 경우 생성된 오라클 회로이다.

```
# 임의의 n-qubit 도이치-조사 오라클 회로를 구현하는 함수
def dj_oracle(n):
    qy = QuantumRegister(1, 'y')
    qx = QuantumRegister(n, 'x')
    qc = QuantumCircuit(qy, qx) # qc 라는 이름의 n+1큐비트 양자 회로 객체를 생성
    np.random.seed()
    condition = np.random.choice(['constant','balanced'])
    print(condition)

    if condition == 'constant' :  # construct a random constant f(x)
      x = np.random.randint(2)
      print(x)
      if x == 1 :                  # if x==1 f(x)=1, if x==0 f(x)=0
        qc.x(qy)
    else :                         # construct a random balanced f(x)
      k = np.random.randint(1,n+1)    # make sure s is not all 0's
      a = np.random.permutation(n)
      a = a[:k]                     # a = k개의 n 보다 작은 정수들의 집합
      print(a)
      for x in a :
        qc.cx(qx[x],qy)          # 제어 큐비트 qx[x], 타겟 큐비트 qy 인 CX(CNOT) gate

    qc.name = 'DJ-Oracle'
    return qc              # qc 객체를 반환

circuit = dj_oracle(3) # 함수를 호출하여 회로를 표현하는 객체를 생성
circuit.draw(output='mpl')
```

```
balanced
[2 1]
```

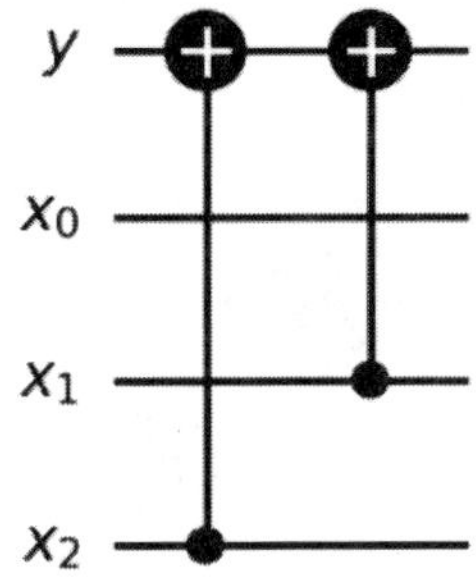

코드 4-11 임의의 도이치-조사 오라클 회로를 생성하는 함수

코드 4-11의 `dj_oracle()`는 임의의 n 큐비트 도이치-조사 오라클 회로를 구현하여 반환하는 함수이다. 이를 위해 `NumPy.random` 패키지의 `choice()` 함수를 사용하여 `['constant','balanced']` 중 하나를 먼저 선택한다. 'constant'가 선택되면 코드 4-9와 같이 임의의 상수 함수 $f(x)$에 해당하는 오라클 U_f를 구현하고, 'balanced'가 선택되면 코드 4-10과 같이 임의의 균형 함수 $f(x)$에 해당하는 오라클을 구현한다. 코드의 출력은, 'balanced'가 먼저 선택된 후, 리스트 `a=[2 1]`이 선택되고, 이에 따라 $f(x) = x_2 \oplus x_1$인 균형 함수에 해당하는 오라클이 생성되었음을 보여 준다.

4.3.3 도이치-조사 알고리즘 회로

```
# 도이치-조사 오라클 함수를 호출하여 도이치-조사 회로를 circuit 이라는 이름의 객체로 구현
n = 3
qx = QuantumRegister(n,'x')  # n 큐비트의 양자 레지스터 객체를 qx 라는 이름으로 생성, 회로에는 'x'로 표시
qy = QuantumRegister(1,'y')  # 1 큐비트의 양자 레지스터 객체를 qy 라는 이름으로 생성, 회로에는 'y'로 표시
c = ClassicalRegister(n,'c') # n 비트의 고전 레지스터 객체를 c 라는 이름으로 생성, 회로에는 'c'로 표시
circuit = QuantumCircuit(qy, qx, c) # qy,qx,c 를 가지는 양자 회로를 circuit 이라는 이름의 객체로 생성
circuit.x(qy)                # qy 큐비트에 X gate -> qy 큐비트 상태가 |1> 이 됨
circuit.h(qy)                # qy 큐비트에 H gate -> qy 큐비트 상태가 |-> 이 됨
circuit.h(qx)                # qx 의 모든 큐비트에 H gate 적용
circuit.barrier()
# dj_oracle() 을 호출하여 오라클 회로를 circuit 에 추가
circuit.compose(dj_oracle(n), range(n+1), inplace=True)
circuit.barrier()
circuit.h(qx)               # qx 의 모든 큐비트에 H gate 적용
circuit.measure(qx,c)       # qx 레지스터의 모든 큐비트들을 측정하여 c 레지스터로 읽는 회로를 구현
circuit.draw(output='mpl') # circuit 회로를 matplot library 형식의 그림 화일로 출력
```

```
balanced
[2 1]
```

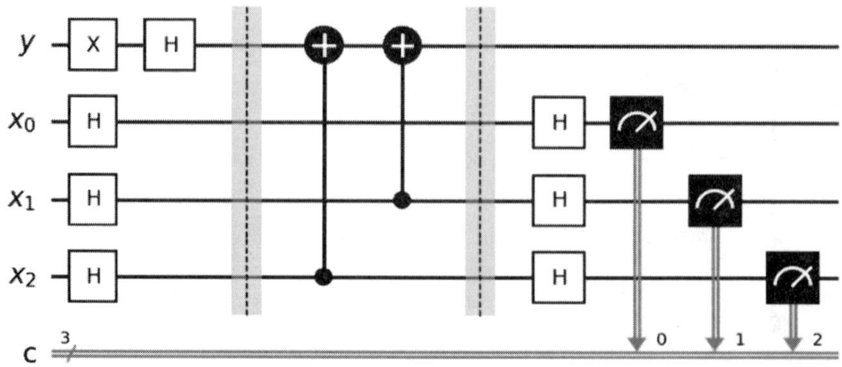

코드 4-12 dj_oracle() 함수를 호출하여 3-큐비트 도이치-조사 알고리즘을 구현하는 양자 회로 객체를 생성하는 코드

`dj_oracle()` 함수를 호출하여 도이치-조사 알고리즘을 구현하는 회로를 생성하는 코드 4-12는 다음과 같이 구성되어 있다.

- qx를 n-큐비트 양자 레지스터 객체, qy는 1-큐비트 양자 레지스터 객체, c는 n-비트 고전 레지스터 객체로 생성한다.
- qx, qy, c 레지스터들로 구성된 양자 회로를 `circuit`이라는 이름의 새로운 객체로 생성한다.
- qy큐비트에 X 게이트와 H 게이트를 순서대로 적용하여 $|-\rangle$ 상태로 준비한다.
- qx의 각 큐비트에 H 게이트를 적용하여 $|+\rangle$ 상태로 준비한다.
- 임의로 선택된 함수 $f(x)$에 해당하는 오라클 U_f의 회로를 생성하는 `deutsch_oracle()` 함수를 호출하여 반환되는 회로를 추가한다.
- qx의 각 큐비트에 H 게이트를 적용한다.
- qx의 각 큐비트의 측정값을 고전 레지스터 c의 해당 비트에 할당하는 회로를 추가한다.
- 회로도를 출력한다.

코드 4-12에서 생성된 양자 회로를 시뮬레이션하기 위해 코드 4-13을 실행한다. 코드의 출력에 따르면, 한 번 실행하여 얻은 측정값이 '110'이다. 측정값이 '000'이 아니기 때문에 $f(x)$는 균형 함수로 판별되었다. 이는 코드 4-11에서 오라클 U_f를 생성하기 위해 선택된 함수가 균형 함수 $f(x) = x_2 \oplus x_1$였다는 사실과 부합한다.

```python
# AerSimulator 를 이용하여 circuit 회로를 측정한 결과를 출력
from qiskit.transpiler.preset_passmanagers import generate_preset_pass_manager
from qiskit_ibm_runtime import SamplerV2 as Sampler
from qiskit_aer import AerSimulator

aer_sim = AerSimulator()
pm = generate_preset_pass_manager(backend=aer_sim, optimization_level=1)

isa_circuit = pm.run(circuit)
sampler = Sampler(mode=aer_sim)
job = sampler.run([isa_circuit], shots=1)
result = job.result()
count = result[0].data.c.get_counts()
print (count)
```

✓ 0.0s

```
{'110': 1}
```

```python
n_zeros = n*'0'

if (n_zeros in count) :
    answer = 'constant'
else :
    answer = 'balanced'
print(f'f(x) is a {answer} function.')
```

✓ 0.0s

```
f(x) is a balanced function.
```

코드 4-13 circuit 객체에 표현된 도이치-조사 알고리즘 회로를 한 번 시뮬레이션하는 코드

4.4 번스타인-바지라니(Bernstein-Vazirani) 알고리즘

어떤 n-비트 이진수 s에 대하여 다음과 같이 정의된 함수 $f_s : \{0,1\}^n \to \{0,1\}$를 고려하자.

$$f_s(x) = s \cdot x = s_{n-1}x_{n-1} \oplus \cdots \oplus s_1x_1 \oplus s_0x_0\,, \quad x \in \{0,1\}^n$$

번스타인-바지라니 문제는 위의 함수 f_s에서 n-비트 이진수 s를 찾는 문제이다. 고전 컴퓨팅에서는 $(x_{n-1}, x_{n-2}, \cdots, x_0) = (100\cdots00), (010\cdots00), \cdots, (000\cdots01)$에 대해 함수값 $f_s(x)$를 계산하면 다음과 같은 방식으로 이 문제를 풀 수 있다.

$$f_s(100\ldots00) = s_{n-1} \oplus 0 \oplus 0 \oplus \cdots \oplus 0 \oplus 0 = s_{n-1}$$

$$f_s(010\ldots00) = 0 \oplus s_{n-2} \oplus 0 \oplus \cdots \oplus 0 \oplus 0 = s_{n-2}$$

$$\vdots$$

$$f_s(000\ldots01) = 0 \oplus 0 \oplus \cdots \oplus 0 \oplus s_0 = s_0$$

즉, 고전 컴퓨팅에서는 함수 값 $f_s(x)$를 n번 계산하여 n-비트 이진수 s를 찾을 수 있다. 반면, 양자 알고리즘인 번스타인-바지라니 알고리즘을 사용하면 $f_s(x)$를 한 번만 계산하고도 s를 찾을 수 있다.

4.4.1 번스타인-바지라니 양자 회로

번스타인-바지라니 양자 알고리즘을 구현하는 양자 회로는 그림 4-6과 같다. 이 회로의 동작을 분석해 보자.

- 오라클 회로 U_f의 y 큐비트 상태를 $|-\rangle$로 준비한다.
- x 레지스터의 n-큐비트 초기 상태는 $|\psi_0\rangle = |0\rangle^{\otimes n}$이다.
- x 레지스터의 큐비트 각각에 H 게이트를 적용한 후의 상태는 다음과 같다.

$$|\psi_1\rangle = \frac{1}{\sqrt{2^n}} \sum_{x \in \{0,1\}^n} |x\rangle$$

- 미지의 함수 $f_s : \{0,1\}^n \rightarrow \{0,1\}$에 대한 오라클 U_f연산이 적용된 후, x 레지스터의 상태는 다음과 같다.

$$|\psi_2\rangle = \frac{1}{\sqrt{2^n}} \sum_{x \in \{0,1\}^n} (-1)^{f_s(x)} |x\rangle = \frac{1}{\sqrt{2^n}} \sum_{x \in \{0,1\}^n} (-1)^{s \cdot x} |x\rangle$$

- x 레지스터의 큐비트 각각에 다시 H 게이트를 적용한 후의 상태는 다음과 같다.

$$|\psi_3\rangle = H^{\otimes n} \left(\frac{1}{\sqrt{2^n}} \sum_{x \in \{0,1\}^n} (-1)^{s \cdot x} |x\rangle \right) = H^{\otimes n} \left(H^{\otimes n} \, |s\rangle \right)$$

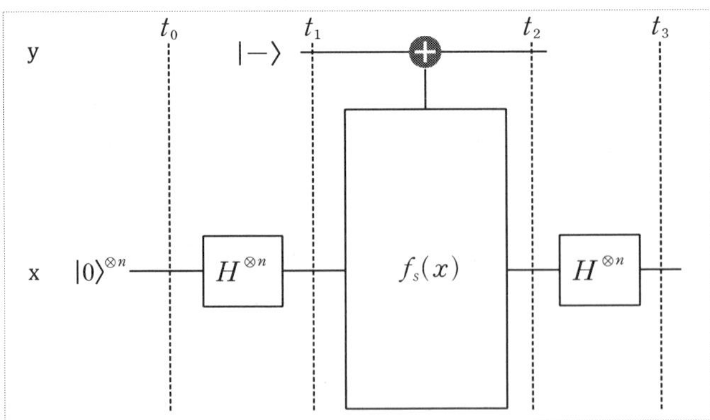

그림 4-6 번스타인-바지라니 양자 회로

도이치-조사 회로를 분석하는 과정에서 유도한 식 4-1이 위의 관계식에 사용되었다. 그런데 $HH = I$이므로, 위의 식은 다음과 같이 정리된다.

$$|\psi_3\rangle = |s\rangle$$

이에 따라 이 상태에서 각 큐비트의 측정값은 $s_{n-1}, s_{n-2}, \cdots, s_0$이 될 것이다. 즉, 번스타인-바지라니 회로를 한 번만 실행해도 n-비트 이진수 s를 찾을 수 있다.

4.4.2 번스타인-바지라니 오라클 회로를 구현하는 함수

```
# 임의의 s 에 대한 n-qubit 의 번스타인-바지라니 오라클 회로를 구현하는 함수
def bv_oracle_circuit(n):
    qy = QuantumRegister(1, 'y')
    qx = QuantumRegister(n, 'x')
    qc = QuantumCircuit(qy, qx) # qc 라는 이름의 n+1큐비트 양자 회로 객체를 생성

    np.random.seed()        # numpy 의 random  함수를 초기화
    s = np.random.randint(2,size=n) # [0,2) 의 정수를 무작위로 n 개 생성
    print ("s = ", s)
    # implement |x,y> ->|x, y XOR f(X)>
    # where f(x) = x[0]s[0] XOR x[1]s[1] ... XOR x[n-1]s[n-1]
    for i in range(n):
        if s[i] == 1:       # 생성된 i 번째 난수가 1인 경우에만
            qc.cx(qx[i],qy)   # 제어 큐비트 n, 타겟 큐비트 0 인 CX(CNOT) gate
    qc.name = "BV Oracle"
    return qc               # qc 객체를 반환

circuit = bv_oracle_circuit(5)
circuit.draw(output='mpl')

s =  [1 1 0 0 1]
```

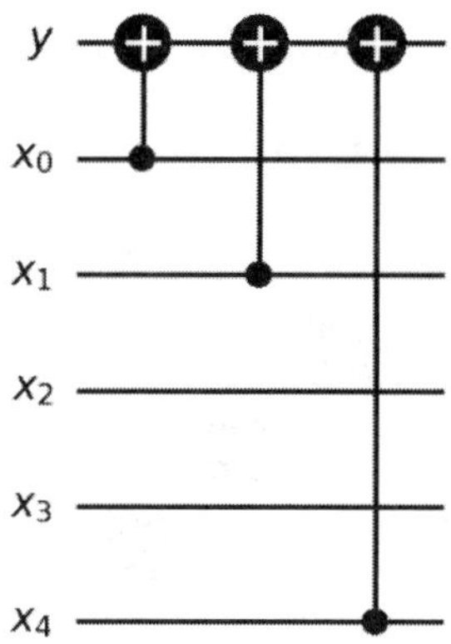

코드 4-14 랜덤 함수를 사용하여 생성된 s=[1,1,0,0,1]에 대해 번스타인-바지라니 오라클 회로 객체를 반환하는 함수

코드 4-14는 번스타인-바지라니 알고리즘의 오라클 회로를 생성하여 반환하는 함수 `bv_oracle_circuit()`를 구현하는 코드이다. 무작위로 n 비트 문자열 s를 생성하기 위해 `numpy.randint(2, size=n)` 함수를 호출한다. `numpy.random.seed()` 함수는 무작위 함수 `numpy.randint()`를 초기화하기 위해 호출한다. `for` 반복문 내부에서 `s[i]=1`인 `i`에 대해 x_i를 제어 큐비트, y를 타겟 큐비트로 하는 *CX* 게이트를 추가한다. 이에 따라 y 큐비트의 상태를 다음과 같이 변화시키는 오라클이 완성되었다.

$$|y\rangle \rightarrow |y \oplus s_{n-1}x_{n-1} \oplus \cdots \oplus s_1x_1 \oplus s_0x_0\rangle = |y \oplus f_s(x)\rangle$$

s가 `[1, 1, 0, 0, 1]`인 경우 생성되는 오라클 회로는 코드 4-14의 출력 회로와 같다.

4.4.3 번스타인-바지라니 알고리즘 회로의 생성

```
# 번스타인-바지라니 오라클 함수를 호출하여 번스타인-바지라니 회로를 circuit 이라는 이름의 객체로 구현
n = 5
qx = QuantumRegister(n,'x')  # n 큐비트의 양자 레지스터 객체를 qx 라는 이름으로 생성, 회로에는 'x'로 표시
qy = QuantumRegister(1,'y')  # 1 큐비트의 양자 레지스터 객체를 qy 라는 이름으로 생성, 회로에는 'y'로 표시
c = ClassicalRegister(n,'c') # 1 비트의 고전 레지스터 객체를 c 라는 이름으로 생성, 회로에는 'c'로 표시
circuit = QuantumCircuit(qy, qx, c) # qy,qx,c 를 가지는 양자 회로를 circuit 이라는 이름의 객체로 생성
circuit.x(qy)                # qy 큐비트에 X gate -> qy 큐비트 상태가 |1> 이 됨
circuit.h(qy)                # qy 큐비트에 H gate -> qy 큐비트 상태가 |-> 이 됨
circuit.h(qx)                # qx 의 모든 큐비트에 H gate 적용
circuit.barrier()
# bv_oracle_circuit() 을 호출하여 오라클 회로를 circuit 에 추가
circuit.compose(bv_oracle_circuit(n), range(n+1), inplace=True)
circuit.barrier()
circuit.h(qx)               # qx 의 모든 큐비트에 H gate 적용
circuit.measure(qx,reversed(c)) # qx 레지스터의 모든 큐비트들을 c 레지스터에서 역순으로 측정하는 회로를 구현
circuit.draw(output='mpl') # circuit 회로를 matplot library 형식의 그림 화일로 출력
```

```
s =  [0 0 1 0 1]
```

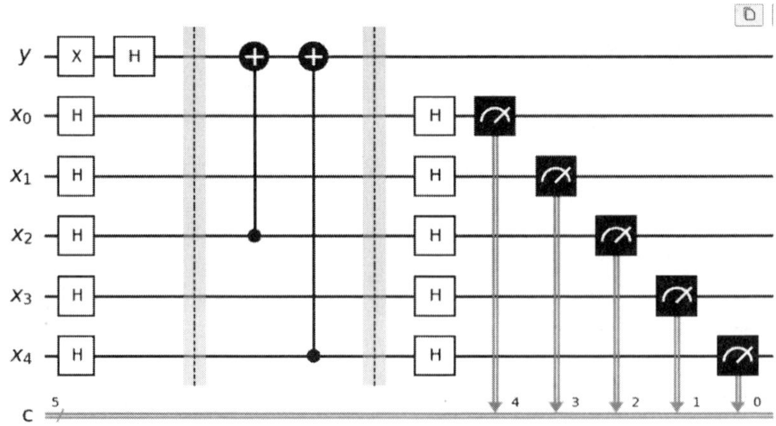

코드 4-15 번스타인-바지라니 회로 객체를 생성하는 코드

bv_oracle_circuit(5) 함수를 호출하여 생성된 오라클 회로를 사용하여 번스타인-바지라니 양자 회로를 완성하는 코드 4-15와 그 출력 회로를 살펴보자. 배리어 사이에 위치한 두 개의 CX 게이트로 구성된 오라클 회로의 전과 후에 qx의 모든 큐비트에 H 게이트를 적용하여 그림 4-6의 회로를 구현하였다. qx 레지스터를 측정하기 위한 circuit.measure() 함수의 두 번째 인자로 reversed(c)를 사용하였다. 측정값을 표현하는 이진문자열의 비트 순서가 $c_5c_4 \cdots c_0$이기 때문에, qx에 대한 측정 결과를 고전 레지스터에 할당하는 순서를 qx[0] -> c[5], qx[1] -> c[4], …, qx[5] -> c[0]로 조정한 것이다. 이 코드의 출력 회로는 bv_oracle_circuit() 함수를 호출했을 때 무작위로 생성된 이진 리스트 s = [0 0 1 0 1]을 사용해 생성된 회로를 나타낸다.

```
# AerSimulator 를 이용하여 circuit 회로를 측정한 결과를 출력
from qiskit.transpiler.preset_passmanagers import generate_preset_pass_manager
from qiskit_ibm_runtime import SamplerV2 as Sampler
from qiskit_aer import AerSimulator

aer_sim = AerSimulator()
pm = generate_preset_pass_manager(backend=aer_sim, optimization_level=1)

isa_circuit = pm.run(circuit)
sampler = Sampler(mode=aer_sim)
job = sampler.run([isa_circuit], shots=1)
result = job.result()
count = result[0].data.c.get_counts()
print (count)
```

✓ 0.4s

```
{'00101': 1}
```

```
print (f'The hidden string s is {list(count.keys())[0]}')
```

✓ 0.0s

```
The hidden string s is 00101
```

코드 4-16 번스타인-바지라니 회로의 시뮬레이션 결과

코드 4-15를 통해 생성된 회로 객체를 코드 4-16에서 시뮬레이터를 이용하여 한 번 실행하고, 그 결과 측정값 $s_0s_1s_2s_3s_4$ = '00101'을 얻었다. 이 측정 결과는 코드 4-15에서 오라클 회로를 생성하기 위해 무작위로 선택한 이진 리스트 s=[0,0,1,0,1]와 일치한다. 이로부터 함수 $f_s(x) = s \cdot x$를 정의하는 이진수 s를 찾는 번스타인-바지라니 알고

리즘이 정확히 작동하였음을 알 수 있다.

번스타인-바지라니 회로는 도이치-조사 회로의 특수한 경우에 해당한다. 번스타인-바지라니 문제를 정의하는 함수 $f_s(x)$는 상수 함수($s = 0$인 경우)이거나 균형 함수($s \neq 0$인 경우)이다. 이에 따라 번스타인-바지라니 알고리즘은 다음과 같이 도이치-조사 알고리즘에 부합하는 결과를 제공한다.

- $s = 00 \cdots 0$인 경우, 측정 결과는 '00⋯0'이다. 따라서 $f_s(x)$는 상수 함수이다.
- $s \neq 00 \cdots 0$인 경우, 측정 결과는 '00⋯0'이 아니다. 따라서 $f_s(x)$는 균형 함수이다.

연습문제

1. 아래의 양자 회로는 도이치 알고리즘을 구현하는 회로에서 오라클 회로 U_f의 입력 상태를 $|-\rangle \otimes |-\rangle$로 변경한 회로이다. $U_f|x, y\rangle = |x, y \oplus f(x)\rangle$이다.

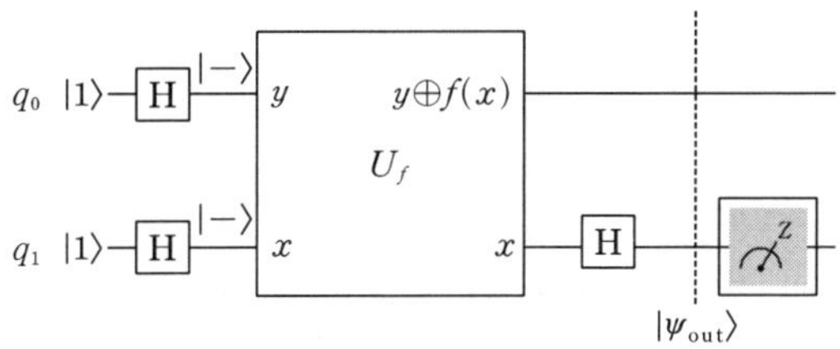

(1) $f(x) = 1$인 상수 함수일 때 점선으로 나타낸 단계에서의 2-큐비트 양자 상태를 구하라.

(2) $f(x) = 1$인 상수 함수에 대하여 박스로 표시된 측정 장치를 통해 q_1의 상태를 측정하였을 때, 측정값이 '0'일 확률과 '1'일 확률을 각각 구하라.

2. 다음과 같은 회로를 사용하여 $f:\{0,1\} \to \{0,1\}$가 상수 함수인지 균형 함수인지를 판별하려고 한다. 즉 도이치 알고리즘을 구현한 회로에서 CX 대신 CZ를 사용한 회로이다. 이 때 큐비트 x를 측정하여 $f(x)$가 상수 함수일 때는 측정값이 '0'이 되고 균형 함수일 때는 측정값이 '1'이 되도록 하려면 큐비트 y의 상태를 어떤 상태로 초기화해야 하는지 설명하라.

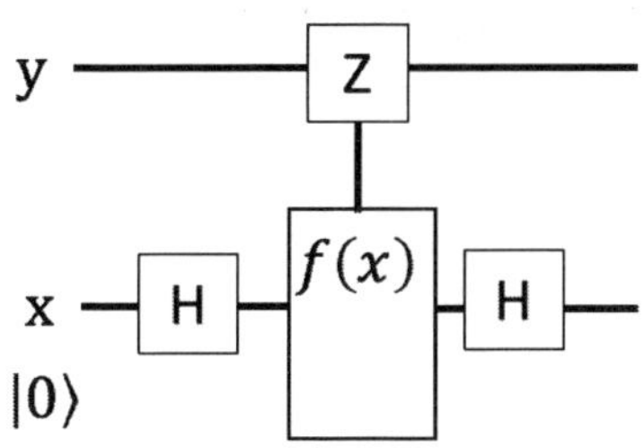

3. 다음 양자 회로의 4-큐비트 출력 상태를 기저 벡터들의 선형 결합으로 표현하라.

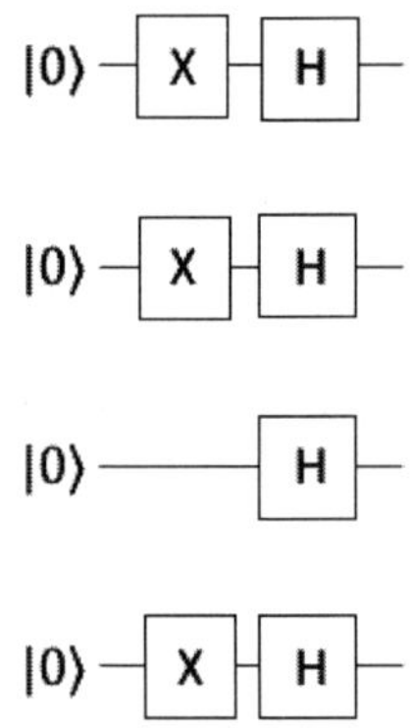

4. 상수 함수도 아니고 균형 함수도 아닌 다음 표의 함수 $f:\{0,1\}^3 \rightarrow \{0,1\}$을 사용하는 $U_f|x,y\rangle = |x, y \oplus f(x)\rangle$ 함수를 양자 회로로 구현하여 도이치-조사 알고리즘 회로를 작성하라. 이 회로를 측정하기 직전(그림 4-5의 t_3 단계), x 레지스터의 3-큐비트 양자 상태를 구하라.

x	*f(x)*
000	0
001	0
010	0
011	0
100	0
101	0
110	1
111	1

5. 문제 4의 회로를 10,000회 시뮬레이션한 결과 얻게 되는 측정값들의 분포를 그래프로 그려라.

5장

그로버(Grover) 알고리즘과 그 응용

5장에서는 정렬되지 않은 데이터베이스 검색에 효과적인 그로버 알고리즘을 설명하고 그로버 알고리즘을 활용한 문제 해결 사례를 소개한다. 그로버의 검색 알고리즘은 $N = 2^n$개의 원소들 중에서 특정 조건을 만족하는 원소를 찾는 양자 알고리즘이다. 이를 수학적으로 정형화하면 다음과 같다.

- For $x \in \{0,1\}^n$, $f(x) = \begin{cases} 0, & x \neq w \\ 1, & x = w \end{cases}$
- $f(w) = 1$을 만족하는 w를 찾아라.

고전 컴퓨팅에서 이 문제를 해결하기 위해서는 $O(N) = O(2^n)$번의 함수 계산이 필요하다. 반면, 그로버의 양자 알고리즘은 $O(\sqrt{N})$번의 함수 계산으로 답을 찾을 수 있다. 이는 고전 컴퓨팅에 비해 양자 컴퓨팅의 우수성을 보여 주는 주요 사례 중 하나이다.

5.1 그로버 양자 회로와 확산 연산자

그림 5-1은 그로버 알고리즘을 구현하는 양자 회로의 개괄적 구성을 보여 준다. 함수 $f(x)$ 의 독립 변수 x가 n-비트 이진수이기 때문에, 그로버 회로는 n개의 큐비트로 구성된다. 이 회로는 다음과 같은 방식으로 작동하며, $f(x)=1$을 만족하는 $x \in \{0,1\}^n$를 찾는다.

- t_1 단계에서 n-큐비트 상태는 $|\psi_1\rangle = \frac{1}{\sqrt{2^n}} \sum_{x\in\{0,1\}^n} |x\rangle$이다. 따라서 이 상태에서 큐비트들을 측정하면, 측정 결과는 모든 n-비트 이진수 x가 동일한 확률로 관측될 것이다(그림 5-1의 왼쪽 그래프 참조).
- 그림 5-1의 "그로버 반복"으로 표시된 사각형 부분에서는 오라클 회로와 확산자(Diffuser) 회로가 반복적으로 실행된다. 오라클 회로와 확산자 회로의 반복 횟수 k가 증가할수록, t_{2k+1} 단계에서 $f(w) = 1$인 w가 측정될 확률은 점점 높아지고, 다른 n-비트 이진수 x가 측정될 확률은 점점 낮아진다. 반복 횟수 k가 특정값에 도달하게 되면, w가 측정될 확률이 다른 x가 측정될 확률보다 훨씬 높아진다(그림 5-1의 오른쪽 그래프 참조).

그림 5-1의 그로버 회로가 설명한 대로 작동하기 위해 오라클 V_f는 다중 큐비트 위상 킥백 회로로 구성된다. 따라서 오라클 V_f는 다음과 같은 연산을 수행한다.

$$V_f|x\rangle = (-1)^{f(x)}|x\rangle, \quad x \in \{0,1\}^n$$

반면, 확산자 D_s는 다음과 같이 정의된 연산자이다.

$$D_s = 2|s\rangle\langle s| - I\ , \quad |s\rangle \equiv \frac{1}{\sqrt{2^n}} \sum_{x\in\{0,1\}^n} |x\rangle$$

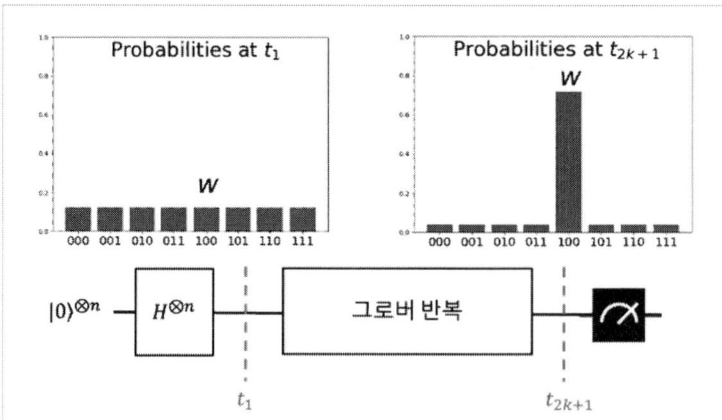

그림 5-1 그로버 회로의 개괄적 구성

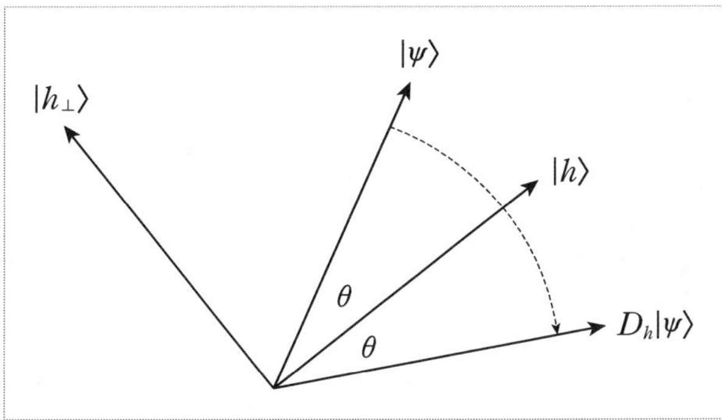

그림 5-2 확산자 연산 D_h에 의한 하우스홀더 반사

확산자가 상태 벡터를 어떻게 변화시키는지 이해하기 위해, 어떤 단위 벡터 $|h\rangle$에 대해 정의된 연산자 $D_h = 2|h\rangle\langle h| - I$를 고려해 보겠다. 그림 5-2와 같이 임의의 벡터 $|\psi\rangle$는 벡터 $|h\rangle$에 평행한 성분과 $|h\rangle$에 수직인 성분으로 분해할 수 있다. $|h\rangle$에 수직인 $|\psi\rangle$의 성분을 $\beta|h_\perp\rangle$라고 하면, $|\psi\rangle = \alpha|h\rangle + \beta|h_\perp\rangle$로 표현할 수 있다. 이때, $\langle h|h_\perp\rangle = 0$이고 $\alpha = \langle h|\psi\rangle$이다. 이제 연산자 D_h를 벡터 $|\psi\rangle$에 적용해 보면,

$$D_h|\psi\rangle \ = (2|h\rangle\langle h| - I)(\alpha|h\rangle + \beta|h_\perp\rangle) = \alpha|h\rangle - \beta|h_\perp\rangle$$

두 벡터 $|\psi\rangle$와 $D_h|\psi\rangle$를 비교해 보면, $|h\rangle$에 평행한 성분은 동일하고, $|h\rangle$에 수직인 성분은 부호가 반대임을 알 수 있다. 즉, $D_h|\psi\rangle$는 기하학적으로 벡터 $|\psi\rangle$가 $|h\rangle$ 축을 중심으로 반대 방향으로 반사된 벡터이다. 이와 같은 벡터 변환을 하우스홀더 반사(Householder reflection)라고 한다. 이로부터 상태 벡터들은 확산자 D_s에 의해 $|s\rangle$를 중심으로 하우스홀더 반사하게 됨을 알 수 있다.

5.2 “그로버 반복” 회로의 작동 방식

그림 5-3은 그로버 회로에서 오라클 V_f와 확산자 D_s가 반복 실행되는 과정을 보여 준다. 이 과정에서 n-큐비트 상태가 어떻게 변하는지 분석해 보겠다.

- 앞에서 살펴본 바와 같이, t_1 단계에서 상태는 다음과 같이 주어진다.

$$|\psi_1\rangle = \frac{1}{\sqrt{N}} \sum_{x\in\{0,1\}^n} |x\rangle = |s\rangle, \quad \text{where } N = 2^n$$

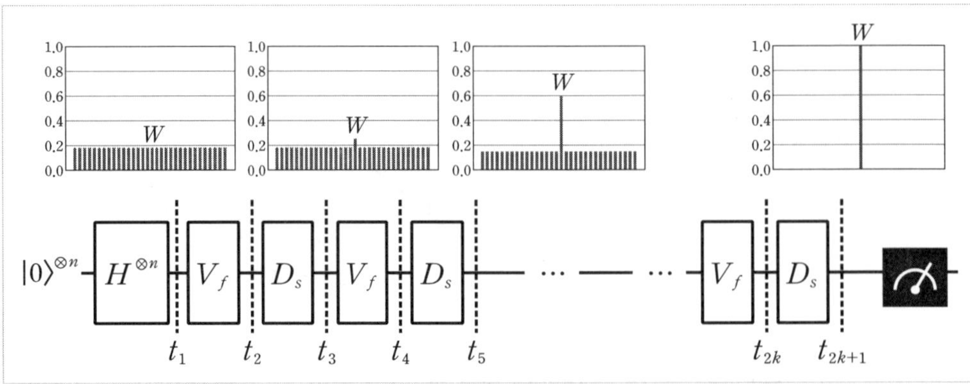

그림 5-3 그로버 회로에서 오라클 회로 V_f와 확산자 회로 D_s의 반복

- t_2 단계에서 상태는 다음과 같다.

$$|\psi_2\rangle = V_f \frac{1}{\sqrt{N}} \sum_{x \in \{0,1\}^n} |x\rangle = \frac{1}{\sqrt{N}} \sum_{x \in \{0,1\}^n} (-1)^{f(x)} |x\rangle$$

여기서 $x \in \{0,1\}^n$를 $f(w) = 1$인 w의 집합과 $f(v) = 0$인 v의 집합으로 나누면, 다음과 같이 표현할 수 있다.

$$|\psi_2\rangle = \frac{1}{\sqrt{N}} \left(\sum_{v \in \{x|f(x)=0\}} |v\rangle - \sum_{w \in \{x|f(x)=1\}} |w\rangle \right)$$

$f(w) = 1$을 만족하는 w의 갯수가 M인 경우 ($0 < M < N$), 규격화된 상태 벡터 $|V\rangle$와 $|W\rangle$를 다음과 같이 정의한다.

$$|V\rangle \equiv \frac{1}{\sqrt{N-M}} \sum_{v \in \{x|f(x)=0\}} |v\rangle, \quad |W\rangle \equiv \frac{1}{\sqrt{M}} \sum_{w \in \{x|f(x)=1\}} |w\rangle$$

$\langle V|W\rangle = 0$이므로, 상태 벡터 $|V\rangle$와 $|W\rangle$는 서로 직교한다. 이에 따라 상태 벡터 $|V\rangle$와 $|W\rangle$는 기하학적으로 2차원 평면에서 서로 수직인 단위 벡터들로 표현할 수 있다 (그림 5-4(a) 참조). 또한, 상태 벡터 $|\psi_1\rangle$과 $|\psi_2\rangle$는 다음과 같이 $|V\rangle$와 $|W\rangle$의 선형 결합으로 표현된다.

$$|\psi_1\rangle = |s\rangle = \sqrt{\frac{N-M}{N}}|V\rangle + \sqrt{\frac{M}{N}}|W\rangle, \qquad |\psi_2\rangle = \sqrt{\frac{N-M}{N}}|V\rangle - \sqrt{\frac{M}{N}}|W\rangle$$

따라서, 기하학적으로 상태 벡터 $|\psi_1\rangle$과 $|\psi_2\rangle$는 $|V\rangle$와 $|W\rangle$가 정의하는 평면 상의 벡

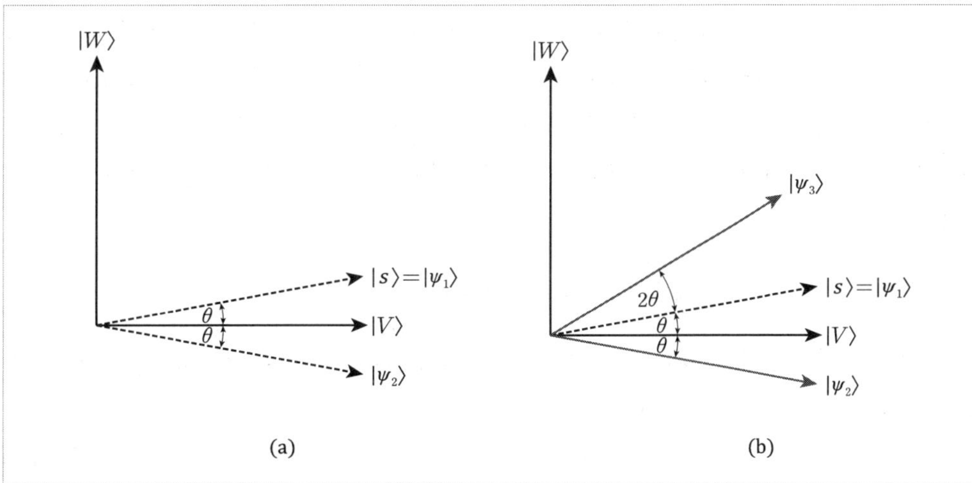

그림 5-4 $|V\rangle$와 $|W\rangle$에 의해 정의되는 평면 상에 표현된 t_1, t_2, t_3에서의 상태 벡터

터로 표현될 수 있다(그림 5-4(a) 참조).

그림 5-4(a)의 2차원 평면에서, t_1 단계에서의 상태 벡터 $|\psi_1\rangle$, 즉, $|s\rangle$와 $|V\rangle$ 사이의 각도 θ의 사인 값은 다음과 같이 $\sqrt{M/N}$이다.

$$\sin\theta = \langle W|s\rangle = \left(\frac{1}{\sqrt{M}} \sum_{w \in \{x|f(x)=1\}} \langle w|\right)\left(\frac{1}{\sqrt{N}} \sum_{x \in \{0,1\}^n} |x\rangle\right) = \sqrt{\frac{M}{N}}$$

따라서, 다음 식이 성립한다.

$$|\psi_1\rangle = |s\rangle = \sqrt{\frac{N-M}{N}}|V\rangle + \sqrt{\frac{M}{N}}|W\rangle \ = \cos\theta\,|V\rangle + \sin\theta\,|W\rangle$$

$$|\psi_2\rangle = \sqrt{\frac{N-M}{N}}|V\rangle - \sqrt{\frac{M}{N}}|W\rangle = \cos\theta\,|V\rangle - \sin\theta\,|W\rangle$$

이로부터 상태 벡터 $|\psi_1\rangle$과 $|\psi_2\rangle$는 $|V\rangle$와 $|W\rangle$를 두 축으로 하는 평면 상에서 $|V\rangle$ 축에 대해 서로 대칭임을 알 수 있다(그림 5-4(a) 참조).

- 그림 5-3회로의 t_3 단계에서의 상태 벡터 $|\psi_3\rangle$는 다음과 같이 결정된다.

$$|\psi_3\rangle = D_s|\psi_2\rangle = D_s(\cos\theta\,|V\rangle - \sin\theta\,|W\rangle)$$

즉, 확산자 D_s에 의해 상태 벡터 $|\psi_2\rangle = \cos\theta\,|V\rangle - \sin\theta\,|W\rangle$가 $|s\rangle$를 중심으로 하우스홀더 반사된 상태가 $|\psi_3\rangle$이다. 이 과정을 기하학적으로 표현하면, 그림 5-4(b)와 같다. 세 벡터 $|s\rangle, |\psi_2\rangle, |\psi_3\rangle$는 모두 $|V\rangle$와 $|W\rangle$가 형성하는 동일한 평면 상에 있으며, $|s\rangle$와 $|\psi_3\rangle$ 사이의 각은 2θ이다. 이에 따라 $|\psi_3\rangle$와 $|V\rangle$ 사이의 각은 3θ이고, $|\psi_3\rangle$는 다음과 같이 표현된다.

$$|\psi_3\rangle = \cos 3\theta\,|V\rangle + \sin 3\theta\,|W\rangle$$

이와 같은 상태 변화를 그로버 알고리즘의 확산(diffusion) 연산이라고 하며, 그림 5-3의 회로에서 D_s로 표시한 확산자에 의해 수행된다.

오라클 V_f와 확산자 D_s로 구성된 "그로버 반복"이 한 번 실행되면서, 상태 벡터는 $|V\rangle$와 θ의 각을 이루는 $|\psi_1\rangle$에서 $|V\rangle$와 3θ의 각을 이루는 $|\psi_3\rangle$로 변환되었다. 이제 두 번째 "그로버 반복"에 의한 상태 벡터의 변화를 분석해 보겠다. 오라클 V_f에 의해 $|\psi_3\rangle$는 다음과 같은 상태 $|\psi_4\rangle$로 변환된다.

$$|\psi_4\rangle = V_f\,|\psi_3\rangle = V_f(\cos 3\theta\,|V\rangle + \sin 3\theta\,|W\rangle) = \cos 3\theta\,|V\rangle - \sin 3\theta\,|W\rangle$$

여기서 $V_f|V\rangle = |V\rangle$, $V_f|W\rangle = -|W\rangle$의 관계를 사용했다.

그림 5-5(a)에서 볼 수 있듯이, 벡터 $|\psi_3\rangle$와 $|\psi_4\rangle$는 $|V\rangle$축에 대해 서로 대칭이다. 상태 벡터 $|\psi_4\rangle$에 확산자 D_s를 적용하면, $|\psi_4\rangle$는 $|s\rangle$를 중심으로 한 하우스홀더 반사를 통해 상태 벡터 $|\psi_5\rangle$로 변환된다. 그림 5-5(b)에서 보는 바와 같이, 상태 벡터 $|\psi_5\rangle$와 $|V\rangle$의 사이 각은 5θ이며, 이에 따라 $|\psi_5\rangle$는 다음과 같이 표현할 수 있다.

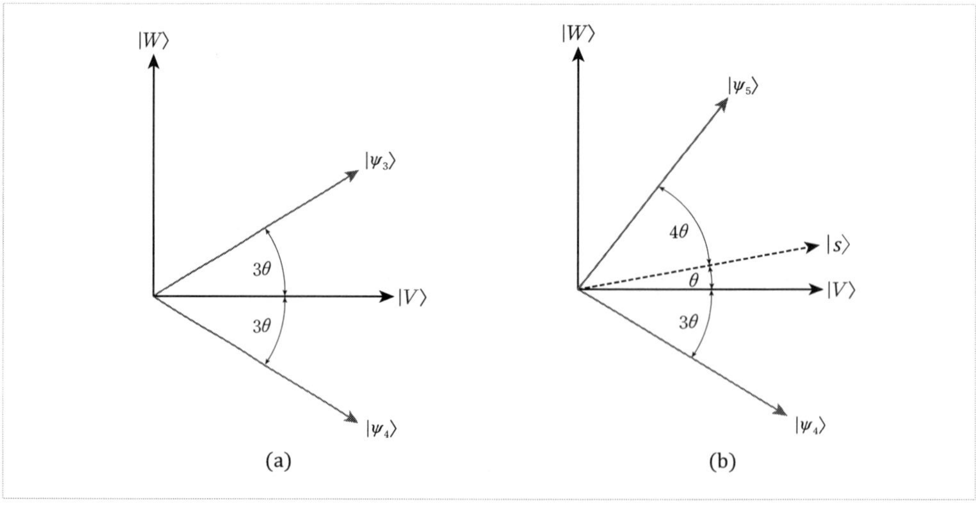

그림 5-5 $|V\rangle$와 $|W\rangle$에 의해 정의되는 평면 상에 표현된 t_4, t_5에서의 상태 벡터

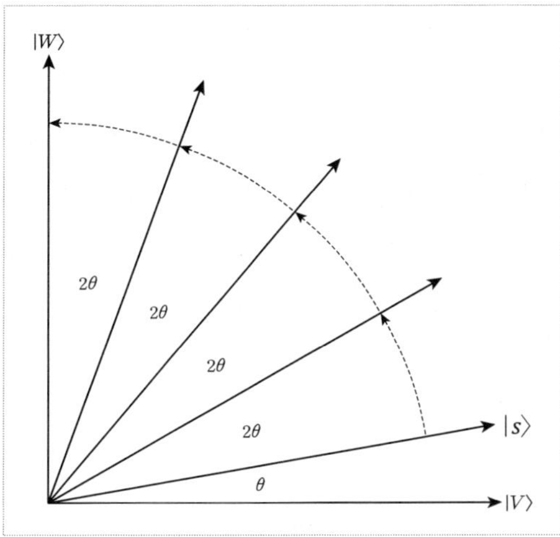

그림 5-6 그로버 반복에 의한 상태 벡터의 변화

$$|\psi_5\rangle = \cos 5\theta \,|V\rangle + \sin 5\theta \,|W\rangle$$

즉, 그림 5-6에서 보이는 것처럼, 그로버 회로의 n-큐비트 상태 벡터는 "그로버 반복"이 한 번 적용될 때 마다 $|V\rangle$와의 사이각이 2θ만큼 증가한다.

따라서 오라클 V_f와 확산자 D_s로 구성된 "그로버 반복"이 k번 적용된 후(그림 5-3 회로의 t_{2k+1} 단계)의 상태는 다음과 같이 주어진다.

$$|\psi_{(2k+1)}\rangle = \cos\varphi_k \,|V\rangle + \sin\varphi_k \,|W\rangle, \qquad \varphi_k = (2k+1)\theta$$

여기서 $\theta = \sin^{-1}\sqrt{M/N}$이고, $M \ll N$일 때 다음 근사식이 성립한다.

$$\sin\theta \approx \theta \approx \sqrt{\frac{M}{N}} \ll 1$$

$$\varphi_k \approx (2k+1)\sqrt{\frac{M}{N}}$$

이에 따라 "그로버 반복"이 적용되는 횟수 k가 증가할수록, 상태 벡터 $|\psi_{(2k+1)}\rangle$의 $|W\rangle$ 성분 $\sin\varphi_k$가 증가하고, 따라서 $f(w) = 1$인 w가 측정될 확률이 높아진다. $N = 2^n \gg M$인 경우, w가 측정될 확률이 최대가 되는 "그로버 반복" 적용 횟수 k_{max}는 다음과 같이 주어진다.

$$(2k_{max}+1)\sqrt{\frac{M}{N}} \approx \frac{\pi}{2}, \qquad k_{max} \approx \left\lfloor \frac{\pi}{4}\sqrt{\frac{N}{M}} \right\rfloor \qquad \text{(식 5–1)}$$

여기서 기호 $\lfloor\ \rfloor$는 주어진 수를 넘지 않는 가장 큰 정수로 내림하는 수학 함수인 바닥(floor) 함수를 나타낸다. 그림 5-3의 양자 회로에서 "그로버 반복"을 k_{max}번 실행한 후 측정하면, 측정값이 $f(w) = 1$인 w일 확률이 1에 가깝게 된다. 위의 식에서 보는 것처럼 k_{max}는 $\sqrt{N}$에 비례한다. 따라서, 그로버 알고리즘을 통해 총 N개의 원소 중에서 특정한 성질을 가진 원소를 찾기 위해 필요한 계산 횟수는 $O(\sqrt{N})$이다. 이는 고전 컴퓨팅을 통해 동일한 문제를 풀 때 요구되는 계산 횟수 $O(N)$에 비해 그로버 알고리즘의 상당한 우위를 보여준다.

지금까지 살펴본 그로버 양자 알고리즘을 다음과 같이 정의된 함수 $f: \{0,1\}^3 \rightarrow \{0,1\}$에 적용해 보자.

$$f(x) = \begin{cases} 1 & \text{for } x = 100 \\ 0 & \text{for } x \neq 100 \end{cases} \qquad \text{(식 5–2)}$$

이 문제는 $N = 8$, $M = 1$인 경우, 즉, 총 여덟 개의 원소 중에서 특정한 성질을 가진 하나의 원소를 찾는 문제에 해당한다. 그림 5-4(a)의 그로버 회로의 단계별 상태 벡터 $|\psi_1\rangle$과 $|\psi_2\rangle$, 벡터 $|V\rangle$와 $|W\rangle$, 그리고 $\sin\theta$는 다음과 같이 주어진다.

$$|\psi_1\rangle = |s\rangle = \frac{1}{\sqrt{8}}(|000\rangle + |001\rangle + |010\rangle + |011\rangle + |100\rangle + |101\rangle + |110\rangle + |111\rangle)$$

$$|V\rangle = \frac{1}{\sqrt{7}}(|000\rangle + |001\rangle + |010\rangle + |011\rangle + |101\rangle + |110\rangle + |111\rangle)$$

$$|W\rangle = |100\rangle \qquad \sin\theta = \langle W|s\rangle = \frac{1}{\sqrt{8}}$$

$$|\psi_1\rangle = \sqrt{\frac{7}{8}}|V\rangle + \sqrt{\frac{1}{8}}|W\rangle = \cos\theta\,|V\rangle + \sin\theta\,|W\rangle$$

$$|\psi_2\rangle = \frac{1}{\sqrt{8}}(|000\rangle + |001\rangle + |010\rangle + |011\rangle - |100\rangle + |101\rangle + |110\rangle + |111\rangle)$$

$$= \sqrt{\frac{7}{8}}|V\rangle - \sqrt{\frac{1}{8}}|W\rangle = \cos\theta\,|V\rangle - \sin\theta\,|W\rangle$$

$N = 8$, $M = 1$인 경우이므로, 최적의 그로버 반복 횟수는 $k_{max} \approx \left\lfloor \frac{\pi}{4}\sqrt{\frac{8}{1}} \right\rfloor = 2$이다.[1] 따라서, 그림 5-3의 회로에서 오라클과 확산자로 구성된 "그로버 반복"을 두 번 적용한 후 측정하면, 측정값은 높은 확률로 '100'이 될 것이다.

1 여기서 $\theta = \sin^{-1}\sqrt{\frac{1}{8}} \approx \sqrt{\frac{1}{8}}$의 근사치 사용은 정수 k_{max}를 결정하는데 영향을 주지 않는다.

5.3 그로버 알고리즘의 구현

5.3.1 그로버 오라클 회로의 구현 함수

식 5-2에 주어진 함수 $f(x)$에 대해 그로버 알고리즘을 구현하는 코드를 작성해 보자. 이를 위해 그로버 오라클 회로를 먼저 구현한다. 코드 5-1은 $U_f|x,y\rangle = |x, y \oplus f(x)\rangle$를 구현하는 양자 회로를 반환하는 `grover_oracle_circuit()` 함수 선언이다. 3-큐비트의 `qx`와 오라클 내부 큐비트 `qy` 양자 레지스터를 생성하여 4-큐비트의 양자 회로를 생성한다. `qx[2]=1`, `qx[1]=0`, `qx[0]=0`일 때 $y \rightarrow y \oplus 1$이고, 그 외의 경우에 $y \rightarrow y \oplus 0$이 되는 회로를 구현하기 위해, `qx[1]`과 `qx[0]`에 X 게이트를 적용한 후, `QuantumCircuit.mcx()` 함수를 호출하여 `qx[2]`, `qx[1]`, `qx[0]`을 제어 큐비트로 하고 `qy`를 타겟 큐비트로 하는 다중제어 X 게이트를 적용한다. `qx[1]`과 `qx[0]`에 다시 X 게이트를 적용하여, $U_f|x,y\rangle = |x, y \oplus f(x)\rangle$ 회로를 완성한다. 이렇게 생성된 회로는 코드 5-1의 출력과 같다.

```
from qiskit import QuantumCircuit, QuantumRegister, ClassicalRegister
# 3-qubit f(100)=1 의 그로버 오라클 회로를 구현하는 함수
def grover_oracle_circuit():
    n = 3
    qy = QuantumRegister(1, 'y')
    qx = QuantumRegister(n, 'x')
    qc = QuantumCircuit(qy, qx) # qc 라는 이름의 n+1큐비트 양자 회로 객체를 생성
    # implement |x,y> ->|x, y XOR f(X)>
    # where f(100) = 1, f(x) = 0 otherwise
    qc.x([qx[1],qx[0]])        # qx[1], qx[0] 큐비트의 상태를 반전
    qc.mcx(list(qx),qy)        # 제어 큐비트 qx[0,1,2], 타겟 큐비트 qy 인 MCX gate
    # Uf|x,y>=|x,y XOR f(x)가 되도록 qx 를 uncomputation
    qc.x([qx[1],qx[0]])        # qx[1], qx[0] 큐비트의 상태를 반전하여 원상태로 복귀
    qc.name = 'Oracle'
    return qc                  # qc 객체를 반환

circuit = grover_oracle_circuit() # 함수를 호출하여 회로를 표현하는 객체를 생성
circuit.draw(output='mpl') # circuit 회로를 matplot library 형식의 그림 화일로 출력
```

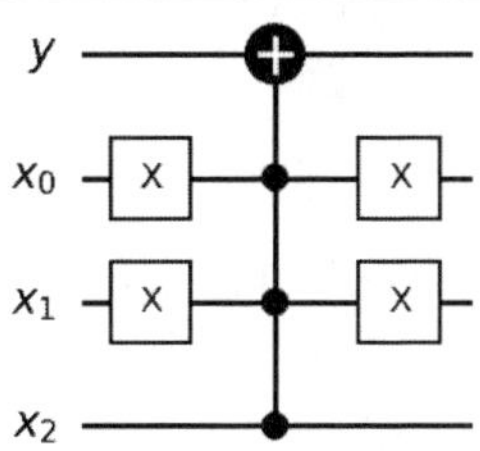

코드 5-1 $f(100) = 1$에 대한 그로버 오라클 회로를 반환하는 함수

5.3.2 그로버 확산자 회로의 구현 함수

이제 확산자 회로를 구현하는 방법을 알아보자. $|s\rangle = H^{\otimes n}|0\rangle^{\otimes n}$, $H^2 = I, H^\dagger = H$로부터, 확산 연산자 D_s는 다음과 같이 쓸 수 있다.

$$D_s = 2|s\rangle\langle s| - I = H^{\otimes n} D_0 H^{\otimes n}$$

여기서 D_0는 다음과 같이 정의된다.

$$D_0 \equiv 2|0\rangle^{\otimes n}\langle 0|^{\otimes n} - I$$

새롭게 정의된 연산자 D_0를 n-큐비트 기저 상태 $|x\rangle$에 적용한 결과는 다음과 같다.

$$D_0|0\rangle = |0\rangle, \qquad D_0|x\rangle = -|x\rangle \ \text{ for } \ x \neq 0 \in \{0,1\}^n$$

여기서 $|0\rangle$는 n-큐비트 상태 $|0\rangle^{\otimes n} = |00\cdots 0\rangle$를 의미한다. 따라서 연산자 D_0를 행렬로 표현하면 다음과 같은 $2^n \times 2^n$ 대각 행렬이 된다.

$$D_0 = (-1)\cdot\begin{bmatrix} -1 & 0 & \cdots & 0 & 0 \\ 0 & 1 & \cdots & 0 & 0 \\ \vdots & \vdots & \ddots & \vdots & \vdots \\ 0 & 0 & \cdots & 1 & 0 \\ 0 & 0 & \cdots & 0 & 1 \end{bmatrix} \qquad \text{(식 5–3)}$$

한편, n개의 큐비트에 작동하는 다중제어-Z 게이트인 $C^n Z$ 게이트, 그리고 X 게이트의 텐서곱 $X^{\otimes n}$의 행렬 표현은 다음과 같다.

$$C^n Z = \begin{bmatrix} 1 & 0 & \cdots & 0 & 0 \\ 0 & 1 & \cdots & 0 & 0 \\ \vdots & \vdots & \ddots & \vdots & \vdots \\ 0 & 0 & \cdots & 1 & 0 \\ 0 & 0 & \cdots & 0 & -1 \end{bmatrix}, \qquad X^{\otimes n} = \begin{bmatrix} 0 & 0 & \cdots & 0 & 1 \\ 0 & 0 & \cdots & 1 & 0 \\ \vdots & \vdots & ⋰ & \vdots & \vdots \\ 0 & 1 & \cdots & 0 & 0 \\ 1 & 0 & \cdots & 0 & 0 \end{bmatrix} \qquad \text{(식 5–4)}$$

식 5-3와 식 5-4로부터 행렬 연산을 통해 다음 관계식이 성립함을 확인할 수 있다.

$$D_0 = -X^{\otimes n} \cdot C^n Z \cdot X^{\otimes n}$$

따라서 상태 벡터의 전역 위상에만 영향을 주는 부호를 무시하면, 확산 연산자 D_s는 다음과 같이 표현할 수 있다.

$$D_s = H^{\otimes n} D_0 H^{\otimes n} = H^{\otimes n} \cdot X^{\otimes n} \cdot C^n Z \cdot X^{\otimes n} \cdot H^{\otimes n}$$

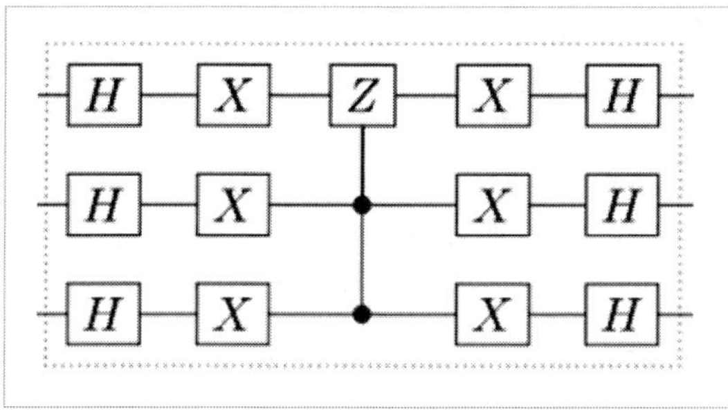

그림 5-7 3-큐비트 확산자 회로

이에 따라, $n = 3$일 경우 확산자는 그림 5-7과 같은 회로로 구현할 수 있다.

코드 5-2는 n-큐비트 확산자 회로를 생성하여 반환하는 함수 `diffuser_circuit()`을 선언하는 코드이다. `diffuser_circuit(3)`을 호출하면 반환되는 회로는 코드 출력 그림과 같다. 이 회로에서는 $HXH = Z$의 관계를 이용하여, 다중제어-Z 게이트를 다중제어-X 게이트와 두 개의 H 게이트로 대체하고 있다(배리어 사이에 있는 H 게이트 두 개와 다중제어-X 게이트 참조).

```
# diffusion circuit for n qubits
def diffuser_circuit(n):
    x = QuantumRegister(n,'x')
    qc = QuantumCircuit(x) # n 큐비트 회로 객체 생성
    qc.h(x)                # 모든 큐비트에 H
    qc.x(x)                # 모든 큐비트에 X

    qc.barrier()
    qc.h(x[0])             # x0 (target 큐비트) 에만 H
    qc.mcx(x[1:n], x[0])   # 제어 큐비트 x[1,2,...,n-1], 타겟 큐비트 x[0] 인 다중제어 X gate
    qc.h(x[0])             # x0 (target 큐비트) 에만 H
    qc.barrier()           # HXH=Z 이기 때문에 이 결과는 다중제어-Z gate 와 같다.

    qc.x(x)                # 모든 큐비트에 X
    qc.h(x)                # 모든 큐비트에 H

    qc.name = "Diffuser"
    return qc

circuit = diffuser_circuit(3) # 함수를 호출하여 회로를 표현하는 객체를 생성
circuit.draw(output='mpl') # circuit 회로를 matplot library 형식의 그림 화일로 출력
```

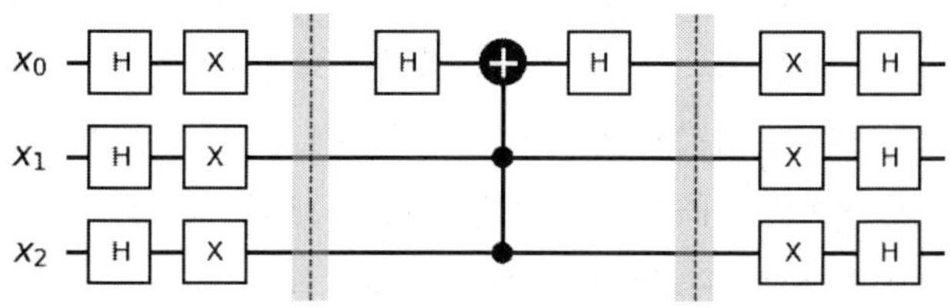

코드 5-2 n-큐비트 확산자 회로 객체를 반환하는 함수

5.3.3 그로버 반복 회로의 구현

코드 5-3에서는 `grover_oracle_circuit()` 함수와 `diffuser_circuit()` 함수를 호출하여, 식 5-2에 주어진 함수 $f(x)$에 대한 "그로버 반복"을 한 번 실행하는 회로를 구현하였다. 이 코드를 수행하면 그림 5-8의 양자 회로를 표현하는 객체가 생성된다.

```
# 그로버 오라클 함수와 디퓨저 함수를 1번 호출하여 그로버 회로를 circuit 이라는 이름의 객체로 구현
n = 3
qx = QuantumRegister(n,'x')  # n 큐비트의 양자 레지스터 객체를 qx 라는 이름으로 생성, 회로에는 'x'로 표시
qy = QuantumRegister(1,'y')  # 1 큐비트의 양자 레지스터 객체를 qy 라는 이름으로 생성, 회로에는 'y'로 표시
c = ClassicalRegister(n,'c') # 1 비트의 고전 레지스터 객체를 c 라는 이름으로 생성, 회로에는 'c'로 표시
circuit = QuantumCircuit(qy, qx, c) # qy,qx,c 를 가지는 양자 회로를 circuit 이라는 이름의 객체로 생성
circuit.x(qy)                 # qy 큐비트에 X gate -> qy 큐비트 상태가 |1> 이 됨
circuit.h(qy)                 # qy 큐비트에 H gate -> qy 큐비트 상태가 |-> 이 됨
circuit.h(qx)                 # qx 의 모든 큐비트에 H gate 적용
circuit.barrier()
for _ in range (1):           # 1번 반복
# grover_oracle_circuit() 을 호출하여 오라클 회로를 circuit 에 추가
    circuit.compose(grover_oracle_circuit(), range(n+1), inplace=True)
    circuit.barrier()
# diffuser_circuit() 을 호출하여 디퓨저 회로를 circuit 에 추가
    circuit.compose(diffuser_circuit(n), range(1,n+1), inplace=True)
    circuit.barrier()

circuit.measure(qx,c)               # qx 레지스터의 모든 큐비트들을 측정하여 c 레지스터로 읽는 회로를 구현
circuit.draw(fold=-1,output='mpl') # circuit 회로를 matplot library 형식의 그림 화일로 출력
```

코드 5-3 그로버 반복을 1회 수행하는 회로 객체를 생성하는 코드

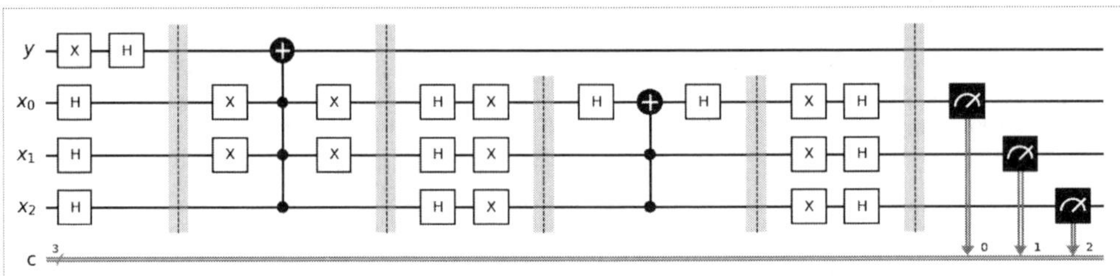

그림 5-8 코드 5-3을 수행해서 생성되는 양자 회로 객체

그림 5-8에서 가장 바깥쪽 두 배리어 사이에 위치한 회로가 오라클 V_f와 확산자 D_s로 구성된 "그로버 반복"에 해당한다. "그로버 반복"의 입력 상태를 $|+++\rangle_x|-\rangle_y$로 준비하기 위해 X게이트와 H게이트들이 사용되었다. 만약 "그로버 반복" 회로를 작용하기 전에 이 준비 상태(그림 5-8의 첫 번째 배리어 단계)에서 x_2, x_1, x_0큐비트를 측정한다면, $x \in \{0,1\}^3$의 모든 값이 동일한 확률로 측정될 것이다(그림 5-9 참조).

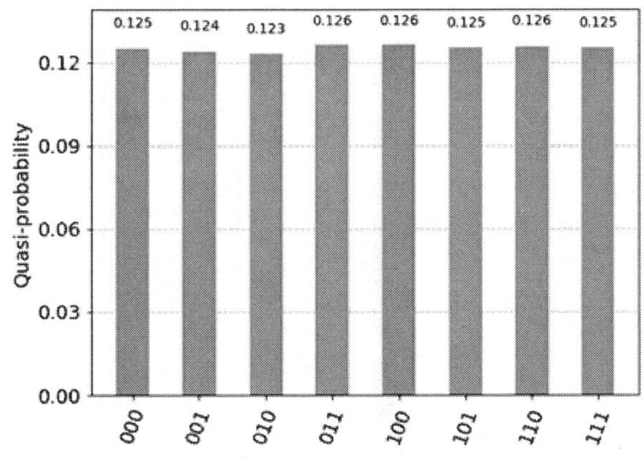

그림 5-9 $n = 3$일 때 그로버 알고리즘의 준비상태("그로버 반복" 적용 전)에서 측정결과

5.4 그로버 알고리즘 회로의 측정

코드 5-4에서는 그로버 알고리즘의 반복 회로, 즉, 오라클 회로와 확산자 회로를 한 번 적용한 후에 측정하는 양자 회로(코드 5-3)를 생성하고, 이 회로를 10,000회 시뮬레이션하였다. 코드의 출력에서 보는 것처럼, 시뮬레이션 결과 정답인 '100'이 측정되는 빈도가 0.77 정도로 나타났다. 이는 이론적으로 예측되는 측정 확률 $\sin^2 3\theta = \sin^2\left(3\sin^{-1}\left(1/\sqrt{8}\right)\right) \approx 0.78$에 부합하는 결과로써, 그로버 회로가 정상적으로 작동하였음을 보여 준다.

```
# AerSimulator 를 이용하여 circuit 회로를 측정한 결과를 출력
from qiskit.transpiler.preset_passmanagers import generate_preset_pass_manager
from qiskit_ibm_runtime import SamplerV2 as Sampler
from qiskit_aer import AerSimulator

aer_sim = AerSimulator()
pm = generate_preset_pass_manager(backend=aer_sim, optimization_level=1)

isa_circuit = pm.run(circuit)
sampler = Sampler(mode=aer_sim)
job = sampler.run([isa_circuit], shots=10000)
result = job.result()
count = result[0].data.c.get_counts()

from qiskit.visualization import plot_distribution
plot_distribution(count)
```

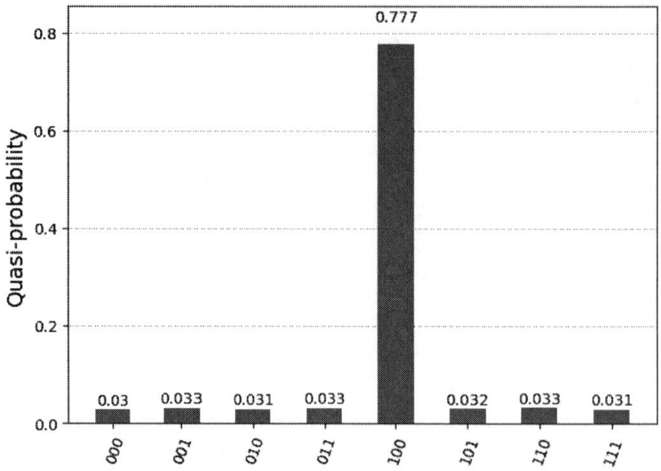

코드 5-4 그로버 반복(오라클+확산자)을 1회 수행하는 회로를 시뮬레이션한 결과

코드 5-3의 for 반복문의 반복 횟수를 2회로 수정한 코드 5-5을 수행하면, 그림 5-10과 같이 "그로버 반복"을 두 번 적용하는 회로 객체가 생성된다. 코드 5-5에서는 `QuantumCircuit.compose()` 대신 `QuantumCircuit.append()` 함수를 사용하였기 때문에, 그림 5-10에서 오라클 회로와 확산자 회로가 블럭으로 표시되었다. 그림 5-10의 회로 객체 `circuit`에 대하여 코드 5-4을 실행하여 10,000회 시뮬레이션한 결과가 그림 5-11의 막대 그래프로 보여진다. 정답인 '100'이 측정되는 빈도가 0.946으로서, 이 또한 이론적으로 예측되는 측정 확률 $\sin^2 5\theta = \sin^2\left(5\sin^{-1}\left(1/\sqrt{8}\right)\right) \approx 0.945$에 부합한다.

```
# 그로버 오라클 함수와 디퓨저 함수를 2번 호출하여 그로버 회로를 circuit 이라는 이름의 객체로 구현
n = 3
qx = QuantumRegister(n,'x')  # n 큐비트의 양자 레지스터 객체를 qx 라는 이름으로 생성, 회로에는 'x'로 표시
qy = QuantumRegister(1,'y')  # 1 큐비트의 양자 레지스터 객체를 qy 라는 이름으로 생성, 회로에는 'y'로 표시
c = ClassicalRegister(n,'c') # 1 비트의 고전 레지스터 객체를 c 라는 이름으로 생성, 회로에는 'c'로 표시
circuit = QuantumCircuit(qy, qx, c) # qy,qx,c 를 가지는 양자 회로를 circuit 이라는 이름의 객체로 생성
circuit.x(0)                 # 0번 큐비트에 X gate -> 0번 큐비트 상태가 |1> 이 됨
circuit.h(0)                 # 0번 큐비트에 H gate -> 0번 큐비트 상태가 |-> 이 됨
circuit.h(qx)                # qx 의 모든 큐비트에 H gate 적용

for _ in range (2):         # 2번 반복
# grover_oracle_circuit() 을 호출하여 오라클 회로를 circuit 에 추가
    circuit.append(grover_oracle_circuit(), range(n+1))
# diffuser_circuit() 을 호출하여 디퓨저 회로를 circuit 에 추가
    circuit.append(diffuser_circuit(n), range(1,n+1))

circuit.measure(qx,c)       # qx 레지스터의 모든 큐비트들을 측정하여 c 레지스터로 읽는 회로를 구현
circuit.draw(fold=-1,output='mpl') # circuit 회로를 matplot library 형식의 그림 화일로 출력
```

코드 5-5 그로버 반복을 2회 수행하는 회로 객체를 생성하는 코드

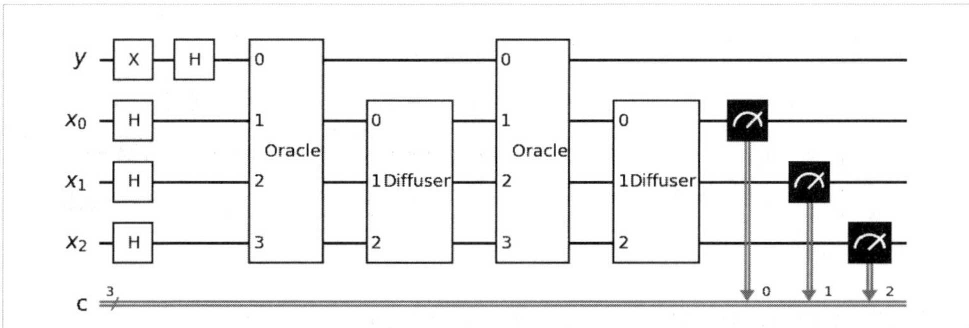

그림 5-10 코드 5-5를 수행해서 생성되는 양자 회로 객체

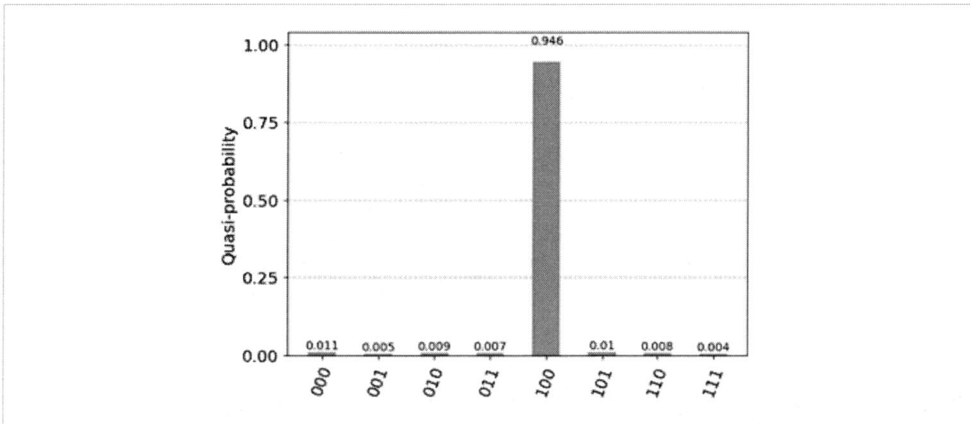

그림 5-11 그로버 반복(오라클+확산자)을 2회 수행하는 회로를 시뮬레이션한 결과

현재 다루고 있는 그로버 문제는 $N = 3$, $M = 1$인 경우로, 최적의 그로버 반복 횟수는 $k_{max} = \left\lfloor \frac{\pi}{4}\sqrt{\frac{8}{1}} \right\rfloor$ =2이다. 그로버 알고리즘에서 반복 횟수가 최적 횟수를 초과할 경우, 정답이 측정될 확률이 감소한다. 코드 5-5의 for 반복문을 수정하여 "그로버 반복(오라클+확산자)"이 3회 적용되도록 하여 그림 5-12과 같은 회로 객체를 생성한다. 이 회로 객체에 대해 코드 5-4을 실행하여 10,000회 시뮬레이션한 결과는 그림 5-13와 같은 분포를 보인다. 즉, 그로버 반복을 세 번 적용한 후에는 $f(x) = 1$이 만족되는 값인 '100'이 측정되는 빈도가 0.329로 나타났으며, 이는 "그로버 반복"을 두 번 반복한 회로의 결과보다 상당히 감소한 것이다. 이는 최적의 그로버 반복 횟수가 2회임을 예측한 것과 일치한다. 그로버 알고리즘은 "그로버 반복"의 적용 횟수가 증가함에 따라 목표 상태가 측정될 확률이 진동하는 특성을 갖고 있다. 따라서 최적 횟수를 초과하여 "그로버 반복"이 적용되면 목표 상태가 측정될 확률이 오히려 감소하게 된다.

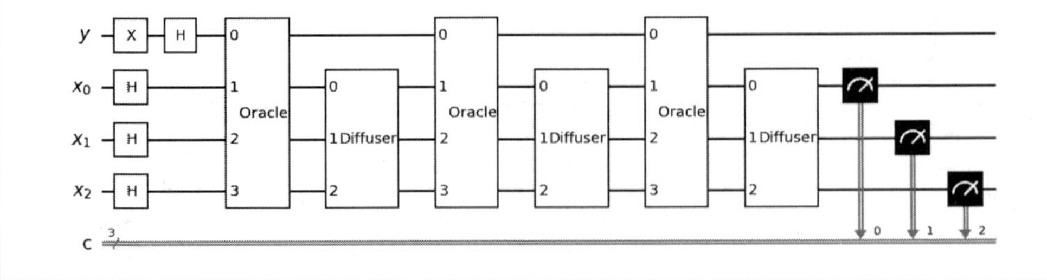

그림 5-12 $f(100)=1$에 대하여 3회 그로버 반복하는 양자 회로

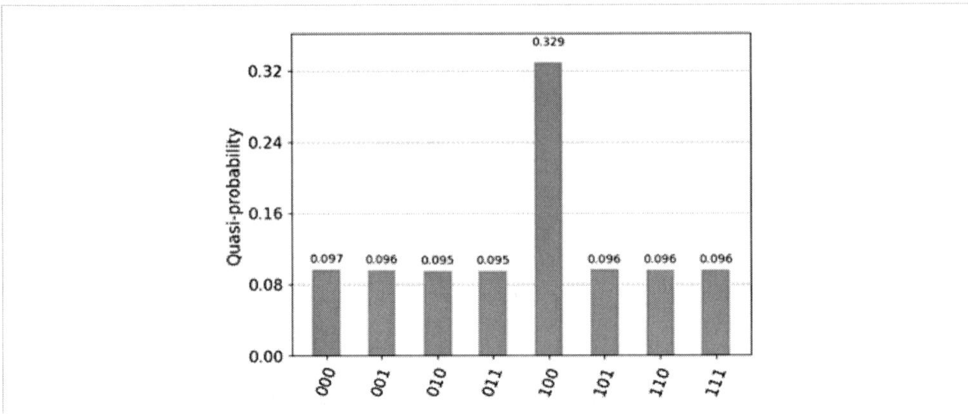

그림 5-13 그로버 반복(오라클+확산자)을 3회 수행하는 회로를 시뮬레이션한 결과

5.5 불켜기 게임

불켜기 게임[2]은 모든 방의 불을 켜기 위한 스위치 작동 방법을 찾는 게임이다. 그림 5-14와 같이 3×3으로 구성된 9개의 방을 가진 집(보드)의 각 방에 램프와 전원 스위치가 하나씩 설치되어 있다. 램프가 꺼져 있는 방은 회색, 램프가 켜져 있는 방은 흰색으로 표시한다. 그림 5-14는 방 번호 0, 1, 2, 4, 8의 램프가 꺼져 있고 3, 5, 6, 7번 방의 램프가 켜져 있는 상태를 나타낸다. i번 방의 스위치를 작동하면, 해당 방을 포함해 인접한 방(위, 아래, 양옆)의 램프 상태가 반전된다. 즉, 켜져 있으면 꺼지고, 꺼져 있으면 켜진다. 불켜기 게임의 목표는 모든 방의 램프를 켜기 위해 어떤 방의 스위치를 작동해야 하는지 찾는 것이다. 그림 5-14의 문제에서는 2, 3, 6, 8번 스위치를 작동하면 모든 방의 불이 켜

2 불켜기 게임은 2020년 IBM Quantum Challenge의 문제를 참고로 하여 변형한 것이다. https://github.com/qiskit-community/IBMQuantumChallenge2020

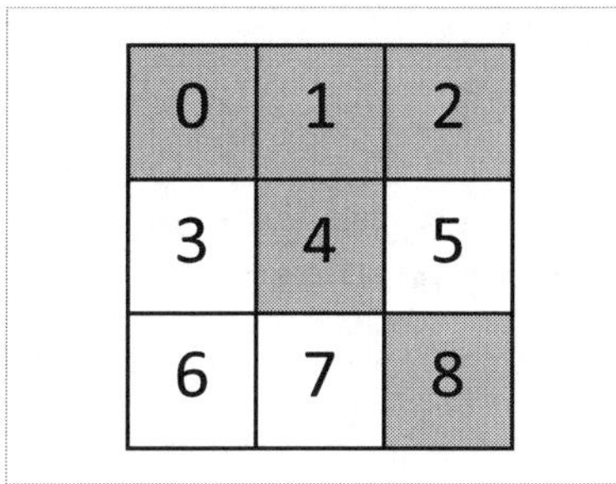

그림 5-14 불켜기 문제의 초기 상태

진다.

이 절에서는 그로버 알고리즘을 활용하여, 3×3 불 켜기 문제를 해결하는 두 가지 방법에 대해 소개한다.

- 첫 번째 해법: 9-큐비트 "그로버 반복"을 17회 적용하는 그로버 회로를 생성하여 답을 찾는다.
- 두 번째 해법: 문제를 단순화하여, 3-큐비트 "그로버 반복"을 2회 적용하는 그로버 회로를 생성하여 답을 찾는다.

5.5.1 3×3 보드 불켜기 게임의 문제 구성

문제 구성을 위해 램프의 점등 상태와 스위치의 작동 상태는 다음과 같이 표현한다.

- 램프 점등: *i*번 방의 점등 상태를 "*i*번 램프가 1(켜짐)/0(꺼짐)이다"로 표현한다.
- 스위치 동작: *i*번 방 스위치의 작동 상태를 "*i*번 스위치가 1(작동)/0(미작동)이다"로 표현한다.

이에 따라 3×3 불켜기 문제는 다음과 같이 9개의 원소로 구성된 두 개의 리스트를 사용하여 표현할 수 있다.

- `rooms`: 각 방의 점등 상태를 표현한다. 예를 들어 [0, 0, 1, 1, 1, 1, 1, 1, 1] 은 0과 1번 램프가 꺼져(0) 있고, 2번부터 8번까지의 램프가 켜진(1) 상태를 표현한다.
- `switch`: 작동할 스위치를 표현한다. 예를 들어 [1, 0, 0, 0, 0, 0, 0, 0, 0]는 0번 방의 스위치만 작동하여, 인접한 0, 1, 3번 방의 점등 상태가 반전된다는 것을 의미한다.

스위치와 방의 초기 상태가 주어졌을 때, 스위치 작동 결과 방의 최종 상태를 출력하는 파이썬 함수를 작성하여 설명하겠다.

```
adj_rooms = [[1,3],    #  i번째 방과 j번째 방이 인접하면
             [0,2,4],  #  adj_rooms[i] == j
             [1,5],
             [0,4,6],
             [1,3,5,7],
             [2,4,8],
             [3,7],
             [4,6,8],
             [5,7]]
# 3x3 형태로 램프 on/off 상태를 1/0 으로 표시
def show_lights(rooms, str=''):
    print(str)
    for i in range(3):
        for j in range(3):
            print(rooms[i*3+j], end=' ')
        print()
    print()
    return
# 스위치의 동작을 단계별로 표시함
def switch_lights(switch,rooms):
    show_lights(rooms, 'initial status :')
    # 스위치를 동작하여 램프를 반전
    for i in range(9):
        if switch[i] == 1:
        # i번 스위치가 1이면 i번 방과 인접한 방의 상태를
        # 0<->1 로 반전
            rooms[i] = 1-rooms[i]
            for c in adj_rooms[i]:
                rooms[c] = 1-rooms[c]
            show_lights(rooms, f'after switch {i} is on :')
    return
```

코드 5-6 불켜기 문제의 스위치 동작을 구현하는 파이썬 함수

코드 5-6의 show_lights() 함수는 str 문자열과 함께 rooms 리스트로 표현된 방 상태를 3×3 크기의 0(꺼짐)/1(켜짐) 행렬로 출력한다. switch_lights() 함수는 switch 리스트에서 값이 1인 위치의 스위치를 작동하여 인접한 방의 상태를 반전시킨다. 0과 1사이의 반전은 1-rooms[i] 연산으로 구현한다. 각 방의 인접한 방 번호를 adj_rooms 리스트로 표현한다. adj_rooms[i]는 i번째 방의 위, 아래, 오른쪽, 왼쪽의 방 번호들의 리스트이다.

```
# problem specification
problem = [0, 0, 0, 1, 0, 1, 1, 1, 0]
# proposed solution
switch_answer = [0, 0, 1, 1, 0, 0, 1, 0, 1]

print('switches = ', switch_answer)
print('problem = ', problem)

#apply the answer to the problem
switch_lights(switch_answer,problem)

solved = True
for r in problem:
  if r != 1:
    solved = False
    print('The problem is not solved.')
    break
if solved:
  print('lights are all turned on.')
  print('press the switches ', end='')
  for i in range(len(switch_answer)):
    if switch_answer[i] == 1:
      print(i, end=',')
  print(' to turn all the lights.')
✓ 0.0s
switches =  [0, 0, 1, 1, 0, 0, 1, 0, 1]
problem =  [0, 0, 0, 1, 0, 1, 1, 1, 0]
initial status :
0 0 0
1 0 1
1 1 0
```

코드 5-7 주어진 문제에 대해 특정 스위치 조합을 적용한 결과를 확인하는 코드

초기 점등 상태를 표현하는 리스트 `problem = [0, 0, 0, 1, 0, 1, 1, 1, 0]`에 대하여, `switch_answer = [0, 0, 1, 1, 0, 0, 1, 0, 1]`를 적용하여 출력하는 파이썬 코드를 코드 5-7에 구현하였다. `switch_answer`리스트는 2, 3, 6, 8번 스위치를 적용하는 것을 표현한 것이다. 코드 5-7을 수행하면 코드 5-8이 출력된다. 먼저 스위치를 작동하기 전의 초기 상태가 3×3의 행렬로 출력된다.

```
switches =  [0, 0, 1, 1, 0, 0, 1, 0, 1]
problem =  [0, 0, 0, 1, 0, 1, 1, 1, 0]
initial status :
0 0 0
1 0 1
1 1 0

after switch 2 is on :
0 1 1
1 0 0
1 1 0

after switch 3 is on :
1 1 1
0 1 0
0 1 0

after switch 6 is on :
1 1 1
1 1 0
1 0 0

after switch 8 is on :
1 1 1
1 1 1
1 1 1

lights are all turned on.
press the switches 2,3,6,8, to turn all the lights.
```

코드 5-8 코드 5-7을 실행한 결과 출력

- 2번 방의 스위치를 동작하면 1, 2, 5번 방의 램프 상태가 반전
- 3번 방의 스위치를 동작하면 0, 3, 4, 6번 방의 램프 상태가 반전
- 6번 방의 스위치를 동작하면 3, 6, 7번 방의 램프 상태가 반전
- 8번 방의 스위치를 동작하면 5, 7, 8번 방의 램프 상태가 반전

마지막 상태는 모든 방의 불이 켜진 상태이므로 2, 3, 6, 8 스위치를 작동하는 것이 해답임을 알 수 있다. `solved` 변수를 이용하여 모든 방의 불이 켜진 상태인지 확인하는 코드가 포함되어 있다. 문제가 해결되었을 경우 `switch_answer` 리스트 중 1인 원소의 위치를 출력한다. 스위치를 작동하는 순서는 관계가 없으며, 각 스위치는 한 번만 작동하

면 된다. 즉, 각 스위치는 한 번 작동하거나 작동하지 않는 것으로 충분하다는 점을 확인할 수 있다. 이 코드는 그로버 알고리즘으로 찾은 해를 검증하는데 사용할 것이다.

5.5.2 그로버 양자 회로 1

불켜기 문제를 그로버 알고리즘으로 구현하기 위해서 다음의 두 개의 양자 레지스터를 가진 양자 회로를 구성할 것이다.

- 양자 레지스터 x: `switch` 배열의 상태를 표현하는 9-큐비트 레지스터로, 각 큐비트는 각 방의 스위치 작동 여부를 표현한다.
- 양자 레지스터 r: `rooms` 배열의 상태를 표현하는 9-큐비트 레지스터로, 각 큐비트는 각 방의 상태(켜짐 또는 꺼짐)를 나타낸다.

x, r 레지스터의 양자 상태에 대하여 그로버 알고리즘의 오라클 함수 $f(x,r)$는 다음과 같이 정의할 수 있다.

$$f(x,r) = \begin{cases} 1 & \text{if } r = 111111111 \\ 0 & \text{if } r \neq 111111111 \end{cases}$$

즉, 오라클 함수 $f(x,r)$는 rooms 배열을 표현하는 레지스터가 모두 $|1\rangle$인 상태($r = 111111111$)인지를 판별한다. 그로버 반복에 의해 $f(x,r) = 1$의 해에 수렴하는 양자 상태를 찾으면, 이때 x 레지스터의 상태가 모든 방의 불이 켜지게 하는 `switch` 배열의 값을 나타낸다.

그림 5-15과 같은 일반적인 그로버 회로를 3×3 불켜기 문제에 적용하면, 그림 5-16과 같은 회로가 구성된다. 이 회로에서는 r 레지스터를 불켜기 문제의 초기 상태로 설정하고 x 레지스터에 가능한 스위치 조합을 준비하여, 문제의 해에 수렴하는 양자 상태를 측정한다. 이 문제에서 r 레지스터의 상태는 오직 오라클 함수 $f(x,r)$의 계산을 위해 필요하기 때문에, 확산자 회로와 측정 회로는 r 레지스터를 제외하고 9-큐비트 x 레지스터

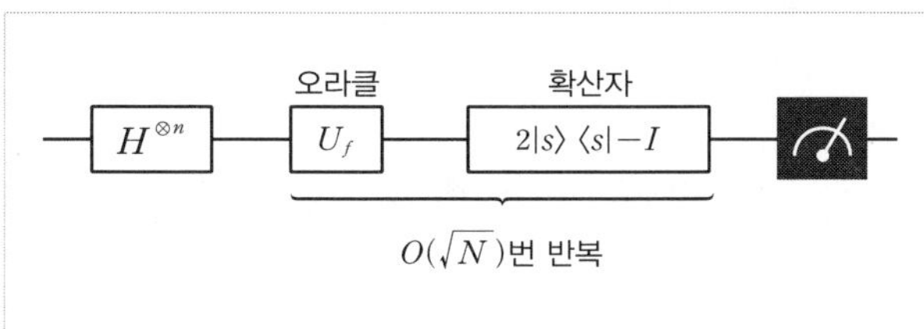

그림 5-15 일반적인 그로버 알고리즘 회로

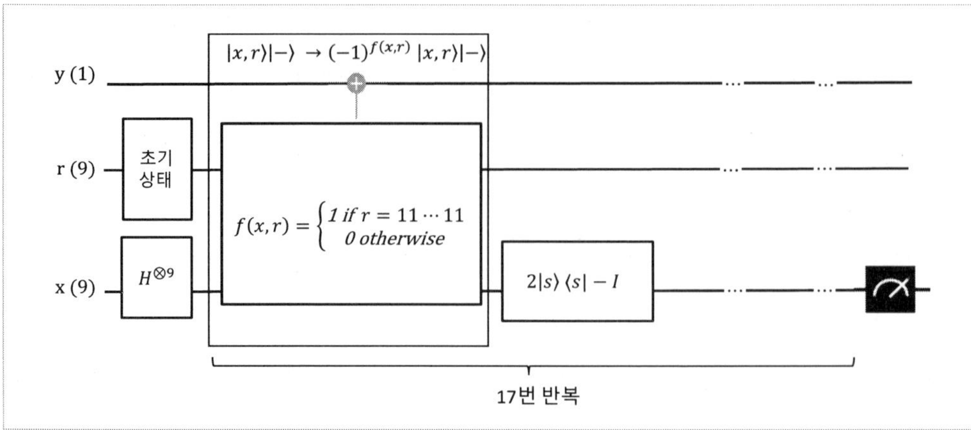

그림 5-16 불켜기 문제의 그로버 회로

에만 적용한다. 해의 개수는 $M = 1$이고 x 레지스터의 큐비트 개수는 $n = 9$이기 때문에, 불켜기 문제에 있어 최적의 "그로버 반복" 적용 회수는 다음과 같다(식 5-1 참조).

$$k_{max} = \left\lfloor \frac{\pi}{4}\sqrt{\frac{2^9}{1}} \right\rfloor \approx \lfloor 17.77 \rfloor = 17$$

따라서 그림 5-16에서 보인 바와 같이, "그로버 반복"을 17회 적용하는 그로버 양자 회로를 구현해 3×3 불켜기 문제를 해결하고자 한다.

5.5.3 불켜기 문제의 초기화 회로

그림 5-16의 그로버 반복 회로를 구현할 때, y, r, x 레지스터들의 초기 상태는 다음과 같이 준비한다.

- y: $|-\rangle$
- r 레지스터: 0번~8번 방의 램프 상태에 따라 램프가 켜 있는 방은 $|1\rangle$, 램프가 꺼져 있는 방은 $|0\rangle$으로 초기화한다.
- x 레지스터:

$$H^{\otimes n}|0\rangle^{\otimes n} = |+\rangle^{\otimes n} = \frac{1}{\sqrt{2^n}} \sum_{i\in\{0,1\}^n} |i\rangle$$

이를 그림 5-14의 문제에 적용하여, 그로버 반복 회로의 입력으로 그림 5-17과 같은

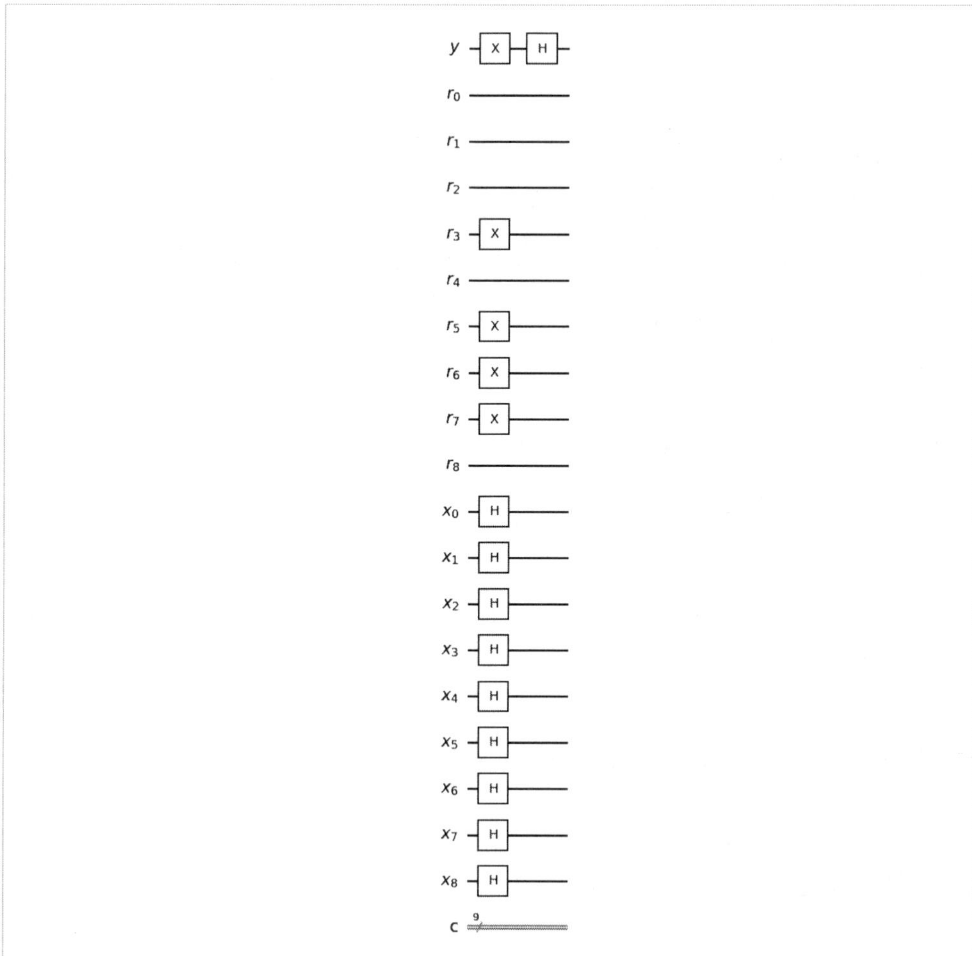

그림 5-17 불켜기 문제의 초기화 회로

초기화 회로를 준비한다.

코드 5-9는 그림 5-17의 초기화 회로를 생성하는 코드이다.

- 양자 레지스터 qr, qx, qy와 고전 레지스터 solution을 가지는 양자 회로 객체 circuit을 생성한다.
- qy를 $|-\rangle$ 상태로 초기화하기 위해 X, H 게이트들을 순서대로 작용한다.
- 방들의 초기 상태를 그림 5-14과 같은 상태로 초기화하기 위해 rooms 리스트를 이용한다. i번째 방에 램프가 켜져 있는 경우 (rooms[i] == 1인 경우) X 게이트를 이용하여 qr[i]를 $|1\rangle$ 상태로 만든다.
- qx 레지스터의 모두 큐비트에 H 게이트를 적용하여, $|+++++++++\rangle$ 상태로 초기

화 한다.

```
from qiskit import QuantumCircuit, ClassicalRegister, QuantumRegister
# 불켜기 문제 1단계 그로버 회로 초기화
qr = QuantumRegister(9,name='r') # room 의 불켜짐=1, 불꺼짐=0 을 표현하는 양자 레지스터
qx = QuantumRegister(9,name='x') # 스위치의 동작=1, 동작않음=0 을 표현하는 양자 레지스터
qy = QuantumRegister(1,name='y') # 그로버 회로의 Uf|x,y>=|x,f(x)XOR y> 의 y (오라클 큐비트)
solution = ClassicalRegister(9,'c')  # 스위치의 동작여부를 표현하는 qx 를 측정할 고전 레지스터

circuit = QuantumCircuit(qy, qr, qx, solution)
# y 를 |-> 로 초기화
circuit.x(qy)
circuit.h(qy)

# i번 방이 켜져있을 경우 (rooms[i]==1) qr[i]를 |1> 상태로 초기화
rooms = [0, 0, 0, 1, 0, 1, 1, 1, 0]
for i in range(9):
  if  rooms[i] == 1 :
    circuit.x(qr[i])

# x = |+++++++++>
circuit.h(qx)

circuit.draw(output='mpl')
```

코드 5-9 불켜기 문제의 그로버 회로 초기화 코드

5.5.4 불켜기 문제의 오라클 회로

"그로버 반복" 회로에서 오라클 연산 $U_f|x,r,y\rangle = |x,r,y \oplus f(x,r)\rangle$를 구현하는 회로는 다음과 같이 구성된다.

1. r 레지스터의 상태를 결정하는 회로: 스위치 동작을 표현하는 x 레지스터에 의해, 방의 점등 상태를 표현하는 r 레지스터의 상태를 변화시킨다.
2. $y \to y \oplus f(x,r)$를 구현하는 회로

$$f(x,r) = \begin{cases} 1 \text{ if } |r\rangle = |1\rangle^{\otimes n} \\ 0 \text{ if } |r\rangle \neq |1\rangle^{\otimes n} \end{cases} \text{이므로,} \quad y \to \begin{cases} \sim y \text{ if } |r\rangle = |1\rangle^{\otimes n} \\ y \text{ if } |r\rangle \neq |1\rangle^{\otimes n} \end{cases}$$

3. $|x,r\rangle \to |x,r\rangle$를 구현하는 회로: $f(x)$를 계산하는 회로에서 r 레지스터의 상태가 변경되었으므로, 이전 상태로 복구하는 역계산(uncomputation) 회로를 구현한다.

```
adj_rooms = [[1,3],   #  i번째 방과 j번째 방이 인접하면
             [0,2,4], #  adj_rooms[i] == j
             [1,5],
             [0,4,6],
             [1,3,5,7],
             [2,4,8],
             [3,7],
             [4,6,8],
             [5,7]]

def switch_func(switch,rooms):
# switch[i] 큐비트이 1이면 i-번째 방과 인접한 방들의 불을 반전시키는 회로를 반환하는 함수
    circuit = QuantumCircuit(switch,rooms)
    for i in range(9):
        circuit.cx(switch[i], rooms[i])
        for c in adj_rooms[i]:
            circuit.cx(switch[i], rooms[c])
        circuit.barrier()
    return circuit

# switch_func 함수를 호출하여 circuit 회로에 추가
circuit.compose(switch_func(qx,qr),qx[:9]+qr[:9],inplace=True)

# y = f(x) XOR y in Uf
# qr[i] 가 모두 1이면 (=모든 방의 불이 켜졌으면) f(x)=1
circuit.mcx(qr, qy)

circuit.draw(output='mpl', fold=-1)
```

코드 5-10 switch_func() 함수와 $y \rightarrow f(x)\ \mathrm{XOR}\ y$를 구현하는 코드

코드 5-10은 다음과 같이 1, 2단계를 구현한 코드이다.

- adj_rooms[i]는 i번째 방에 인접한 방들의 번호를 나타낸다.
- switch_func() 함수는 i번째 스위치 상태가 1인 경우 i번째 방과 인접한 방들의 점등 상태를 반전시키기 위해 CX 게이트를 적용하는 회로를 생성하여 반환하는 함수이다.
- switch_func() 함수를 호출하여 생성된 회로를 circuit 객체에 추가한다.
- QuantumCircuit.mcx() 함수를 이용하여 qr 레지스터의 상태가 모두 $|1\rangle$일 때 $y \rightarrow \sim y$, 그 외의 경우에 $y \rightarrow y$를 구현한다

코드 5-10을 수행한 결과 그림 5-18의 회로가 생성된다. 첫 번째 배리어 앞의 3개의 CX 게이트는 0번 스위치의 동작을 나타내며, 0번 스위치가 작동하면 인접한 0, 1, 3번 방

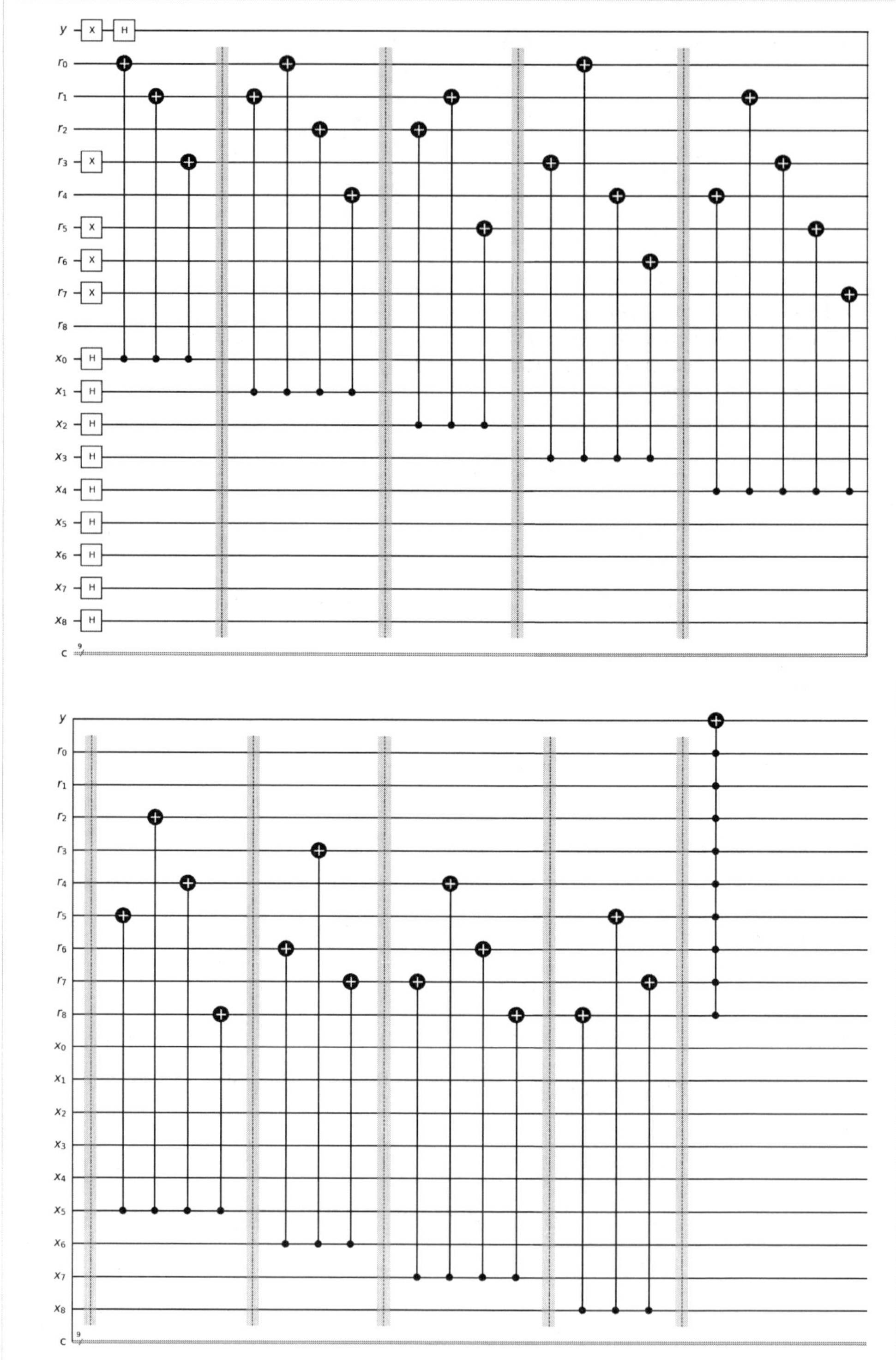

그림 5-18 그로버 회로의 초기화, switch_func(), *f*(*x*) *XOR y*의 구현

의 램프가 반전된다. 이후, 1번부터 8번 스위치들까지의 동작을 배리어로 구분하여 표현하였다. 마지막 배리어 오른쪽에 위치한 9개의 제어 큐비트를 가진 다중제어-X 게이트는 모든 r 레지스터 큐비트의 상태가 $|1\rangle$일 때, 즉 모든 방의 램프가 켜져 있을 때 $y \rightarrow \sim y$ 연산을 구현한다.

그로버 오라클 회로의 3단계는 `switch_func()` 함수를 다시 한 번 호출하여 구현된다. 1, 2단계의 회로에서 스위치의 상태를 나타내는 x 레지스터의 상태는 변하지 않으므로, $|r\rangle \rightarrow |r\rangle$ 상태로 복구하기 위하여 r 레지스터에 적용된 X 연산의 역연산을 적용한다. $XX = I$이므로 X 연산의 역연산은 X이다. 스위치의 동작 순서는 결과에 영향을 미치지 않으므로, `switch_func()` 함수를 다시 한 번 호출하여 역계산 회로를 생성한다.

```
def lights_oracle(qy,qr,qx):
    # 그로버 회로의 오라클 연산 Uf|x,y>=|x,y XOR f(x)> 를 구현하는 회로를 생성
    circuit = QuantumCircuit(qy, qr, qx)
    circuit.compose(switch_func(qx,qr),qx[:9]+qr[:9],inplace=True)
    circuit.mcx(qr, qy)
    circuit.compose(switch_func(qx,qr),qx[:9]+qr[:9],inplace=True)
    circuit.name = 'Oracle'
    return circuit
```

코드 5-11 불켜기 문제의 오라클 연산을 구현하는 회로를 반환하는 함수

코드 5-11에서 불켜기 문제에 대한 오라클 연산 $U_f|x,y\rangle = |x, y \oplus f(x)\rangle$를 구현하는 회로를 생성하여 반환하는 `lights_oracle()` 함수를 작성하였다. qy, qr, qx 레지스터를 인자로 전달받아 `switch_func()` 함수를 호출하여 $f(x)$를 계산하는 데 필요한 qr레지스터의 상태를 결정하는 회로를 생성한다. `QuantumCircuit.mcx()` 함수를 이용해 $y \rightarrow y \oplus f(x)$를 구현하는 회로를 추가한 후, 다시 한 번 `switch_func()` 함수를 호출하여 qr 레지스터의 상태를 원래 상태로 복구하는 역계산 회로를 추가한다.

5.5.5 불켜기 문제 그로버 회로

```
# 불켜기 문제 1단계 그로버 회로 초기화
qr = QuantumRegister(9,name='r') # room 의 불켜짐=1, 불꺼짐=0 을 표현하는 양자 레지스터
qx = QuantumRegister(9,name='x') # 스위치의 동작=1, 동작않음=0 을 표현하는 양자 레지스터
qy = QuantumRegister(1,name='y') # 그로버 회로의 Uf|x,y>=|x,f(x)XOR y> 의 y (오라클 큐비트)
solution = ClassicalRegister(9,'c')  # 스위치의 동작여부를 표현하는 qx 를 측정할 고전 레지스터
circuit = QuantumCircuit(qy, qr, qx, solution)
```

```
# y 를 |-> 로 초기화
circuit.x(qy)
circuit.h(qy)

# i번 방이 켜져있을 경우 (rooms[i]==1) qr[i]를 |1> 상태로 초기화
rooms = [0, 0, 0, 1, 0, 1, 1, 1, 0]
for i in range(9):
    if  rooms[i] == 1 :
        circuit.x(qr[i])

# x = |+++++++++>
circuit.h(qx)

circuit.compose(lights_oracle(qy,qr,qx),qy[:]+qr[:]+qx[:],inplace=True)
circuit.barrier()
circuit.compose(diffuser_circuit(9), qx, inplace=True)
circuit.draw(output='mpl', fold=-1,plot_barriers=False)
```

코드 5-12 불켜기 문제의 그로버 회로 (1회 반복)

코드 5-12에서 양자 회로를 초기화한 후 $U_f|x,y\rangle = |x, y \oplus f(x)\rangle$의 오라클 연산을 구현하는 lights_oracle() 함수와 $2|s\rangle\langle s| - I$ 연산을 구현하는 diffuser_circuit() 함수를 호출하여 회로를 추가한다. 코드의 수행 결과 그림 5-19의 회로가 생성된다.

코드 5-13 는 그로버 반복을 17회 반복하여 그림 5-20의 회로를 구현한다.

- qy, qr, qx의 양자 레지스터들과 고전 레지스터 c로 구성된 양자 회로 circuit 객체를 생성하고, qy, qr, qx 레지스터를 각각 $|-\rangle$, $|011101000\rangle$, $|{+}{+}{+}{+}{+}{+}{+}{+}{+}\rangle$로 초기화 한다.
- for 반복문을 사용하여 lights_oracle() 함수와 diffuser_circuit() 함수가 생성하는 회로를 17회 추가한다.
- 그로버 반복 후 해를 찾기 위해서 qx 레지스터를 측정한다. reversed(c)=[c[8],c[7],c[6],c[5],c[4],c[3],c[2],c[1],c[0]] 인자를 사용하여, qx에 대한 측정 결과를 고전 레지스터에 할당하는 순서를 qx[0] -> c[8], qx[1] -> c[7], …, qx[8] -> c[0]로 한다. 이렇게 역순으로 측정하는 이유는 측정값을 표현하는 이진 문자열의 비트 순서가 $c_8\, c_7 \cdots c_0$이기 때문이다.

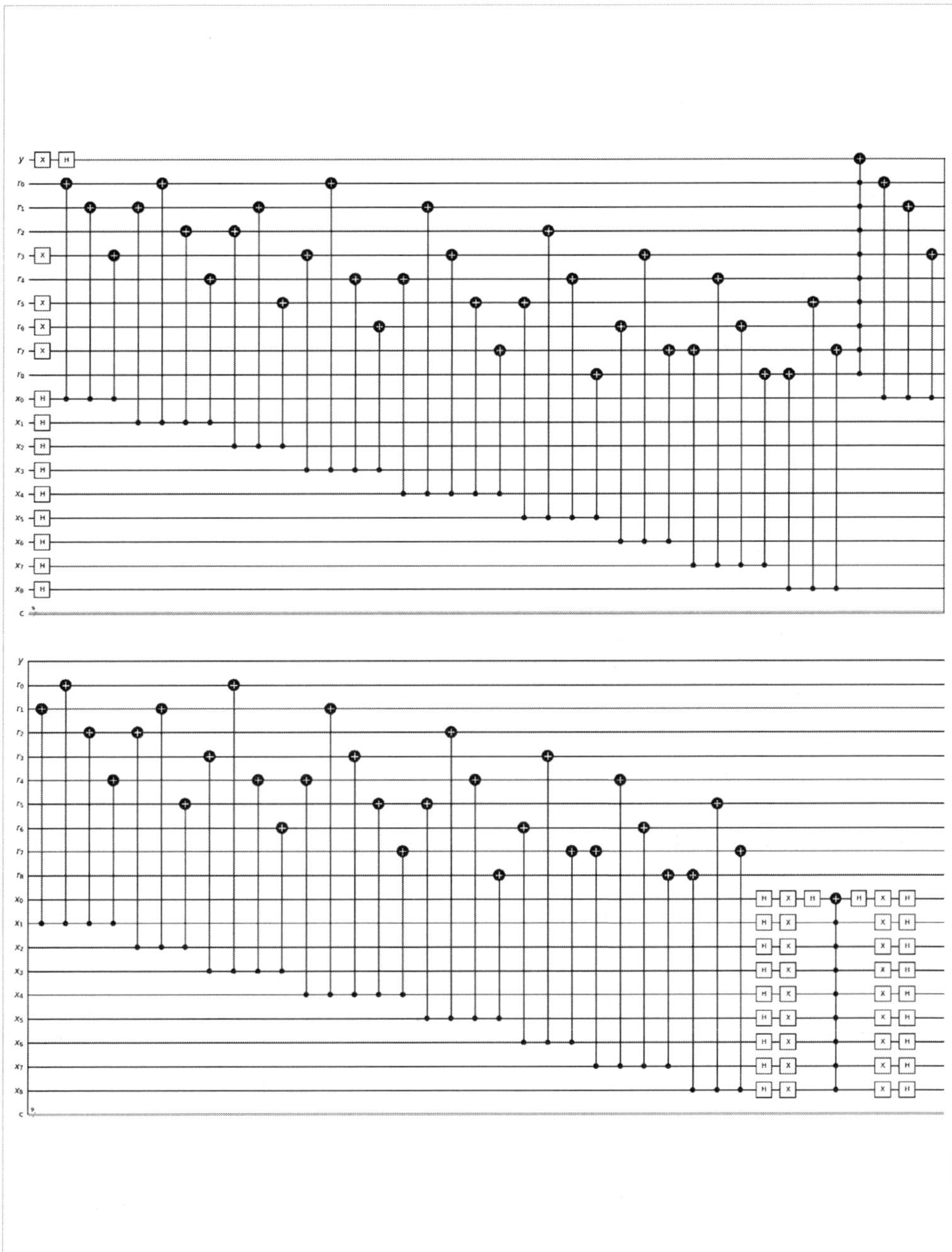

그림 5-19 불켜기 그로버 회로의 초기화 및 첫 번째 "그로버 반복" 회로

```
from qiskit import QuantumCircuit, ClassicalRegister, QuantumRegister
# 불켜기 문제 그로버 회로 초기화
qr = QuantumRegister(9,'r') # room 의 불켜짐=1, 불꺼짐=0 을 표현하는 양자 레지스터
qx = QuantumRegister(9,'x') # 스위치의 동작=1, 동작않음=0 을 표현하는 양자 레지스터
qy = QuantumRegister(1,'y') # 그로버 회로의 Uf|x,y>=|x,f(x)XOR y> 의 y (오라클 큐비트)
c = ClassicalRegister(9,'c')  # 스위치의 동작여부를 표현하는 qx 를 측정할 고전 레지스터

circuit = QuantumCircuit(qy, qr, qx, c)
# y 를 |-> 로 초기화
circuit.x(qy)
circuit.h(qy)

# i번 방이 켜져있을 경우 (rooms[i]==1) qr[i]를 |1> 상태로 초기화
rooms = [0,0,0, 1,0,1, 1,1,0]
for i in range(9):
  if  rooms[i] == 1 :
    circuit.x(qr[i])

# x = |+++++++++>
circuit.h(qx)

for _ in range(17): #  그로버 반복 17회
  circuit.append(lights_oracle(qy,qr,qx),range(19))
  circuit.append(diffuser_circuit(9), qx)

circuit.measure(qx,reversed(c))
circuit.draw(output='mpl', fold=-1)
```

코드 5-13 불켜기 문제의 해를 찾기 위해 그로버 반복을 17회 적용한 회로를 구현

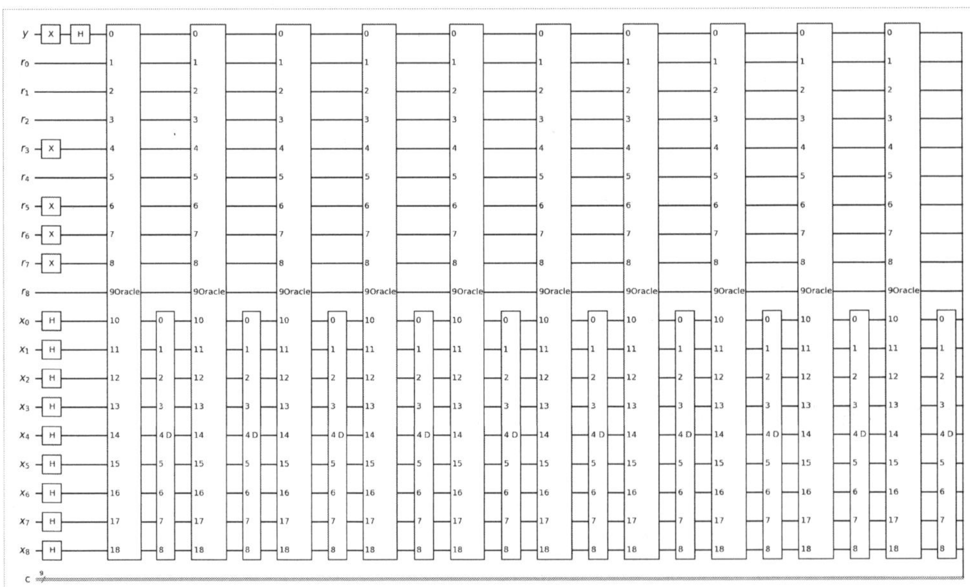

그림 5-20 "그로버 반복"을 17회 적용한 그로버 양자 회로 (계속)

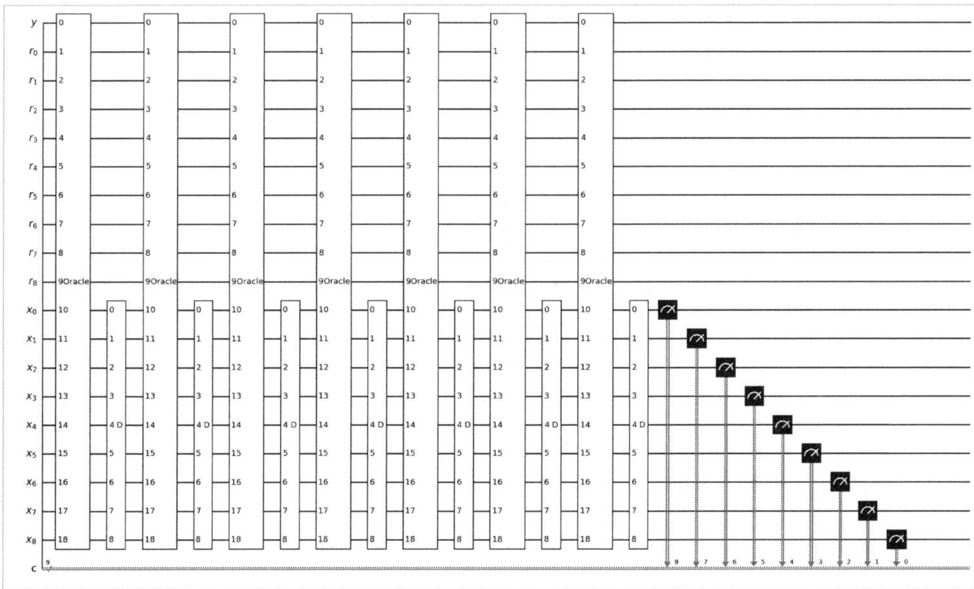

그림 5-20 "그로버 반복"을 17회 적용한 그로버 양자 회로

5.5.6 불켜기 문제 그로버 회로의 측정 결과

그림 5-20의 회로를 실행하여 측정값 '001100101'을 얻었다. 코드 5-14는 이 측정값이 문제의 답이 맞는지 확인하는 코드이다. str 클래스 객체인 answer는 측정 결과가 저장된 count객체(dict 타입)로부터 측정 결과를 문자열 형태로 전달받는다. 코드 5-6에 구현된 switch_lights() 함수를 호출하기 위하여, answer를 list 클래스 객체 switch_answer로 변환한다. 문제를 나타내는 problems 객체는 rooms 객체를 변경하지 않기 위해, rooms 리스트를 복사하여 생성한다. 코드 5-14를 실행하여 측정값 '001100101' 이 문제의 답이 맞다는 것을 확인한다(그림 5-21 참조). 이와 같이 "그로버 반복"을 17회 적용하는 그로버 양자 회로를 실행하여 3×3 불켜기 문제를 해결할 수 있다.

```
answer = list(count.keys())[0]

print(answer)
switch_answer = [int(answer[i]) for i in range(9)]
problem = rooms.copy()
print('switches = ', switch_answer)
print('problem = ', problem)

switch_lights(switch_answer,problem)
```

```
    solved = True
    for r in problem:
      if r != 1:
        solved = False
        break
    if solved:
      print('lights are all turned on.')
      print('press the switches ', end='')
      for i in range(len(switch_answer)):
        if switch_answer[i] == 1:
          print(i, end=',')
      print(' to turn all the lights.')
    else :
      print('Some lights are turned off. Try again,')
```

코드 5-14 측정 결과로부터 얻은 답을 검증하는 코드

```
001100101
switches =  [0, 0, 1, 1, 0, 0, 1, 0, 1]
problem =  [0, 0, 0, 1, 0, 1, 1, 1, 0]
initial status :
0 0 0
1 0 1
1 1 0

after switch 2 is on :
0 1 1
1 0 0
1 1 0

after switch 3 is on :
1 1 1
0 1 0
0 1 0

after switch 6 is on :
1 1 1
1 1 0
1 0 0

after switch 8 is on :
1 1 1
1 1 1
1 1 1

lights are all turned on.
press the switches 2,3,6,8, to turn all the lights.
```

그림 5-21 측정 결과로부터 얻은 답을 검증하는 코드 5-14의 출력

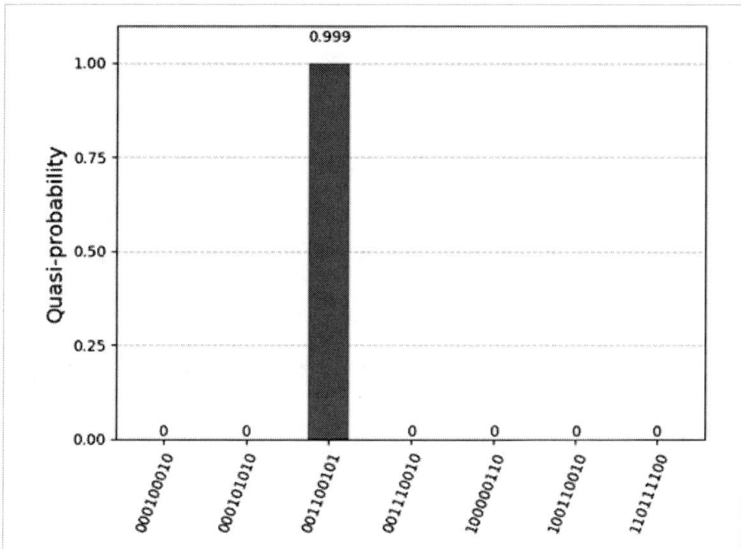

그림 5-22 "그로버 반복"을 17회 적용한 그로버 양자 회로의 측정 결과

그림 5-22는 그림 5-20의 그로버 회로를 10,000번 실행하여 얻은 측정 결과를 보여 준다. 주어진 문제의 답에 해당하는 측정값 '0011000101'의 측정 빈도가 99.9%로 나타났다. 이는 불켜기 문제를 해결하기 위해 구현한 그로버 양자 회로가 효율적으로 작동하고 있음을 확인해 준다.

5.6 불켜기 게임 – 다른 해법

지금까지 살펴본 3×3 불켜기 그로버 양자 회로에서는 "그로버 반복"을 17회 적용하였다. 문제를 단순화하여 "그로버 반복" 적용 횟수를 줄일 수 있는 방법을 살펴보겠다. "그로버 반복" 회로를 구성하는 큐비트의 개수 n을 작게 하면, 문제 해결을 위해 필요한 최적의 "그로버 반복" 횟수를 줄일 수 있다(식 5-1 참조). 불 켜기 문제의 특성을 분석해 보면, 0, 1, 2번 스위치의 동작 상태에 따라 문제 해결 여부가 전적으로 결정됨을 알 수 있다(아래 설명 참조). 따라서 3×3 불켜기 문제의 자유도는 2^9에서 2^3으로 축소되며, "그로버 반복"을 3-큐비트(n = 3) 양자 레지스터에 적용하여 문제를 해결할 수 있다.

그림 5-23에서 보여 주듯이, 무작위로 선택한 스위치 0, 1, 2번의 작동 상태에 대해 나머지 스위치의 작동을 다음과 같은 규칙에 따라 조정하면 항상 0~5번의 램프가 켜지도록 할 수 있다(이때 6, 7, 8번의 램프까지 모두 켜지도록 하는 것은 스위치 0, 1, 2번의

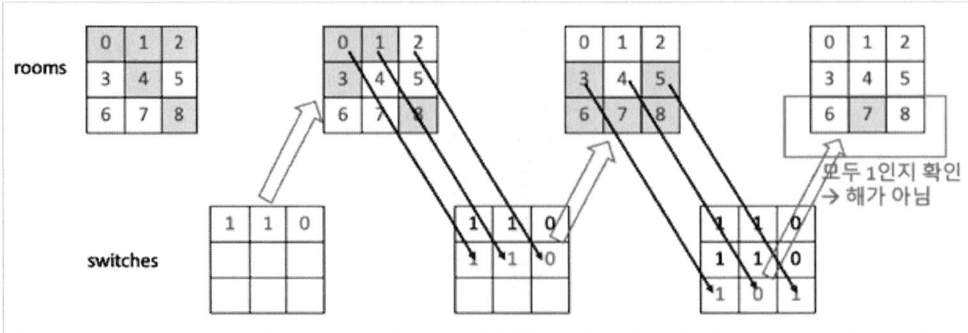

그림 5-23 스위치 0, 1, 2에 의해 첫 번째와 두 번째 줄의 불이 켜지도록 결정하는 방법

작동 상태에 의해 전적으로 결정된다).

- 예를 들어 스위치 0, 1, 2번이 [1,1,0]이라면, 스위치 0, 1, 2의 동작으로 0, 1, 2, 3, 4, 5번 방의 램프가 켜지거나 꺼진다. 주어진 문제의 경우 점등 상태는 다음과 같이 된다.

  0 0 1
  0 1 1
  1 1 0

- 이제 0, 1, 2 방의 램프 상태는 [0,0,1]이다. 0, 1, 2 방의 램프 상태는 나머지 스위치 중 3,4,5의 동작에만 영향을 받기 때문에, 0, 1, 2 방의 램프가 모두 켜져서 [1,1,1]이 되도록 하려면, 다음 규칙에 따라 (i+3)번 스위치가 동작해야 한다.

$$(i+3)\text{번 스위치}\begin{cases}\text{동작하지 않음} & \text{if } i\text{번째 방의 램프가 켜져 있음}\\ \text{동작} & \text{if } i\text{번째 방의 램프가 꺼져 있음}\end{cases}$$

  이 규칙에 의해 3, 4, 5 스위치의 값이 [1,1,0]으로 정해진다.

- 스위치 3, 4, 5를 [1,1,0]으로 설정하면 점등 상태는 다음과 같이 변경된다.

  1 1 1
  0 1 0
  0 0 0

  현재 3, 4, 5방의 램프 상태는 [0,1,0]이며, 이 상태는 나머지 스위치 6, 7, 8의 동작에 의해서 바뀔 수 있다. 따라서 3, 4, 5방의 램프가 모두 켜져서 [1,1,1]이 되도록 하려면 동일한 규칙을 적용하여 6, 7, 8 스위치의 값이 [1,0,1]으로 정해진다.

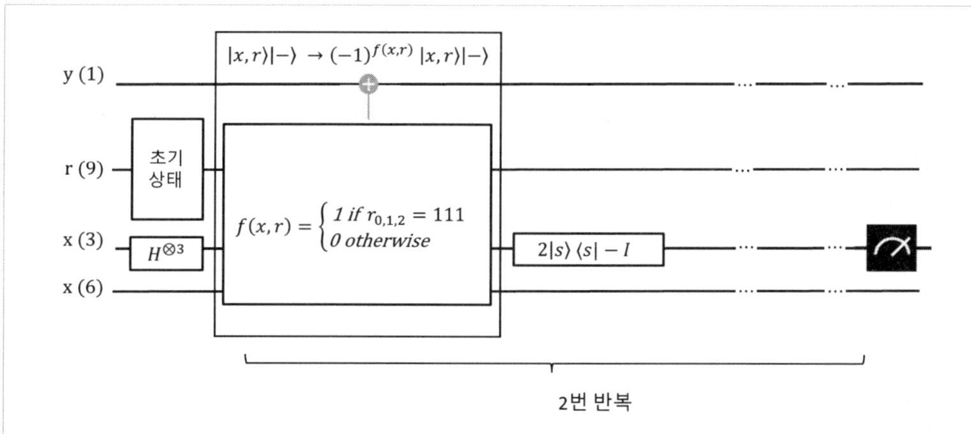

그림 5-24 $n = 3$ 불켜기 해법의 그로버 회로의 블록도

- 6, 7, 8 스위치 [1,0,1]를 작동하면 점등 상태는 다음과 같이 변한다.

$$\begin{matrix} 1 & 1 & 1 \\ 1 & 1 & 1 \\ 1 & 0 & 1 \end{matrix}$$

- 이제 0번부터 5번까지의 방은 모두 켜져 있으므로, 6, 7, 8번 방도 모두 켜져 있다면 처음 선택한 스위치 0, 1, 2의 상태 [1,1,0]이 해가 된다. 그러나 이 경우는 7번 방의 램프가 꺼져 있으므로 해가 아니다.
- 따라서 스위치 0, 1, 2번이 [1,1,0]이면, 모든 방의 불을 켤 수 있는 스위치 상태는 존재하지 않는다. 즉, $f(x_2x_1x_0) = f(011) = 0$이다.

이상 살펴본 바와 같이, 세 개의 큐비트 `qx[0]`, `qx[1]`, `qx[2]`에 대해서만 "그로버 반복"을 적용하는 그로버 회로를 구현하여 3×3 불켜기 문제를 해결할 수 있다. 이 경우 $n = 3$이므로, 최적 "그로버 반복" 적용 횟수는 $k_{max} = \left\lfloor \frac{\pi}{4}\sqrt{\frac{2^3}{1}} \right\rfloor = \lfloor 2.22 \rfloor = 2$이다. 이에 따라 그림 5-24와 같이 두 번의 "그로버 반복"으로 해를 찾을 수 있다. 이와 같은 해법을 '$n = 3$ 불켜기 해법'이라고 하겠다.

5.6.1 $n = 3$ 불켜기 해법 그로버 회로의 초기화

이제부터 $n = 3$ 불켜기 해법을 찾는 그로버 알고리즘을 회로로 구현해 보겠다. 코드 5-15 는 이 회로를 초기화하는 코드이다. $n = 9$에 대해 작성한 코드 5-9과 어떻게 다른

지 살펴보자.

- 큐비트 qx[0], qx[1], qx[2]만 측정할 것이기 때문에 측정값 기록에 사용되는 고전 레지스터 solution은 3-비트 레지스터로 축소된다.
- 무작위 상태로 초기화되는 큐비트는 qx[0], qx[1], qx[2]이므로 이 세 개의 큐비트에만 H 게이트를 적용하도록 변경한다.

```
from qiskit import QuantumCircuit, ClassicalRegister, QuantumRegister
# 불켜기 문제 1단계 그로버 회로 초기화 - version 2
qr = QuantumRegister(9,'r') # room 의 불켜짐=1, 불꺼짐=0 을 표현하는 양자 레지스터
qx = QuantumRegister(9,'x') # 스위치의 동작=1, 동작않음=0 을 표현하는 양자 레지스터
qy = QuantumRegister(1,'y') # 그로버 회로의 Uf|x,y>=|x,f(x)XOR y> 의 y (오라클)
c = ClassicalRegister(3,'c') # qx[0,1,2] 를 측정할 3-bit 고전 레지스터

circuit = QuantumCircuit(qy, qr, qx, c)
# y 를 |-> 로 초기화
circuit.x(qy)
circuit.h(qy)

# i번 방이 켜져있을 경우 (rooms[i]==1) qr[i]를 |1> 상태로 초기화
rooms = [0, 0, 0, 1, 0, 1, 1, 1, 0]
for i in range(9):
  if  rooms[i] == 1 :
    circuit.x(qr[i])

# x[0,1,2] = |+++>
circuit.h(qx[:3])

circuit.barrier()
circuit.draw(output='mpl', fold=-1)
```

코드 5-15 $n = 3$ 불켜기 문제의 그로버 회로 초기화 코드

5.6.2 $n = 3$ 불켜기 해법의 그로버 오라클 회로

그로버 오라클 연산 $U_f|x, y\rangle = |x, y \oplus f(x)\rangle$를 구현하는 회로를 생성하는 코드를 작성해 보겠다. 이를 위해 큐비트 qx[0], qx[1], qx[2]의 상태를 나타내는 $x \in \{0,1\}^3$에 대해 $f(x)$를 계산하는 함수 switch_func3()를 코드 5-16에서 선언한다. 이는 코드 5-10의 switch_func() 함수를 $n = 3$ 해법에 맞게 수정한 것이다.

```
# switch[i] 이 1이면 i-번째 방과 인접한 방들의 불을 반전시키는 함수
def switch_func3(switch,rooms):
    circuit = QuantumCircuit(switch,rooms)
    for row in range(3):
    # row 번째 줄의 스위치를 동작
        for i in range(3*row, 3*row+3):
            circuit.cx(switch[i], rooms[i])
            for c in adj_rooms[i]:
                circuit.cx(switch[i], rooms[c])
        circuit.barrier()
        if row == 2: break
        # row 번째 줄의 점등 상태의 반대로 row+1 번째 줄 스위치를 설정 (마지막 줄 제외)
        for j in range(3*row, 3*row+3):
            circuit.cx(rooms[j], switch[j+3],ctrl_state=0)
        circuit.barrier()
    circuit.name = 'Switch3'
    return circuit

# switch_func3 함수를 호출하여 circuit 회로에 추가
circuit.compose(switch_func3(qx,qr),qx[:9]+qr[:9],inplace=True)
circuit.draw(output='mpl', fold=-1,plot_barriers=False)
```

코드 5-16 $n = 3$ 불켜기 그로버 회로에서 $f(x)$를 계산하는 회로를 생성하는 `switch_func3()` 함수

`switch_func3()` 함수는 그림 5-23과 같이 각 행 단위로 점등 상태를 변경하고, 다음 행의 스위치 상태를 결정한다. 코드 5-16에서는 이를 구현하기 위해, 바깥쪽 for 반복문의 인덱스 `row =0,1,2`에 대해 다음과 같은 두 개의 내부 for 반복문을 수행한다.

- 인덱스 `i`에 대한 for 반복문: `row` 번째 행의 스위치 상태에 따라 인접한 방들의 점등 상태를 변경하는 *CX* 게이트를 회로에 추가한다.
- 인덱스 `j`에 대한 for 반복문: 다음의 규칙에 따라 다음 행 (`row+1`)의 스위치 상태를 결정하는 *CX* 게이트들을 회로에 추가한다. `QuantumCircuit.cx()` 함수의 인자 `ctrl_state`를 `0`으로 설정하여, `rooms[i]=0`일 때 `switch[i+3]`의 값이 `1`이 되도록 한다. 마지막 행(`row == 2`)에서는 이 과정을 수행할 필요가 없으므로 `break` 문을 사용한다.

$$(\text{j+3})\ \text{번 스위치} \begin{cases} \text{동작하지 않음} & \text{if} \quad \text{j번째 방의 램프가 켜져 있음} \\ \text{동작} & \text{if} \quad \text{j번째 방의 램프가 꺼져 있음} \end{cases}$$

그림 5-25의 회로는 `switch_func3()` 함수를 호출하여 생성된 $f(x)$ 계산 회로를 포함한다. 회로의 각 단계는 다음과 같은 과정을 수행한다.

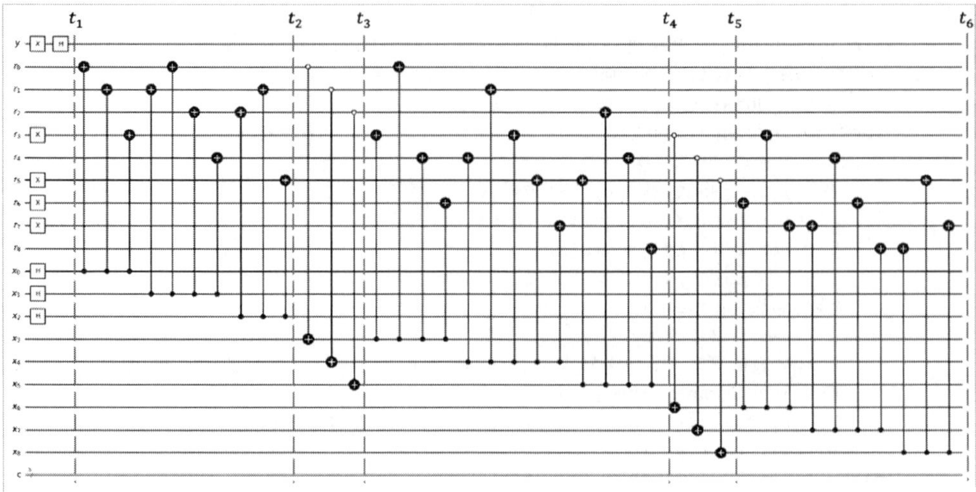

그림 5-25 $n = 3$ 불켜기 문제 그로버 회로의 초기화, `switch_func3()` 함수에 의해 구현된 회로

- $t_1 \sim t_2$: `row=0`에서 `i=0,1,2` 스위치 적용
- $t_2 \sim t_3$: `row=0`에서 `j+3=3,4,5` 스위치 결정
- $t_3 \sim t_4$: `row=1`에서 `i=3,4,5` 스위치 적용
- $t_4 \sim t_5$: `row=1`에서 `j+3=6,7,8` 스위치 결정
- $t_5 \sim t_6$: `row=2`에서 `i=6,7,8` 스위치 적용

`switch_func3()` 함수를 호출한 후, 코드 5-17에서 `QuantumCircuit.mcx()` 함수를 사용하여 `qy` 레지스터에 대해 $y \rightarrow y \oplus f(x)$ 연산을 구현한다. 그림 5-18의 회로는 9개의 제어 큐비트를 가지는 다중제어-X 게이트를 사용했다. 하지만, $n = 3$해법을 구현하는 이 회로에서는 0~5번 램프들이 모두 켜지도록 스위치 작동 상태를 조정했기 때문에, 6, 7, 8번 램프 상태만 확인하면 된다. 따라서 다중제어-X 게이트의 제어 큐비트로는 `qr[6]`, `qr[7]`, `qr[8]`만 사용된다. 이 세 큐비트의 상태가 $|111\rangle$일 경우, 모든 램프가 켜져 있으므로 $f(x) = 1$이다.

$f(x)$의 계산을 위해 `switch_func3()` 함수가 변경한 `qr` 레지스터의 상태를 원래 상태로 복구하기 위해서는 역계산 회로가 필요하다. 첫 번째 해법을 구현한 코드 5-11에서는 CX 게이트의 순서가 결과에 영향을 미치지 않기 때문에 `switch_func()` 함수를 다시 호출하여 역계산을 수행했다. 하지만, `switch_func3()` 함수에서는 CX 게이트의 순서가 `qr` 레지스터의 상태 변화에 영향을 미친다. 이에 따라, `switch_func3()`에서 수행된 연산을 반대 순서로 적용하여 `qr` 레지스터의 상태를 원래대로 복구하는 회로를 구현해야 한다. 따라서 코드 5-17에서 `uncompute_switch_func3()` 함수를 구현할 때,

switch_func3()의 for 반복문들을 역순으로 진행한다. 완성된 회로는 그림 5-26과 같다.

```
def uncompute_switch_func3(switch,rooms):
# switch_func3 의 uncomputation 을 위하여
# switch_func3 의 for loop 들을 반대 순서로 실행
    circuit = QuantumCircuit(switch,rooms)
    for row in range(2,-1,-1):
        for i in range(3*row,3*row+3):
            circuit.cx(switch[i], rooms[i])
            for c in adj_rooms[i]:
                circuit.cx(switch[i], rooms[c])
        circuit.barrier()
        if row == 0: break
        for j in range(3*(row-1),3*row):
            circuit.cx(rooms[j], switch[j+3],ctrl_state=0)
        circuit.barrier()
    circuit.name = '-Switch3'
    return circuit

# y = f(x) XOR y in Uf
# qr[i] 가 모두 1이면 (=모든 방의 불이 켜졌으면) f(x)=1
circuit.mcx(qr[6:9], qy)
circuit.barrier();
# uncomputation : Uf|x,y>=|x,y XOR f(x)>
circuit.compose(uncompute_switch_func3(qx,qr),qx[:9]+qr[:9],inplace=True)

circuit.draw(output='mpl', fold=-1, plot_barriers=True)
```

코드 5-17 $n = 3$ 불켜기 해법 오라클 회로의 역계산 구현 함수

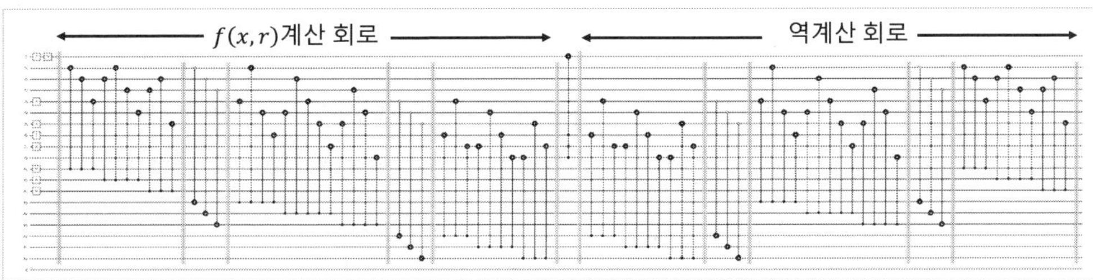

그림 5-26 $n = 3$ 불켜기 해법을 구현하는 그로버 오라클 회로

3-큐비트 불켜기 해법에 사용되는 오라클 $U_f|x, y\rangle = |x, y \oplus f(x)\rangle$ 연산을 구현하는 회로를 생성하여 반환하는 함수 lights_oracle3()을 코드 5-18에 작성하였다. lights_oracle3() 함수는 다음과 같이 구성되었다.

1. 입력 레지스터: 이 함수는 qy, qr, qx 레지스터를 인자로 받는다.
2. 스위치 함수 계산: 먼저 switch_func3() 함수를 호출하여, $f(x)$를 계산하는 회로를 생성한다. 이 회로는 qx와 qr 레지스터에 의해 스위치와 방의 점등 상태를 조작한다.
3. 다중제어-X 게이트: QuantumCircuit.mcx() 함수를 이용하여 qy 레지스터에 다중제어-X 게이트를 적용하여 $y \to y \oplus f(x)$ 연산을 구현한다. 이때 세 개의 제어 큐비트만 사용한다.
4. 역계산 회로 추가: uncompute_switch_func3() 함수를 호출하여 역계산 회로를 추가한다.

```
def lights_oracle3(qy,qr,qx):
# 그로버 회로의 Uf|x,y>=|x,y XOR f(x)> 를 구현하는 회로를 생성 (version 2)
  circuit = QuantumCircuit(qy, qr, qx)
  circuit.append(switch_func3(qx,qr),qx[:]+qr[:])
  circuit.mcx(qr[6:9], qy)
  circuit.append(uncompute_switch_func3(qx,qr),qx[:]+qr[:])
  circuit.name = 'Oracle3'
  return circuit
```

코드 5-18 $n = 3$ 불켜기 해법의 오라클 연산을 구현하는 회로를 반환하는 함수

5.6.3 $n = 3$ 불켜기 그로버 회로

코드 5-19에서 오라클 연산을 구현하는 lights_oracle3() 함수와 diffuser_circuit(3) 함수를 두 번 반복 호출하여 그림 5-27의 회로를 구현한다. 코드 5-12에서 9-큐비트 확산자 회로를 사용한 것과 달리 3-큐비트 확산자 회로를 qx[0], qx[1], qx[2]에 적용한다.

```
from qiskit import QuantumCircuit, ClassicalRegister, QuantumRegister
# 불켜기 문제 1단계 그로버 회로 초기화 - version 2
qr = QuantumRegister(9,'r') # room 의 불켜짐=1, 불꺼짐=0 을 표현하는 양자 레지스터
qx = QuantumRegister(9,'x') # 스위치의 동작=1, 동작않음=0 을 표현하는 양자 레지스터
qy = QuantumRegister(1,'y') # 그로버 회로의 Uf|x,y>=|x,f(x)XOR y> 의 y (오라클)
c = ClassicalRegister(3,'c') # qx[:3] 를 측정할 3-bit 고전 레지스터

circuit = QuantumCircuit(qy, qr, qx, c)
# y 를 |-> 로 초기화
```

```
circuit.x(qy)
circuit.h(qy)

# i번 방이 켜져있을 경우 (rooms[i]==1) qr[i]를 |1> 상태로 초기화
rooms = [0, 0, 0, 1, 0, 1, 1, 1, 0]
for i in range(9):
    if  rooms[i] == 1 :
        circuit.x(qr[i])

# x[0,1,2] = |+++>
circuit.h(qx[:3])

for _ in range(2):  # n=3 일 때 그로버 반복 2회
    circuit.append(lights_oracle3(qy,qr,qx),range(19))
    circuit.append(diffuser_circuit(3), qx[:3])

circuit.measure(qx[:3],reversed(c))
circuit.draw(output='mpl', fold=-1)
```

코드 5-19 $n = 3$ 불켜기 해법의 그로버 반복을 2회 적용한 회로 구현

$n = 3$ 불켜기 해법을 구현하는 코드 5-19은 $n = 9$ 해법을 구현하는 코드 5-13에 비해 다음과 같은 차이점을 갖고 있다.

1. 양자 레지스터 초기화: 양자 레지스터 qy, qr, qx의 상태를 각각 $|-\rangle$, $|011101000\rangle$, $|+++000000\rangle$로 초기화한다.
2. "그로버 반복" 2회 실행: `lights_oracle3()` 함수와 `diffuser_circuit(3)` 함수를 실행하는 for 반복문을 두 번 반복한다.
3. 측정: qx 레지스터 중 `qx[0:3]`만 측정한다.

5.6.4 $n = 3$ 불켜기 그로버 회로의 측정 결과

그림 5-27의 그로버 회로를 실행하여 측정값 '001'을 얻었다. 이 측정값이 $n = 3$ 불켜기 문제의 답이 맞는지 확인하기 위한 코드가 코드 5-20이다. 측정값 '001'에 '000000'을 추가하여 '001000000'의 answer를 생성한다. 이 문자열 answer를 정수 0과 1로 이루어진 리스트 `switch_answer`로 변환한다. `switch3to8()`는 `switch_answer`의 0, 1, 2번 스위치의 상태 [0,0,1]로부터 나머지 스위치 및 램프의 점등 상태를 그림 5-23의 규칙에 따라 단계적으로 결정하는 파이썬 함수이며 코드 5-21에 구현되어 있다. 이 함수는 코드 5-16에서 양자 회로로 구현된 `switch_func3()` 함수의 동작을 동일한 논리로 파이

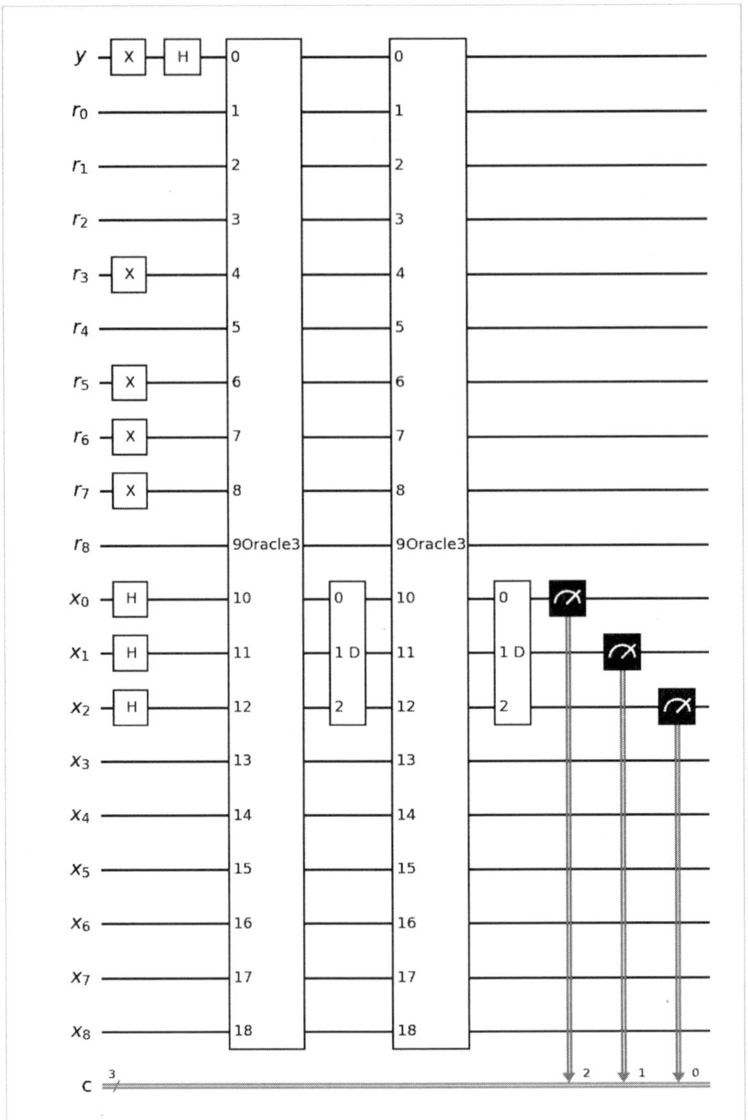

그림 5-27 n = 3 불켜기 그로버 회로

썬 코드로 변환한 것이다. 코드 5-20에서 `switch3to8()` 함수를 호출하여 확인한 바에 따르면(그림 5-28 참조), 그로버 회로의 측정값 '001'이 n = 3 불켜기 해법의 정답이며, 모든 방의 불을 켜기 위해서 2, 3, 6, 8번 방의 스위치를 작동해야 한다.

그림 5-29은 그림 5-27의 그로버 회로를 10,000회 실행하면서 수집한 `qx[:3]`에 대한 측정 결과를 보여 준다. '001'의 측정 빈도가 94.4%로 아주 높게 나타난 것은 n = 3 불켜기 문제를 해결하는데 있어서 2회의 "그로버 반복"이 적절하다는 것을 확인해 준다.

```
measured = list(count.keys())[0]
print('measured value = ', measured)
answer = measured + '0000000'

switch_answer = [int(answer[i]) for i in range(9)]
problem = rooms.copy()
print('switches = ', switch_answer)
print('problem = ', problem)
show_lights(problem, 'initial status :')
# apply the answer to the problem
switch3to8(switch_answer,problem)

solved = True
for r in problem:
  if r != 1:
    solved = False
    break
if solved:
  print('lights are all turned on.')
  print('press the switches ', end='')
  for i in range(len(switch_answer)):
    if switch_answer[i] == 1:
      print(i, end=',')
  print(' to turn all the lights.')
else :
  print('Some lights are turned off. Try again,')
```

코드 5-20 $n = 3$ 불켜기 해법의 그로버 연산 측정 결과를 해석하는 코드

```
def switch3to8(switch,rooms):
  for row in range(3):
    # row 번째 줄의 스위치를 동작
    for i in range(3*row, 3*row+3):
        if switch[i] == 1:
            rooms[i] = 1-rooms[i]
            for c in adj_rooms[i]:
                rooms[c] = 1-rooms[c]
    show_lights(rooms, f'after switches in the {row}-th row are applied :')

    if row == 2: return

    # row 번째 줄의 점등 상태의 반대로 row+1 번째 줄 스위치를 설정 (마지막 줄 제외)
    for i in range(3*row, 3*row+3):
        switch[i+3] = 1-rooms[i]
    print('switch : ', switch)
```

코드 5-21 $n = 3$ 불켜기 해법의 측정 결과 `switch[0,1,2]`로부터 `switch[3~8]`을 결정하는 함수

```
measured value =  001
switches =  [0, 0, 1, 0, 0, 0, 0, 0, 0]
problem =  [0, 0, 0, 1, 0, 1, 1, 1, 0]
initial status :
0 0 0
1 0 1
1 1 0

after switches in the 0-th row are applied :
0 1 1
1 0 0
1 1 0

switch :  [0, 0, 1, 1, 0, 0, 0, 0, 0]
after switches in the 1-th row are applied :
1 1 1
0 1 0
0 1 0

switch :  [0, 0, 1, 1, 0, 0, 1, 0, 1]
after switches in the 2-th row are applied :
1 1 1
1 1 1
1 1 1

lights are all turned on.
press the switches 2,3,6,8, to turn all the lights.
```

그림 5-28 n = 3 불켜기 해법의 그로버 연산 측정 결과를 해석한 출력

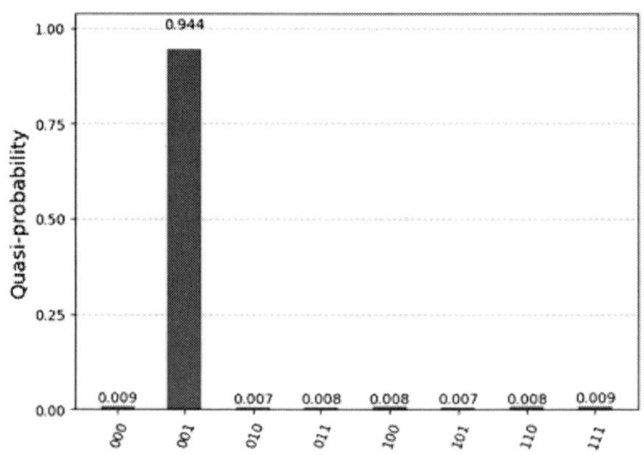

그림 5-29 n=3 불켜기 그로버 회로를 측정한 결과

지금까지 살펴본 3×3 불켜기 문제는 주어진 상태에서 모든 방의 불을 켤 수 있는 스위치 조합을 찾는 1단계 문제였다. 이 불켜기 문제의 2단계는 여러 1단계 문제 중에서 특정한 조건을 만족하는 스위치 조합이 해가 되는 경우를 찾는 것이다. 2단계 불켜기 문제를 그로버 알고리즘을 사용하여 해결하는 예를 부록 A에 수록하였으니 참고하길 바란다.

연습문제

연습 문제는 그로버 회로를 이용하여 다음의 꼭지점 칠하기 문제의 해를 구하는 것이다. 다음 그림과 같이 다섯 개의 꼭지점이 네 개의 선분으로 연결되어 있다. 두 가지 색으로 꼭지점을 칠할 때 선분의 양 끝 꼭지점은 같은 색으로 칠하지 않는다. 같은 색으로 칠해지는 꼭지점들의 집합을 찾는 문제를 그로버 양자 알고리즘을 사용하여 해결해 보자(문제의 답은 {0,3,4}와 {1,2}이다). 다음 물음에 답하라.

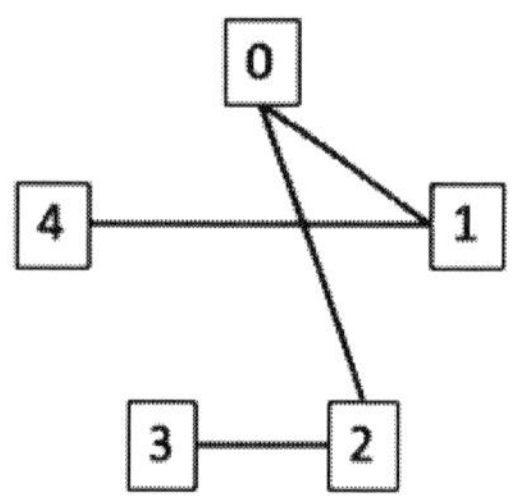

1. 꼭지점을 0부터 $n-1$의 정수로 표현하고 각 선분을 양 꼭지점들의 리스트로 표현하면, 예의 그래프를 `p1=[[0,1], [1,4], [0,2], [2,3]]`의 리스트 객체로 표현할 수 있다. 꼭지점의 개수를 n, 선분의 개수를 k라 할 때, 각각 n, k, 1개의 큐비트를 가진 세 개의 양자 레지스터들로 구성된 양자 회로를 생성하는 파이썬 코드를 작성하라.

2. 파이썬 함수를 작성하여 꼭지점 색칠하기 문제를 해결하기 위한 그로버 오라클 회로를 생성하고, 이 오라클 회로를 문제 1의 양자 회로에 연결하라. 두 가지의 색은 회로에서 $|0\rangle$과 $|1\rangle$의 양자 상태로 구분한다.

3. 위의 그림과 같은 그래프의 꼭지점 색칠하기 문제를 해결하기 위한 그로버 확산자 회로는 몇 큐비트로 구성되어야 하는가?

4. 위의 꼭지점 색칠하기 문제를 해결하기 위한 가장 적절한 "그로버 반복" 횟수를 구하라.

5. 꼭지점 색칠하기 문제의 해를 찾는 그로버 회로를 생성하는 파이썬 코드를 작성하라.

6. 문제 5의 회로를 10,000회 시뮬레이션한 후, 수집된 측정값의 분포를 그래프로 출력하라. 이 결과로부터 꼭지점 색칠하기 문제의 해를 구하라.

6장

양자 소인수 분해 알고리즘

고전 컴퓨팅에서는 매우 큰 수의 소인수분해를 다항 시간[1] 내에 수행할 수 없으며, 이러한 어려움은 현대 암호체계, 특히 RSA 암호의 핵심적인 보안 요소로 활용된다. 그러나 1994년, 피터 쇼어(Peter Shor)가 이 문제를 다항 시간 내에 해결할 수 있는 양자 알고리즘을 개발함으로써, 양자 컴퓨팅이 기존 암호 체계를 위협할 수 있다는 사실이 전세계적으로 주목받게 되었다. 이 알고리즘은 양자 컴퓨터가 특정 수학 문제를 고전 컴퓨터보다 월등히 빠르게 해결할 수 있음을 보여주는 대표적인 사례이다.

쇼어의 알고리즘은 다음과 같이 양자 연산과 고전 연산으로 구성된다.

- 양자 연산: 양자 위상 추정(Quantum Phase Estimation, QPE)을 활용한 모듈러 지수 함수의 주기 찾기
- 고전 연산: 양자 연산을 통해 찾은 주기를 사용하여 정수의 소인수 찾기

이와 같은 구성은 사이먼(Simon)의 알고리즘에서도 찾아볼 수 있다. 사이먼 알고리즘은 특정 이진 연산에 관한 함수의 주기를 발견하는 양자 알고리즘으로, 쇼어의 알고리즘에 많은 영향을 주었다. 쇼어 알고리즘에서 QPE는 주기 찾기의 키를 제공하는 역할을 한다. 고전적인 푸리에 변환을 양자적으로 확장한 양자 푸리에 변환(Quantum Fourier Transformation, QFT)을 사용해, QPE는 주어진 게이트 연산의 고유값의 위상을 추정한다.

6장에서는 사이먼의 알고리즘을 먼저 소개한다. QFT 및 QPE에 대해 자세히 살펴본 후, 이를 기반으로 한 쇼어의 소인수분해 알고리즘을 설명한다. 구체적인 응용으로서, 정수 21을 소인수분해하는 과정을 상세하게 살펴볼 것이다.

1 연산이 다항 시간 내에 수행된다는 의미는, 입력 크기 n에 대해 알고리즘의 수행 시간이 n^k 형태의 다항식으로 표현될 수 있음을 뜻하며, 이는 알고리즘이 효율적으로 실행됨을 의미한다.

6.1 사이먼 알고리즘

6.1.1 사이먼 함수

함수 $f : \{0,1\}^n \rightarrow \{0,1\}^n$에서 치역의 모든 원소에 대하여 정확히 두 개의 원상(pre-image)이 존재하면, 이를 2대1(two-to-one) 함수라고 한다. 예를 들어, 그림 6-1과 같은 함수는 2대1 함수이다.

여기서 두 개의 n-비트 이진 정수 x, y에 대해, 비트별(bitwise) *XOR* 연산을 다음과 같이 정의하자.

$$\text{For } x, y \in \{0,1\}^n, \quad x \oplus y = z \in \{0,1\}^n \quad \text{where} \quad z_i = x_i \oplus y_i$$

예를 들어, $x = 110$, $y = 010$에 대해, $x \oplus y = 100$이다.

2대1 함수에서 $x \neq y$이고 $f(x) = f(y)$인 (x, y)를 충돌 쌍(colliding pair)이라고 한다. 2대1함수 f에서 모든 충돌 쌍 (x, y)에 대해, $x \oplus y = b$를 만족하는 0이 아닌 b가 존재하면, 함수 $f(x)$가 사이먼 성질을 가지고 있다고 한다. $x \oplus y = b$이면, $y = x \oplus b$이다. 따라서 함수 f가 사이먼 성질을 가지고 있으면, 모든 $x \in \{0,1\}^n$에 대해 $f(x) = f(x \oplus b)$를 만족하는 0이 아닌 b가 존재한다. 즉, b는 사이먼 함수의 비트별 *XOR* 연산에 관한 주기(period)이다.

표 6-1은 $n = 3$인 사이먼 함수의 예를 보여준다. 이 사이먼 함수 $f : \{0,1\}^3 \rightarrow \{0,1\}^3$는 주기가 $b = 101$이며, 다음과 같이 정의되는 함수이다.

$$w = f(x) \quad \text{where} \quad w_2 = x_2 \oplus x_0,\ w_1 = x_1,\ w_0 = 0 \qquad \text{(식 6-1)}$$

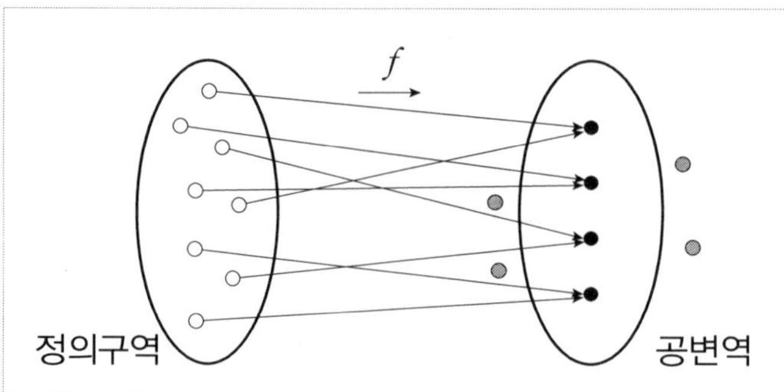

그림 6-1 $n = 3$인 2대1 함수의 예

표 6-1 사이먼 성질을 가진 함수의 예

x	$f(x)$
000	000
001	100
010	010
011	110
100	100
101	000
110	110
111	010

6.1.2 사이먼 알고리즘을 구현하는 양자 회로

사이먼 알고리즘은 사이먼 성질을 가지는 함수 $f(x)$의 주기 b를 찾는 알고리즘이다. 고전 컴퓨팅에서 b를 100% 확률로 찾기 위해서는 적어도 한 쌍의 충돌 쌍을 찾아야 하므로, 필요한 함수 값 계산 횟수는 $2^{n-1}+1$이다. 어느 정도의 실패 확률을 허용하는 경우에도 계산 횟수는 $2^{n/2}$에 비례한다. 사이먼의 양자 알고리즘을 이용하면, 고전 컴퓨팅과 같은 정도의 실패 확률 하에서 b를 찾기 위해 요구되는 $f(x)$의 계산 횟수는 $O(n)$이다. 그림 6-2는 사이먼 알고리즘을 구현하는 양자 회로이다. 여기서 양자 레지스터 a와 c는 모두 n개의 큐비트로 구성되어 있다.

사이먼 알고리즘을 구현한 양자 회로의 단계별 양자 상태는 다음과 같이 변화한다.

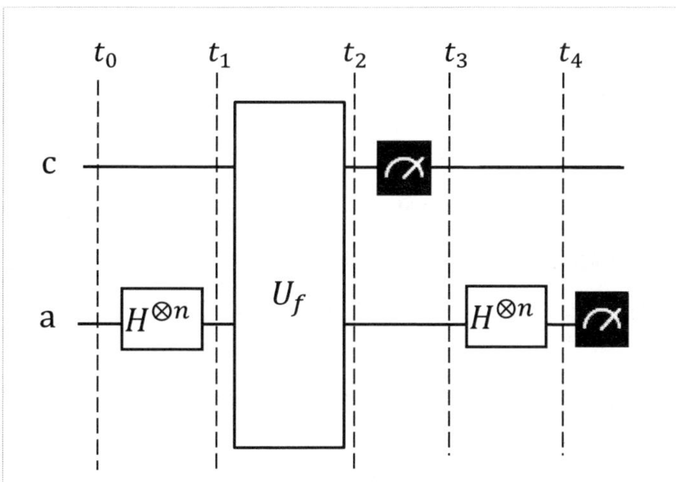

그림 6-2 사이먼 알고리즘을 구현하는 양자 회로

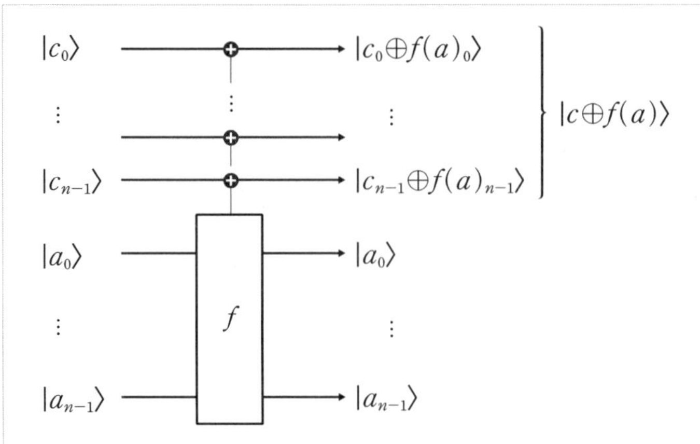

그림 6-3 사이먼 오라클 회로

- t_0 단계의 상태는 $|\psi_0\rangle = |a, c\rangle = |0\rangle^{\otimes n}|0\rangle^{\otimes n}$로 초기화되어 있다.
- 입력 레지스터인 a에 $H^{\otimes n}$ 게이트 연산을 적용한 결과, t_1단계에서의 상태는 다음과 같다.

$$|\psi_1\rangle = \left(\frac{1}{\sqrt{2^n}} \sum_{x\in\{0,1\}^n} |x\rangle\right)|0\rangle^{\otimes n}$$

- 그림 6-2에서 오라클 회로는 U_f: $|a\rangle|c\rangle \rightarrow |a\rangle|c\oplus f(a)\rangle$의 동작을 하는 양자 회로이다. 따라서 블랙박스 함수 f : $\{0,1\}^n \rightarrow \{0,1\}^n$에 대한 오라클 회로 U_f는 그림 6-3과 같이 표현된다. 오라클 연산 U_f가 적용된 후 t_2단계에서의 $2n$-큐비트 상태는 다음과 같다.

$$|\psi_2\rangle = \frac{1}{\sqrt{2^n}} \sum_{x\in\{0,1\}^n} |x\rangle|f(x)\rangle$$

이 $|\psi_2\rangle$ 상태는 a 레지스터와 c 레지스터 사이의 얽힌 상태임에 유의한다.

- $|\psi_2\rangle$ 상태에서 c레지소터의 n개 큐비트를 측정하면, 어떤 n-비트 정수 $f(\tilde{x})$가 측정되면서 $2n$-큐비트 양자 상태는 "상태 붕괴"를 통해 다음과 같이 주어진다.

$$|\psi_3\rangle = \frac{1}{\sqrt{2}}(|\tilde{x}\rangle + |\tilde{x}\oplus b\rangle) \otimes |f(\tilde{x})\rangle = |\phi_3\rangle \otimes |f(\tilde{x})\rangle$$

이 때, $|\phi_3\rangle = \dfrac{1}{\sqrt{2}}(|\tilde{x}\rangle + |\tilde{x}\oplus b\rangle)$ 상태에 있는 a 레지스터를 측정하면, 측정값은 동

일한 확률로 $\tilde{x}$ 혹은 $\tilde{x}\oplus b$가 될 것이다. 하지만 여러 번 측정하더라도 상태 붕괴 때문에 처음 측정된 값만 계속 측정되고, $\tilde{x}$와 $\tilde{x}\oplus b$의 값을 둘 다 알 수는 없다. 따라서 이 단계에서 a 레지스터를 측정해서는 사이먼 주기 b를 찾을 수 없다. 이에 따라 그림 6-2의 양자 회로에서는 $|\phi_3\rangle$ 상태에 있는 a 레지스터의 각 큐비트에 H 게이트를 적용한다.

- 그림 6-2의 t_4단계에서 a 레지스터의 n-큐비트 상태는 식 4-1을 사용하여 다음과 같이 표현할 수 있다.

$$|\phi_4\rangle = \frac{1}{\sqrt{2^{n+1}}} \sum_{z\in\{0,1\}^n} [(-1)^{\tilde{x}\cdot z} + (-1)^{(\tilde{x}\oplus b)\cdot z}]|z\rangle$$

  여기서 비트별 내적 $b \cdot z = b_{n-1}z_{n-1} \oplus \cdots \oplus b_1 z_1 \oplus b_0 z_0$은 0 아니면 1의 값을 가지며, $(-1)^{(\tilde{x}\oplus b)\cdot z} = (-1)^{\tilde{x}\cdot z\oplus b\cdot z} = (-1)^{\tilde{x}\cdot z}(-1)^{b\cdot z}$가 성립한다. 이를 사용하면 위의 식을 다음과 같이 정리할 수 있다.

$$|\phi_4\rangle = \frac{1}{\sqrt{2^{n+1}}} \sum_{z\in\{0,1\}^n} [1 + (-1)^{b\cdot z}](-1)^{\tilde{x}\cdot z}|z\rangle = \frac{1}{\sqrt{2^{n-1}}} \sum_{b\cdot z=0} (-1)^{\tilde{x}\cdot z}|z\rangle$$

  이에 따라 $|\phi_4\rangle$ 상태에 있는 a 레지스터를 측정하면, $b \cdot z = 0$를 만족하는 n-비트 정수 z만 측정될 것이다. 즉, 측정값 z로부터 b에 대한 정보를 얻을 수 있다. 사이먼 회로를 반복 실행하여 충분히 많은 수의 측정값을 얻으면, n-비트 이진 정수 b를 결정할 수 있다.

이제 사이먼 회로를 반복 실행하여 얻은 측정값으로부터 사이먼 주기 b를 결정하는 과정에 대해 자세히 살펴보겠다. 사이먼 알고리즘을 $n-1$번 실행하여 얻은 측정값들의 집합 $\{z^{(0)},\ z^{(1)},\ \cdots,\ z^{(n-2)}\}$의 각 원소들은 다음 식을 만족한다.

$$b \cdot z^{(i)} = b_0 z_0^{(i)} \oplus b_1 z_1^{(i)} \oplus \cdots \oplus b_{n-1} z_{n-1}^{(i)} = 0$$

위의 식은 행렬을 사용하여 다음과 같은 식으로 표현된다(모듈로-2 연산을 사용함에 유의).

$$\begin{bmatrix} z_0^{(0)} & z_1^{(0)} & \cdots & z_{n-1}^{(0)} \\ z_0^{(1)} & z_1^{(1)} & \cdots & z_{n-1}^{(1)} \\ \vdots & \vdots & \ddots & \vdots \\ z_0^{(n-2)} & z_1^{(n-2)} & \cdots & z_{n-1}^{(n-2)} \end{bmatrix} \begin{bmatrix} b_0 \\ b_1 \\ \vdots \\ b_{n-1} \end{bmatrix} = \begin{bmatrix} z_0^{(0)} b_0 \oplus \cdots \oplus z_{n-1}^{(0)} b_{n-1} \\ z_0^{(1)} b_0 \oplus \cdots \oplus z_{n-1}^{(1)} b_{n-1} \\ \vdots \\ z_0^{(n-2)} b_0 \oplus \cdots \oplus z_{n-1}^{(n-2)} b_{n-1} \end{bmatrix} = \begin{bmatrix} 0 \\ 0 \\ \vdots \\ 0 \end{bmatrix}$$

(식 6–2)

측정값들로 이루어진 $(n-1)\times n$ 행렬의 각 행이 서로 선형 독립적이면 식 6-2는 0이 아닌 하나의 비자명한(non-trivial) 해를 가지며, 이 비자명한 해가 사이먼 주기 b이다. 따라서 $(n-1)$개의 서로 독립적인 측정값을 얻을 때까지 그림 6-2의 양자 회로를 반복 실행할 필요가 있다. 사이먼 알고리즘을 $(n+k)$번 실행하여 독립적인 $(n-1)$개의 측정값을 얻는데 실패할 확률 p는 n에 상관없이 $\frac{1}{2^{k+1}}$ 보다 작다. $k=20$이면 $p<10^{-6}$이므로, 사이먼 알고리즘을 $(n+20)$회 정도 반복 실행하면 거의 예외 없이 $(n-1)$개의 선형 독립적인 측정값을 얻을 수 있다. 따라서 사이먼 함수에서 $f(x) = f(x \oplus b)$인 주기 b를 찾기 위해 요구되는 실행 횟수는 $O(n)$이다. 가우스 소거법을 이용하여 이 식의 비자명한 해 $b(\neq 0)$를 찾는 과정은 아래에서 다룰 것이다.

6.1.3 사이먼 오라클 회로의 구현

이제부터 식 6-1로 표현되는 사이먼 함수 $f : \{0,1\}^3 \rightarrow \{0,1\}^3$의 주기 b를 찾는 사이먼 양자 회로를 Qiskit 패키지를 사용해 구현해 보자. 이를 위해 먼저 함수 f에 해당하는 오라클 회로를 생성하는 파이썬 함수를 작성한다. 식 6-1의 사이먼 함수 f를 오라클 연산자 U_f가 작동하는 식 $U_f|a\rangle|c\rangle = |a\rangle|c\oplus f(a)\rangle$에 적용하면 다음과 같은 관계식을 얻게 된다.

$$U_f|a\rangle|c\rangle = |a\rangle|c_2 \oplus a_2 \oplus a_0, c_1 \oplus a_1, c_0\rangle$$

위의 연산을 회로로 구현하면 그림 6-4와 같고, 양자 레지스터 `ra`와 `rc`를 사용하여 이 회로를 생성하는 파이썬 함수 `simon_oracle3(ra, rc)`가 코드 6-1에 선언되었다.

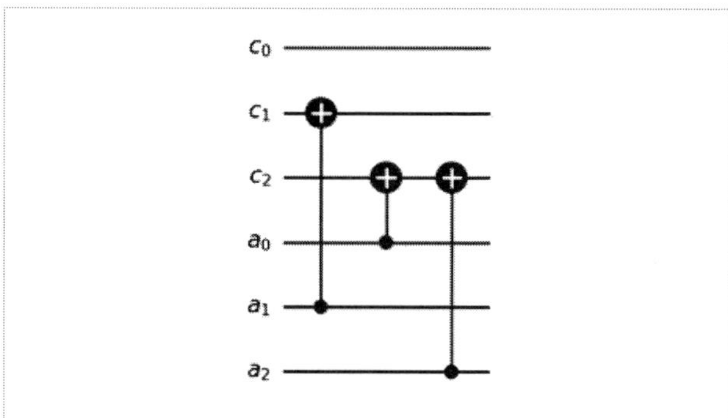

그림 6-4 식 6-1의 사이먼 함수 f에 해당하는 오라클 회로

```
from qiskit import QuantumCircuit, QuantumRegister
# 3-qubit simon oracle with b = 101 을 정의하는 함수
def simon_oracle3(rc, ra):
    qc = QuantumCircuit(rc, ra)
    qc.cx(ra[1],rc[1])
    qc.cx(ra[0],rc[2])
    qc.cx(ra[2],rc[2])
    return qc

# 양자 레지스터와 고전 레지스터를 정의하고 이들을 사용하는 양자 회로를 초기화
n = 3
ra = QuantumRegister(n,'a')
rc = QuantumRegister(n,'c')
qc = QuantumCircuit(rc, ra)

# n=3 인 사이먼 오라클 회로를 양자 회로로 구현
oracle = simon_oracle3(rc, ra)
oracle.draw(output='mpl')
```

코드 6-1 식 6-1의 사이먼 오라클 회로를 생성하는 코드

임의의 n-비트 이진 정수 b를 주기로 갖는 특정한 형태의 사이먼 함수 $f(x)$에 대한 오라클 생성 코드가 부록 B에 수록되어 있으니 참고 바란다.

6.1.4 사이먼 회로의 구현

코드 6-2는 그림 6-4의 오라클 회로를 사용하여 사이먼 알고리즘을 구현하는 코드이다. 그림 6-5는 이 코드에 의해 생성된 양자 회로를 보여준다. 고전 레지스터 rma와 rmc는 각각 ra 레지스터와 rc 레지스터의 측정 결과를 할당받아 저장한다. 코드 6-3에서는 코드 6-2에서 생성된 사이먼 회로 객체를 양자 시뮬레이터에서 두 번 실행하여 ra 레지스터에 대한 측정 결과를 출력한다. 코드 6-3의 출력에서 보듯이, 사이먼 회로 객체를 두 번 실행하여 얻은 측정값 z는 '101'과 '111'이다. 식 6-1의 사이먼 함수의 주기가 b = 101인 점을 고려하면, 두 측정값 모두 $b \cdot z = 0$을 만족함을 알 수 있다. 이는 사이먼 알고리즘이 정상적으로 작동하였음을 보여준다.

```
from qiskit import QuantumCircuit, QuantumRegister, ClassicalRegister
# 사이먼 회로의 구현
n = 3
ra = QuantumRegister(n,'a')
rc = QuantumRegister(n,'c')
rma = ClassicalRegister(n,'ma')
```

```
rmc = ClassicalRegister(n,'mc')
qc = QuantumCircuit(rc, ra, rmc, rma)

qc.h(ra)
qc.barrier()
qc.compose(simon_oracle3(rc,ra),range(2*n),inplace=True)
qc.barrier()
qc.measure(rc,rmc)
qc.barrier()
qc.h(ra)
qc.barrier()
qc.measure(ra,rma)
qc.draw(output='mpl',fold=-1)
```

코드 6-2 사이먼 양자 회로의 구현

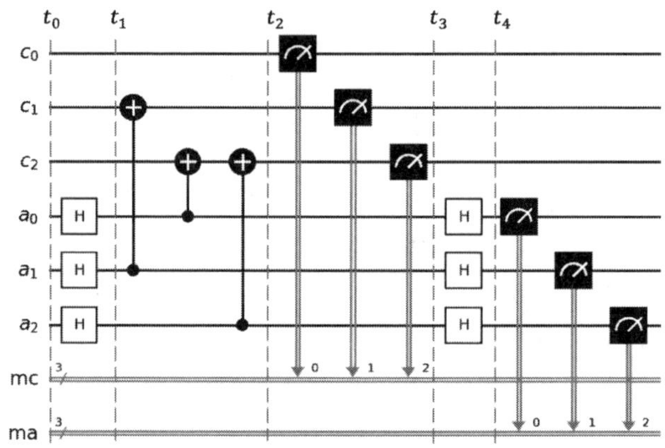

그림 6-5 식 6-1의 함수 f에 대한 사이먼 회로

```
# AerSimulator 를 이용하여 circuit 회로를 측정한 결과를 출력
from qiskit.transpiler.preset_passmanagers import generate_preset_pass_manager
from qiskit_ibm_runtime import SamplerV2 as Sampler
from qiskit_aer import AerSimulator
aer_sim = AerSimulator()
pm = generate_preset_pass_manager(backend=aer_sim, optimization_level=1)
isa_circuit = pm.run(qc)
sampler = Sampler(mode=aer_sim)
job = sampler.run([isa_circuit], shots=2) #n+20)
result = job.result()
count = result[0].data.ma.get_counts()
print(count)
```

✓ 0.0s

```
{'101': 1, '111': 1}
```

코드 6-3 사이먼 회로의 실행

6.1.5 측정값으로부터 사이먼 주기를 찾는 알고리즘

코드 6-3을 실행하여 측정된 두 값을 각각 $z^{(0)} = 101$, $z^{(1)} = 111$이라고 하자. 앞에서 설명한 대로, 두 개의 측정값 $z^{(0)}$과 $z^{(1)}$은 선형 독립이기 때문에 다음 연립 방정식으로부터 사이먼 주기 b를 결정할 수 있다.

$$b \cdot z^{(0)} = b_2 \oplus b_0 = 0$$

$$b \cdot z^{(1)} = b_2 \oplus b_1 \oplus b_0 = 0$$

논리 연산 XOR의 성질 $x \oplus x = 0$, $0 \oplus x = x$ 등을 사용하면, 위의 연립 방정식의 비자명한 해 b를 찾을 수 있다. 위의 두 식의 좌변은 좌변끼리 그리고 우변은 우변끼리 모듈로-2 덧셈($\oplus$)을 하면, $b_1 = 0$이 된다. 한편, $b_2 \oplus b_0 = 0$을 만족하는 b_0, b_2는 $b_0 = b_2 = 0$이거나 $b_0 = b_2 = 1$이다. 그런데 $b_1 = 0$이기 때문에 $b_0 = b_2 = 0$일 수는 없다. 따라서 $b_0 = b_2 = 1$이고, 이에 따라 $b = 101$ 이다. 이는 식 6-1의 사이먼 함수 f의 주기와 같다.

코드 6-4는 사이먼 회로에서 측정된 n-비트의 데이터 $z^{(i)}$로부터 사이먼 함수의 주기 b를 결정하는 파이썬 함수 `solve_simon()`를 보여준다. 이 함수를 사용하면 가우스 소거법을 사용하여 식 6-2의 행렬로 표현된 연립 방정식의 해를 찾을 수 있다. 이 파이썬 함수는 다음과 같이 동작한다.[1]

- 사이먼 회로의 측정 데이터 `count` 객체로부터 $(n-1)$개의 선형 독립인 측정값들을 선택하기 위하여 `indep()` 함수를 호출한다.
- $(n-1)$개의 선형 독립인 측정값들(`sys_eq`)에 모듈로-2 연산 기반의 가우스 소거법을 적용하여 주대각선 아래 원소들이 모두 0인 행렬을 만든다(`ge_mod2()` 함수).
- 가우스 소거법을 통해 얻은 행렬(`matrix`)에 모듈로-2 연산 기반의 역방향 대입법을 적용하여 비자명한 해 b를 찾는다.

코드 6-3의 측정 결과를 인자로 호출하여 `solve_simon()` 함수를 수행한 결과는 사이먼 함수 $f(x)$의 주기 $b = 101$과 일치한다(코드 6-4의 출력 참조).

1 이 함수는 오류가 없는 사이먼 회로의 출력에 대해서만 작동한다.

```
def solve_simon(measured):
    sys_eq = []
    for z in measured.keys():
        n = len(z)
        if int(z) == 0 : continue  # skip all 0's
        eq = [int(zi) for zi in z] # binary string -> int list
        if len(sys_eq) == 0:
            sys_eq.append(eq)
            continue
        if (indep(sys_eq, eq)):
            if (len(sys_eq) == (n-1)):
                break
    print("The following z's are measured : ")
    print(np.array(sys_eq))
    matrix = ge_mod2(sys_eq)
    print("REF matrix:")
    print(matrix)
    b = back_substitution_mod2(matrix)
    return b

print("measured output : ", count)
b_simon = solve_simon(count)
print(f"The period of a function f(x)) with Simon Property is {b_simon}")
```

```
measured output :  {'101': 1, '111': 1}
The following z's are measured :
[[1 0 1]
 [1 1 1]]
REF matrix:
[[1 0 1]
 [0 1 0]]
The period of a function f(x)) with Simon Property is [1 0 1]
```

코드 6-4 사이먼 회로의 측정 결과로부터 *b*를 구하는 함수

코드 6-5의 indep() 함수는 모듈로-2 연산에 대해 선형 독립인 sys 행렬의 행 벡터들과 새로운 벡터 e가 선형 독립인지 판별하는 함수이다. 선형 독립성을 판별하기 위하여 rank_mod2() 함수를 호출하여, sys 행렬에 e를 추가한 행렬의 rank를 계산한다. 계산된 rank가 기존 sys 행렬의 rank 보다 1만큼 더 크면, 새로운 벡터 e는 기존 sys 행렬의 모든 벡터들과 선형 독립이다.

```
import numpy as np
def rank_mod2(matrix):
    rows, cols = matrix.shape
    rank = 0
    for c in range(cols):
```

```
        # find the pivot row in column c
        for r in range(rank, rows):
            if matrix[r,c] != 0:
                # swap rows if needed
                if r != rank:
                    matrix[[rank,r]] = matrix[[r,rank]]

                # eliminate column below
                for k in range(rank+1, rows):
                    if matrix[k,c] == 1:
                        matrix[k] ^= matrix[rank]
                rank += 1
                break
    return rank

def indep(sys,e):
    sys.append(e)
    matrix = np.array(sys)
    n = len(sys)
    if rank_mod2(matrix) == n:
        return True
    else:
        sys.pop()
        return False
```

코드 6-5 측정된 z 벡터들이 모듈로-2 연산에 대해 선형 독립임을 판별하는 함수

코드 6-6의 ge_mod2() 함수는 모듈로-2 연산에 대해 선형 독립인 $(n-1) \times n$ 행렬 A에 가우스 소거법을 적용하여, 주대각선 아래가 모두 0인 행렬로 변환하는 함수이다. 행렬 A의 rank가 $n-1$이기 때문에 대각 원소 중 0이 존재할 수 있다.

```
#  Gaussian Elimination in modulo-2
def ge_mod2(A):
    n = len(A)+1
    matrix = np.matrix(A)
    # Gaussian elimination
    for i in range(n-1):
        # Find the pivot row
        pivot = i
        while pivot < (n-1) and matrix[pivot,i] == 0:
            pivot += 1
        if pivot < (n-1):
            matrix[[i,pivot]] = matrix[[pivot,i]] # swap rows
            # Eliminate rows below
            for j in range(i + 1, n-1):
                if matrix[j, i] == 1:
                    matrix[j] ^= matrix[i]  # Row operation with XOR
    return matrix
```

코드 6-6 모듈로-2 연산 기반의 가우스 소거법으로 행렬을 REF로 변형하는 함수

코드 6-7의 back_substitution_mod2() 함수는 주대각선 아래의 원소들이 모두 0인 $(n-1) \times n$ 행렬 A에 모듈로-2 덧셈을 사용하는 역방향 대입법을 적용하여 비자명한 해를 찾는다. 행렬의 rank가 $n-1$이고 해가 0이 아니라는 조건을 사용한다. 모든 미지수 x[i]를 -2로 초기화하고 미지수들의 값을 찾는다. 대입법으로 해를 알 수 없는 경우는 x[i]를 -1로 표시하며, -1로 표시된 다른 미지수의 값이 정해지면 함께 갱신된다. 일반적으로 역방향 대입법이 끝난 후에도 -1로 표시된 미지수들이 남게 되는데, 이 값들을 1로 치환하여 모든 수식을 만족하는지 확인한다. 모든 수식을 만족하면 비자명한 해를 찾은 것이고, 그렇지 않으면 -1로 표시된 미지수들을 0으로 치환한 값을 반환한다. 이 함수는 입력이 반드시 비자명한 해를 갖는다는 가정 하에 작성한 함수이기 때문에, 모든 미지수가 0인지(자명 해에 해당)는 검사하지 않는다.

```
#  Back Substitution in modulo-2
def back_substitution_mod2(matrix):
    # Back substitution to get a NON TRIVIAL solution
    _, n = matrix.shape
    x = -2*np.ones(n, dtype=int) # x[i] == -1 means x[i] is unknown yet
    x[-2] = x[-1] = -1                    # last row : 0....0011
    if matrix[n-2,-1] == 0 : x[-2] = 0    # last row : 0....0010
    elif matrix[n-2,-2] == 0 : x[-1] = 0  # last row : 0....0001
    for r in range(n-3, -1, -1):
        if matrix[:,r].sum() == 0 :
            x[r] = 1
        value = 0
        for c in range(r,n):
            if matrix[r,c] == 1 :
                if x[c] < 0 : break
        unknown = 0
        for j in range(c + 1, n):
            if matrix[r,j] == 1:
                if x[j] == -2: x[j] = -1
                if x[j] == -1:  unknown = 1 - unknown
                else :          value ^=  x[j]  # XOR to solve mod-2 equations
        if unknown == 1 : x[c] = -1
        else :
            if x[c] == -1:
                for j in range(r+1, n):
                    if x[j] == -1: x[j] = value
            x[c] = value
    # determine the unknown
    x1 = x.copy()
    for i in range(n):
        if x[i] == -1 : x1[i] = 1
    for r in range(n-1):
        v = 0
        for c in range(n):
```

```
            v ^= matrix[r,c] & x1[c]
        if v == 1 :
            for i in range(n):
                if x[i] == -1 : x[i] = 0
            return x
    return x1
```

코드 6-7 모듈로-2 연산을 수행하는 역방향 대입법으로 연립방정식의 비자명 해를 찾는 함수

6.2 양자 푸리에 변환(Quantum Fourier Transform)

양자 푸리에 변환(Quantum Fourier Transform, QFT)은 고전적 푸리에 변환의 양자 버전으로, 양자 컴퓨터에서 수행되는 중요한 연산 중 하나이다. 이 변환은 특히 양자 컴퓨팅 분야에서 주기를 찾거나 위상을 추정하는 데 사용된다. 이 절에서는 양자 위상 추정과 쇼어 알고리즘의 중요한 구성 요소인 QFT에 대해 살펴보겠다.

6.2.1 양자 푸리에 변환의 정의

양자 상태는 기저 상태들의 선형 결합으로 표현된다. 예를 들어, $x \in \{0,1\}^n$이고 $N = 2^n$일 때, 임의의 n-큐비트 양자 상태 $|\psi\rangle$는 계산 기저 $|x\rangle$들의 선형 결합으로 다음과 같이 표현할 수 있다.

$$|\psi\rangle = \sum_{x=0}^{N-1} \psi(x)|x\rangle$$

QFT는 계산 기저 $|x\rangle$를 다음과 같이 서로 다른 기저 상태들의 중첩 상태로 변환한다.

$$|x\rangle \;\rightarrow\; \frac{1}{\sqrt{N}}\sum_{y=0}^{N-1} e^{\frac{2\pi i}{N}xy}\,|y\rangle \qquad \text{(식 6-3)}$$

여기서 $x, y \in \{0,1\}^n$이다. 이에 따라 임의의 양자 상태 $|\psi\rangle$에 QFT를 적용한 결과는 다음과 같이 주어진다.

$$|\psi\rangle = \sum_{x=0}^{N-1} \psi(x)|x\rangle \quad \rightarrow \quad |\tilde{\psi}\rangle = \sum_{x=0}^{N-1} \psi(x)\frac{1}{\sqrt{N}}\sum_{y=0}^{N-1} e^{\frac{2\pi i}{N}xy}\,|y\rangle = \sum_{y=0}^{N-1} \tilde{\psi}(y)|y\rangle$$

여기서 $\tilde{\psi}(y)$는 다음과 같다.

$$\tilde{\psi}(y) = \frac{1}{\sqrt{N}} \sum_{x=0}^{N-1} e^{\frac{2\pi i}{N}xy}\,\psi(x)$$

6.2.2 양자 푸리에 변환 회로

QFT의 사용법은 다음 절에서 살펴보기로 하고, 여기서는 QFT를 양자 회로로 구현하는 법을 알아보기로 한다. n-큐비트 기저 상태 $|y\rangle$를 각 큐비트의 기저 상태의 텐서곱으로 표현하면, QFT 변환을 나타내는 식 6-3은 다음과 같이 표현된다.

$$U_{\text{QFT}}|x\rangle = \frac{1}{\sqrt{2^n}} \sum_{y=0}^{2^n-1} e^{\frac{2\pi i}{2^n}xy}\,|y\rangle = \frac{1}{\sqrt{2^n}} \sum_{y_{n-1}=0}^{1} \sum_{y_{n-2}=0}^{1} \cdots \sum_{y_0=0}^{1} e^{2\pi i x \frac{y}{2^n}}\,|y_{n-1}y_{n-2}\cdots y_0\rangle$$

위 식에 $y = y_{n-1}2^{n-1} + y_{n-2}2^{n-2} + \cdots + y_0$을 대입하면, 다음과 같다.

$$U_{\text{QFT}}|x\rangle = \frac{1}{2^{n/2}} \sum_{y_{n-1}=0}^{1} \sum_{y_{n-2}=0}^{1} \cdots \sum_{y_0=0}^{1} e^{2\pi i x \sum_{l=1}^{n} y_{n-l}2^{-l}}\,|y_{n-1} \ldots y_0\rangle$$

$$= \frac{1}{2^{n/2}} \sum_{y_{n-1}=0}^{1} \sum_{y_{n-2}=0}^{1} \cdots \sum_{y_0=0}^{1} \bigotimes_{l=1}^{n} e^{2\pi i x y_{n-l}2^{-l}}\,|y_{n-l}\rangle$$

여기서 텐서곱과 덧셈의 연산 순서를 바꾸면, 위의 식은 다음과 같이 쓸 수 있다.

$$U_{QFT}|x\rangle = \frac{1}{2^{n/2}} \bigotimes_{l=1}^{n} \left[\sum_{y_{n-l}=0}^{1} e^{2\pi i x y_{n-l}2^{-l}}\,|y_{n-l}\rangle \right] = \frac{1}{2^{n/2}} \bigotimes_{l=1}^{n} \left[|0\rangle + e^{2\pi i x 2^{-l}}\,|1\rangle\right]$$

모든 정수 k에 대해 $e^{2\pi i \cdot k} = 1$이기 때문에, 다음 식이 성립한다.

$$e^{2\pi i x 2^{-l}} = e^{2\pi i(2^{n-1-l}x_{n-1}+\cdots+2^0 x_l)}\, e^{2\pi i(2^{-1}x_{l-1}+\cdots+2^{-l}x_0)} = e^{2\pi i(2^{-1}x_{l-1}+\cdots+2^{-l}x_0)}$$

이로부터 위의 QFT 변환식은 다음과 같이 정리된다.

$$U_{QFT}|x\rangle = \frac{|0\rangle + e^{2\pi i x_0 2^{-1}}\,|1\rangle}{\sqrt{2}} \otimes \frac{|0\rangle + e^{2\pi i(x_1 2^{-1}+x_0 2^{-2})}\,|1\rangle}{\sqrt{2}} \otimes \cdots \otimes \frac{|0\rangle + e^{2\pi i(x_{n-1}2^{-1}+\cdots+x_0 2^{-n})}\,|1\rangle}{\sqrt{2}}$$

(식 6-4)

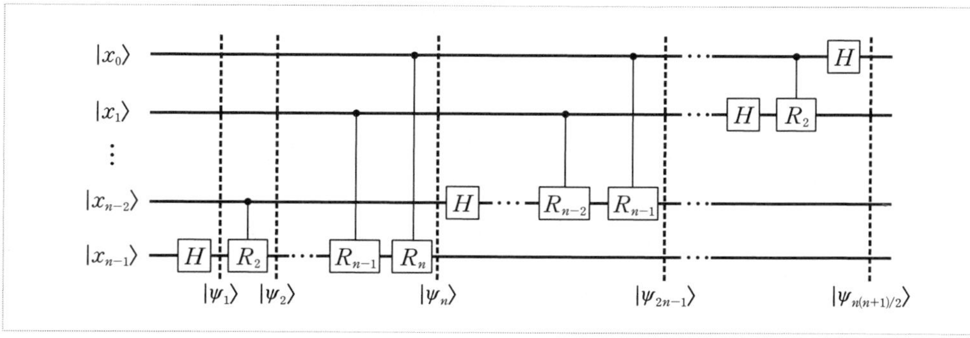

그림 6-6 QFT 회로의 일부분

텐서곱은 일반적인 곱셈과 달리 교환법칙이 성립하지 않는다. 따라서 단일 큐비트 상태 벡터들의 텐서곱 표현에서 순서를 바꾸면 다른 n-큐비트 양자 상태가 된다는 점에 유의하자.

이제 그림 6-6의 양자 회로를 분석해 보고, 이 회로가 위에서 정의한 QFT연산과 어떤 관련이 있는지 살펴보겠다. 이 회로의 게이트 R_k는 $\lambda = \frac{2\pi}{2^k}$인 위상 편이 게이트 $P(\lambda)$이다. 따라서 R_k의 행렬 표현은 다음과 같다.

$$R_k = \begin{bmatrix} 1 & 0 \\ 0 & e^{2\pi i/2^k} \end{bmatrix}$$

입력 상태 $|x\rangle$에 대하여, 그림 6-6 회로의 단계별 양자 상태를 분석해 보자. $(n-1)$번 큐비트에 H 게이트를 적용한 후의 상태 $|\psi_1\rangle$는 다음과 같이 주어진다.

$$|\psi_1\rangle = \frac{1}{\sqrt{2}}(|0\rangle + e^{2\pi i \cdot x_{n-1}2^{-1}}|1\rangle)|x_{n-2}, \dots, x_0\rangle$$

여기서 $e^{2\pi i \cdot 0 \cdot 2^{-1}} = +1$, $e^{2\pi i \cdot 1 \cdot 2^{-1}} = -1$의 관계식을 사용하였다. 첫 번째 제어(controlled)-R_2 게이트의 작동은 $(n-2)$번 큐비트에 의해 제어되므로 양자 상태 $|\psi_2\rangle$는 다음과 같이 표현할 수 있다.

$$|\psi_2\rangle = \frac{1}{\sqrt{2}}\left(|0\rangle + e^{2\pi i (x_{n-1}2^{-1} + x_{n-2}2^{-2})}|1\rangle\right)|x_{n-2}, \dots, x_0\rangle$$

두 번째 제어-R_3 게이트를 적용한 후의 양자 상태 $|\psi_3\rangle$는 다음과 같다.

$$|\psi_3\rangle = \frac{1}{\sqrt{2}}\left(|0\rangle + e^{2\pi i (x_{n-1}2^{-1} + x_{n-2}2^{-2} + x_{n-3}2^{-3})}|1\rangle\right)|x_{n-2}, \dots, x_0\rangle$$

같은 방식으로 반복하여, $(n-1)$번 큐비트를 타겟으로 하는 제어-R_n 게이트를 적용한 후 양자 상태 $|\psi_n\rangle$는 다음과 같이 표현할 수 있다.

$$|\psi_n\rangle = \frac{1}{\sqrt{2}}\left(|0\rangle + e^{2\pi i\left(x_{n-1}2^{-1}+\cdots+x_0 2^{-n}\right)}|1\rangle\right)|x_{n-2},\ldots,x_0\rangle$$

$(n-1)$번 큐비트의 상태는 회로에서 더 이상 변하지 않으므로, 이 회로를 통해 $(n-1)$번 큐비트의 상태는 다음과 같이 변환된다.

$$|x_{n-1}\rangle \rightarrow \frac{1}{\sqrt{2}}\left(|0\rangle + e^{2\pi i\left(x_{n-1}2^{-1}+\cdots+x_0 2^{-n}\right)}|1\rangle\right)$$

마찬가지로, 나머지 각 큐비트의 상태는 다음과 같이 변환된다.

$$|x_{n-2}\rangle \rightarrow \frac{1}{\sqrt{2}}\left(|0\rangle + e^{2\pi i\left(x_{n-2}2^{-1}+\cdots+x_0 2^{-n+1}\right)}|1\rangle\right)$$

$$|x_{n-3}\rangle \rightarrow \frac{1}{\sqrt{2}}\left(|0\rangle + e^{2\pi i\left(x_{n-3}2^{-1}+\cdots+x_0 2^{-n+2}\right)}|1\rangle\right)$$

$$\vdots$$

$$|x_1\rangle \rightarrow \frac{1}{\sqrt{2}}\left(|0\rangle + e^{2\pi i\left(x_1 2^{-1}+x_0 2^{-2}\right)}|1\rangle\right)$$

$$|x_0\rangle \rightarrow \frac{1}{\sqrt{2}}\left(|0\rangle + e^{2\pi i\left(x_0 2^{-1}\right)}|1\rangle\right)$$

위의 결과를 종합하면, 그림 6-6회로의 출력 상태 $|\psi_{out}\rangle = |\psi_{n(n+1)/2}\rangle$는 다음과 같다.

$$|\psi_{out}\rangle = \frac{1}{\sqrt{2^n}}\left(|0\rangle + e^{2\pi i\left(x_{n-1}2^{-1}+\cdots+x_0 2^{-n}\right)}|1\rangle\right)\left(|0\rangle + e^{2\pi i\cdot\left(x_{n-2}2^{-1}+\cdots+x_0 2^{-n+1}\right)}|1\rangle\right)\cdots\left(|0\rangle + e^{2\pi i x_0 2^{-1}}|1\rangle\right)$$

(식 6–5)

이 출력 상태 $|\psi_{out}\rangle$는 식 6-4의 QFT 연산식에서 텐서곱의 순서가 역순으로 표현된 것이다. 이에 따라 그림 6-6의 회로에 큐비트 순서를 역순으로 만드는 *SWAP* 게이트들을 추가하여, QFT 연산을 구현하는 그림 6-7의 양자 회로를 완성한다.

6.2.3 3-큐비트 양자 푸리에 변환 회로의 구현 예

3-큐비트 QFT 연산을 구현하는 회로를 생성하고, 이 회로에 의해 입력 상태 $|x\rangle = |x_2x_1x_0\rangle = |110\rangle$이 어떻게 변하는지 살펴보겠다. $n = 3$에 대하여 그림 6-8의 QFT 회로를 생성해

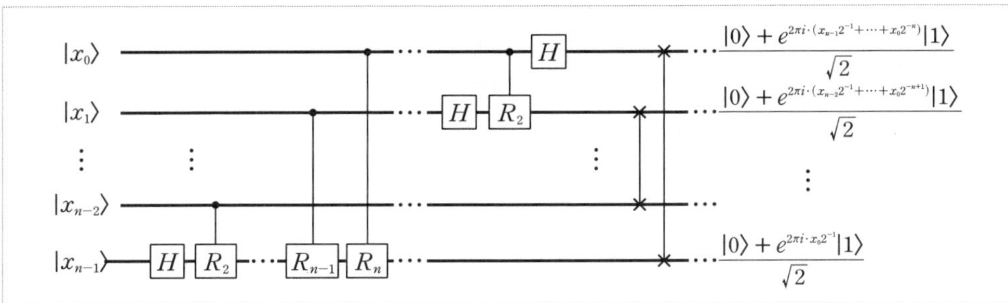

그림 6-7 n-큐비트 QFT 회로

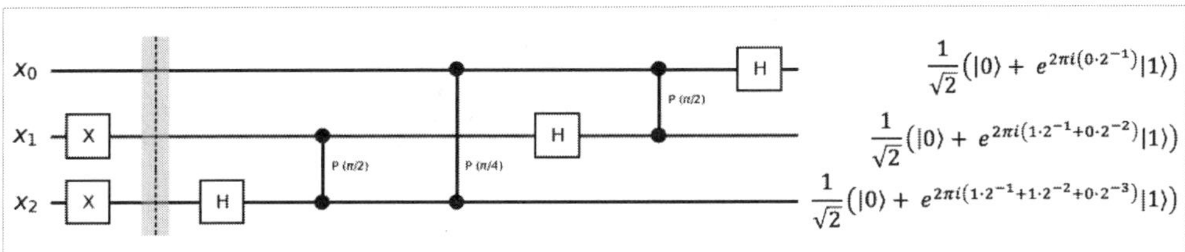

그림 6-8 입력 상태 $|110\rangle$에 대한 3-큐비트 QFT 회로의 일부분

야 하므로 제어-R_2와 제어-R_3 게이트가 필요하다.

단일 큐비트 게이트 $R_k = \begin{bmatrix} 1 & 0 \\ 0 & e^{2\pi i/2^k} \end{bmatrix}$에 대하여, 2-큐비트 게이트인 제어-$R_k$ 게이트를 행렬로 표현하면 다음과 같다.

$$cR_k = \begin{bmatrix} 1 & 0 & 0 & 0 \\ 0 & 1 & 0 & 0 \\ 0 & 0 & 1 & 0 \\ 0 & 0 & 0 & e^{2\pi i/2^k} \end{bmatrix}$$

위의 행렬 표현에서 보듯이, 제어-R_k 게이트는 두 큐비트 상태가 모두 $|1\rangle$인 경우에만 위상이 $e^{2\pi i/2^k}$만큼 변하기 때문에 제어 큐비트와 타겟 큐비트를 구분할 필요가 없다. 따라서 그림 6-8의 회로에서 제어-R_k 게이트는 타겟 큐비트와 제어 큐비트의 구분 없이 동일한 점으로 표시되어 있다.

코드 6-8에서 c 큐비트를 제어 큐비트로 하여 t 큐비트 상태의 위상을 $e^{\lambda i}$ 만큼 변화시키는 Qiskit 함수 `QuantumCircuit.cp`(λ, c, t)를 사용하여 제어-R_k 게이트를 추가한다. 따라서 제어-R_2, 제어-R_3 게이트를 추가하기 위해서, 이 함수의 인자로 각각 $\lambda = \frac{\pi}{2}, \frac{\pi}{4}$를 사용한다. 코드 6-8을 수행하여 그림 6-8의 양자 회로를 생성한다.

```
import numpy as np
from qiskit import QuantumCircuit,QuantumRegister

# 3 qubit 양자 회로를 초기화한다.
qr = QuantumRegister(3,'x')
qc = QuantumCircuit(qr)

# 입력상태를 0b110 로 초기화한다.
qc.x(qr[1:3])
qc.barrier()

# 3 qubit QFT circuit
qc.h(2)
qc.cp(np.pi/2, 1, 2) # cR2
qc.cp(np.pi/4, 0, 2) # cR3
qc.h(1)
qc.cp(np.pi/2, 0, 1) # cR2
qc.h(0)

qc.draw(output='mpl')
```

코드 6-8 그림 6-8의 회로를 생성하는 코드

식 6-5에 따라, 그림 6-8회로의 출력 상태는 다음과 같이 주어진다.

$$|\psi_{out}\rangle = \frac{1}{\sqrt{2^3}}(|0\rangle + e^{2\pi i(1\cdot 2^{-1}+1\cdot 2^{-2}+0\cdot 2^{-3})}|1\rangle)(|0\rangle + e^{2\pi i(1\cdot 2^{-1}+0\cdot 2^{-2})}|1\rangle)(|0\rangle + e^{2\pi i(0\cdot 2^{-1})}|1\rangle)$$

오일러 공식 $e^{\theta i} = \cos\theta + i\sin\theta$을 사용하면, 위의 식은 다음과 같이 정리된다.

$$|\psi_{out}\rangle = \frac{1}{\sqrt{2^3}}(|0\rangle - i|1\rangle)(|0\rangle - |1\rangle)(|0\rangle + |1\rangle)$$

$$= \frac{1}{\sqrt{2^3}}(|000\rangle + |001\rangle - |010\rangle - |011\rangle - i|100\rangle - i|101\rangle + i|110\rangle + i|111\rangle)$$

(식 6-6)

그림 6-9는 그림 6-8 회로의 출력 단계에서 각 큐비트에 대한 측정 결과를 보여준다. 이 측정 결과는 특정 기저 상태가 측정되는 확률 분포를 보여주지만, 이로부터 각 상태의 위상 정보를 확인할 수는 없다. 코드 6-9에서는 `Statevector` 클래스를 사용하여 그림 6-8 회로의 출력 상태 벡터를 확인한다. 이 코드를 수행한 결과는 그림 6-8 회로의 출력 상태가 식 6-6과 같다는 것을 보여 준다.

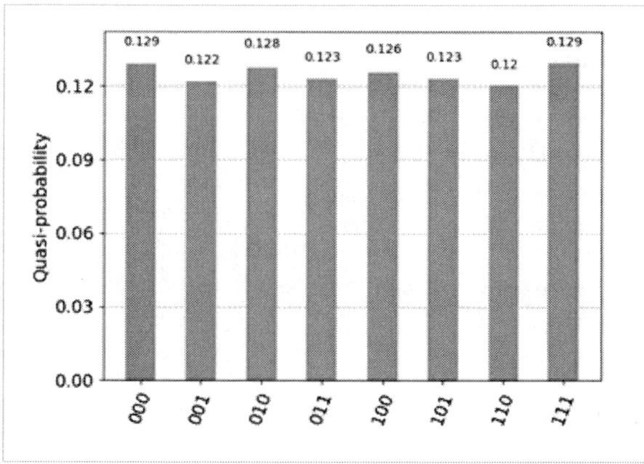

그림 6-9 그림 6-8 회로의 출력 상태에 대한 측정 결과

```
# 회로의 양자 상태를 상태 벡터로 출력
from qiskit.quantum_info import Statevector
sv = Statevector(qc)
sv.draw(output = 'latex')
```

$$\frac{\sqrt{2}}{4}|000\rangle + \frac{\sqrt{2}}{4}|001\rangle - \frac{\sqrt{2}}{4}|010\rangle - \frac{\sqrt{2}}{4}|011\rangle - \frac{\sqrt{2}i}{4}|100\rangle - \frac{\sqrt{2}i}{4}|101\rangle + \frac{\sqrt{2}i}{4}|110\rangle + \frac{\sqrt{2}i}{4}|111\rangle$$

코드 6-9 3-큐비트 QFT 회로(swap 전)의 상태 벡터 출력

식 6-6의 상태가 QFT연산 결과와 같은 상태가 되려면, 큐비트 순서가 역순으로 바뀌어야 한다. 코드 6-10에서는 `QuantumCircuit.swap()` 함수를 호출하여 큐비트 순서를 역순으로 바꾸게 된다. 이 코드 6-10을 실행하여, 그림 6-10과 같은 3-큐비트 QFT 회로를 완성한다.

```
import numpy as np
from qiskit import QuantumCircuit,QuantumRegister

# 3 qubit 양자 회로를 초기화한다.
qr = QuantumRegister(3,'x')
qc = QuantumCircuit(qr)

# 입력상태를 0b110 로 초기화한다.
qc.x(qr[1:3])
qc.barrier()
```

```
# 3 qubit QFT circuit
qc.h(2)
qc.cp(np.pi/2, 1, 2) # cR2
qc.cp(np.pi/4, 0, 2) # cR3
qc.h(1)
qc.cp(np.pi/2, 0, 1) # cR2
qc.h(0)
qc.swap(0,2) # reverse qubit order
qc.draw(output='mpl')
```

코드 6-10 3-큐비트 QFT 코드

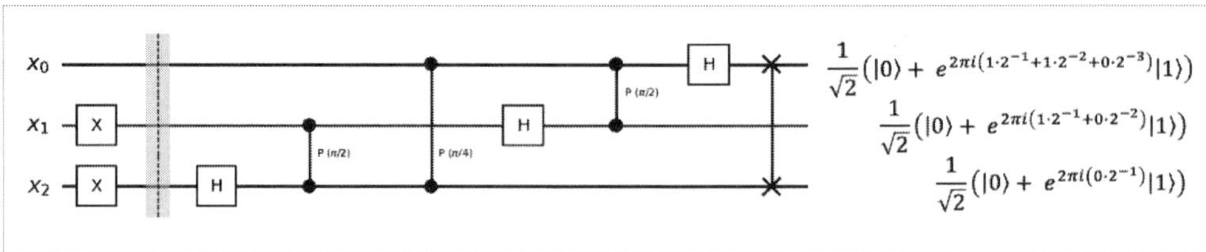

그림 6-10 3-큐비트 QFT 회로

그림 6-10의 3-큐비트 QFT회로의 상태는 다음과 같이 변환된다.

$$|000\rangle \rightarrow |110\rangle \xrightarrow{QFT} \frac{1}{\sqrt{2^3}}(|000\rangle + |100\rangle - |010\rangle - |110\rangle - i|001\rangle - i|101\rangle + i|011\rangle + i|111\rangle)$$

최종 상태는 $|110\rangle$에 대한 QFT 연산 결과와 같다($n = 3, x = 110_2 = 6$).

$$U_{QFT}|110\rangle = \frac{1}{2^{3/2}} \bigotimes_{l=1}^{3} \left[|0\rangle + e^{2\pi i \cdot 6 \cdot 2^{-l}}\ |1\rangle\right]$$

코드 6-11에서 그림 6-10회로의 최종 상태를 상태 벡터로 출력하여, 위와 같은 3-큐비트 QFT 연산이 정확히 이루어졌음을 확인한다.

```
# 회로의 양자 상태를 상태 벡터로 출력
from qiskit.quantum_info import Statevector
sv = Statevector(qc)
sv.draw(output = 'latex')
```

$$\frac{\sqrt{2}}{4}|000\rangle - \frac{\sqrt{2}i}{4}|001\rangle - \frac{\sqrt{2}}{4}|010\rangle + \frac{\sqrt{2}i}{4}|011\rangle + \frac{\sqrt{2}}{4}|100\rangle - \frac{\sqrt{2}i}{4}|101\rangle - \frac{\sqrt{2}}{4}|110\rangle + \frac{\sqrt{2}i}{4}|111\rangle$$

코드 6-11 3-큐비트 QFT 회로의 상태 벡터 출력

6.2.4 QFT 클래스와 역 푸리에 변환

QFT는 Qiskit 패키지에서 `qiskit.circuit.library.QFT` 클래스로 구현되어 있다. QFT 클래스의 객체는 `QuantumCircuit.append()` 혹은 `QuantumCircuit.compose()` 함수의 인자로 사용되어 양자 회로에 추가될 수 있다 (코드 6-12 참조).

```
from qiskit.circuit.library import QFT

# 3 qubit 양자 회로를 초기화한다.
qc = QuantumCircuit(3)

# 입력상태를 0b110 로 초기화한다.
qc.x([1,2])
qft_c = QFT(3)
qc.compose(qft_c, range(3), inplace=True)

qc.draw(output='mpl')
```

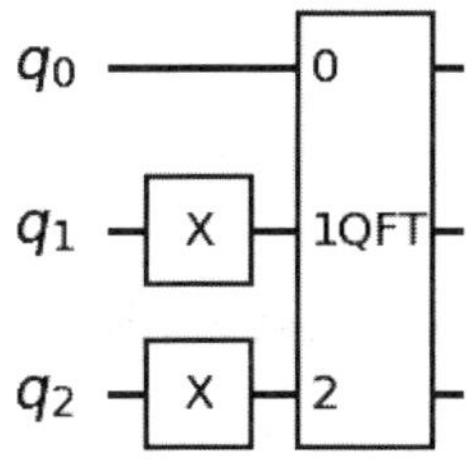

코드 6-12 QFT 클래스를 사용하여 구현한 3-큐비트 QFT회로

한편, $U_{QFT}|x\rangle \rightarrow |x\rangle$의 연산을 역 푸리에 변환(Inverse QFT, IQFT)이라고 하고 연산자 U_{QFT}^{-1}로 표현한다. QFT는 유니터리 연산이기 때문에, $U_{QFT}^{-1} = U_{QFT}^{\dagger}$이다. QFT 클래스의 객체를 생성할 때 `inverse=True` 인자를 사용하여 IQFT 연산을 구현하는 회로를 생성할 수 있다.

어떤 양자 상태에 QFT를 적용하고, 그 QFT 출력 상태에 다시 IQFT를 적용하면 원래 상태가 복원되어야 한다. 이를 상태 $|110\rangle$에 대해 확인하기 위해, 코드 6-12에 IQFT 회로를 추가한 코드인 코드 6-13을 작성했다. 이 코드로부터 생성된 양자 회로를 시뮬레이터에서 실행하였더니, 100%의 확률로 측정값 '110'이 측정되었다(코드 6-14의 출력 참조). 이는 QFT와 IQFT회로가 정상적으로 작동하여 초기 상태 $|110\rangle$이 복원되었음을 확인해 준다.

```
from qiskit.circuit.library import QFT

# 3 qubit 양자 회로를 초기화한다.
qc = QuantumCircuit(3)

# 입력상태를 0b110 로 초기화한다.
qc.x([1,2])

qc.compose(QFT(3), range(3), inplace=True)
qc.compose(QFT(3, inverse=True), range(3), inplace=True)
qc.draw(output='mpl')
```

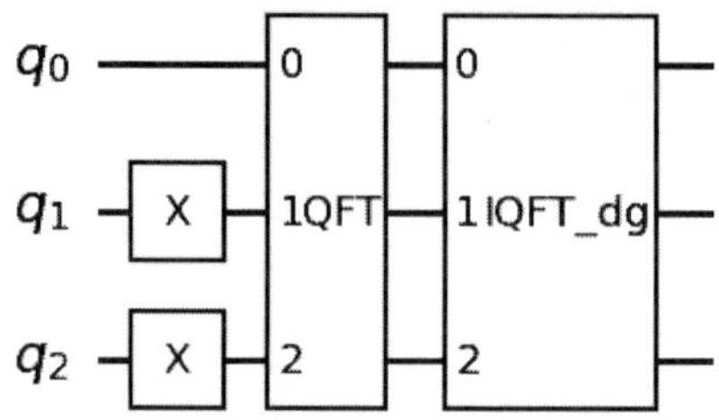

코드 6-13 QFT와 IQFT를 연속적으로 적용한 회로 생성

```
# 2. Add the classical output in the form of measurement of all qubits
qc_measured = qc.measure_all(inplace=False)

# 3. Execute using a simulator
from qiskit.transpiler.preset_passmanagers import generate_preset_pass_manager
from qiskit_ibm_runtime import SamplerV2 as Sampler
from qiskit_aer import AerSimulator
aer_sim = AerSimulator()
pm = generate_preset_pass_manager(backend=aer_sim, optimization_level=1)
isa_circuit = pm.run(qc_measured)
sampler = Sampler(mode=aer_sim)
job = sampler.run([isa_circuit], shots=1000)
result = job.result()
count = result[0].data.meas.get_counts()
print(count)
```

✓ 0.4s

```
{'110': 1000}
```

코드 6-14 QFT와 IQFT를 연속적으로 적용한 회로의 측정 결과

6.3 양자 위상 추정(Quantum Phase Estimation)

양자 위상 추정(Quantum Phase Estimation, QPE)은 특정 유니터리 연산자 U의 고유값의 위상 정보를 추출하는 알고리즘으로, 복소수 $\lambda = e^{2\pi i\theta}$ 형태로 표현되는(3장 고유값과 고유벡터 참조) 고유값 λ의 위상 θ를 찾는 것이 목표이다. QPE 알고리즘은 쇼어의 소인수분해 알고리즘을 비롯한 다양한 양자 알고리즘에서 중요한 역할을 한다.

양자 위상 추정은 다음과 같은 과정을 통해 이루어진다.

1. 고유상태 준비: U의 고유벡터 $|\psi\rangle$를 준비한다. 이 고유벡터에 해당하는 고유값의 위상을 찾을 것이다.
2. 제어 연산과 QFT: 제어-U 게이트를 구현하여 반복적으로 적용하면서 위상 정보를 기록하고, 마지막으로 QFT를 통해 위상 정보를 해독할 수 있도록 변환한다.
3. 위상 정보 추정: QFT 결과로부터 얻어진 정보를 통해 고유값 $\lambda = e^{2\pi i\theta}$의 위상 θ를 결정한다.

6.3.1 양자 위상 추정 회로

그림 6-11는 하나의 제어 큐비트와 n개의 타겟 큐비트로 이루어진 제어-U 게이트를 나타낸다. 제어-U 게이트 cU는 제어 큐비트가 $|0\rangle$ 상태에 있을 경우 타겟 큐비트 상태에 아무런 영향을 주지 않고, 제어 큐비트가 $|1\rangle$일 경우에만 n-큐비트 게이트 U를 타겟 큐비트에 적용한다. 타겟 큐비트가 U의 고유벡터 $|\psi_\theta\rangle$로 초기화된 상태에서, 제어 큐비트가 임의의 상태 $\alpha|0\rangle + \beta|1\rangle$에 있을 때 cU 게이트가 동작하면 전체 회로의 $(n+1)$-큐비트 상태는 다음과 같이 주어진다.

$$cU(\alpha|0\rangle + \beta|1\rangle)|\psi_\theta\rangle = \alpha\,|0\rangle|\psi_\theta\rangle + \beta\,|1\rangle(U|\psi_\theta\rangle) \qquad \text{(식 6-7)}$$

게이트 연산자 U의 고유 상태 $|\psi_\theta\rangle$에 대응하는 고유값을 $e^{2\pi i\theta}$라 하면, $U|\psi_\theta\rangle =$

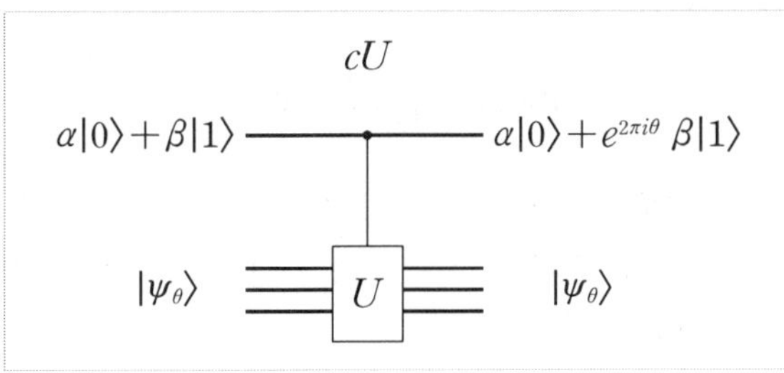

그림 6-11 제어-U 게이트

$e^{2\pi i\theta}|\psi_\theta\rangle$이다. 이를 이용해 위의 식 6-7을 다시 쓰면 다음과 같다.

$$cU(\alpha|0\rangle + \beta|1\rangle)|\psi_\theta\rangle = (\alpha|0\rangle + e^{2\pi i\theta}\,\beta|1\rangle)|\psi_\theta\rangle$$

이에 따라 제어 큐비트의 상태가 다음과 같이 U 게이트의 고유값의 위상 정보를 포함하는 상태로 변환된다.

$$\alpha|0\rangle + \beta|1\rangle \rightarrow \alpha\,|0\rangle + e^{2\pi i\theta}\,\beta|1\rangle$$

연산자 U의 고유값이 $e^{2\pi i\theta}$인 고유벡터 $|\psi_\theta\rangle$는 연산자 U^k의 고유벡터이며, 이때 U^k의 고유값은 $e^{2\pi ik\theta}$이다(아래 식 참조).

$$U^k|\psi_\theta\rangle = U^{k-1}U|\psi_\theta\rangle = U^{k-1}e^{2\pi i\theta}\,|\psi_\theta\rangle = e^{2\pi i\theta}\,U^{k-2}U|\psi_\theta\rangle = \cdots = e^{2\pi ik\theta}\,|\psi_\theta\rangle$$

따라서 $k = 2^j$이면, $U^{2^j}|\psi_\theta\rangle = e^{2\pi i2^j\theta}\,|\psi_\theta\rangle$가 성립한다. 한 개의 제어 큐비트를 가지는 제어-U^{2^j} 게이트 cU^{2^j}에서 타겟 큐비트의 입력 상태를 고유벡터 $|\psi_\theta\rangle$로 하면, 제어 큐비트의 상태는 다음과 같이 변환된다.

$$\alpha|0\rangle + \beta|1\rangle \xrightarrow{cU^{2^j}} \alpha\,|0\rangle + e^{2\pi i2^j\theta}\,\beta|1\rangle$$

이와 같이 타겟 큐비트의 입력 상태가 U 게이트의 고유상태일 때, 제어-U^{2^j} 게이트는 제어 큐비트의 위상을 변화시키는 "위상 킥백" 회로로 작동한다(4장 위상 킥백 회로 참조). 위상 추정 회로는 두 개의 레지스터로 구성되며, 이를 통해 U 게이트의 위상 θ를 추정할 수 있다. 회로의 구성 요소와 입력 상태는 다음과 같다.

- x 레지스터: t개의 평가 큐비트(evaluation qubits)로 구성된 레지스터로 위상 값을 측정하는 데 사용한다. 이 레지스터의 입력 상태는 $|+\rangle^{\otimes t}$ 상태로 준비한다.
- y 레지스터: n-큐비트 레지스터로, 위상을 추정하려는 U 게이트가 적용되는 대상이다. 이 레지스터의 입력 상태는 U의 고유 벡터인 $|\psi_\theta\rangle$로 준비한다.

이에 따라 위상 추정 회로의 입력 상태는 다음과 같이 주어진다.

$$|\Psi_{in}\rangle = |\psi_\theta\rangle\,|+\rangle^{\otimes t}$$

위상 θ는 $0 \le \theta < 1$의 범위에 있다. 이 절에서는 위상 θ가 이진 표현 $\theta = \frac{x}{2^t}$ $(0 \le x < 2^t)$로 나타낼 수 있는 경우의 위상 추정을 다루고, θ가 이러한 형태가 아닌 경우에 대해서는 다음 절에서 자세히 다룰 것이다.

그림 6-12의 회로는 위에서 정의한 x, y레지스터로 구성되어 있으며, U 게이트의 위

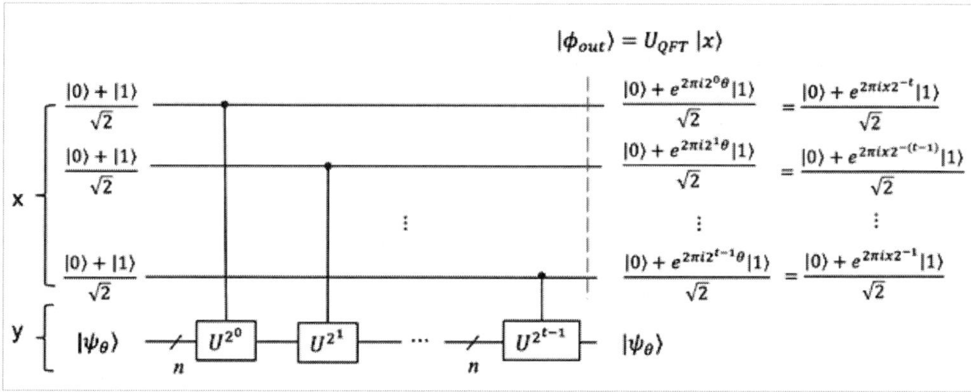

그림 6-12 n-큐비트 게이트 U의 위상을 t개의 평가 큐비트로 측정하는 회로의 1단계

상을 효과적으로 추정하는 양자 위상 추정 회로의 구조를 보여 준다. 이 회로에서 x 레지스터의 k번째 큐비트 x_k는 U^{2^k} 연산에 대한 위상 킥백 회로(그림 6-11)의 제어 큐비트 역할을 하기 때문에, 회로에 의한 상태 변화는 다음과 같이 주어진다($\theta = x2^{-t}$).

$$\text{큐비트 } x_k\text{: } \frac{1}{\sqrt{2}}(|0\rangle + |1\rangle) \rightarrow \frac{1}{\sqrt{2}}\left(|0\rangle + e^{2\pi i 2^k \theta}|1\rangle\right) = \frac{1}{\sqrt{2}}\left(|0\rangle + e^{2\pi i x 2^{-t+k}}|1\rangle\right)$$

따라서 x 레지스터의 출력 상태 $|\phi_{out}\rangle$는 다음과 같이 표현된다.

$$\begin{aligned}|\phi_{out}\rangle &= \frac{1}{\sqrt{2^t}}(|0\rangle + e^{2\pi i x 2^{-1}}|1\rangle) \otimes \cdots \otimes (|0\rangle + e^{2\pi i x 2^{1-t}}|1\rangle) \otimes (|0\rangle + e^{2\pi i x 2^{-t}}|1\rangle) \\ &= \frac{1}{2^{t/2}} \bigotimes_{l=1}^{t} \left[|0\rangle + e^{2\pi i x 2^{-l}}|1\rangle\right] = U_{QFT}|x\rangle\end{aligned}$$

(식 6-8)

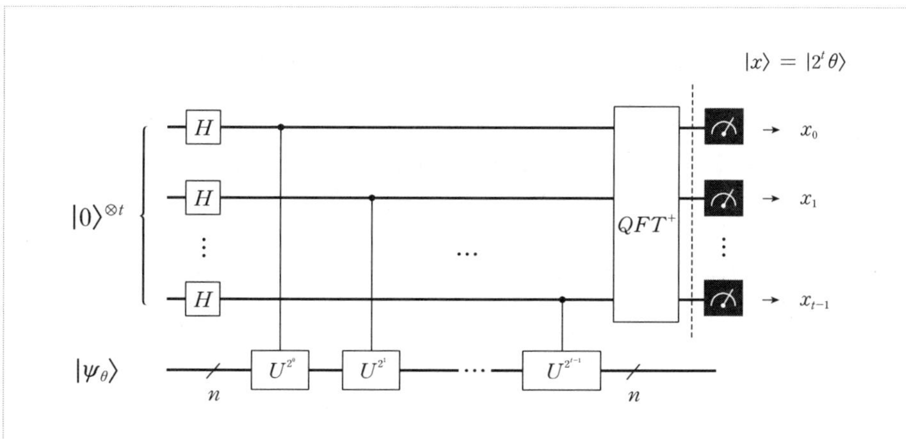

그림 6-13 n-큐비트 게이트 U의 위상을 t개의 평가 큐비트로 측정하는 QPE회로

즉, $|\phi_{out}\rangle = U_{QFT}|x\rangle$이다. 따라서, 그림 6-12 회로의 x 레지스터에 t-큐비트 IQFT를 적용한 후 측정하면 측정값은 100% 확률로 x가 된다(그림 6-13 참조). 측정값 x를 사용하여 고유값의 위상 $\theta = \frac{x}{2^t}$를 추정할 수 있다. 이 때 위상 θ를 2진수 실수로 표현하면 다음과 같다.

$$\theta = x2^{-t} = x_{t-1}2^{-1} + \cdots + x_1 2^{-(t-1)} + x_0 2^{-t} = 0.x_{t-1}x_{t-2}\cdots x_1 x_0$$

6.3.2 양자 위상 추정 회로의 코드 구현

이제부터 QPE 알고리즘을 적용해 단일 큐비트 게이트인 T 게이트의 위상 추정을 해 보자. T 게이트는 다음과 같은 행렬로 표현된다.

$$T = \begin{bmatrix} 1 & 0 \\ 0 & e^{\frac{\pi i}{4}} \end{bmatrix}$$

이 행렬은 다음과 같은 고유값과 고유벡터들을 갖는다.

- 고유값 $\lambda_1 = 1$인 경우, 고유벡터는 $|0\rangle$이다.

$$T|0\rangle = \begin{bmatrix} 1 & 0 \\ 0 & e^{\frac{\pi i}{4}} \end{bmatrix} \begin{bmatrix} 1 \\ 0 \end{bmatrix} = 1|0\rangle$$

- 고유값 $\lambda_2 = e^{\frac{\pi i}{4}}$인 경우, 고유벡터는 $|1\rangle$이다.

$$T|1\rangle = \begin{bmatrix} 1 & 0 \\ 0 & e^{\frac{\pi i}{4}} \end{bmatrix} \begin{bmatrix} 0 \\ 1 \end{bmatrix} = e^{\frac{i}{4}}|1\rangle$$

여기서 $\lambda_2 = e^{\frac{\pi i}{4}} = e^{2\pi i\theta}$이므로, 고유값 λ_2에 대한 QPE회로를 통해 추정되는 위상은 $\theta = \frac{1}{8} = \frac{001}{2^3}$이다. 이를 위해선 y 레지스터의 입력 상태를 $|\psi_\theta\rangle = |1\rangle$로 초기화하고, 세 개의 큐비트($t = 3$)로 이루어진 x 레지스터의 입력 상태는 $|+\rangle^{\otimes 3}$로 준비되어야 한다.

```
# phase estimation circuit
import numpy as np
from qiskit import QuantumCircuit, QuantumRegister, ClassicalRegister
from qiskit.circuit.library import QFT

t = 3
n = 1
qx = QuantumRegister(t,'qx')
qy = QuantumRegister(n,'qy')
```

```
c = ClassicalRegister(t,'c')
qpe = QuantumCircuit(qx, qy, c)

phase = 1/8
qpe.x(qy) # eigenstate |1>
qpe.barrier()
qpe.h(qx)
Un = 1
for qx_i in range(t):
    for i in range(Un):
        qpe.cp(2*np.pi*phase, qx[qx_i], qy)
    Un *= 2

qpe.compose(QFT(t, inverse=True), qx[:], inplace=True)
qpe.measure(qx,c)
qpe.draw(fold=-1, output='mpl')
```

코드 6-15 T 게이트에 대한 QPE 코드

코드 6-15은 T 게이트의 위상 추정을 위해 작성된 QPE 코드이다. 제어-T 게이트를 회로에 추가하기 위해, 제어-위상편이 게이트에 해당하는 Qiskit 함수 `QuantumCircuit.cp()`를 호출하며 위상 편이 인자를 $\frac{\pi}{4}$로 설정하였다. IQFT 회로는 QFT 클래스를 이용하여 구현하였다. 코드 6-15를 실행하면 그림 6-14의 QPE회로가 생성되는 것을 확인할 수 있다. 이 회로를 시뮬레이터에서 실행하면 측정 결과는 그림 6-15의 분포를 가진다. 즉, 100% 확률로 '001'이 측정되며, 이는 $\theta = \frac{001}{2^3} = \frac{1}{8}$임을 확인해 준다.

6.3.3 양자 위상 추정의 출력 분포

연산자 U의 고유값의 위상 θ가 $\frac{x}{2^t}$의 형태가 아닌 경우에는, 즉, θ를 이진 표현으로 정확하게 나타낼 수 없는 경우에는, QPE 알고리즘을 통해 얻는 추정 값은 평가 큐비트의 수에 따라 결정되는 확률 분포를 따르게 된다(부록 C 참조). 이 절에서는 그 예로서 $\theta = \frac{1}{3}$인 경우를 살펴보겠다. 위상 $\theta = \frac{1}{3}$은 고유값 $e^{2\pi i/3}$에 해당하며, 따라서 위상-편이 게이트

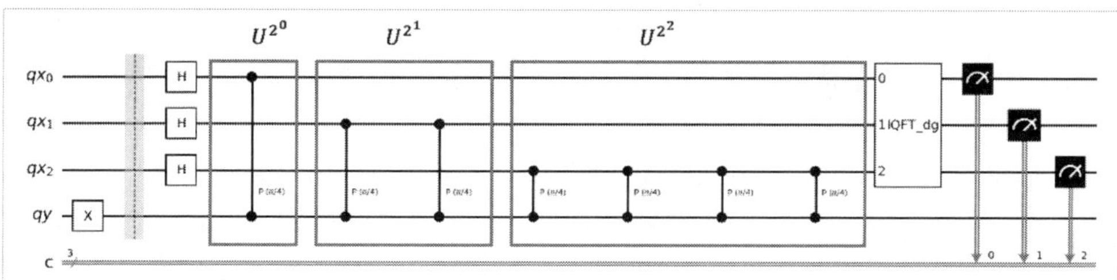

그림 6-14 T 게이트에 대한 QPE 회로

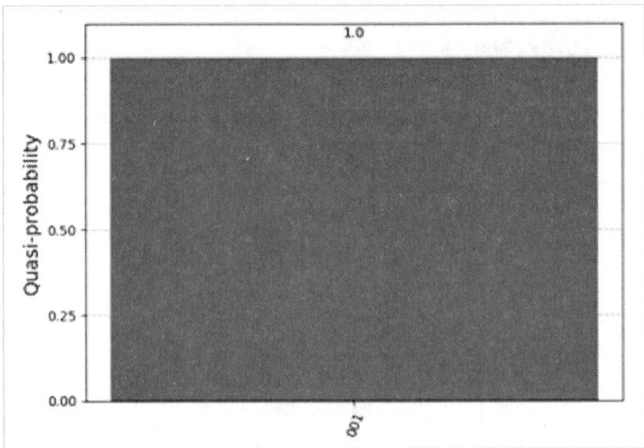

그림 6-15 T 게이트의 QPE 회로 측정 결과

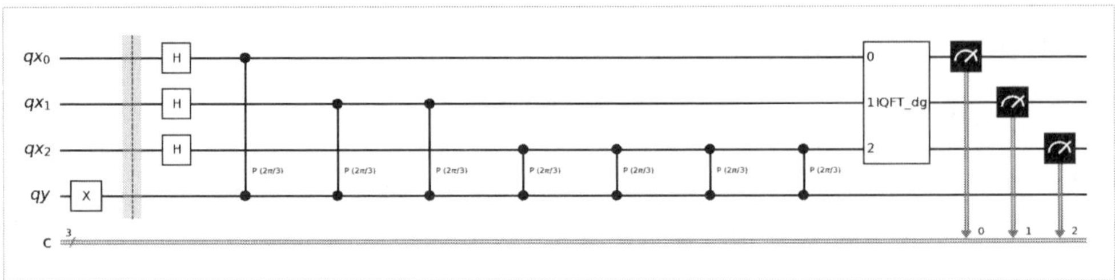

그림 6-16 $P(\frac{2\pi}{3})$ 게이트에 대한 QPE 회로 (t = 3인 회로)

$P(\frac{2\pi}{3})$의 고유벡터 $|1\rangle$에 대응하는 고유값의 위상이다. 아래에서는 $P(\frac{2\pi}{3})$ 게이트에 대한 QPE 코드를 작성하고, 이를 실행하여 위상 θ를 추정할 것이다.

코드 6-15에서 `QuantumCircuit.cp()` 함수의 첫 번째 인자를 결정하는 변수 `phase`를 1/3로 설정하면, 생성되는 회로는 그림 6-16과 같은 위상-편이 게이트 $P(\frac{2\pi}{3})$에 대한 QPE회로이다. 이 회로는 세 개의 평가 큐비트를(t = 3) 사용하여 위상을 추정하는 회로이기 때문에 측정값은 $x_{측정} \in \{0,1\}^3$이다. 이 회로를 시뮬레이터에서 10,000번 실행하여 얻은 측정값 $x_{측정}$의 분포가 그림 6-17의 막대 그래프에 나타나 있다. 이로부터 '011'이 가장 높은 빈도로 측정되었고, '010'이 두 번째로 높은 빈도로 측정됨을 알 수 있다. $\theta = \frac{x}{2^3}$ (t = 3)의 관계로부터, 측정값 '011'과 '010'은 각각 위상 추정 값 $\frac{3}{8}$, $\frac{2}{8}$에 해당한다. 이로부터 θ의 참값 $\frac{1}{3}$에 가까울 수록 추정되는 빈도가 더 높게 나타난 것을 확인할 수 있다.

다섯 개의 평가 큐비트를 사용하여 $P(\frac{2\pi}{3})$ 게이트의 위상을 추정하기 위해, 코드 6-15에서 변수 t를 5로 설정하여 생성된 회로가 그림 6-18의 회로이다. 이 회로의 측정 결과는 그림 6-19에 나타나 있다. '01011'과 '01010'이 가장 높은 빈도로 측정된 것은 $\theta = \frac{1}{3}$

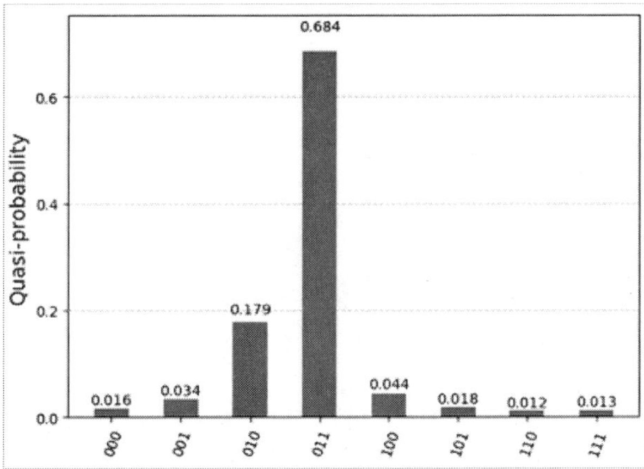

그림 6-17 $P(\frac{2\pi}{3})$ 게이트의 측정 결과 분포(t = 3)

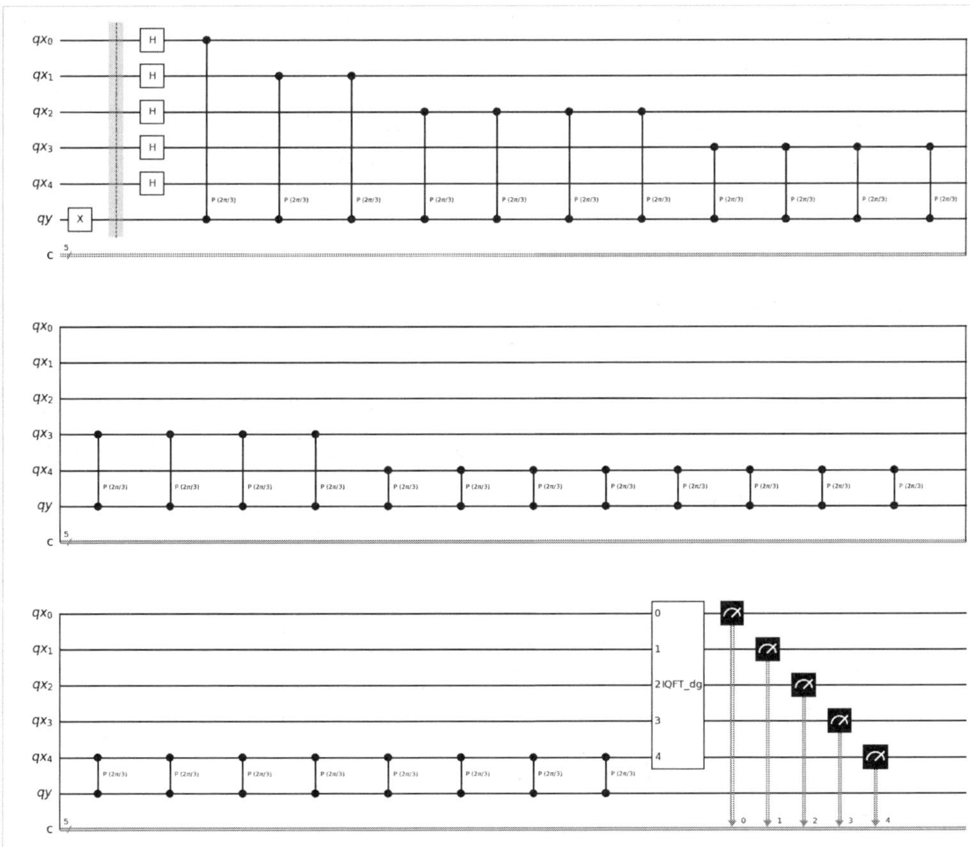

그림 6-18 $P(\frac{2\pi}{3})$ 게이트에 대한 QPE 회로 (t = 5인 경우)

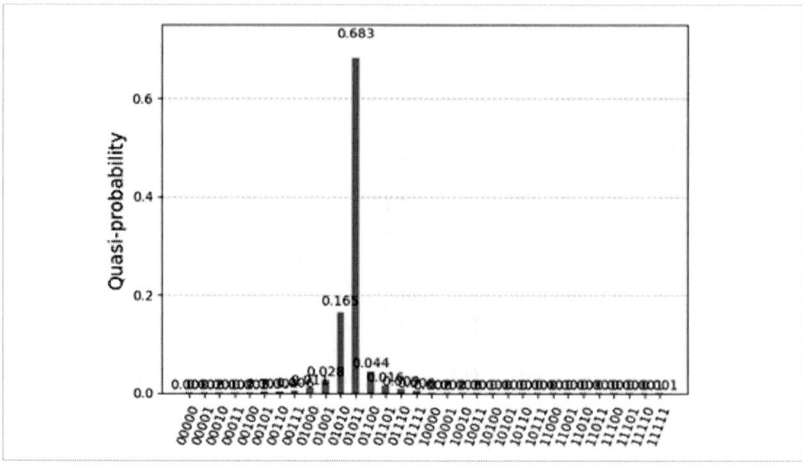

그림 6-19 $P(\frac{2\pi}{3})$ 게이트에 대한 QPE회로의 측정 결과 분포 (t = 5인 경우)

의 참값에 가까울 수록 추정 빈도가 더 높아지는 것을 다시 확인해 준다. 이상 살펴본 바와 같이, 위상 θ를 이진 표현으로 정확하게 나타낼 수 없는 경우에는 QPE로부터 추정된 위상 값이 평가 큐비트의 수에 따라 결정되는 확률 분포를 따르며, 평가 큐비트의 수를 늘릴수록 추정 값의 정확도가 향상된다. 위상 θ가 $\frac{x}{2^t}$로 표현할 수 없는 경우, 평가 큐비트의 개수 t에 따라 이론적으로 예측되는 위상 추정 값의 확률 분포는 부록 C에서 찾아볼 수 있다.

6.3.4 n-큐비트 게이트의 양자 위상 추정 회로

앞 절에서는 단일-큐비트 게이트인 T 게이트와 $P(\frac{2\pi}{3})$ 게이트에 대한 QPE 회로를 구현하고 그 위상을 추정하는 코드를 살펴보았다. 이제 멀티-큐비트 게이트의 위상 추정 회로를 구현해 보겠다. 예를 들어, 다음의 2×2 유니터리 행렬로 표현되는 2-큐비트 게이트 U를 고려하자.

$$U = \begin{bmatrix} e^{\frac{2\pi i \cdot 1}{8}} & 0 & 0 & 0 \\ 0 & e^{\frac{2\pi i \cdot 2}{8}} & 0 & 0 \\ 0 & 0 & e^{\frac{2\pi i \cdot 3}{8}} & 0 \\ 0 & 0 & 0 & e^{\frac{2\pi i \cdot 4}{8}} \end{bmatrix}$$

U는 대각 행렬로 표현되기 때문에, 각 대각 원소들이 고유값이고 기저 벡터들이 고유벡터이다. 즉, 고유값 $e^{2\pi i/8}$, $e^{4\pi i/8}$, $e^{6\pi i/8}$, $e^{8\pi i/8}$에 해당하는 고유벡터는 각각 $|00\rangle$

, |01⟩, |10⟩, |11⟩이다. 코드 6-16에서는 `NumPy`를 이용하여 U행렬을 생성하고, `qiskit.visualization.array_to_latex()` 함수를 사용하여 latex 수식 형식으로 출력한다.

```
U = [[np.exp(2j*np.pi/8), 0, 0, 0],
     [0, np.exp(2j*np.pi*2/8), 0, 0],
     [0, 0, np.exp(2j*np.pi*3/8), 0],
     [0, 0, 0, np.exp(2j*np.pi*4/8)]]

from qiskit.visualization import array_to_latex
array_to_latex(U, prefix="U = ",max_size=16)
```

✓ 0.2s

$$U = \begin{bmatrix} \frac{\sqrt{2}}{2} + \frac{\sqrt{2}i}{2} & 0 & 0 & 0 \\ 0 & i & 0 & 0 \\ 0 & 0 & -\frac{\sqrt{2}}{2} + \frac{\sqrt{2}i}{2} & 0 \\ 0 & 0 & 0 & -1 \end{bmatrix}$$

코드 6-16 행렬 U를 만들고 latex 수식 형식으로 출력하는 코드

코드 6-17에서 `QuantumCircuit.unitary()` 함수를 사용하여 이용하여, 코드 6-16에서 생성한 유니터리 연산 U를 구현하는 양자 회로 `Ucircuit`을 생성한다. 이 회로를 `QuantumCircuit.draw()` 함수를 통해 시각화 하면 그림 6-20과 같다.

```
Ucircuit = QuantumCircuit(2)
Ucircuit.unitary(U, [0,1])
Ucircuit.draw(output='mpl')
```

코드 6-17 U 행렬의 양자 회로를 만드는 코드

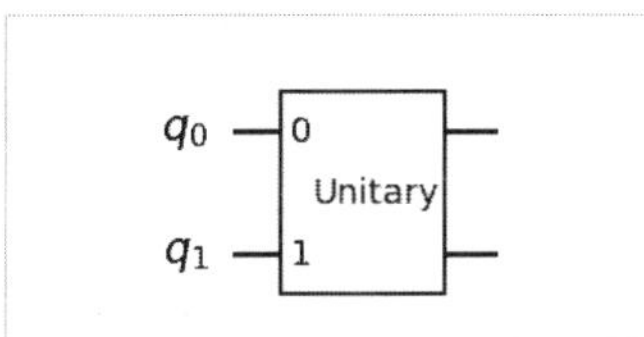

그림 6-20 U 행렬의 양자 회로

코드 6-18은 `QuantumCircuit.to_gate()` 함수를 사용해 `Ucircuit`을 하나의 양자 게이트(`qiskit.circuit.Gate`) 객체로 변환한 후, 제어 큐비트를 추가하여 제어-U 게이트를 생성한다. 생성된 제어-U 게이트는 3-큐비트 양자 회로에 추가된다. 이 코드는

다음과 같은 작업을 수행한다.

1. `Ucircuit` 객체와 같은 연산을 구현하는 게이트(`Gate`) 객체를 생성한다.
2. `Gate.control(m)` 함수를 통해 `Ugate` 객체에 `m`개의 제어 큐비트를 추가하여 제어-*U* 게이트 객체 `cUgate`를 생성한다(m=1).
3. `cUgate`를 3-큐비트 회로 `qc`에 추가하여 QPE 회로의 일부로 만든다.

이와 같은 과정을 거쳐 코드 6-18은 그림 6-21과 같은 양자 회로를 생성한다.

```
# Ucircuit 을 Gate 객체 Ugate 로 만들고 이름을 "U"로 정한다.
Ugate = Ucircuit.to_gate()
Ugate.name = "U"

# 제어-U 게이트 cUgate 를 만들고 양자 회로 qc 에 연결한다.
cUgate = Ugate.control(1)
qc = QuantumCircuit(3)
qc.append(cUgate, [0,1,2]) # q0 is control
qc.draw(output='mpl')
```

코드 6-18 제어-*U* 게이트를 만들고 3-큐비트 양자 회로에 추가하는 코드

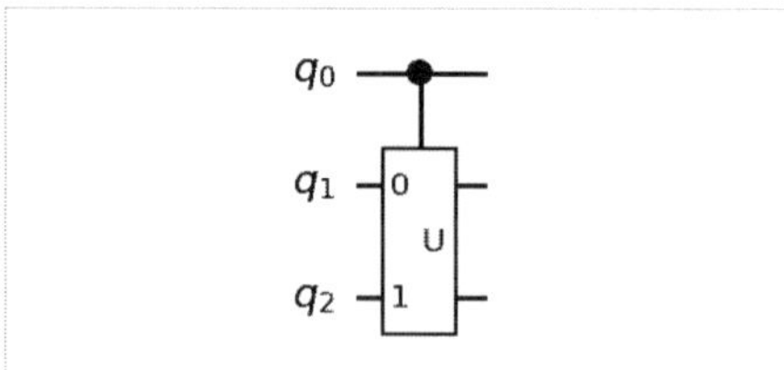

그림 6-21 제어-*U* 게이트를 사용한 회로

코드 6-19는 위에서 생성한 제어-*U* 게이트를 사용하여, *U* 게이트에 대한 위상 추정 회로를 구현하는 코드이다. for 반복문을 사용하여 `qpe` 회로에 `cUgate`를 추가할 때, 제어 큐비트는 x_i 큐비트이고 타겟 큐비트는 y_1, y_0이다. 측정 대상인 평가 큐비트의 개수를 나타내는 변수 *t*는 3으로 설정되었다. 코드 6-19에 의해 구현된 QPE 회로가 그림 6-22에 나타나 있다.

```
# 2-qubit U gate 의 QPE 회로
import numpy as np
from qiskit import QuantumCircuit, QuantumRegister, ClassicalRegister
from qiskit.circuit.library import QFT
```

```
t = 3
n = 2
qx = QuantumRegister(t,'x')
qy = QuantumRegister(n,'y')
c = ClassicalRegister(t,'c')
qpe = QuantumCircuit(qx, qy, c)

qpe.x(qy[0]) # 고유벡터 |01>
qpe.barrier()
qpe.h(qx)
Un = 1
for qx_i in range(t):
    for i in range(Un):
        qpe.append(cUgate, [qx[qx_i], qy[0], qy[1]]); # controlled-U
    Un *= 2

qpe.compose(QFT(t, inverse=True), qx[:], inplace=True)
qpe.measure(qx,c)
qpe.draw(fold=-1, output='mpl')
```

코드 6-19 2-큐비트 U 게이트에 대한 QPE 코드

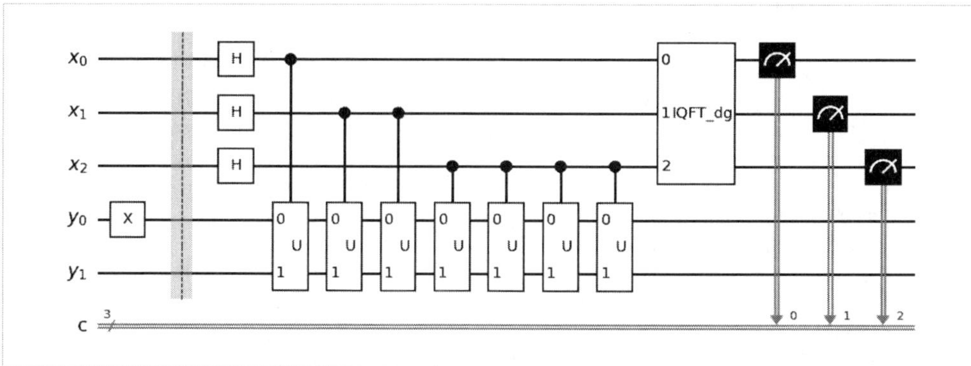

그림 6-22 2-큐비트 U 게이트의 QPE 회로

그림 6-22의 회로에서는 X 게이트를 사용하여, y 레지스터의 QPE 입력 상태를 $|y_1 y_0\rangle = |01\rangle$로 설정한다. 상태 벡터 $|01\rangle$는 고유값이 $e^{\frac{2\pi i \cdot 2}{8}}$인 U의 고유벡터이기 때문에, 이 회로를 통해 추정하게 될 위상은 $\theta = \frac{2}{8} = \frac{010}{2^3}$이다. 그림 6-22의 QPE 회로를 시뮬레이터에서 실행하면, 측정값은 100%의 확률로 '010' 이 된다. 이에 반해, y 레지스터의 QPE 입력 상태를 U 연산자의 또다른 고유벡터 $|y_1 y_0\rangle = |00\rangle, |10\rangle, |11\rangle$로 설정하고 이 회로를 실행하면, 측정값은 각각 '001','011','100'이 될 것이다. 이는 각 고유벡터에 해당하는 고유값의 위상 $\theta = \frac{001}{2^3}, \frac{011}{2^3}, \frac{100}{2^3}$에 대한 정확한 추정 값을 제공한다.

6.3.5 PhaseEstimation 클래스

QPE 회로는 Qiskit패키지에 `qiskit.circuit.library.PhaseEstimation` 클래스로 구현되어 있다. `PhaseEstimation` 클래스를 생성하는 함수는 다음과 같이 네 개의 인자를 사용한다.

```
class qiskit.circuit.library.PhaseEstimation(num_evaluation_qubits, unitary, iqft=None, name='QPE')
```

- 첫 번째 인자 `num_evaluation_qubits`: 양자 위상 추정에서 측정하려는 위상의 정보를 갖고 있는 큐비트, 즉, 평가 큐비트의 갯수 `t`를 나타낸다.
- 두 번째 인자 `unitary`: 위상 추정의 대상인 게이트 객체를 나타낸다.
- 세 번째 인자 `iqft`: 위상 추정 과정에서 사용될 IQFT 회로를 나타낸다.
- 네 번째 인자 name: 생성되는 QPE회로 객체의 이름을 나타낸다.

코드 6-20에서는 `PhaseEstimation` 클래스를 사용하여 코드 6-19의 2-큐비트 U 게이트에 대한 QPE 회로를 대체하였다.

```
# phase estimation using PhaseEstimation class with QFT
from qiskit.circuit.library import QFT,PhaseEstimation
t = 3
n = 2
qx = QuantumRegister(t,'x')
qy = QuantumRegister(n,'y')
c = ClassicalRegister(t,'c')
qpe = QuantumCircuit(qx, qy, c)
qpe.x(qy[0]) # input state = |1>
qpe.append(PhaseEstimation(t,Ugate,QFT(t,inverse=True)),qx[:]+qy[:])
qpe.measure(qx,c)
qpe.draw(output='mpl',fold=-1)
```

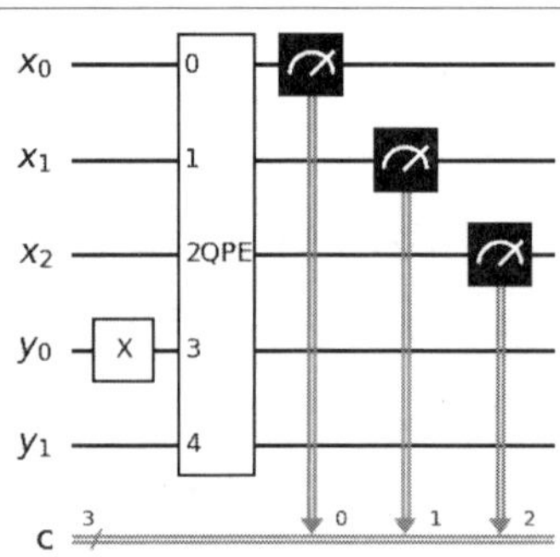

코드 6-20 PhaseEstimation 클래스 사용의 예

PhaseEstimation 클래스를 사용할 때 한 가지 주의할 점이 있다. PhaseEstimation 클래스를 생성할 때 세 번째 인자인 IQFT 회로를 지정하지 않으면, 디폴트 IQFT 회로가 적용된다. 디폴트 IQFT 회로에서는 평가 큐비트의 순서가 SWAP이 되어 있지 않다(6장 양자 푸리에 변환 회로 참조). 예를 들어, 코드 6-21 에서는 세 번째 인자 없이 PhaseEstimation(t, Ugate) 객체를 생성한다. 이 경우에는 평가 큐비트의 순서가 역순으로 되었기 때문에, 평가 큐비트를 측정하고 그 결과를 고전 레지스터에 할당하는 함수 qpe.measure(qx, reversed(c))를 호출할 때 reversed(c)를 인자로 사용한다.

```
# phase estimation using PhaseEstimation class with default QFT
from qiskit.circuit.library import PhaseEstimation
t = 3
n = 2
qx = QuantumRegister(t,'x')
qy = QuantumRegister(n,'y')
c = ClassicalRegister(t,'c')
qpe = QuantumCircuit(qx, qy, c)
qpe.x(qy[0]) # input state = |1>
qpe.append(PhaseEstimation(t,Ugate),qx[:]+qy[:])
qpe.measure(qx,reversed(c))
qpe.draw(output='mpl',fold=-1)
```

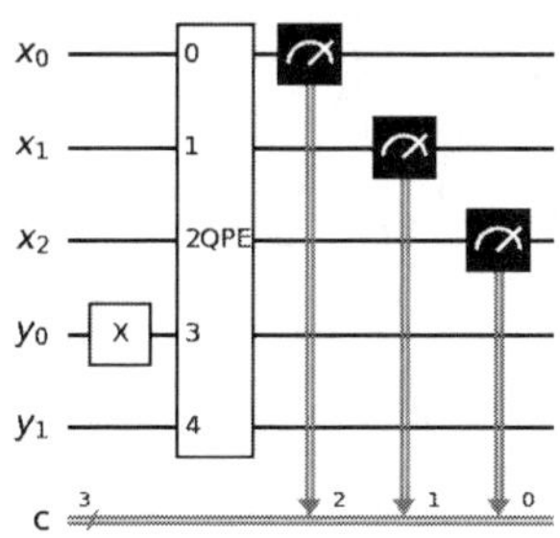

코드 6-21 PhaseEstimation 클래스 사용의 예(default QFT 사용에 의한 큐비트 순서 주의)

6.4 쇼어 알고리즘

쇼어의 소인수분해 알고리즘은 양자 컴퓨팅을 이용해 다항 시간 내에 정수를 소인수 분해하는 알고리즘이다. 이 알고리즘에서 양자 컴퓨팅이 사용되는 부분은 QPE를 이용한 위수(order) 찾기 연산이며, 그 외의 연산은 고전 컴퓨팅을 통해 다항 시간에 수행할 수 있다.

6.4.1 모듈로-N 연산과 위수

서로 소인 두 개의 양의 정수 a와 N에 대해, $a^r \pmod N = 1$을 만족하는 가장 작은 양의 정수 r를 모듈로-N(modulo-N) 연산에 대한 a의 위수(order)라고 한다. 예를 들어 $a = 7, N = 15$인 경우, $7^x \pmod{15}$의 값은 다음과 같다.

$$7^1 \bmod 15 = 7, \qquad 7^2 \bmod 15 = 4, \qquad 7^3 \bmod 15 = 13, \qquad 7^4 \bmod 15 = 1, \ \cdots$$

이로부터 모듈로-15 연산에 대한 7의 위수는 $r = 4$임을 알 수 있다. 즉, 함수 $f(x) = 7^x \pmod{15}$는 그림 6-23과 같이 $1-7-4-13-1-7-4-13-1$를 반복하는 $f(x+r) = f(x)$ 형태의 주기 함수이며, 이 함수의 주기 $r = 4$가 모듈로-15연산에 대한 7의 위수이다. 서로 소인 a, N $(2 \le a < N)$에 대하여, 위수 r의 범위는 $2 \le r \le N$이다.

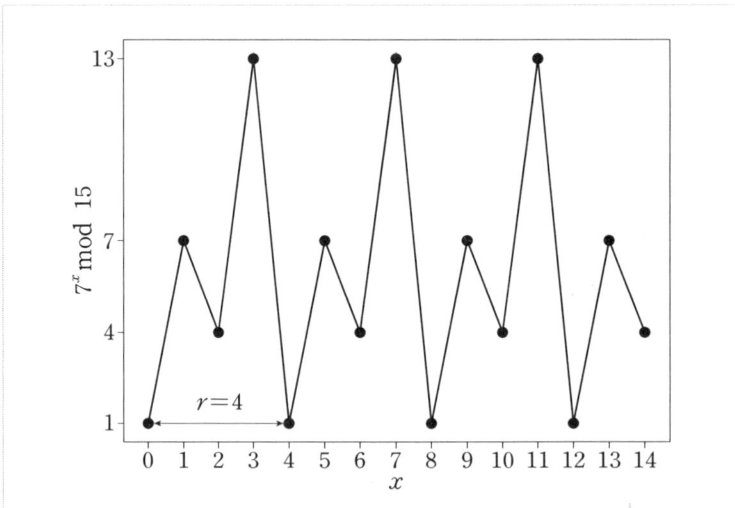

그림 6-23 주기 함수 $f(x) = 7^x \bmod 15$

6.4.2 양자 위상 추정으로 위수 찾기

고전 컴퓨팅에서는 다항 시간에 위수를 찾을 수 있는 알고리즘이 아직 알려져 있지 않다. 반면, 쇼어의 양자 소인수분해 알고리즘에서는 양자 위상 추정(QPE)을 사용하여 다항 시간에 위수를 찾을 수 있다.

n-큐비트 기저 상태 $|y\rangle$에 대해 다음과 같이 정의된 연산자 U를 고려하자.

$$U|y\rangle \equiv |ay \pmod N\rangle$$

여기서 a, N은 서로 소인 양의 정수이며, $a < N$이다. 예를 들어 $a = 7$, $N = 15$인 경우, 연산자 U는 다음과 같이 작동한다.

$$U|0\rangle = |0\rangle,\ U|1\rangle = |7\rangle,\ U|2\rangle = |14\rangle,\ U|3\rangle = |6\rangle$$

$$U|4\rangle = |13\rangle,\ U|5\rangle = |5\rangle,\ U|6\rangle = |12\rangle,\ U|7\rangle = |4\rangle$$

$$U|8\rangle = |11\rangle,\ U|9\rangle = |3\rangle,\ U|10\rangle = |10\rangle,\ U|11\rangle = |2\rangle$$

$$U|12\rangle = |9\rangle,\ U|13\rangle = |1\rangle,\ U|14\rangle = |8\rangle$$

따라서 연산자 U는 다음과 같은 치환 행렬(permutation matrix)로 표현된다.

$$U = \begin{bmatrix}
1&0&0&0&0&0&0&0&0&0&0&0&0&0&0&0\\
0&0&0&0&0&0&0&0&0&0&0&0&0&1&0&0\\
0&0&0&0&0&0&0&0&0&0&0&1&0&0&0&0\\
0&0&0&0&0&0&0&0&0&1&0&0&0&0&0&0\\
0&0&0&0&0&0&0&1&0&0&0&0&0&0&0&0\\
0&0&0&0&0&1&0&0&0&0&0&0&0&0&0&0\\
0&0&0&1&0&0&0&0&0&0&0&0&0&0&0&0\\
0&1&0&0&0&0&0&0&0&0&0&0&0&0&0&0\\
0&0&0&0&0&0&0&0&0&0&0&0&0&0&1&0\\
0&0&0&0&0&0&0&0&0&0&0&0&1&0&0&0\\
0&0&0&0&0&0&0&0&0&0&1&0&0&0&0&0\\
0&0&0&0&0&0&0&0&1&0&0&0&0&0&0&0\\
0&0&0&0&0&0&1&0&0&0&0&0&0&0&0&0\\
0&0&0&0&1&0&0&0&0&0&0&0&0&0&0&0\\
0&0&1&0&0&0&0&0&0&0&0&0&0&0&0&0\\
0&0&0&0&0&0&0&0&0&0&0&0&0&0&0&1
\end{bmatrix}$$

치환 행렬은 $UU^\dagger = I$를 만족하는 유니터리 행렬이기 때문에 양자 연산으로 구현할 수 있다. $U|y\rangle \equiv |ay \pmod N\rangle$로부터 $U^x|1\rangle = |a^x \pmod N\rangle$이다. 모듈로-$N$ 연산에 대한 a의 위수가 r이라면, $U^r|1\rangle = |a^r \pmod N\rangle = |1\rangle$이다. 즉, $U^r|1\rangle = |1\rangle$을 만족하는 가장 작은 양의 정수가 위수 r이다. 예를 들어, $a = 7$, $N = 15$인 경우 다음 관계식이 성립하고, 이에 따라 위수는 $r = 4$이다.

$$U|1\rangle = |7\rangle,\quad U|7\rangle = U^2|1\rangle = |4\rangle,\quad U|4\rangle = U^3|1\rangle = |13\rangle,\quad U|13\rangle = U^4|1\rangle = |1\rangle$$

모듈로-N 연산에 대한 a의 위수 r에 대해 상태 벡터 $|u_0\rangle$를 다음과 같이 정의한다.

$$|u_0\rangle = \frac{1}{\sqrt{r}} \sum_{k=0}^{r-1} |a^k \text{ (mod } N)\rangle$$

이때, a^r (mod N) $= 1 = a^0$ (mod N)이므로 다음 관계식이 성립한다.

$$U|u_0\rangle = \frac{1}{\sqrt{r}} \sum_{k=0}^{r-1} U|a^k \text{ (mod } N)\rangle = \frac{1}{\sqrt{r}} \sum_{k=0}^{r-1} |a^{k+1} \text{ (mod } N)\rangle = \frac{1}{\sqrt{r}} \sum_{k=1}^{r} |a^k \text{(mod } N)\rangle = |u_0\rangle$$

따라서 $|u_0\rangle$는 고유값이 1인 U의 고유벡터이다. 위에서 예로 들은 $a = 7$, $N = 15$인 경우, 위수는 $r = 4$이고 상태 벡터 $|u_0\rangle$는 다음과 같이 주어진다.

$$|u_0\rangle = \frac{1}{\sqrt{4}}(|1\rangle + |7\rangle + |4\rangle + |13\rangle)$$

그런데 $U|u_0\rangle = \frac{1}{\sqrt{4}}(|7\rangle + |4\rangle + |13\rangle + |1\rangle) = |u_0\rangle$이므로, $|u_0\rangle$는 고유값이 1인 U의 고유벡터라는 것이 확인된다.

이번에는 모듈로-N 연산에 대한 a의 위수 r에 대해 상태 $|u_1\rangle$를 다음과 같이 정의한다.

$$|u_1\rangle = \frac{1}{\sqrt{r}} \sum_{k=0}^{r-1} e^{\frac{-2\pi ik}{r}} |a^k \text{ (mod } N)\rangle$$

위와 같이 정의한 상태 벡터 $|u_1\rangle$은 고유값이 $e^{\frac{2\pi i}{r}}$인 U의 고유벡터이다(아래 식 참조).

$$U|u_1\rangle = \frac{1}{\sqrt{r}} \sum_{k=0}^{r-1} e^{\frac{-2\pi ik}{r}} U|a^k \text{ (mod } N)\rangle = \frac{1}{\sqrt{r}} \sum_{k=0}^{r-1} e^{\frac{-2\pi i(k+1)}{r}} \cdot e^{\frac{2\pi i}{r}} |a^{k+1} \text{ (mod } N)\rangle$$
$$= e^{\frac{2\pi i}{r}} \frac{1}{\sqrt{r}} \sum_{k=1}^{r} e^{\frac{-2\pi ik}{r}} |a^k \text{ (mod } N)\rangle = e^{\frac{2\pi i}{r}} |u_1\rangle$$

위의 결과를 정수 s $(0 \le s < r)$에 대해 일반화하면, 다음과 같이 정의된 상태 벡터 $|u_s\rangle$는 고유값이 $e^{\frac{2\pi is}{r}}$인 U의 고유벡터임을 쉽게 확인할 수 있다.

$$|u_s\rangle = \frac{1}{\sqrt{r}} \sum_{k=0}^{r-1} e^{\frac{-2\pi isk}{r}} |a^k \text{ (mod } N)\rangle$$

그림 6-13의 QPE회로를 적용하면, 고유값 $e^{\frac{2\pi is}{r}}$의 위상 $\theta = \frac{s}{r}$ $(0 \le s < r)$를 추정할 수 있을 것이다. 하지만, 이와 같이 양자 위상 추정을 하기 위해서는 U 게이트가 작동하는

큐비트의 입력 상태가 고유상태 $|u_s\rangle$로 준비되어야 한다. 위수 r도 모르면서, 고유상태 $|u_s\rangle = \frac{1}{\sqrt{r}} \sum_{k=0}^{r-1} e^{\frac{-2\pi isk}{r}}|a^k \pmod N\rangle$를 구현할 수는 없다. 이러한 어려움을 피하기 위해 $|u_s\rangle$가 갖고 있는 다음과 같은 성질을 이용할 수 있다(아래 증명 참조).

$$\frac{1}{\sqrt{r}} \sum_{s=0}^{r-1} |u_s\rangle = |1\rangle$$

증명

$$\frac{1}{\sqrt{r}} \sum_{s=0}^{r-1} |u_s\rangle = \frac{1}{r}\sum_{s=0}^{r-1}\sum_{k=0}^{r-1} e^{\frac{-2\pi isk}{r}}|a^k \pmod N\rangle = \frac{1}{r}\sum_{k=0}^{r-1}\left(\sum_{s=0}^{r-1} e^{\frac{-2\pi isk}{r}}\right)|a^k \pmod N\rangle$$

여기서 다음 관계식이 성립한다.

$$\sum_{s=0}^{r-1} e^{\frac{-2\pi isk}{r}} = \sum_{s=0}^{r-1}\left(\cos\left(2\pi k\cdot\frac{s}{r}\right) - i\sin\left(2\pi k\cdot\frac{s}{r}\right)\right) = r\delta_{k,0} = \begin{cases} r & \text{if } k = 0 \\ 0 & \text{if } k \neq 0 \end{cases}$$

이를 적용하면 다음과 같이 증명이 마무리된다.

$$\frac{1}{\sqrt{r}} \sum_{s=0}^{r-1} |u_s\rangle = \frac{1}{r}\sum_{k=0}^{r-1} r\,\delta_{k,0}|a^k \pmod N\rangle = |a^0 \pmod N\rangle = |1\rangle$$

$$\therefore \frac{1}{\sqrt{r}} \sum_{s=0}^{r-1} |u_s\rangle = |1\rangle$$

그림 6-24와 같은 QPE 회로를 구성하고, 제어-U 게이트의 타겟 큐비트(y 레지스터)의 상태를 $|1\rangle$로 초기화한다. 양자 위상 추정 알고리즘에 따라, t개의 평가 큐비트로 이루어진 x 레지스터의 출력 상태 $|\psi_{out}\rangle$는 다음과 같이 주어진다.

$$|\psi_{out}\rangle \approx \frac{1}{\sqrt{r}} \sum_{s=0}^{r-1} \left|2^t \frac{s}{r}\right\rangle$$

이에 따라 평가 큐비트에 대한 측정값으로부터 $2^t \cdot \frac{s}{r}$ $(s = 0,1,\ldots,r-1)$ 중 하나의 값을 추정할 수 있고, 이로부터 위수 r에 대한 정보를 얻을 수 있다.

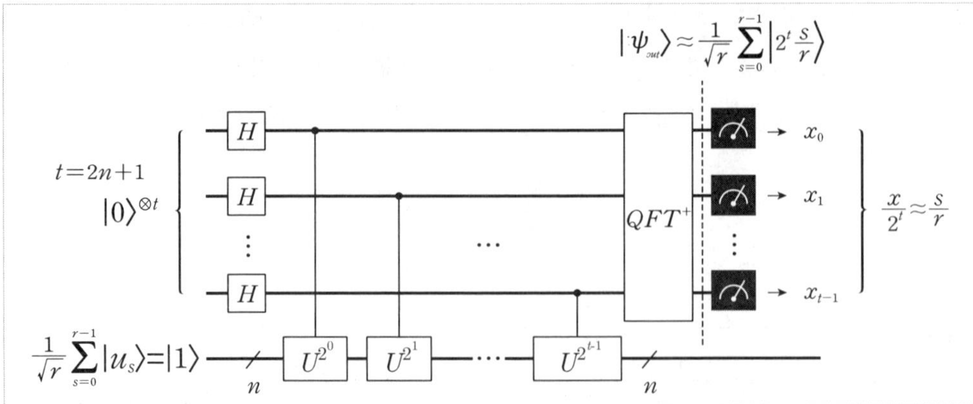

그림 6-24 쇼어의 소인수분해에 사용되는 QPE 회로의 입력 및 출력 상태

6.4.3 위상 추정과 위수 찾기

위에서 살펴보았듯이, t개의 평가 큐비트를 가진 그림 6-24의 QPE 회로의 측정값 x는 $\frac{x}{2^t} \approx \theta = \frac{s}{r}$ $(s = 0,1, \ldots, r-1)$ 관계를 만족한다. 이 관계를 사용하여, 측정값으로부터 위수 r를 찾는 방법을 자세히 살펴보겠다.

(a) 양자 레지스터의 크기 결정

그림 6-24의 양자 위상 추정 회로에서는 x 레지스터의 크기, 즉, 평가 큐비트의 개수 t를 적절히 설정해야 한다. t-비트 정수인 측정값 x로부터 위상 θ를 추정할 때, 관계식 $\theta = \frac{s}{r} \approx x2^{-t}$를 사용한다. 여기서 $s = 0,1, \cdots, (r-1)$이고 $r = 2,3, \cdots, N$이다. 위상 $\theta = \frac{s}{r}$가 가질 수 있는 값 사이의 간격이 가장 작은 경우는 $\theta_N = \frac{1}{N}$과 $\theta_{N-1} = \frac{1}{N-1}$ 사이이다. 즉, 인접한 θ값 사이의 간격 $\Delta\theta$의 최소값은 다음과 같다.

$$\Delta\theta_{최소} = \theta_{N-1} - \theta_N = \frac{1}{N-1} - \frac{1}{N} \approx N^{-2}$$

측정값 $x2^{-t}$으로부터 $\theta = \frac{s}{r}$의 가능한 값 중 하나를 명확히 추정할 수 있도록 2^{-t}는 $\Delta\theta_{최소}$의 절반보다 작게 설정되어야 한다. 따라서 $\Delta\theta_{최소} \approx N^{-2} \approx 2^{-(t-1)}$이고, $N \approx 2^n$일 때 $t \approx 2n+1$이 된다. 이는 N이 n-비트 정수일 때 평가 큐비트의 개수가 최소 $2n+1$이어야 함을 의미한다.

(b) 연분수(Continued Fraction) 표현과 위수 찾기

그림 6-24의 QPE회로의 측정값 x로부터 위상 $\theta = \frac{s}{r}$를 추정할 때, $2 \leq r \leq N$과 $0 \leq s \leq (r-1)$이어야 한다는 점에 의해 θ의 가능한 값이 제한된다. 예를 들어, $N = 7$일 때 가능한 $\theta = \frac{s}{r}$값들이 그림 6-25에 표시되어 있다. $N \approx 2^3$이므로, QPE 회로의 x 레지스터의 크기 t는 7로 설정한다. 일곱 개의 평가 큐비트를 측정해서 얻은 측정값이 $x = 1101100$ 이라면, $\frac{x}{2^t} = \frac{1101100_2}{2^7} = \frac{108}{128} \approx \frac{s}{r}$의 관계로부터 $\frac{s}{r}$를 추정한다. 그림 6-25에 표시된 값 중 $\frac{108}{128}$에 가장 가까운 값은 $\frac{5}{6}$이다. 따라서 $x = 1101100$으로부터 추정한 위상은 $\theta = \frac{5}{6}$이며, 이로부터 구한 위수는 $r = 6$이다.

위에서 살펴본 바와 같이, QPE 회로의 측정값인 t-비트 정수 x로부터 위상을 추정하기 위해서, 분모가 N 이하인 분수 중에서 $\frac{x}{2^t}$에 가장 가까운 분수를 찾아야 한다. 이를 위해 분수 $\frac{x}{y}$에 대한 다음과 같은 연분수(continued fractions) 표현을 사용한다.

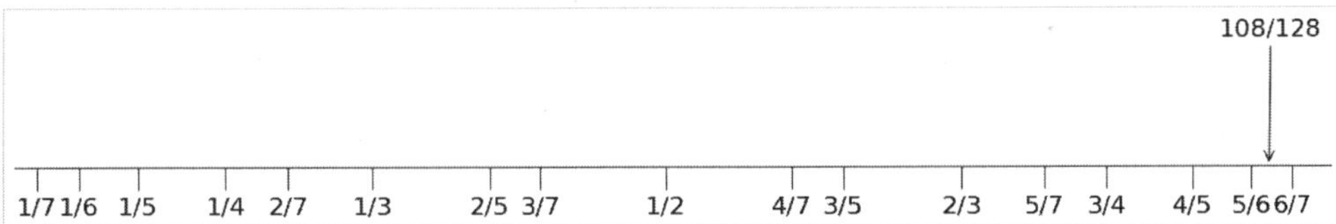

그림 6-25 $N = 7$일 때 가능한 모든 s/r값과 측정을 통해 얻은 근사값 108/128

연분수 표현

$$\frac{x}{y} = a_0 + \cfrac{1}{a_1 + \cfrac{1}{a_2 + \cfrac{1}{\ddots\, a_{m-1} + \cfrac{1}{a_m}}}} \equiv [a_0, a_1, a_2, \cdots, a_m]$$

1. 임의의 분수 $\frac{x}{y}$를 정수부 a_0와 소수부 $\frac{1}{b_0}$의 합으로 나타낸다.
2. b_0를 다시 정수부 a_1과 소수부 $\frac{1}{b_1}$의 합으로 나타낸다. 이렇게 각 단계마다 b_{i-1}을 계속해서 정수부 a_i와 소수부 $\frac{1}{b_i}$의 합으로 나타낸다.
3. 위의 과정을 소수부가 0이 될 때까지 계속하면, 분수 $\frac{x}{y}$는 유한한 $(m+1)$개의 정수들 $[a_0, a_1, a_2, \cdots, a_m]$로 표현할 수 있다.

위에서 예로 든 QPE회로의 측정값이 $x = 1101100$인 경우, $\frac{x}{2^7} = \frac{108}{128}$은 다음과 같이 연분수로 표현할 수 있다.

$$\frac{1101100_2}{2^7} = \frac{108}{128} = 0 + \cfrac{1}{1 + \cfrac{20}{108}} = 0 + \cfrac{1}{1 + \cfrac{1}{5 + \cfrac{8}{20}}} = 0 + \cfrac{1}{1 + \cfrac{1}{5 + \cfrac{1}{2 + \cfrac{1}{2}}}}$$

따라서 $\frac{108}{128}$을 연분수로 표현하면 [0,1,5,2,2]이다. 연분수 표현에서 소수 부분에 대해 $\frac{1}{b_i} \approx 0$의 근사를 사용하면, 임의의 분수 $\frac{x}{y}$를 특정 정수 이하의 분모를 가진 분수로 근사할 수 있다. 주어진 예에서는, $r \le 7$에 대해 분수 $\theta = \frac{s}{r}$를 찾는 문제이므로, 분모가 7 이하이면서 $\frac{108}{128}$에 가장 가까운 분수를 찾아야 한다. 이를 위해 위의 $\frac{108}{128}$에 대한 연분수 표현에서 $\frac{1}{2+\frac{1}{2}}$을 0으로 근사한다. 그 결과 $\frac{108}{128} \approx \frac{5}{6} = \frac{s}{r}$가 되며, 추정된 위수 값은 $r = 6$이다. 이는 그림 6-25에서 측정값을 모든 가능한 위상 값과 비교하여 얻은 결과와 일치한다.

연분수 알고리즘은 다항 시간 내에 계산 가능하며, 파이썬의 `fractions.Fraction` 클래스로 구현되어 있다. 코드 6-22에서는 $\frac{108}{128}$에 대한 `Fraction` 클래스의 객체를 생성하고, 멤버 함수 `limit_denominator()`를 사용하여 분모를 7이하로 제한한 상태에서 연분수 알고리즘을 수행한다. 그 결과는 `numerator`와 `denominator` 멤버 변수를 통해 분자와 분모 값을 읽어 확인할 수 있다.

```
from fractions import Fraction
# 분모가 7 이하인 유리수 중에서 108/128 과 가장 가까운 유리수의 분자와 분모를 찾는다.
f = Fraction(108/128).limit_denominator(7)
r = f.denominator
s = f.numerator
print(f"estimated phase = {s}/{r}")
✓ 0.0s
estimated phase = 5/6
```

코드 6-22 연분수 알고리즘을 구현한 Fraction 클래스의 사용

(c) 약분에 의해 잘못된 위수를 찾게 되는 경우

그림 6-24의 회로에서 평가 큐비트의 개수가 $t = 7$일 때 측정값이 x =1010101이었다면, 연분수 알고리즘을 통해 위상은 $\theta = \frac{s}{r} = \frac{2}{3}$로 추정된다$(\frac{1010101_2}{128} = \frac{85}{128} \approx \frac{2}{3})$. 그러나 이 결과만으로 $r = 3$이 실제 위수라고 결론 내릴 수는 없다. 왜냐하면, $r = 6$이고 $s = 4$인 경우에도 위상은 $\theta = \frac{s}{r} = \frac{2}{3}$가 될 수 있기 때문이다. 다음 절에서 다룰 정수의 소인수 분해에서 필요한 것은 위상이 아니라 정확한 위수 r이다. 만약 위상 추정을 통해 찾

은 위수 r_1이 $a^{r_1} \bmod(N) = 1$을 만족하지 않으면 약분으로 인한 오류일 가능성이 있다. 이럴 경우엔 양자 위상 추정을 한번 더 실행하여 또다른 위수 추정 값 r_2를 구한다. r_1, r_2 모두 약분으로 인해 정확한 위수가 아닐지라도, r_1과 r_2의 최소 공배수를 계산함으로써 높은 확률로 실제 위수 r을 찾을 수 있다. 만약 이렇게 구한 r 또한 $a^r \bmod(N) = 1$의 조건을 만족하지 않으면, 이 조건을 만족하는 위수를 찾을 때까지 그림 6-24의 QPE 회로를 반복 실행한다.

6.4.4 위수 찾기와 소인수 분해

두 개의 서로 다른 소수 p와 q의 곱으로 표현되는 n-비트 정수 $N = pq$를 고려한다. 이 절에서는 N이 아주 큰 정수일 때 N의 소인수 p와 q를 찾는 방법에 대해 살펴볼 것이다. 고전 컴퓨팅에서는 매우 큰 수의 소인수분해를 다항 시간 내에 수행할 수 없고, 이 점이 현재 광범위하게 사용되는 공개 키 방식의 RSA 암호 체계의 보안성을 담보한다. 암호 응용을 위해 사용되는 소수들은 대략 200자리의 매우 큰 소수이다. 쇼어의 소인수분해 알고리즘은 앞서 살펴본 양자 위상 추정에 바탕을 둔 위수 찾기 알고리즘을 기반으로 한다. 따라서 위수 찾기와 소인수 분해가 어떻게 관련되는지 이해하는 것이 필요하다.

서로 소인 n-비트 정수 a, N에 대하여($a < N$), 모듈로-N 연산에 대한 a의 위수가 $r = \text{ord}_N(a)$이라고 하자. $a^r = 1 \pmod N$이므로, $a^r - 1 = Nm$이다(여기서 m은 정수). 만약 위수 r이 짝수라면, $\frac{r}{2}$은 정수이고 따라서 $a^r - 1$은 다음과 같이 인수분해 된다.

$$a^r - 1 = \left(a^{r/2} + 1\right)\left(a^{r/2} - 1\right)$$

두 개의 서로 다른 소수 p와 q에 대해 $N = pq$라면, 다음 관계식이 성립한다.

$$a^r - 1 = \left(a^{r/2} + 1\right)\left(a^{r/2} - 1\right) = mpq$$

소수 p와 q가 두 정수의 곱 $\left(a^{r/2} + 1\right)\left(a^{r/2} - 1\right)$의 약수이기 때문에, p와 q는 $\left(a^{r/2} + 1\right)$과 $\left(a^{r/2} - 1\right)$ 중 하나의 약수이어야 한다. 따라서 위수 r이 짝수인 경우에는 다음의 세 가지 중 하나가 성립한다.

$$\begin{cases} 1.\ p\text{는 } \left(a^{r/2} + 1\right)\text{의 약수이고, } q\text{는 } \left(a^{r/2} - 1\right)\text{의 약수이다.} \\ 2.\ p\text{는 } \left(a^{r/2} - 1\right)\text{의 약수이고, } q\text{는 } \left(a^{r/2} + 1\right)\text{의 약수이다.} \\ 3.\ p,\ q \text{ 모두 } \left(a^{r/2} + 1\right)\text{의 약수이다.} \end{cases}$$

p와 q 둘 다 $\left(a^{r/2}-1\right)$의 약수라면, $\left(a^{r/2}-1\right)=kpq=kN(k\text{:정수})$이다. 따라서 $a^{r/2}=1\ (\mathrm{mod}\ N)$이고, 이는 r이 위수라는 전제에 위배된다. 따라서 p, q 모두 $\left(a^{r/2}-1\right)$의 약수인 경우는 여기에서 고려할 필요가 없다. 이에 따라 유클리드의 최대공약수(Greatest Common Divisor, GCD) 알고리즘을 이용하여 $\left(a^{r/2}+1\right)$과 $N=pq$의 최대공약수 $f=\gcd\left(a^{r/2}+1,N\right)$을 계산하면, 그 결과는 다음의 세 가지 경우 중 하나가 된다.

$$\begin{cases} 1.\ f=\gcd\left(a^{r/2}+1,N\right)=p \\ 2.\ f=\gcd\left(a^{r/2}+1,N\right)=q \\ 3.\ f=\gcd\left(a^{r/2}+1,N\right)=pq=N \end{cases} \tag{식 6-9}$$

따라서 최대공약수 f를 확인하여 $f\neq N$이면, $f=p$ 혹은 q이다. N의 소인수를 찾았다.

6.4.5 쇼어의 소인수분해 알고리즘

이상 살펴본 바와 같이, 쇼어의 소인수분해 알고리즘은 표 6-2에 표시된 단계를 거쳐 정수 $N=pq$의 소인수 p와 q를 찾는다. 정수 $a\in\{2,\cdots,N-1\}$ 중에서 N과 서로 소인 수들 중 절반 이상은, 위수 r이 짝수이고 $f=\gcd\left(a^{r/2}+1,N\right)\neq N$의 조건을 만족하므로,

표 6-2 쇼어의 소인수분해 알고리즘

```
1.    임의의 정수 a∈{2,⋯,N−1} 를 선택한다.
2.    g ← gcd(a, N)
3.    if g = 1  then                  // a 와 N이 서로 소인 경우
4.        r ← ord_N (a)               // 양자 위성 추정 (QPE)
5.        if r is even then
6.            f ← gcd(a^(r/2)+1, N)
7.            if f ≠N and f ≠1  then
8.                f is a factor
9.            endif
10.       endif
11.   else
12.       g is a factor
13.   endif
14.   인수(factor)를 찾지 못했다면 1–13을 반복한다.
```

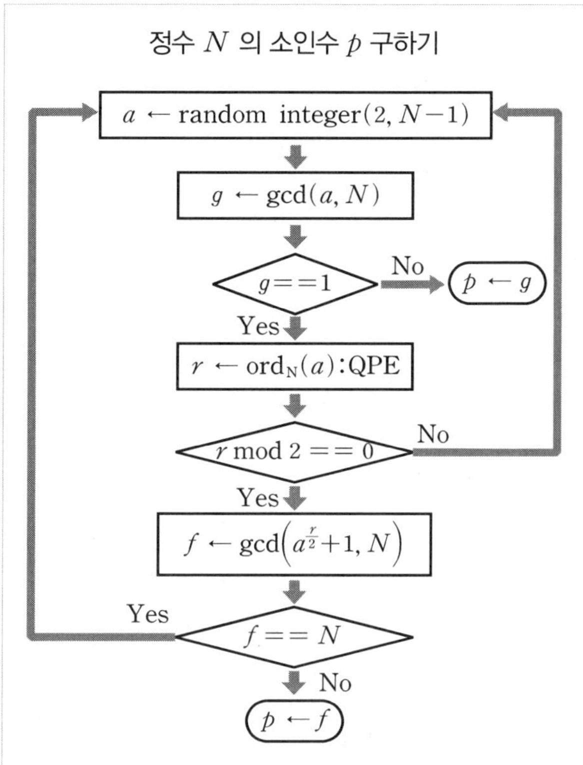

그림 6-26 쇼어의 소인수분해 알고리즘 순서도

쇼어 알고리즘을 이용하면 다항 시간 내에 N의 인수를 찾을 수 있다. 그림 6-26은 쇼어의 소인수분해 알고리즘을 순서도로 표현한 것이다.

6.4.6 쇼어 알고리즘 구현: 21의 소인수 분해

이 절에서는 쇼어 알고리즘을 파이썬 프로그램으로 구현하여, $N = 21$의 인수를 구하는 예를 살펴보도록 하겠다. 먼저 $N = 21$과 서로 소인 정수 a를 선택하고($a < N$), 위수 $r = \mathrm{ord}_{21}(a)$를 찾기 위해 위상 $\theta = \frac{s}{r}$를 추정한다. $\lceil \log_2 21 \rceil = 5$이므로[2] $N = 21$을 표현하기 위해 다섯 개의 비트가 필요하다. 이에 따라 그림 6-24의 QPE 회로에서 U 게이트가 작동하는 레지스터의 큐비트 개수는 $n = 5$, 평가 큐비트의 개수는 $t = (2n + 1) = 11$ 로 설정한다.

2 기호 ⌈ ⌉는 주어진 수보다 크거나 같은 가장 작은 정수를 반환하는 함수인 천정(ceiling) 함수를 나타낸다.

```
import numpy as np
from numpy.random import randint
from math import gcd,lcm
# factoring N=21
N =  21  # number to be factored
n =   5   # number of qubits representing N
t =  2*n + 1 # number of evaluation qubits
a =  randint(2,N)
g = gcd(a,N)
print(f"a = {a}, gcd({a},{N}) = {g}") # if g != 1, g is a factor of N
```

✓ 0.0s

```
a = 19, gcd(19,21) = 1
```

코드 6-23 21의 소인수 분해 a=19인 경우

코드 6-23에서 a의 값으로 19가 선택되었다(표 6-2의 Step 1). 최대 공약수 `g = gcd(19,21) = 1`이므로, Step 4에서 양자 위상 추정을 통해 위수 $r \leftarrow \text{ord}_N(a)$을 찾는 과정을 진행한다. 그림 6-27은 $(N, a) = (21,19)$에 대한 위수 r를 찾기 위한 양자 위상 추정 회로이다. QPE회로는 `qiskit.circuit.library.PhaseEstimation` 클래스를 사용하여 구현되었으며, $U|y\rangle \equiv |19y \pmod{21}\rangle$의 연산을 수행하는 5-큐비트 양자 게이트 U의 위상을 추정한다. 이 양자 회로를 생성하기 위해 코드 6-24와 코드 6-25를 수행한다.

코드 6-24에서는 위상 추정의 대상인 양자 게이트 U를 구현한다. 이를 위해 양자 연산 $U|y\rangle \equiv |19y \pmod{21}\rangle$을 표현하는 $2^5 \times 2^5$의 치환행렬 U를 생성한다. 코드의 `for` 반복문을 수행하여 생성한 치환 행렬 U는 다음과 같다(N = 21, n = 5, a = 19).

$$\text{for } 0 \le i, j < N, \qquad U_{ij} = \begin{cases} 1 & \text{if } i = (j * a)(\text{mod } N) \\ 0 & \quad otherwise \end{cases}$$

$$\text{for } N \le i < 2^n \text{ or } N \le j < 2^n, \quad U_{ij} = \begin{cases} 1 & \text{if } \ i = j \\ 0 & otherwise \end{cases}$$

Qiskit 패키지의 `QuantumCircuit.unitary()` 함수를 사용하여 치환 행렬 U를 구현하는 n-큐비트 양자 회로 객체 qcU를 생성한다.[3]

코드 6-24의 `qcU`를 이용하여 그림 6-13과 같이 위상추정회로를 구현한다면,

3 이 방법은 작은 정수 N, a에 대해 간단히 U 게이트를 구현할 수 있는 일반적인 방법이지만, $O(N)$의 계산 복잡도를 요구한다. 아주 큰 정수 N, a에 대한 모듈로 곱셈 게이트 U를 $O((\log N)^2)$의 계산 복잡도로 구현하는 방법이 알려져 있다.

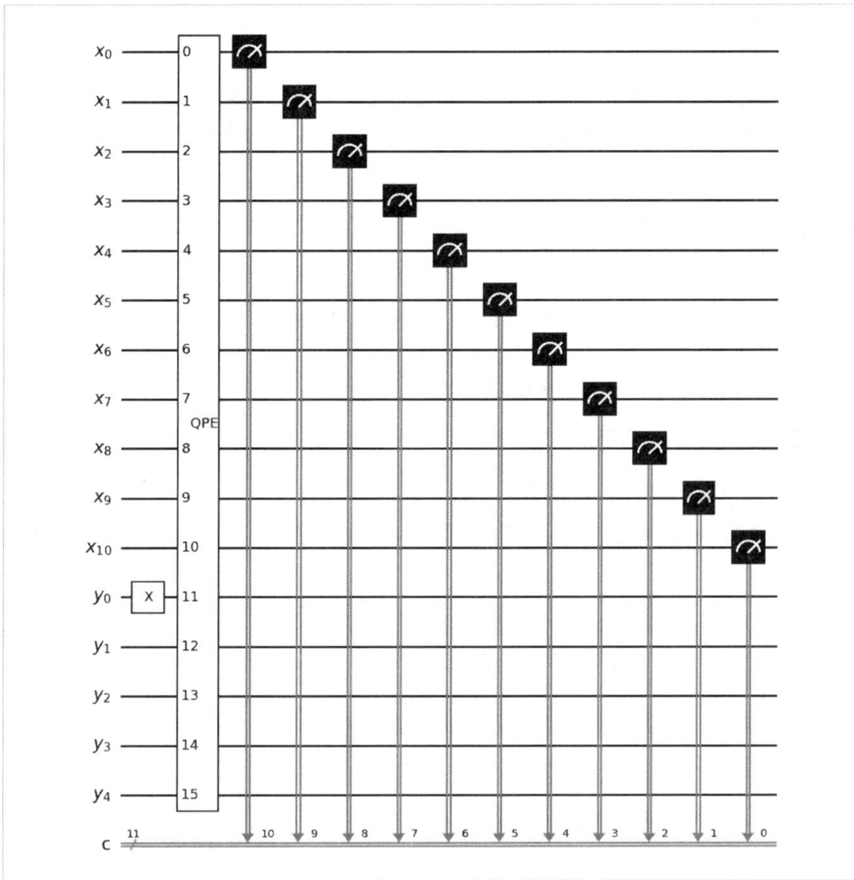

그림 6-27 5-큐비트 게이트 $U(N=21,\ a=19$인 경우)에 대한 양자 위상 추정 회로

```
# generate U matrix of (a*i) mod N
two_power_n = 1 << n # 2^n
U = np.eye(two_power_n) # Identity matrix
for j in range(N):
    U[j][j] = 0
    U[(a*j)%N][j] = 1
# U 행렬을 구현하는 양자 회로 qcU 를 생성
qcU = QuantumCircuit(n)
qcU.unitary(U, range(n))
```

코드 6-24 a^x mod N을 구현하는 양자 회로 qcU를 생성하는 코드

$\sum_{i=0}^{t-1} 2^i = 2^t - 1$개의 제어-qcU가 필요하다. 이는 양자 회로의 복잡도가 $O(2^n)$이라는 것을 의미한다. 코드 6-25에서는 $O(n^3) = O((\log N)^3)$의 복잡도로 QPE 회로를 구현하기

위해, 아래 관계식을 이용하여 제어-U^{2^k} 연산(모듈로 지수 연산)을 실행한다.

$$U^{2^1}|y\rangle = \left|\left((ya \bmod N)a \bmod N\right)\right\rangle = |y(a^2 \bmod N) \bmod N\rangle$$
$$U^{2^2}|y\rangle = \left|y\left(a^{2^2} \bmod N\right) \bmod N\right\rangle = |y(a^2 \cdot a^2 \bmod N) \bmod N\rangle$$
$$\vdots$$
$$U^{2^k}|y\rangle = \left|y\left(a^{2^k} \bmod N\right) \bmod N\right\rangle = \left|y\left(a^{2^{k-1}} \cdot a^{2^{k-1}} \bmod N\right) \bmod N\right\rangle$$

코드 6-25의 양자 회로 qc_of는 다음과 같은 레지스터들로 구성된다:

- 양자 레지스터 qx: t-큐비트 평가 레지스터로 위상을 측정하기 위해 사용된다.
- 양자 레지스터 qy: n-큐비트 레지스터로, 위상 추정 대상인 양자 게이트 U의 입력 레지스터 역할을 한다.
- 고전 레지스터 c: t-비트 고전 레지스터로, 평가 큐비트의 측정 결과를 저장한다.

레지스터 qy의 입력 상태는 U의 모든 고유상태가 중첩된 상태인 $|1\rangle$으로 준비한다. 이를 위해 qy[0] 큐비트에 X 게이트를 적용한다. qc_of 회로 객체를 출력하면 그림 6-28의 회로가 생성된다.

```
# generate an order-finding circuit

qx = QuantumRegister(t,'x')
qy = QuantumRegister(n,'y')
c = ClassicalRegister(t,'c')
qc_of = QuantumCircuit(qx, qy, c)
qc_of.x(qy[0])                    # input state = |1>

qc_of.h(qx)

two_power_n = 1 << n # 2^n
u_power = np.eye(two_power_n) # Identity matrix
for j in range(N):
    u_power[j][j] = 0
    u_power[(a*j)%N][j] = 1

for i in range(t):
    qc_u_power = QuantumCircuit(n)
    qc_u_power.unitary(u_power, range(n))
    gate_u_power = qc_u_power.to_gate()
    gate_u_power.name = f'[*{a}mod{N}]^2^{i}'
    c_gate_u_power = gate_u_power.control(1)
    qc_of.append(c_gate_u_power, [qx[i]]+qy[:])
    u_power = u_power @ u_power
```

```
qc_of.append(QFT(t,inverse=True),qx)

qc_of.measure(qx,c)
qc_of.draw(output='mpl',fold=-1)
```

코드 6-25 쇼어 알고리즘에서 양자 위상 추정 회로를 생성하는 코드

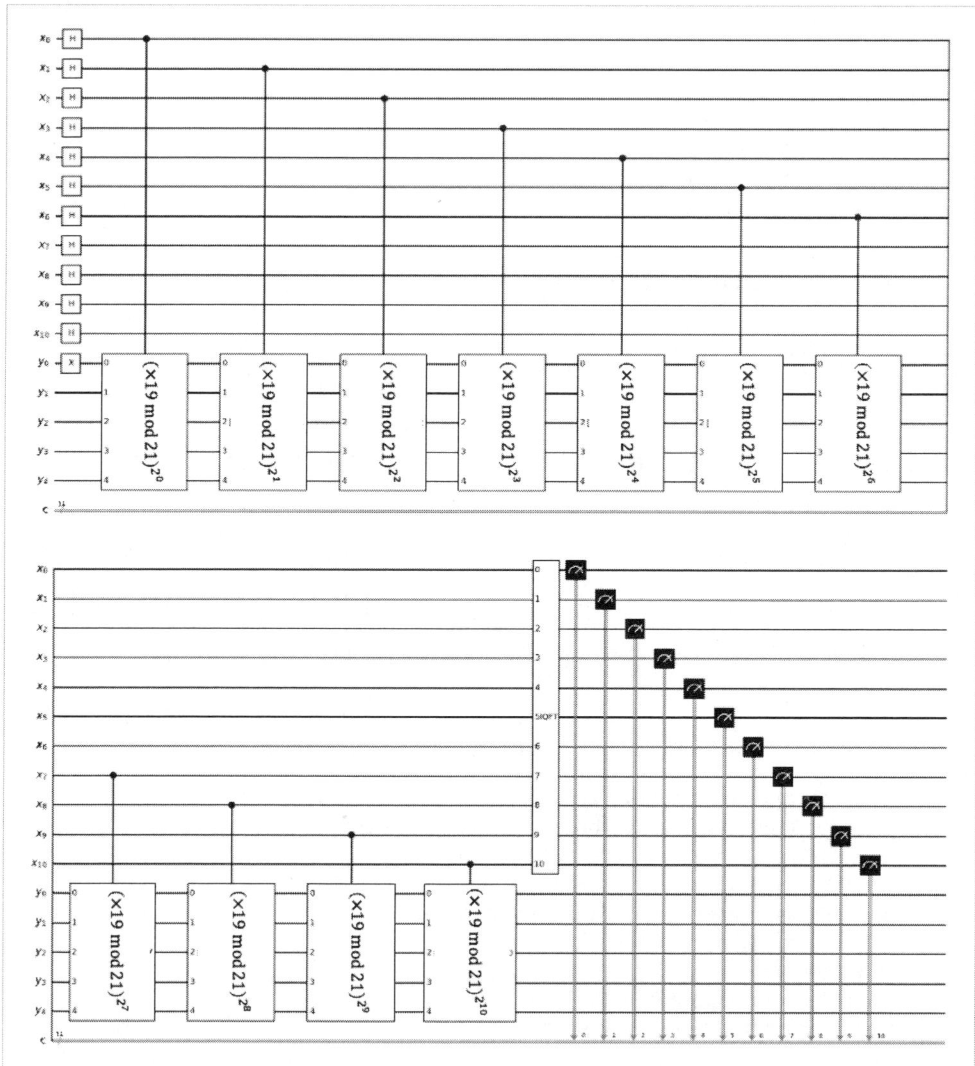

그림 6-28 모듈로-지수 연산 회로를 사용하여 구현된 양자 위상 추정 회로

```
from qiskit.transpiler.preset_passmanagers import generate_preset_pass_manager
from qiskit_ibm_runtime import SamplerV2 as Sampler
from qiskit_aer import AerSimulator
aer_sim = AerSimulator()
pm = generate_preset_pass_manager(backend=aer_sim, optimization_level=1)
isa_circuit = pm.run(qc_of)
sampler = Sampler(mode=aer_sim)
job = sampler.run([isa_circuit], shots=1)
result = job.result()
count = result[0].data.c.get_counts()
print(count)
```
✓ 1.3s

```
{'10101010101': 1}
```

```
phase = list(count.keys())
print("measured output state = ", phase[0])
```
✓ 0.0s

```
measured output state =  10101010101
```

코드 6-26 QPE 회로의 1회 측정 결과의 예

코드 6-26을 수행하여 그림 6-28의 회로를 시뮬레이터에서 한 번 실행하고, 그 결과 측정값에 해당하는 문자열 '10101010101'을 얻었다. 코드 실행 결과를 저장하고 있는 count는 dict 객체이므로, list(count.keys()) 함수를 사용하여 측정된 문자열을 원소로 갖는 리스트 phase를 생성한다. 이때 phase[0]은 '10101010101'이 되며, 이를 활용하여 쇼어 알고리즘의 남은 과정을 고전 컴퓨터에서 파이썬 함수로 처리한다.

```
from fractions import Fraction
s_pre = int(phase[0],2) # convert a binary string to an integer
r_pre = 1<<t  # r_pre == 2^t
print(f"measured phase = {s_pre}/{r_pre}")
f = Fraction(s_pre/r_pre).limit_denominator(N)
r = f.denominator
s = f.numerator
print(f"estimated phase = {s}/{r}")
print(f"estimated order r = {r}")
```
✓ 0.0s

```
measured phase = 1365/2048
estimated phase = 2/3
estimated order r = 3
```

코드 6-27 연분수 알고리즘으로 위수 r을 추정하는 코드

코드 6-26을 실행하여 얻은 측정값 '10101010101'은 위상 근사값 $\frac{1365}{2048}$를 의미한다. 이 근사값을 사용하여 위상 $\theta = \frac{s}{r}$와 위수 r을 추정하는 코드를 살펴보겠다. 코드 6-27은 위상 근사값을 연분수로 변환하여 위상 $\theta = \frac{s}{r}$, 나아가 위수 r을 추정한다. 파이썬의 Fraction 클래스를 사용하기 위해 fractions 패키지를 import한다. phase[0]의 값 '10101010101'은 문자열이므로, int() 함수를 사용해 십진수 정수 1365로 변환한다. 여기서 int() 함수의 두번째 인자 2는 변환 대상이 이진수 문자열임을 명시한다. 변환된 정수 1365(s_pre)와 2^t(r_pre)[4]을 사용하여 Fraction 객체를 생성하고, limit_denominator(N) 함수를 통해 분모가 $N = 21$ 이하가 되도록 한다. denominator와 numerator 필드를 사용하여, 이 객체의 분모와 분자를 각각 r와 s에 할당한다. 코드 출력에서 보듯이, 근사값 $\frac{1365}{2048}$로부터 추정된 위상은 $\theta = \frac{2}{3}$이며, 이로부터 위수 r1=3이 추정된다. 그러나 이는 약분으로 인한 오류일 수 있으므로, $19^3 (\mathrm{mod}\ 21) = 1$인지 확인한다. 코드 6-28에서 confirm_order () 함수를 사용하여 확인한 결과 이 조건이 만족되지 않았기 때문에, estimate_order () 함수를 호출하여 새로운 위수 후보 r2를 찾는다. estimate_order() 함수는 위상 추정 회로를 실행하여 위수 후보를 반환한다. 위상 추정 회로를 다시 실행하여 측정값 '00101010101'을 얻고, 이를 연분수 알고리즘으로 분석하여 위상 $\theta = \frac{1}{6}$ $(\frac{341}{2048} \approx \frac{1}{6})$로 추정한다. 이에 따라 두 번째 추정한 위수 후보는 r2=6이고, confirm_order() 함수를 사용한 위수 검증을 통과하였다. 이에 따라 $N = 21$에 대한 $a = 19$의 정확한 위수 $r = 6$을 찾았다(코드 6-28참조). 만약 두 번째 위상 추정 값이 $\theta = \frac{1}{2}$였다면, r2=2가 두 번째 위수 후보가 되었을 것이다. r2=2는 위수 검증을 통과하지 못하므로, lcm() 함수를 이용하여 r1=3과 r2=2의 최소 공배수를 구하여 정확한 위수 6을 찾게 된다.

```
def estimate_order(sampler, isa_circuit, t):
    job = sampler.run([isa_circuit], shots=1)
    result = job.result()
    count = result[0].data.c.get_counts()
    phase = list(count.keys())
    s_pre = int(phase[0],2) # convert a binary string to an integer
    r_pre = 1<<t  # r_pre == 2^t
    f = Fraction(s_pre/r_pre).limit_denominator(N-1)
    return  f.denominator

def confirm_order(a, r, N):
    return (a**r % N == 1)
```

4 r_pre 는 왼쪽 shift 연산을 이용하여 계산하였다.

```
r = estimate_order(sampler, isa_circuit, t)
if confirm_order(a, r, N):
    found = True
else :
    r1 = r
    r2 = estimate_order(sampler, isa_circuit, t)
    if confirm_order(a, r2, N):
        r = r2
        found = True
    else :
        r = lcm(r1, r2)
        if r >= N :
            found = False
        elif confirm_order(a, r, N):
            found = True
        else :
            found = False
    print(f"r1={r1} r2={r2} estimated r={r}")

if (found) :
    print(f"estimated value {r} is an order of {a} for {N}")
else :
    print(f"{r} is NOT an order of {a} for {N} because {a}^{r} % {N} = {a**r
```
✓ 1.9s

```
r1=3 r2=6 estimated r=6
estimated value 6 is an order of 19 for 21
```

코드 6-28 위수 검증 코드

위에서 찾은 위수 $r = 6$은 짝수이므로, 코드 6-29에서 쇼어 알고리즘의 Step 6을 수행하여 $f = \gcd\left(19^{\frac{6}{2}} + 1, 21\right) = \gcd(6860, 21) = 7$을 계산한다. $f \neq N$이므로 다음 중 첫 번째 경우에 해당한다.

$$\begin{cases} 1.\ f = \gcd\left(a^{r/2} + 1, N\right) = p \\ 2.\ f = \gcd\left(a^{r/2} + 1, N\right) = q \\ 3.\ f = \gcd\left(a^{r/2} + 1, N\right) = pq = N \end{cases}$$

따라서 21의 소인수 $p = 7$을 찾았고, 21을 7로 나누어 $q = 3$도 찾을 수 있다.

```
if r % 2 == 0 : # r is even
    a_power_r_over2 = a**int(r/2)
    p = gcd(a_power_r_over2+1,N)
    print (f"p = gcd( {a}^({r}/2) + 1 (= {a_power_r_over2+1}), {N} ) = {p}")
```

```
        if (p == N)  :
            print (f"{a}^({r}/2) + 1 (= {a_power_r_over2+1}) is a multiple of {N}.")
            print (f" a = {a} is not lucky. try again.")
        elif (p == 1) :
            print (f" r = {r} is not an order of {a}. try again.")
        else :
            q = gcd(a_power_r_over2-1,N)
            print (f"q = gcd( {a}^({r}/2) - 1 (= {a_power_r_over2-1}), {N} ) = {q}")
            print (f"{p} and {q} are factors of {N}")
    else :
        print (f"r = {r} is an odd number. a = {a} is not lucky. try again.")
✓ 0.0s
```

```
p = gcd( 19^(6/2) + 1 (= 6860), 21 ) = 7
q = gcd( 19^(6/2) - 1 (= 6858), 21 ) = 3
7 and 3 are factors of 21
```

코드 6-29 쇼어 알고리즘의 step 5-10 (a = 19의 위수 r = 6으로부터 N = 21의 인수 찾기)

이상 살펴본 21을 소인수 분해하는 예에서는, 적절히 선택된 a에 대해 위상 추정 코드를 실행하여 짝수인 위수를 정확히 찾고, 이로부터 소인수 7과 3을 얻을 수 있었다. a가 N과 서로 소인 경우로 제한하면, N = 21을 성공적으로 소인수 분해할 수 있는 a와 위수 r의 쌍은 (a,r)=(2,6),(8,2),(10,6),(11,6),(13,2),(19,6)이다. 쇼어의 소인수분해 알고리즘은 적절한 a에 대해 위수 r을 정확히 찾지 못할 경우, 반복적인 시도를 통해 결과를 얻을 수 있도록 설계되어 있다. 쇼어 알고리즘을 사용하여 21을 소인수 분해할 때 마주치게 되는 여러 경우에 대해 살펴보자.

(a) N과 a가 서로 소가 아닌 경우: Step 3 → Step 12

예를 들어, 표 6-2의 Step 1에서 무작위적으로 선택한 a가 18이었다고 하자. N과 a의 최대공약수는 `g = gcd(18,21) = 3`이므로, Step 11의 `else` 절이 수행되어 3이 21의 인수로 판정된다 (Step 12). 이 경우에는 양자 알고리즘을 사용하지 않고 21의 인수를 찾았다. 이와 같이 N과 서로 소가 아닌 a가 선택된 경우에는 바로 N의 인수를 찾을 수 있다. 하지만 N이 아주 큰 두 소수의 곱일 때는 이와 같은 경우가 발생할 확률은 아주 낮다.

(b) 위수가 홀수인 경우: Step 5 → Step 1

a의 값으로 [2,21)의 정수를 무작위적으로 골랐을 때(표 6-2의 Step 1), 4 혹은 16 이 선택된 경우에 N과 a는 서로 소이므로 `g = gcd(4,21) = 1`이고 (Step 2), a에 대한 양자 위상 추정 회로를 실행하여 위수를 추정하면 r = 3이다. 3은 홀수이기 때문에 Step

1으로 돌아가 a를 다시 선택하여 반복하여야 한다.

(c) $f = \gcd(a^{r/2} + 1, N) = N$ 인 경우: Step 7 → Step 1

a의 값으로 5, 17 혹은 20이 선택되었다면, 이들은 21과 서로 소이므로 양자 위상 추정 회로를 만들어 위수를 측정하게 된다. 5와 17의 위수는 6이고, 20의 위수는 2로 모두 짝수이다. 하지만 이들 (a, r) 쌍에 대해 $f = \gcd(a^{r/2} + 1, 21) = 21$이므로, 이로부터 21의 소인수를 찾을 수 없다. 다시 Step 1로 돌아가 반복해야 한다.

(d) $f = \gcd\left(a^{\frac{r}{2}} + 1, N\right) = 1$ 인 경우: Step 7 → Step 1

N과 서로 소인 a에 대해 올바른 위수 r을 찾았다면, $f = \gcd(a^{r/2} + 1, N)$는 1이 될 수 없다(식 6-9과 관련된 설명 참조). 하지만, 위상 추정에 오류가 발생하여 정확한 위수를 찾는데 실패하는 경우 $f = \gcd(a^{r/2} + 1, N) = 1$이 될 수 있으며, 이 경우에는 위상 추정과 위수 찾기를 다시 해야 한다. 6장 양자 위상 추정의 출력 분포에서 살펴보았듯이, $\frac{x}{2^t}$ 형태로 정확히 표현할 수 없는 위상에 대한 QPE 회로의 측정값은 특정 확률 분포를 따르며, 이로 인해 잘못된 위수가 추정될 수 있다. $a^r \pmod N = 1$을 만족하지 않는 추정 값 r은 표 6-2의 Step 4에서 `confirm_order(a, r, N)` 함수를 이용한 검증 과정에서 이미 배제되었으므로, 여기에서 고려해야 할 오류는 위수 추정 값이 실제 위수의 정수 배인 경우이다. 예를 들어, $N = 21$, $a = 19$인 경우 QPE 회로의 측정값이 '11101010110'일 수 있다. 연분수 알고리즘을 사용하여 이로부터 추정된 위상은 $\theta = \frac{11}{12}$ $(\frac{1878}{2048} \approx \frac{11}{12})$이고, 위수는 $r = 12$로 추정된다. 이 경우 $f = \gcd(19^{12/2} + 1, 21) = 1$이므로, 21의 소인수를 찾을 수 없다. 따라서 표 6-2의 Step 1로 되돌아가야 한다.

연습문제

1. 다음 함수 $f: \{0,1\}^3 \rightarrow \{0,1\}^3$는 사이먼 성질을 가지고 있다. 모든 $x \in \{0,1\}^3$에 대해 $f(x) = f(x \oplus b)$를 만족하는 b를 구하라.

x	$f(x)$
000	000
001	001
010	010
011	011
100	010
101	011
110	000
111	001

2. 문제1의 함수 f의 사이먼 주기 b를 찾을 수 있는 양자 회로를 구현하는 파이썬 코드를 작성하고 회로도를 출력하라.

3. 문제 2의 양자 회로를 여러 번 측정하여 선형 독립인 두 개의 측정값을 찾고 그로부터 사이먼 주기 b를 구하라.

4. (a) 4-큐비트 QFT 연산을 수행하는 양자 회로를 구현하는 코드를 작성하고, 입력 상태를 $|0111\rangle$로 준비하라.

(b) Qiskit 패키지의 QFT 클래스를 이용하여 (a)의 회로에 IQFT 회로를 추가하고 출력 상태를 측정하라.

5. (a) 다음 행렬의 고유벡터와 고유값들을 찾아라.

$$U = \begin{bmatrix} e^{\frac{2\pi i \cdot 1}{8}} & 0 & 0 & 0 \\ 0 & e^{\frac{2\pi i \cdot 2}{5}} & 0 & 0 \\ 0 & 0 & e^{\frac{2\pi i \cdot 4}{7}} & 0 \\ 0 & 0 & 0 & e^{\frac{2\pi i \cdot 1}{3}} \end{bmatrix}$$

(b) (a)의 행렬 연산을 구현하는 양자 게이트 회로 U_g를 만들고, 일곱 개의 평가 큐비트를 가지는 양자 위상 추정 회로를 Qiskit으로 구현하라. 회로의 입력 상태는 고유벡터 $\begin{bmatrix} 0 \\ 0 \\ 1 \\ 0 \end{bmatrix}$에 대한 고유값의 위상 추정을 하도록 준비한다.

6. 문제 5-(b)의 회로를 여러 번 측정하고, 그 중 빈도가 가장 높은 측정값으로부터 고유값의 위상을 추정하라. 이 때 분모의 크기를 8로 제한하는 Fraction 클래스를 사용한다. 추정한 위상을 문제5-(a)의 결과와 비교하라.

7. 21을 소인수 분해하기 위해 쇼어의 알고리즘을 사용한다. $a = 11$일 때, 양자 위상 추정 회로를 실행하여 위상을 추정하고, 위수를 찾아라.

8. 문제7에서 찾은 $a = 11$의 위수를 사용하여, 21의 인수들을 찾는 과정을 보여라.

7장

양자 오류 정정

양자 컴퓨터의 큐비트는 원칙적으로 양자 게이트의 정밀한 조작에 의해 상태가 변환되어야 한다. 지금까지 살펴본 양자 알고리즘은 이러한 가정 하에 작동한다. 그러나 실제로 큐비트는 주변 환경과의 상호작용에 의해 원치 않는 상태 변화, 즉 양자 오류가 발생할 수 있다. 이러한 양자 오류는 계산의 정확성을 저하시키므로, 양자 컴퓨팅을 실용적으로 구현하기 위해서는 오류가 계속해서 누적되지 않도록 효과적으로 제어하고 수정할 수 있는 기술이 필수적이다.

고전 컴퓨터에서는 발생한 오류를 오류 정정 코드를 통해 복원하는 기술이 잘 알려져 있다. 마찬가지로, 양자 컴퓨팅에서도 1995년 피터 쇼어(Peter Shor), 그리고 그 비슷한 시기에 앤드루 스틴(Andrew Steane)에 의해 독립적으로 발견된 양자 오류 정정 원리는 양자 컴퓨팅의 전망을 근본적으로 바꾸어 놓았다. 양자 오류 정정의 가능성을 발견한 이들의 업적은 실용적인 양자 컴퓨터 구축을 위한 과학 기술적 도전을 단순한 꿈이 아니라 실현 가능한 비전으로 전환시켰다.

이 장에서는 양자 오류의 종류와 양자 오류 정정 코드의 필요성에 대해 설명하고, 몇 가지 주요 양자 오류 정정 코드의 인코딩 방법, 오류 진단 및 정정을 수행하는 양자 회로의 설계 방법을 소개한다. 또한, 양자 오류 정정 코드를 효과적으로 기술할 수 있는 안정자 체계(Stabilizer Formalism)에 대해서 알아보고, 이 이론을 바탕으로 양자 오류 정정 코드를 구현하는 방법을 상세히 설명하겠다. 이러한 지식은 양자 컴퓨터의 실현 가능성과 앞으로의 도전 과제에 대한 한층 더 깊은 이해를 가능하게 할 것이다.

7.1 양자 오류의 유형

데이터의 오류란 이론적으로 의도된 상태가 아닌 다른 상태로의 변화를 의미한다. 예를 들어, 이론적으로 $|0\rangle$ 상태에 있어야 할 큐비트가 $|1\rangle$로 변한 경우, 이를 비트 뒤집기(bit-flip) 오류라고 한다. 그 반대로 $|1\rangle$이 $|0\rangle$로 바뀐 경우도 비트 뒤집기 오류에 해당한다. 이러한 비트 뒤집기 오류는 디지털 컴퓨터에서의 데이터 오류와 유사하다. 디지털 컴퓨터의 데이터는 0 과 1 로만 이루어져 있기 때문에, 오류는 0이 1로, 또는 1이 0으로 변하는 형태로만 발생한다.

하지만 양자 컴퓨터에서는 상태의 중첩이 가능하기 때문에, 더 다양한 형태의 오류가 발생할 수 있다. 단일 큐비트에서 발생하는 양자 오류는 블로흐 구 표면 위의 한 점에서 다른 점으로의 의도하지 않은 이동에 해당한다. 예를 들어, 디지털 컴퓨터의 데이터 오류와 유사하게 그림 7-1(a)의 $|0\rangle$ 상태가 비트 뒤집기 오류에 의해 그림 7-1(b)의 $|1\rangle$ 상태로 바뀔 수 있다. 그러나 양자 컴퓨터에서는 비트 뒤집기가 부분적으로 발생하여 $|0\rangle$와 $|1\rangle$의 중첩 상태인 그림 7-1(c)의 상태로 변할 수도 있다. 즉, 큐비트의 $|0\rangle$ 상태는 비트 뒤집기 오류에 의해 블로흐 구의 경도선(a longitude line) 위의 임의의 상태로 변할 수 있다.

디지털 컴퓨터에서는 잡음에 의해 비트 상태에 미세한 오차가 발생하더라도 역치(threshold)를 넘지 않으면 데이터는 여전히 0이나 1로 유지되기 때문에 오류 정정이 필요하지 않다. 그러나 양자 컴퓨터에서는 그림 7-1(c)와 같은 미세한 오류도 게이트 연산 과정에서 계속해서 누적될 수 있으므로, 보다 정교한 오류 정정 기술이 필요하다.

3장에서 살펴본 바와 같이, 단일 큐비트의 임의의 양자 상태 $|\psi\rangle$를 블로흐 구의 극각 θ와 방위각 φ에 의해 표현하면 다음과 같다.

$$|\psi\rangle = \cos\left(\frac{\theta}{2}\right)\ |0\rangle + \sin\left(\frac{\theta}{2}\right) e^{i\varphi}|1\rangle$$

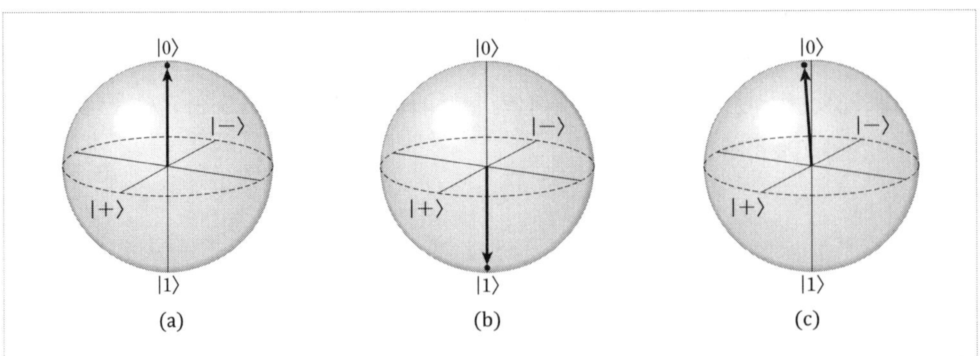

그림 7-1 (a) 오류가 없는 $|0\rangle$의 양자 상태 (b) 비트 뒤집기 오류 (c) 부분적인 비트 뒤집기에 의한 연속적 오류

비트 뒤집기 오류에 의해 큐비트의 상태 벡터가 블로흐 구의 경도선을 따라 이동한다는 것은 위의 식에서 극각 θ가 변하는 것에 해당한다. 이에 반해, $|0\rangle$와 $|1\rangle$ 사이의 상대적 위상을 결정하는 매개변수인 방위각 φ의 변화를 초래하는 양자 오류가 위상 뒤집기(phase flip) 오류이다. 위상 뒤집기 오류에 의해, $|+\rangle = \frac{1}{\sqrt{2}}(|0\rangle + |1\rangle)$ 상태(그림 7-2(a))가 $|-\rangle = \frac{1}{\sqrt{2}}(|0\rangle - |1\rangle)$ 상태(그림 7-2(b))로 바뀌거나, 그 반대로 $|-\rangle$ 상태가 $|+\rangle$ 상태로 바뀔 수 있다. 이러한 위상 뒤집기 오류가 부분적으로 발생하면, 상태 벡터 $|+\rangle$는 $|+\rangle$와 $|-\rangle$가 중첩된 상태인 블로흐 구의 적도선 상의 점으로 이동하게 된다. 이와 같이 위상 뒤집기 오류는 블로흐 구의 위도선(a latitude line)을 따라 상태 벡터가 이동하는 현상을 초래한다.

이상 살펴본 바와 같이, 큐비트의 상태 벡터는 비트 뒤집기 오류와 위상 뒤집기 오류의 적절한 조합에 의해 블로흐 구 표면 위의 임의의 점으로 이동할 수 있다. 즉, 단일 큐비트에서 발생하는 모든 양자 오류는 비트 뒤집기 오류와 위상 뒤집기 오류의 조합으로 표현할 수 있다. 큐비트 상태에 비트 뒤집기 오류가 발생하는 것은 의도치 않게 파울리 X 게이트를 적용하는 것과 동일하고, 위상 뒤집기 오류는 의도치 않게 Z 게이트를 적용하는 것과 같다. 아래에서는 큐비트와 주변 환경 간의 상호 작용에 의해 이러한 비트 뒤집기 오류와 위상 뒤집기 오류가 발생하게 되는 과정을 체계적으로 살펴보도록 하자.

양자 컴퓨터 내의 큐비트는 주변의 다른 양자계와 상호작용하면서 그 상태가 변할 수 있다. 이러한 의도하지 않은 양자 계의 상태 변화를 결깨짐(decoherence) 현상이라고 한다. 양자 컴퓨터의 큐비트 상태가 $|x\rangle$, 주변 환경(environment)의 양자 상태가 $|e\rangle$이면, 큐비트와 환경을 포함한 전체 계의 양자 상태는 $|e\rangle|x\rangle$로 표현된다. 이때, 큐비트와 환경의 상태는 서로 분리 가능하고 큐비트의 양자 상태는 $|x\rangle$로 잘 정의된다. 하지만 결깨짐 현상이 발생하면, 전체 계의 상태는 주변 환경과 큐비트 사이의 양자 얽힘 상태로 변환된다.

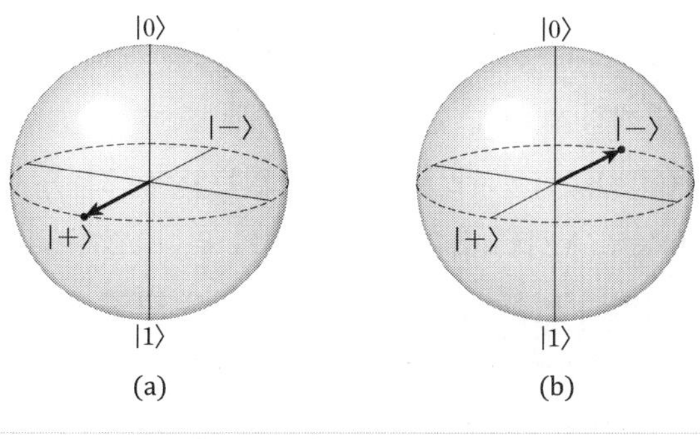

그림 7-2 (a) 오류가 없는 $|+\rangle$ 양자 상태 (b) 위상 뒤집기 오류

큐비트 상태가 각각 $|0\rangle$, $|1\rangle$일 때, 결깨짐에 의한 얽힌 상태로의 변화는 다음과 같이 쓸 수 있다.

$$|e\rangle|0\rangle \rightarrow |e_{00}\rangle|0\rangle + |e_{01}\rangle|1\rangle$$

$$|e\rangle|1\rangle \rightarrow |e_{10}\rangle|0\rangle + |e_{11}\rangle|1\rangle$$

여기서, $|eij\rangle$는 규격화 되지 않은 주변 환경의 상태 벡터를 나타낸다. 즉, $|e_{ij}\rangle$의 놈은 i, j 값에 따라 다를 수 있으며, 환경과 큐비트 사이의 얽힌 상태에서 $|0\rangle$와 $|1\rangle$의 혼합 비율을 결정한다. 주변 환경과 큐비트 사이의 상호작용이 아주 약한 경우에는 일반적으로 다음 조건이 만족된다.

$$\langle e_{00}|e_{00}\rangle \approx \langle e_{11}|e_{11}\rangle \approx 1, \quad \langle e_{01}|e_{01}\rangle \approx \langle e_{10}|e_{10}\rangle \ll 1$$

여기서 $x = 0{,}1$에 대한 투영 연산자 P_x를 다음과 같이 정의한다.

$$P_x = \frac{I + (-1)^x Z}{2},$$

연산자 P_x는 임의의 단일 큐비트 양자 상태 $|\psi\rangle = \alpha_0|0\rangle + \alpha_1|1\rangle$를 기저 상태 $|x\rangle$로 투영한다. 이에 따라 주변 환경과의 상호작용으로 발생하는 결깨짐 현상은 투영 연산자 P_x를 사용하여 다음과 같이 표현할 수 있다.

$$|e\rangle|x\rangle \rightarrow [|e_{00}\rangle I + |e_{01}\rangle X]P_0|x\rangle + [|e_{10}\rangle X + |e_{11}\rangle I]P_1|x\rangle$$

위의 식을 정리하면 다음과 같다.

$$|e\rangle|x\rangle \rightarrow \left(\frac{|e_{00}\rangle + |e_{11}\rangle}{2}I + \frac{|e_{00}\rangle - |e_{11}\rangle}{2}Z + \frac{|e_{01}\rangle + |e_{10}\rangle}{2}X + \frac{|e_{01}\rangle - |e_{10}\rangle}{2}XZ\right)|x\rangle$$

$$= (|a_I\rangle I + |a_X\rangle X + |a_z\rangle Z + |a_{XZ}\rangle XZ)|x\rangle$$

여기서 $|a_I\rangle, |a_X\rangle, |a_Z\rangle, |a_{XZ}\rangle$ 등은 주변 환경의 양자 상태를 나타내는 규격화되지 않은 벡터들이다. 따라서 결깨짐에 의해 큐비트의 상태는 오류가 없는 상태($I|x\rangle$), 비트 뒤집기 오류가 있는 상태($X|x\rangle$), 위상 뒤집기 오류가 있는 상태($Z|x\rangle$), 그리고 비트-위상 뒤집기 오류가 함께 있는 상태($XZ|x\rangle$)들의 중첩 상태가 된다. 결깨짐에 의한 이러한 상태 변환은 선형 연산인 유니터리 변환이므로, 위의 관계식은 단일 큐비트의 임의의 양자 상태 $|\psi\rangle = \alpha_0|0\rangle + \alpha_1|1\rangle$에 대해서도 성립한다. 이와 같이, 비트 뒤집기 오류와 위상 뒤집기 오류의 조합으로 단일 큐비트에서 발생하는 모든 양자 오류를 표현할 수 있으며, 이를 게

이트 연산으로 표현하면 *I*, *X*, *Z*, *XZ* 연산의 중첩이다. 다시 말해, 비트 뒤집기, 위상 뒤집기, 비트-위상 뒤집기 오류를 정정할 수 있는 오류 정정 코드를 사용하면 모든 양자 오류를 정정할 수 있다.

7.2 비트 뒤집기 오류를 정정하는 3-큐비트 코드

오류 정정 코드에서는 양자 계산에 필요한 정보를 담고 있는 큐비트인 논리 큐비트(logical qubit)의 상태를 양자 오류로부터 보호하기 위해 여러 개의 큐비트를 추가 사용하여 논리 큐비트의 양자 정보를 인코딩(encoding) 한다. 이 때 논리 큐비트의 양자 정보가 인코딩된 복수의 물리 큐비트를 데이터 큐비트라고 한다. 이제 단일 비트 뒤집기 오류를 정정하기 위해 세 개의 데이터 큐비트를 사용하는 3-큐비트 코드에 대해서 알아보자.

3-큐비트 코드에서 논리 큐비트의 기저 상태 $|0\rangle$는 데이터 큐비트의 $|000\rangle$ 상태로 인코딩 되며, 이 데이터 큐비트의 상태를 코드워드(codeword) $|\overline{0}\rangle$라고 한다. 즉, $|\overline{0}\rangle = |000\rangle$이다. 마찬가지로, 논리 큐비트의 기저 상태 $|1\rangle$는 코드워드 $|\overline{1}\rangle = |111\rangle$로 데이터 큐비트에 인코딩 된다. 세 개의 데이터 큐비트 중 하나의 큐비트에서만 비트 뒤집기 오류가 발생한다는 가정 하에, 이 오류를 어떻게 진단하고 정정할 수 있는지 알아보자. 따라서 코드워드 상태에 비트 뒤집기 오류를 유발하는 연산자는 $IIX = X_0, IXI = X_1, XII = X_2$이다. 아래에서는 단일 비트 뒤집기 오류 정정을 구현하는 과정을 코드워드 인코딩, 인위적인 오류 삽입, 오류 진단, 오류 정정의 네 단계로 나누어 설명하겠다.

7.2.1 비트 뒤집기 오류 정정 코드의 인코딩 회로

위에서 설명한 바와 같이, 비트 뒤집기 오류 정정을 위한 3-큐비트 코드의 코드워드는 $|\overline{0}\rangle = |000\rangle$, $|\overline{1}\rangle = |111\rangle$이다. 이 3-큐비트 코드에서, 논리 큐비트 x_2의 상태를 세 개의 데이터 큐비트 x_2, x_1, x_0에 인코딩하는 양자 회로는, 그림 7-3과 같이 x_2를 제어 큐비트로 하는 두 개의 *CX* 게이트를 사용해 구현할 수 있다. 그림 7-3에서는 논리 큐비트의 상태 $|1\rangle$을 코드워드 $|\overline{1}\rangle = |111\rangle$로 인코딩하는 회로를 보여준다.

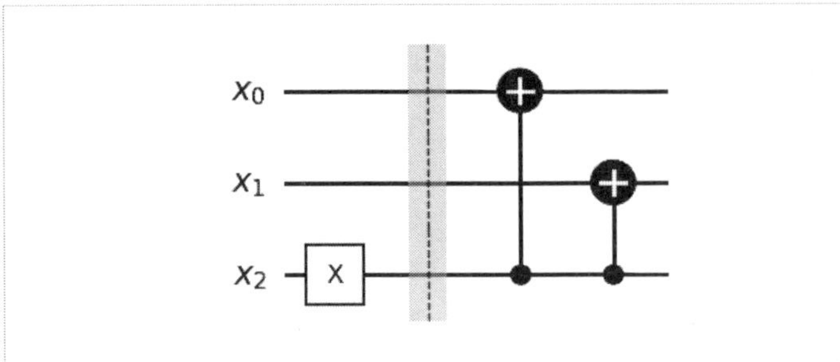

그림 7-3 논리 큐비트의 상태 |1⟩에 해당하는 코드워드 생성 회로

7.2.2 비트 뒤집기 오류 삽입

그림 7-3의 인코딩 회로를 통해 세 개의 데이터 큐비트에 코드워드를 생성하였다. 이제 이 세 개의 데이터 큐비트 x_2, x_1, x_0 중 하나에 비트 뒤집기 오류가 발생한 상황을 고려하자. 그림 7-4에서는 큐비트 x_1에 X 게이트를 적용하여 비트 뒤집기 오류를 발생시켰다. 그림 7-4의 양자 회로에서는 데이터 큐비트 x_2, x_1, x_0 외에 두 개의 보조 큐비트(ancilla qubit) a_1, a_0가 추가되어 있다. 이 보조 큐비트는 오류 진단 과정에서 데이터 큐비트 중 어느 큐비트에서 비트 뒤집기 오류가 발생했는지를 특정하기 위해 사용된다.

그림 7-4의 양자 회로의 각 단계에서 데이터 큐비트와 보조 큐비트를 포함한 5-큐비트 상태는 다음과 같다.

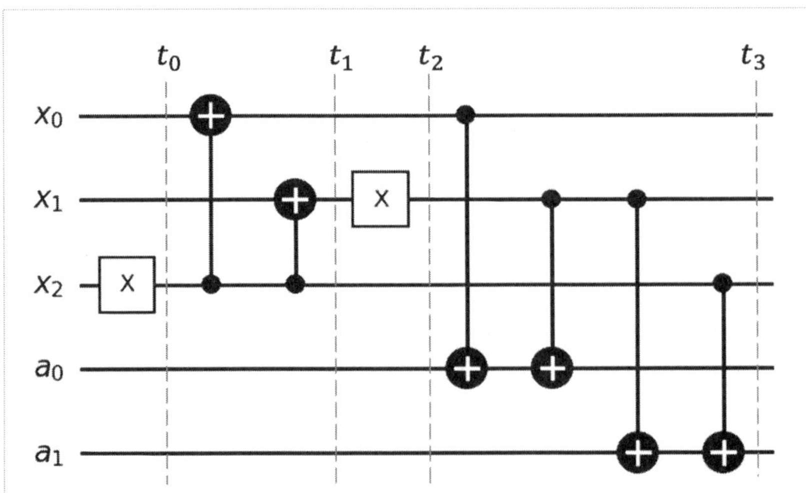

그림 7-4 코드워드 상태에 비트 뒤집기 오류를 추가하고 진단하는 회로

- t_0에서 5-큐비트 상태는 $|00100\rangle$이다.
- 데이터 큐비트에 코드워드 상태 $|\bar{1}\rangle$이 생성되어, t_1에서 5-큐비트 상태는 $|00111\rangle$이 된다.
- 큐비트 x_1에 비트 뒤집기 오류가 발생하여, t_2에서 5-큐비트 상태는 $|00101\rangle$로 바뀌었다.

7.2.3 비트 뒤집기 오류 진단

데이터 큐비트에서 발생한 오류 증상(error syndrome)을 진단하기 위해, 그림 7-4의 양자 회로에서는 데이터 큐비트를 제어 큐비트, 보조 큐비트를 타겟 큐비트로 하는 네 개의 CX 게이트를 적용한다(그림의 t_2와 t_3 사이의 회로). 이 네 개의 CX 게이트에 의해 회로의 5-큐비트 상태는 다음과 같이 변화한다.

$$CX_{\mathrm{x}_2,\mathrm{a}_1}CX_{\mathrm{x}_1,\mathrm{a}_1}CX_{\mathrm{x}_1,\mathrm{a}_0}CX_{\mathrm{x}_0,\mathrm{a}_0}|a_1,a_0,x_2,x_1,x_0\rangle = |x_2 \oplus x_1 \oplus a_1, x_1 \oplus x_0 \oplus a_0, x_2, x_1, x_0\rangle$$

여기서 보조 큐비트의 초기 상태는 $|a_1,a_0\rangle = |00\rangle_\mathrm{a}$이고, 코드워드 상태가 $|\bar{0}\rangle = |000\rangle$ 혹은 $|\bar{1}\rangle = |111\rangle$로 인코딩 된 경우, 단일 비트 뒤집기 오류의 발생 여부에 따라 5-큐비트 상태는 다음과 같이 결정된다.

- 오류 없음 (III):
  - $|\bar{0}\rangle$: $|00000\rangle \rightarrow |00000\rangle$
  - $|\bar{1}\rangle$: $|00111\rangle \rightarrow |00111\rangle$
- 큐비트 x_0에 비트 뒤집기 오류 발생 ($IIX = X_0$):
  - $|\bar{0}\rangle$: $|00001\rangle \rightarrow |01001\rangle$
  - $|\bar{1}\rangle$: $|00110\rangle \rightarrow |01110\rangle$
- 큐비트 x_1에 비트 뒤집기 오류 발생 ($IXI = X_1$):
  - $|\bar{0}\rangle$: $|00010\rangle \rightarrow |11010\rangle$
  - $|\bar{1}\rangle$: $|00101\rangle \rightarrow |11101\rangle$
- 큐비트 x_2에 비트 뒤집기 오류 발생 ($XII = X_2$):
  - $|\bar{0}\rangle$: $|00100\rangle \rightarrow |10100\rangle$
  - $|\bar{1}\rangle$: $|00011\rangle \rightarrow |10011\rangle$

표 7-1 비트 뒤집기 오류 정정 3-큐비트 코드의 오류 진단 및 정정 연산

발생 오류	오류 진단 $\|a_1, a_0\rangle$	오류 정정 연산
오류 없음	$\|00\rangle_a$	III
x_0 비트 뒤집기 오류	$\|01\rangle_a$	$IIX = X_0$
x_2 비트 뒤집기 오류	$\|10\rangle_a$	$XII = X_2$
x_1 비트 뒤집기 오류	$\|11\rangle_a$	$IXI = X_1$

따라서 오류 증상을 진단하는 보조 큐비트 a_1, a_0의 상태는 오류가 발생한 큐비트의 위치에 따라 표 7-1과 같이 주어진다. 그림 7-4의 회로에서는 x_1 큐비트에 비트 뒤집기 오류가 발생했으므로, t_3에서 5-큐비트 상태는 $|11101\rangle$이다.

7.2.4 비트 뒤집기 오류 정정

그림 7-5의 양자 회로는 오류 진단 과정에서 파악된 오류 증상에 따라 오류를 정정하는 회로를 포함하여, 완결된 3-큐비트 비트 뒤집기 오류 정정 코드를 나타낸다. 오류 정정 과정은 그림 7-5에서 보조 큐비트 a_1, a_0을 제어 큐비트로 사용하는 다섯 개의 CX 및 CCX 게이트로 구성된다. 이 CX, CCX 게이트들에 의해 데이터 큐비트 x_2, x_1, x_0 중 오류가 발생한 큐비트에 X 게이트 연산, 즉 비트 뒤집기 연산이 한 번 적용되어 오류가 원상태로 정정된다. 이 과정에서 오류가 발생하지 않은 데이터 큐비트들은 비트 뒤집기 연산이 두 번 적용되거나 전혀 적용되지 않기 때문에, 이들 큐비트의 양자 상태는 변하지 않는다.

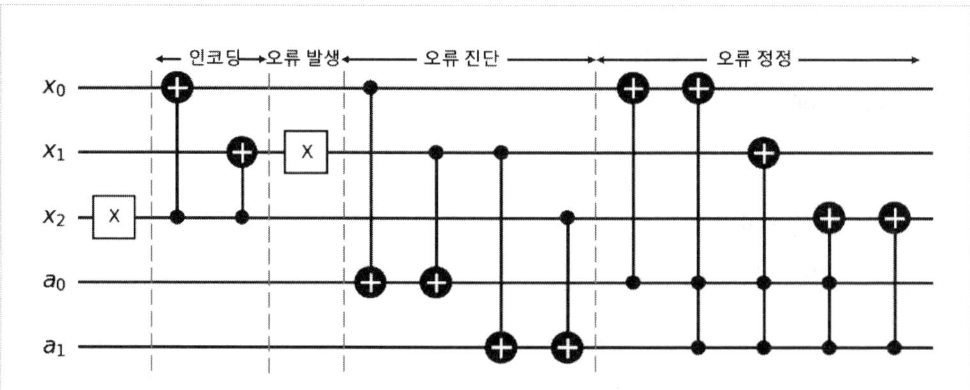

그림 7-5 비트 뒤집기 오류 정정 회로 (1)

- 그림 7-5의 회로에서는 데이터 큐비트 x_1에 비트 뒤집기 오류가 발생하였기 때문에, 오류 진단 과정을 거친 후의 보조 큐비트 상태는 $|11\rangle_a$이다. 이에 따라 오류 정정 과정을 거치며, 큐비트 x_0에 두 번, x_1에 한 번, x_2에 두 번 비트 뒤집기 연산이 적용되어, 데이터 큐비트의 상태가 오류가 없는 상태인 $|\bar{1}\rangle = |111\rangle$로 정정된다.
- 데이터 큐비트 x_0에 비트 뒤집기 오류가 발생한 경우에는, 오류 진단 과정을 거친 후 보조 큐비트의 상태는 표 7-1에 따라 $|01\rangle_a$이 된다. 이에 따라 오류 정정 회로에서 x_0에만 한 번 비트 뒤집기 연산이 적용되어 데이터 큐비트의 상태가 $|\bar{1}\rangle = |111\rangle$로 정정된다.
- 데이터 큐비트 x_2에 비트 뒤집기 오류가 발생한 경우에는, 오류 진단 과정을 거친 후 보조 큐비트의 상태는 표 6-1에 따라 $|10\rangle_a$이 된다. 이에 따라 오류 정정 회로에서 x_2에만 한 번 비트 뒤집기 연산이 적용되어 데이터 큐비트의 상태가 $|\bar{1}\rangle = |111\rangle$로 정정된다.

```
# 단일 큐비트 비트-뒤집기 오류 정정 코드 (2)
from qiskit import QuantumCircuit, QuantumRegister
qx = QuantumRegister(3,'x')
qa = QuantumRegister(2,'a')
circuit = QuantumCircuit(qx,qa)

# 논리 상태 |1> 로 초기화
circuit.x(qx[2])
circuit.barrier()

# 3-큐비트 코드워드 생성
circuit.cx(qx[2],qx[0])
circuit.cx(qx[2],qx[1])

circuit.barrier()
# x1 에 비트 뒤집기 오류 발생
circuit.x(qx[1])
circuit.barrier()

# 오류 진단
circuit.cx(qx[0],qa[0])
circuit.cx(qx[1],qa[0])
circuit.cx(qx[1],qa[1])
circuit.cx(qx[2],qa[1])

circuit.barrier()
# 오류 정정
circuit.ccx(qa[0],qa[1],qx[0],ctrl_state='01')
circuit.ccx(qa[0],qa[1],qx[1],ctrl_state='11')
circuit.ccx(qa[0],qa[1],qx[2],ctrl_state='10')

circuit.draw(output='mpl')
```

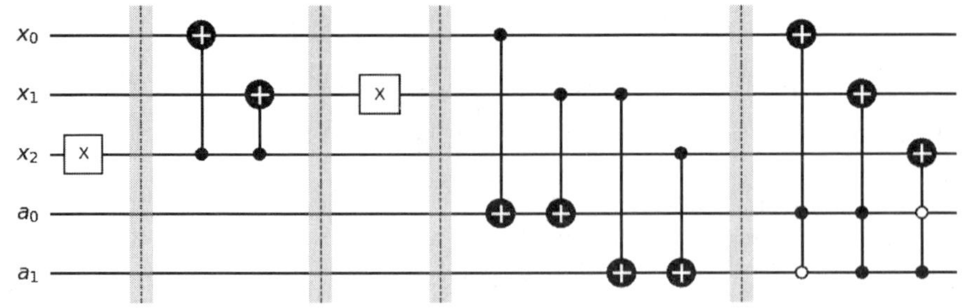

코드 7-1 비트 뒤집기 오류 정정 코드와 오류 정정 회로 (2)

코드 7-1은 오류 정정 부분을 그림 7-5의 양자 회로와 다르게 구현한 3-큐비트 비트 뒤집기 오류 정정 코드를 보여 준다. 이 코드의 오류 정정 과정에서는 제어 큐비트 상태가 $|0\rangle$일 때 타겟 큐비트에 X 게이트 연산이 적용되는 CCX 게이트를 사용한다. 코드 7-1의 양자 회로에서 사용된 CCX 게이트는 흰색 점으로 표시된 제어 큐비트의 상태가 $|0\rangle$이고 검은 점으로 표시된 제어 큐비트의 상태가 $|1\rangle$일 때, 타겟 큐비트에 X 게이트 연산을 적용한다. Qiskit에서 이러한 다중제어 게이트를 구현하려면 `QuantumCircuit.ccx()` 함수의 인자로 `ctrl_state`를 사용하면 된다(2장 다중 제어 X 게이트의 제어 상태 설정 참조). 예를 들어, 코드 7-1의 마지막 CCX 게이트는 `circuit.ccx(a[0], a[1], x[2], ctrl_state='10')`으로 표현되며, 이를 통해 `a[0]`의 제어 상태는 '0', `a[1]`의 제어 상태는 '1'로 설정되었다. 함수 `circuit.ccx()`의 `ctrl_state`인자를 사용할 때는 큐비트 순서에 주의하여 그 값을 설정해야 한다. 코드 7-1의 오류 정정 회로는 그림 7-5와 동일하게 작동하여 비트 뒤집기 오류를 정정한다.

3장에서 확인한 게이트 항등식 $HZH = X$를 활용하면, 오류 진단 과정에서 (코드 7-1의 회로에서 세 번째 배리어 네 번째 배리어 사이) 사용하는 CX 게이트를 CZ 게이트와 타겟 큐비트에 적용하는 두 개의 H 게이트로 대체할 수 있다. 나아가 항등식 $HH = I$를 고려하여 하나의 큐비트에 연속적으로 적용되는 두 개의 H 게이트를 제거하면, 코드 7-1의 양자 회로는 그림 7-6의 회로와 같게 된다.

이상 살펴본 3-큐비트 오류 정정 코드는 코드 워드 $|\bar{1}\rangle$ 뿐만 아니라 $|\bar{0}\rangle$ 상태에 대해서도 단일 큐비트 비트 뒤집기 오류를 정정할 수 있다. 양자 게이트 연산은 선형 연산이기 때문에, 그림 7-7의 회로에 의해 생성되는 $|\bar{0}\rangle$과 $|\bar{1}\rangle$이 중첩된 상태인 $\alpha|000\rangle + \beta|111\rangle$에 대해서도 동일한 오류 정정 코드를 통해 비트 뒤집기 오류를 진단하고 정정할 수 있다.

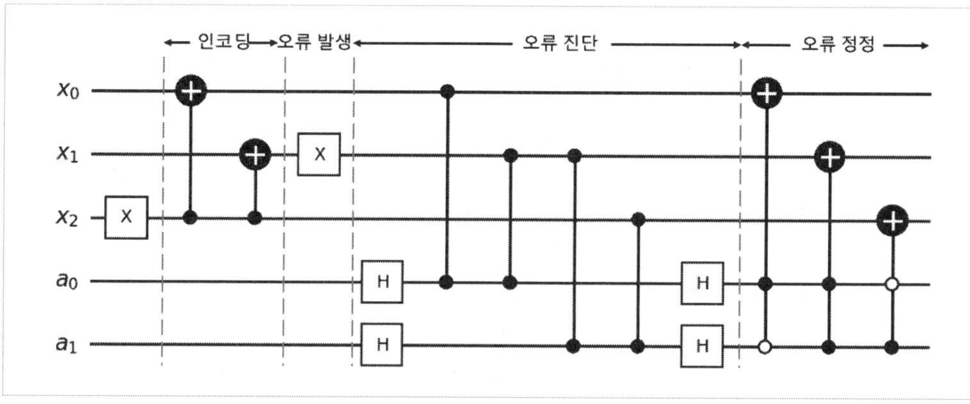

그림 7-6 비트 뒤집기 오류 정정 회로 (3)

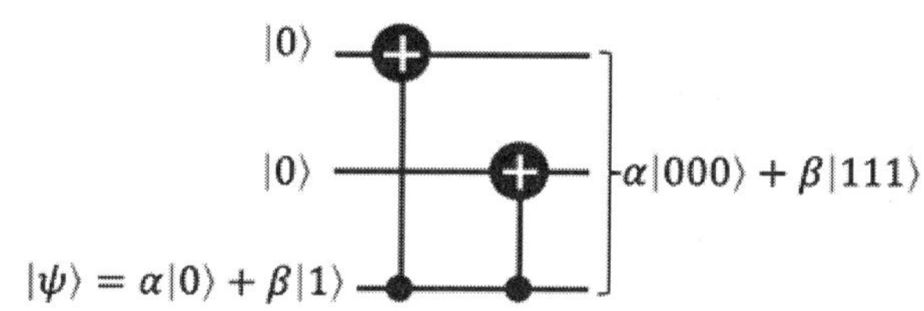

그림 7-7 비트 뒤집기 오류 정정 코드의 인코딩 회로

7.3 위상 뒤집기 오류를 정정하는 3-큐비트 코드

단일 비트 뒤집기 오류 정정 코드와 마찬가지로, 세 개의 데이터 큐비트 중 하나의 큐비트에서 발생하는 위상 뒤집기 오류를 진단하고 정정할 수 있는 3-큐비트 코드를 살펴보자. 단일 큐비트에 위상 뒤집기 오류를 유발하는 연산자는 $IIZ = Z_0, IZI = Z_1, ZII = Z_2$ 중 하나이다.

7.3.1 위상 뒤집기 오류 정정 코드의 인코딩 회로

단일 큐비트 위상 뒤집기 오류를 정정하는 3-큐비트 코드에서는 코드워드 상태로 $|\bar{0}\rangle = |+ + +\rangle$, $|\bar{1}\rangle = |- - -\rangle$를 사용한다. 즉, 논리 큐비트의 $|0\rangle$, $|1\rangle$ 상태를 각각 데이터 큐비트의 $|+ + +\rangle$, $|- - -\rangle$로 인코딩 하여, 위상 뒤집기 오류로부터 양자 정보를 보호한다.

그림 7-8은 논리 큐비트의 임의의 양자 상태 $|\psi\rangle = \alpha|0\rangle + \beta|1\rangle$를 코드워드 $|\bar{0}\rangle$, $|\bar{1}\rangle$의 중첩 상태 $\alpha|+ + +\rangle + \beta|- - -\rangle$로 인코딩하는 양자 회로를 보여준다. 이 인코딩 회

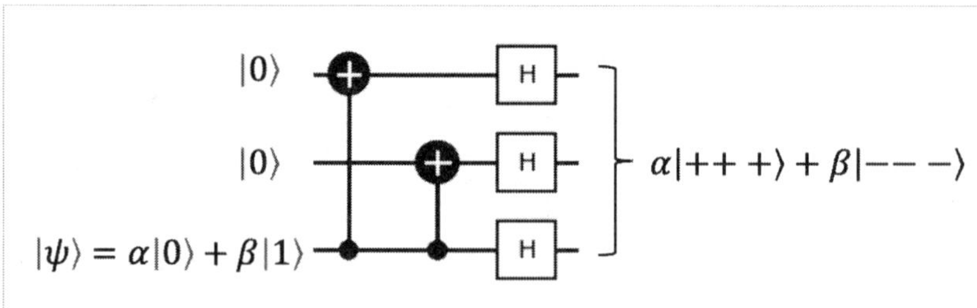

그림 7-8 위상 뒤집기 오류 정정 코드의 인코딩 회로

로는 그림 7-7의 비트 뒤집기 오류 정정 코드 인코딩 회로에 H 게이트를 추가하여 수정한 회로이다.

```
# 단일 큐비트 위상-뒤집기 오류 정정 코드
from qiskit import QuantumCircuit, QuantumRegister
qx = QuantumRegister(3,'x')
qa = QuantumRegister(2,'a')
circuit = QuantumCircuit(qx,qa)

# 논리 상태 |1> 로 초기화
circuit.x(qx[2])
circuit.barrier()

# 3-큐비트 코드워드 생성
circuit.cx(qx[2],qx[0])
circuit.cx(qx[2],qx[1])
circuit.barrier()
circuit.h(qx)

circuit.draw(output='mpl',plot_barriers=False)
```

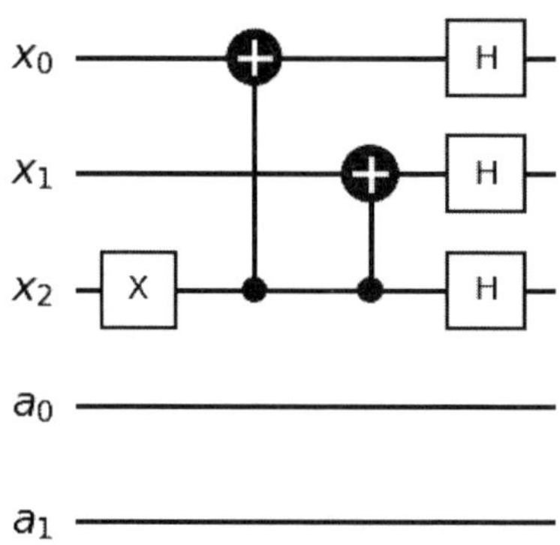

```
# 회로의 양자 상태를 상태 벡터로 출력
from qiskit.quantum_info import Statevector
sv = Statevector(circuit)
sv.draw(output = 'latex')
```

✓ 0.2s Python

$$\frac{\sqrt{2}}{4}|00000\rangle - \frac{\sqrt{2}}{4}|00001\rangle - \frac{\sqrt{2}}{4}|00010\rangle + \frac{\sqrt{2}}{4}|00011\rangle - \frac{\sqrt{2}}{4}|00100\rangle + \frac{\sqrt{2}}{4}|00101\rangle + \frac{\sqrt{2}}{4}|00110\rangle - \frac{\sqrt{2}}{4}|00111\rangle$$

코드 7-2 위상 뒤집기 오류 정정 코드의 인코딩 회로와 논리 상태 $|1\rangle$을 표현하는 상태벡터

코드 7-2는 그림 7-8의 인코딩 회로를 사용하여 코드워드 $|\bar{1}\rangle = |---\rangle$를 생성하는 코드이다. 이 코드에서 qx 레지스터는 세 개의 데이터 큐비트를 나타내고, 오류 진단을 위해 추가한 두 개의 보조 큐비트가 qa 레지스터를 구성한다. 인코딩된 상태 벡터를 출력하기 위해 회로 객체 `circuit`에 대한 `Statevector` 객체를 생성한 후, `Statevector.draw()` 함수를 호출한다. 코드 7-2의 출력에서 상태 벡터는 $|a_1 a_0 x_2 x_1 x_0\rangle = |00---\rangle$이며, 이는 데이터 큐비트가 $|---\rangle$ 상태로 인코딩 된 것을 확인해 준다(아래 식 참조).

$$|---\rangle = \frac{\sqrt{2}}{4}(|000\rangle - |001\rangle - |010\rangle + |011\rangle - |100\rangle + |101\rangle + |110\rangle - |111\rangle)$$

7.3.2 위상 뒤집기 오류 삽입

```
circuit.z(qx[2])
circuit.draw(output='mpl',plot_barriers=False)
```

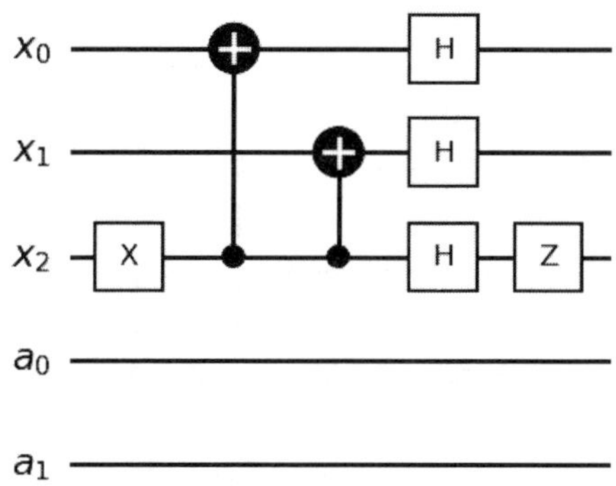

```
# 회로의 양자 상태를 상태 벡터로 출력
from qiskit.quantum_info import Statevector
sv1 = Statevector(circuit)
sv1.draw(output = 'latex')
```

✓ 0.0s Python

$$\frac{\sqrt{2}}{4}|00000\rangle - \frac{\sqrt{2}}{4}|00001\rangle - \frac{\sqrt{2}}{4}|00010\rangle + \frac{\sqrt{2}}{4}|00011\rangle + \frac{\sqrt{2}}{4}|00100\rangle - \frac{\sqrt{2}}{4}|00101\rangle - \frac{\sqrt{2}}{4}|00110\rangle + \frac{\sqrt{2}}{4}|00111\rangle$$

코드 7-3 논리 상태 $|1\rangle$을 나타내는 위상 뒤집기 오류 정정 코드에 Z_2 오류를 삽입한 후 상태 벡터

단일 비트 위상 뒤집기 오류가 발생한 것을 시뮬레이션하기 위해, 데이터 큐비트 중 하나에 Z 게이트를 적용하고, 이 오류를 수정하는 과정을 살펴보겠다. 코드 7-3의 회로에서는 큐비트 x_2에 Z 게이트를 추가한 후, 전체 양자 레지스터의 상태 벡터를 출력한다. 위상 뒤집기 오류가 발생해, 상태 벡터가 $|00---\rangle$로부터 $|00+--\rangle$로 변경된 것을 확인할 수 있다.

7.3.3 위상 뒤집기 오류 진단

보조 큐비트 a_1, a_0를 사용하여 단일 비트 위상 뒤집기 오류 증상을 진단하는 회로를 그림 7-9와 같이 구성할 수 있다. 이 위상 뒤집기 오류 진단 회로가 작동하는 방식은 다음과 같다.

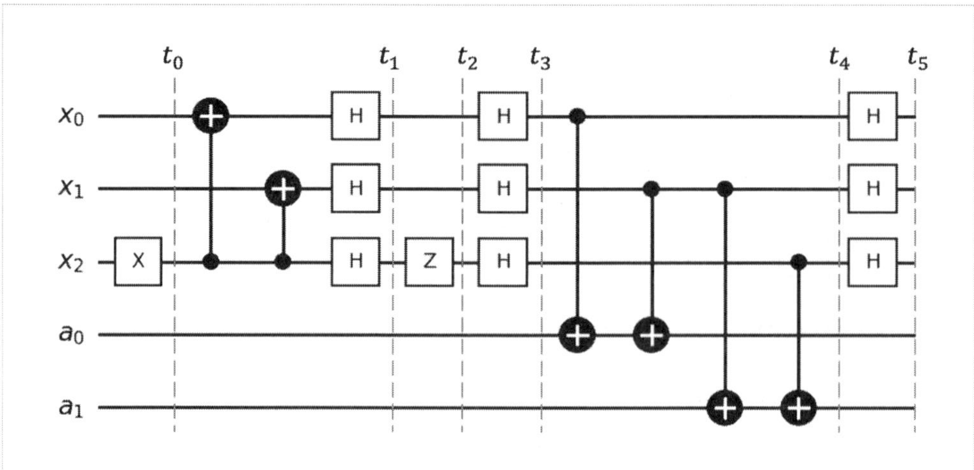

그림 7-9 위상 뒤집기 오류 정정 코드의 오류 진단 회로(1)

- $t_2 \sim t_3$에서 $|+\rangle$ 혹은 $|-\rangle$ 상태에 있는 각 데이터 큐비트에 H 게이트를 적용하면, t_3에서 데이터 큐비트의 상태는 $|0\rangle$이거나 $|1\rangle$ 상태가 된다. 이에 따라 그림 7-9의 t_3에서 5-큐비트 상태는 $|00011\rangle$이다.
- 그림 7-4의 비트 뒤집기 오류 진단 회로와 같이 $t_3 \sim t_4$에서 네 개의 CX 게이트들을 적용하면 t_4에서 보조 큐비트의 상태는 오류가 발생한 데이터 큐비트의 위치에 따라 표 7-1과 같이 결정된다. 그림 7-9에서는 큐비트 x_2에 오류가 발생했으므로, 보조 큐비트의 상태는 $|10\rangle_a$로 주어진다. 즉, t_4에서 양자 상태는 $|10011\rangle$이다.
- $t_4 \sim t_5$에서 각 데이터 큐비트에 다시 한번 H 게이트를 적용하면, t_5에서 양자 상태는 $|10+--\rangle$이 된다.

즉, 그림 7-9회로에서 t_0부터 t_5까지 양자 레지스터의 상태 변화는 다음과 같다.

$$|00001\rangle \rightarrow |00---\rangle \rightarrow |00+--\rangle \rightarrow |00011\rangle \rightarrow |10011\rangle \rightarrow |10+--\rangle$$

코드워드 상태 $|+++\rangle, |---\rangle$로 인코딩 되어 있는 데이터 큐비트에 단일 비트 위상 뒤집기 오류 Z_0, Z_1, Z_2가 발생한다면 그림 7-9의 각 단계 $t_1 \rightarrow t_2 \rightarrow t_3 \rightarrow t_4 \rightarrow t_5$에서 양자 레지스터의 상태 변화는 다음과 같다.

- 오류가 없음 (III):
  - $|+++\rangle$: $|00+++\rangle \rightarrow |00+++\rangle \rightarrow |00000\rangle \rightarrow |00000\rangle \rightarrow |00+++\rangle$
  - $|---\rangle$: $|00---\rangle \rightarrow |00---\rangle \rightarrow |00111\rangle \rightarrow |00111\rangle \rightarrow |00---\rangle$
- 큐비트 x_0에 위상 뒤집기 오류 발생 ($IIZ = Z_0$):
  - $|+++\rangle$: $|00+++\rangle \rightarrow |00++-\rangle \rightarrow |00001\rangle \rightarrow |01001\rangle \rightarrow |01++-\rangle$
  - $|---\rangle$: $|00---\rangle \rightarrow |00--+\rangle \rightarrow |00110\rangle \rightarrow |01110\rangle \rightarrow |01--+\rangle$
- 큐비트 x_1에 위상 뒤집기 오류 발생 ($IZI = Z_1$):
  - $|+++\rangle$: $|00+++\rangle \rightarrow |00+-+\rangle \rightarrow |00010\rangle \rightarrow |11010\rangle \rightarrow |11+-+\rangle$
  - $|---\rangle$: $|00---\rangle \rightarrow |00-+-\rangle \rightarrow |00101\rangle \rightarrow |11101\rangle \rightarrow |11-+-\rangle$
- 큐비트 x_2에 위상 뒤집기 오류 발생 ($ZII = Z_2$):
  - $|+++\rangle$: $|00+++\rangle \rightarrow |00-++\rangle \rightarrow |00100\rangle \rightarrow |10100\rangle \rightarrow |10-++\rangle$
  - $|---\rangle$: $|00---\rangle \rightarrow |00+--\rangle \rightarrow |00011\rangle \rightarrow |10011\rangle \rightarrow |10+--\rangle$

따라서 오류 증상을 진단하는 보조 큐비트 a_1, a_0의 상태는 위상 뒤집기 오류가 발생한 큐비트의 위치에 따라 표 7-2과 같이 주어진다.

표 7-2 위상 뒤집기 오류 정정 3-큐비트 코드의 오류 진단 및 정정 연산

발생 오류	오류 진단 $\|a_1, a_0\rangle$	오류 정정 연산
오류 없음	$\|00\rangle_a$	III
x_0 위상 뒤집기 오류	$\|01\rangle_a$	$IIZ = Z_0$
x_2 위상 뒤집기 오류	$\|10\rangle_a$	$ZII = Z_2$
x_1 위상 뒤집기 오류	$\|11\rangle_a$	$IZI = Z_1$

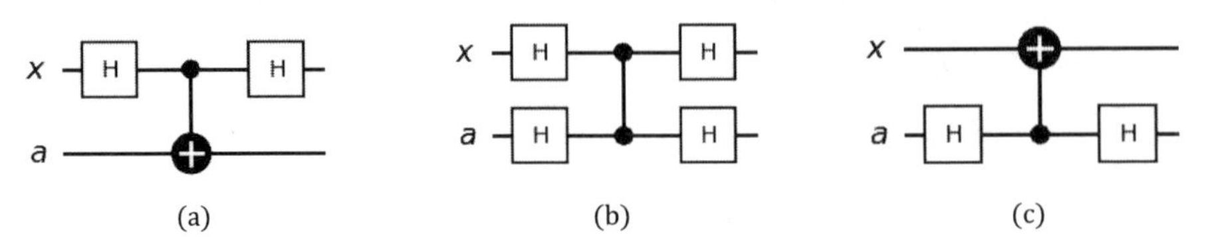

그림 7-10 *H.CX.H* 회로의 변형

그림 7-9의 위상 뒤집기 오류 진단 회로는 그림 7-10(a)에 보이는 H, CX, H 게이트 조합 네 개로 구성되어 있다. 여기서 게이트 항등식 $X = HZH$를 이용하면, CX 게이트를 두 개의 H 게이트와 CZ 게이트의 조합으로 대체할 수 있다. 이를 통해 그림 7-10(a)의 회로는 그림 7-10(b)의 회로와 동일한 작동을 하게 된다. CZ 게이트는 제어 큐비트와 타겟 큐비트가 구분되지 않기 때문에, $X = HZH$의 관계를 다시 이용하여 두 개의 H 게이트와 CZ 게이트를 큐비트 x를 타겟으로 하는 CX 게이트 하나로 대체할 수 있다. 따라서 그림 7-10(a)의 $H_xCX_{x,a}H_x$의 게이트 조합은 그림 7-10(c)의 $H_aCX_{a,x}H_a$ 게이트 조합과 동일하게 작동한다. 이를 이용하면, 그림 7-9의 위상 뒤집기 오류 진단 회로는 코드 7-4에서 생성한 양자 회로인 그림 7-11과 같아진다. 그림 7-11의 양자 회로에서 오류 증상을 진단한 후 5-큐비트 상태 벡터를 출력하면, 회로의 양자 상태가 $|10+--\rangle$으로 변경된 것을 확인할 수 있다.

```
circuit.barrier()
circuit.h(qx)
circuit.cx(qx[0],qa[0])
circuit.cx(qx[1],qa[0])
circuit.cx(qx[1],qa[1])
circuit.cx(qx[2],qa[1])
circuit.barrier()
circuit.h(qx)
```

코드 7-4 위상 뒤집기 오류 정정 코드의 오류 진단 회로(2)

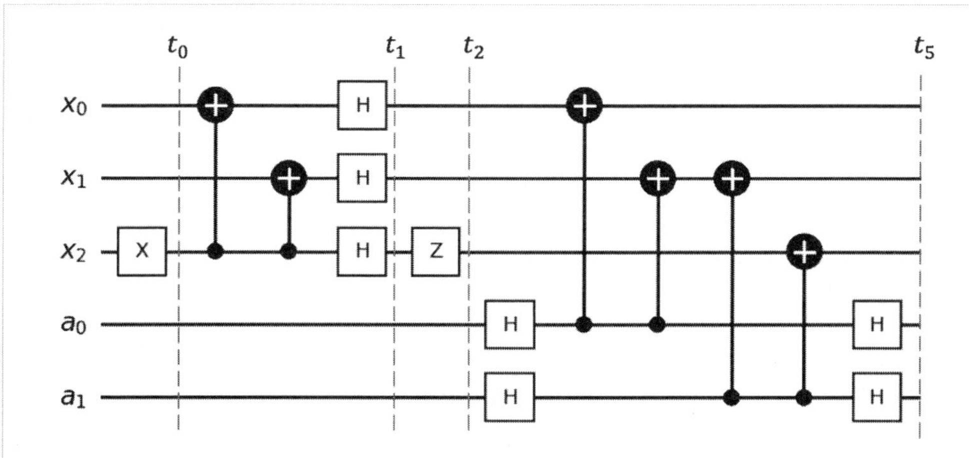

그림 7-11 위상 뒤집기 오류 정정 코드의 오류 진단 회로(2)

```python
# 회로의 양자 상태를 상태 벡터로 출력
from qiskit.quantum_info import Statevector
sv = Statevector(circuit)
sv.draw(output = 'latex')
```

✓ 0.0s Python

$$\frac{\sqrt{2}}{4}|10000\rangle - \frac{\sqrt{2}}{4}|10001\rangle - \frac{\sqrt{2}}{4}|10010\rangle + \frac{\sqrt{2}}{4}|10011\rangle + \frac{\sqrt{2}}{4}|10100\rangle - \frac{\sqrt{2}}{4}|10101\rangle - \frac{\sqrt{2}}{4}|10110\rangle + \frac{\sqrt{2}}{4}|10111\rangle$$

코드 7-5 위상 뒤집기 오류 정정 코드의 오류 진단 후 상태 벡터 출력

7.3.4 위상 뒤집기 오류 정정

코드 7-6은 오류 진단 과정에서 파악된 오류 증상에 따라 위상 뒤집기 오류를 정정하는 회로를 구현한다. 이 오류 정정 코드에서는 함수 `QuantumCircuit.ccz()`를 세 번 호출하며, `ctrl_state` 인자를 적절히 설정함으로써 위상 뒤집기 오류가 발생한 데이터 큐비트에 Z 게이트 연산을 적용하여 오류를 정정한다. 이러한 오류 정정 과정은 코드 7-1에서 비트 뒤집기 오류를 정정하기 위해 `QuantumCircuit.ccx()` 함수를 세 번 호출했던 방식과 동일하다.

코드 7-6을 실행하면, 단일 큐비트 위상 뒤집기 오류를 정정하는 회로가 완성되며, 그 결과는 그림 7-12에 나타나 있다. 보조 큐비트 a_1, a_0를 제어 큐비트로 하는 세 개의 CCZ 게이트가 이 회로의 오류 정정 과정을 구성한다. 그림 7-12의 회로에서 코드워드 $|\bar{1}\rangle = |---\rangle$에 $ZII = Z_2$ 오류가 발생한 것을 진단하고 이를 정정한 후, 상태 벡터를 출

력하면 데이터 큐비트의 상태가 $|- - -\rangle$로 복구된 것을 확인할 수 있다(코드 7-7의 출력 참조).

```
# 위상 뒤집기 오류 정정
circuit.ccz(qa[0],qa[1],qx[0],ctrl_state='01')
circuit.ccz(qa[0],qa[1],qx[1],ctrl_state='11')
circuit.ccz(qa[0],qa[1],qx[2],ctrl_state='10')
```

코드 7-6 위상 뒤집기 오류 정정 코드의 오류 정정 회로 생성

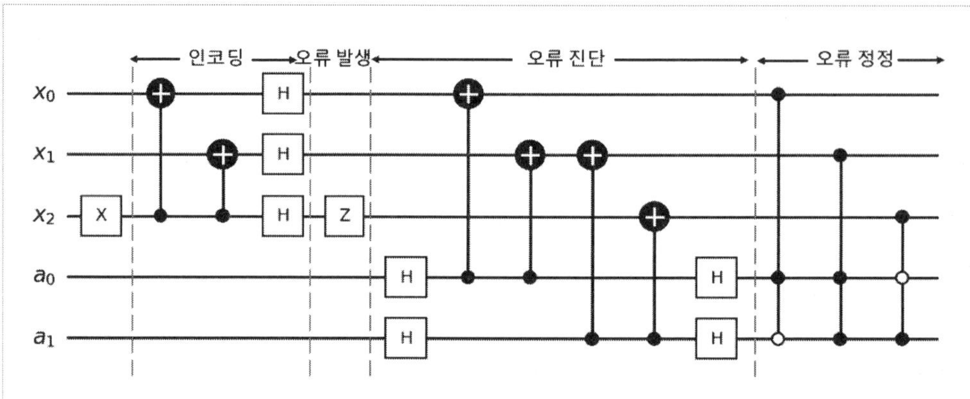

그림 7-12 단일 위상 뒤집기 오류 정정 회로

```
# 회로의 양자 상태를 상태 벡터로 출력
from qiskit.quantum_info import Statevector
sv4 = Statevector(circuit)
sv4.draw(output = 'latex')
```

✓ 0.0s　Python

$$\frac{\sqrt{2}}{4}|10000\rangle - \frac{\sqrt{2}}{4}|10001\rangle - \frac{\sqrt{2}}{4}|10010\rangle + \frac{\sqrt{2}}{4}|10011\rangle - \frac{\sqrt{2}}{4}|10100\rangle + \frac{\sqrt{2}}{4}|10101\rangle + \frac{\sqrt{2}}{4}|10110\rangle - \frac{\sqrt{2}}{4}|10111\rangle$$

코드 7-7 위상 뒤집기 오류 정정 코드의 Z_2 오류 정정 후 상태벡터

7.4 안정자 체계(Stabilizer Formalism)

유니터리 연산자 U와 양자 상태 $|\psi\rangle$가 $U|\psi\rangle = |\psi\rangle$의 관계를 만족하면, U가 $|\psi\rangle$를 안정화(stabilize) 한다고 하며, 이때 U를 $|\psi\rangle$의 안정자(stabilizer)라고 한다. 임의의 $|\psi\rangle$에 대해 $I|\psi\rangle = |\psi\rangle$이므로, 항등 연산자 I는 모든 양자 상태의 안정자이다.

안정자 체계는 양자 상태를 상태 벡터로 표현하는 대신, 그 상태를 안정화하는 연산자들의 집합으로 표현하는 체계이다. n-큐비트 양자 상태를 벡터로 표현하면 2^n차원의 벡터를 사용해야 하므로, 큐비트가 많아질수록 복잡성이 기하급수적으로 증가한다. 반면, n-큐비트 양자 상태를 그 상태를 안정화하는 연산자들의 집합으로 표현하면 n개의 원소들로 표현할 수 있기 때문에, 다수의 큐비트들로 구성된 시스템의 복잡성을 줄이고 양자 상태를 간결하게 표현할 수 있다. 이러한 안정자 체계의 유용성은 오류 정정 코드에 한정되지 않는다.

안정자 체계는 고테스만(Daniel Gottesman)이 1997년 처음 소개하였으며, 이후 양자 오류 정정 코드를 설명하고 분석하는 표준 방법으로 사용되고 있다. 특정 양자 연산은 고전 컴퓨터에서 다항 시간 내에 시뮬레이션될 수 있음을 밝혀, 양자 정보 이론에서 중요한 의의를 가지는 고테스만-닐 정리 또한 안정자 체계를 이용하여 설명할 수 있다.

7.4.1 파울리 군(Pauli Group) P_n

다음과 같이 1-큐비트 파울리 연산자들의 집합 P_1을 고려하자.

$$P_1 = \{\pm I, \pm iI, \pm X, \pm iX, \pm Y, \pm iY, \pm Z, \pm iZ\}$$

P_1에 파울리 연산자에 상수 $\pm 1, \pm i$를 곱한 원소들을 모두 포함한 이유는 P_1에 속하는 원소들 사이의 연산자 곱(product)이 모두 P_1의 원소가 되도록 하기 위한 것이다. 이는 파울리 연산자들이 다음과 같은 성질을 갖는다는 것으로부터 쉽게 확인할 수 있다.

$$XY = -YX = iZ, \quad YZ = -ZY = iX, \quad ZX = -XZ = iY$$
$$X^2 = Y^2 = Z^2 = I$$

P_1의 원소들 중 I는 모든 상태를 안정화하는 반면, $-I$는 어떤 양자 상태도 안정화하지 않는다. ($-I$는 $\begin{bmatrix} 0 \\ 0 \end{bmatrix}$를 안정화하지만, $\begin{bmatrix} 0 \\ 0 \end{bmatrix}$는 놈(norm)이 0인 벡터로 유효한 양자 상태를 나타내지 않는다.) 1-큐비트 파울리 연산자들이 안정화하는 양자 상태의 예는 다음과 같다.

- $X = \begin{bmatrix} 0 & 1 \\ 1 & 0 \end{bmatrix}$는 $|+\rangle = \frac{1}{\sqrt{2}}\begin{bmatrix} 1 \\ 1 \end{bmatrix}$를 안정화한다.
- $-X = \begin{bmatrix} 0 & -1 \\ -1 & 0 \end{bmatrix}$는 $|-\rangle = \frac{1}{\sqrt{2}}\begin{bmatrix} 1 \\ -1 \end{bmatrix}$를 안정화한다.
- $Z = \begin{bmatrix} 1 & 0 \\ 0 & -1 \end{bmatrix}$는 $|0\rangle = \begin{bmatrix} 1 \\ 0 \end{bmatrix}$를 안정화한다.
- $-Z = \begin{bmatrix} -1 & 0 \\ 0 & 1 \end{bmatrix}$는 $|1\rangle = \begin{bmatrix} 0 \\ 1 \end{bmatrix}$를 안정화한다.
- $Y = \begin{bmatrix} 0 & -i \\ i & 0 \end{bmatrix}$는 $|+i\rangle = \frac{1}{\sqrt{2}}\begin{bmatrix} 1 \\ i \end{bmatrix}$를 안정화한다.
- $-Y = \begin{bmatrix} 0 & i \\ -i & 0 \end{bmatrix}$는 $|-i\rangle = \frac{1}{\sqrt{2}}\begin{bmatrix} 1 \\ -i \end{bmatrix}$를 안정화한다.

U와 V가 상태 벡터 $|\psi\rangle$의 안정자라면, $UV|\psi\rangle = U|\psi\rangle = |\psi\rangle$, $V^{-1}V|\psi\rangle = V^{-1}|\psi\rangle = I|\psi\rangle$이 성립한다. 이는 UV, VU, U^{-1}, V^{-1} 또한 $|\psi\rangle$의 안정자라는 것을 의미이다. 따라서, 특정한 양자 상태 $|\psi\rangle$의 안정자들은 연산자 곱에 대하여 군(group)을 형성한다. 수학에서 군이란, 원소들 사이에 다음 성질을 만족하는 연산이 정의되는 집합을 의미한다.

- 해당 연산에 대하여 결합법칙이 성립한다.
- 원소들 사이의 연산 결과는 집합의 원소이다(연산에 대해 닫혀 있다).
- 연산에 대한 항등원을 포함한다.
- 모든 원소의 역원을 포함한다.

1-큐비트 파울리 연산자들의 집합 P_1은 연산자 곱에 대해 위의 성질을 모두 만족한다. 즉, P_1은 군이다. 일반적인 n-큐비트 파울리 군 P_n은 파울리 연산자 I_i, X_i, Y_i, Z_i들의 모든 가능한 텐서 곱에 스칼라 $\pm 1, \pm \mathrm{i}$ 를 곱한 원소들의 집합이다. 따라서 P_n은 다음과 같이 쓸 수 있다.

$$P_n = P_1 \otimes P_1 \otimes \cdots \otimes P_1$$

어떤 군 G의 부분 집합인 S의 원소들 간의 연산 결과만으로 G의 모든 원소들을 생성할 수 있다면 S의 원소들을 G의 생성자, S를 G의 생성자 집합(generating set)이라 하고, $\langle S\rangle = G$로 표현한다. 군 $G = \langle S\rangle$의 생성자 집합 $S = \{g_0, g_1, \cdots, g_{n-1}\}$에서 임의의 생성자 g_i를 제거한 집합 $S - \{g_i\}$에 대해 $\langle S - \{g_i\}\rangle \neq \langle S\rangle$라면, 생성자 집합 S는 독립적이라고 한다. 생성자 집합 S가 독립적이라는 것은, S의 각 원소가 그 집합에 있는 다른 원소들 사이의 연산 결과로 표현될 수 없으며, S의 모든 원소가 군 G를 생성하는데 필수적임을 의미한다.

7.4.2 안정자 군(Stabilizer Group)

n-큐비트 양자 상태 $|\psi\rangle$의 안정자 군은 파울리 군 P_n의 부분 군(subgroup)이다. 부분 군이란, 어떤 군의 부분 집합이면서 그 자체로 군의 성질을 만족하는 집합을 말한다. 예를 들어, 1-큐비트 상태 $|0\rangle$의 안정자 군은 $\{I, Z\}$이고, $\{I, Z\}$는 P_1의 부분 군이다. 또한, $ZZ = I$이므로, $|0\rangle$의 안정자 군 $\{I, Z\}$를 생성자 집합으로 표현하면 $\{I, Z\} = \langle Z\rangle$이다. 몇몇 1-큐비트 양자 상태들의 안정자 군과 생성자 집합은 다음과 같다.

- $|+\rangle$의 안정자 군은 $\{I, X\}$이고, $\{I, X\} = \langle X\rangle$이다.
- $|-\rangle$의 안정자 군은 $\{I, -X\} = \langle -X\rangle$이다.
- $|0\rangle$의 안정자 군은 $\{I, Z\} = \langle Z\rangle$이다.
- $|1\rangle$의 안정자 군은 $\{I, -Z\} = \langle -Z\rangle$이다.
- $|+i\rangle$의 안정자 군은 $\{I, Y\} = \langle Y\rangle$이다.
- $|-i\rangle$의 안정자 군은 $\{I, -Y\} = \langle -Y\rangle$이다.

양자 얽힘이 없는 2-큐비트 상태 $|0+\rangle$의 안정자 군은 다음과 같이 각 큐비트 상태의 안정자들의 크로네커 곱으로 표현할 수 있다.

$$|0\rangle \otimes |+\rangle = \{I \otimes I, I \otimes X, Z \otimes I, Z \otimes X\} = \{II, IX, ZI, ZX\} = \langle IX, ZI\rangle$$

이제 양자 얽힘이 있는 2-큐비트 상태인 벨 상태 $\frac{1}{\sqrt{2}}(|00\rangle + |11\rangle)$의 안정자 군을 찾아보자. 이 2-큐비트 상태는 다음 관계식들을 만족한다.

$$(X \otimes X)\frac{1}{\sqrt{2}}(|00\rangle + |11\rangle) = \frac{1}{\sqrt{2}}(|11\rangle + |00\rangle)$$

$$(-Y \otimes Y)\frac{1}{\sqrt{2}}(|00\rangle + |11\rangle) = -\frac{1}{\sqrt{2}}(i^2|11\rangle + i^2|00\rangle) = \frac{1}{\sqrt{2}}(|11\rangle + |00\rangle)$$

$$(X \otimes X)(X \otimes X) = (XX \otimes XX) = I \otimes I = II$$

$$(X \otimes X)(-Y \otimes Y) = (-XY \otimes XY) = (-iZ) \otimes (iZ) = ZZ$$

따라서 벨 상태 $\frac{1}{\sqrt{2}}(|00\rangle + |11\rangle)$의 안정자 군은 $\{II, XX, -YY, ZZ\}$이며, 이를 생성자 집합으로 표현하면 $\langle XX, -YY\rangle$ 혹은 $\langle XX, ZZ\rangle$이다.

위의 예에서 확인한 바와 같이, n-큐비트 양자 상태는 n개의 독립적인 생성자를 가지는 안정자 군으로 표현된다. 예를 들어, n-큐비트 상태 $|0\rangle^{\otimes n}$의 안정자 군은 $\langle ZII...I$, $IZI...I$,

..., $I...IZI$, $I...IZ$⟩으로, n개의 생성자들로부터 생성될 수 있다.

이제 안정자 군을 일반적으로 다음과 같이 정의한다. P_n의 부분 군 S의 모든 원소에 의해 안정화되는 n-큐비트 상태들의 집합을 V_S로 정의한다. 이 때 V_S는 S에 의해 안정화되는 벡터 공간이고, 군 S를 벡터 공간 V_S의 안정자 군이라고 한다. 즉, 안정자 군 S의 원소(연산자)들은 V_S 공간의 각 상태를 변경하지 않고 그대로 유지하는 역할을 한다. 이 때 벡터 공간 V_S의 차원과 안정자 군 S의 독립적인 생성자들의 개수 사이에는 다음 명제에 주어진 관계가 성립한다.

> **명제**[1]: $(n-k)$개의 독립적이고 교환법칙이 성립하는 P_n의 원소들의 집합 $\{g_0, \dots, g_{n-k-1}\,;\ g_i \neq -I\}$에 의해 생성되는 안정자 군 $S = \langle g_0, \dots, g_{n-k-1} \rangle$에 대해 안정적인 n-큐비트 양자 상태들의 집합 V_S는 2^k 차원의 벡터 공간이다.

따라서 벡터 공간 V_S는 n-큐비트의 상태를 사용하여 k-큐비트의 정보를 표현하는데 사용될 수 있으며, 이러한 2^k 차원의 벡터 공간 V_S를 코드 공간 $C(S)$라고 한다.

7.4.3 안정자 군의 체크 행렬 표현

안정자 체계에서 n-큐비트 양자 상태를 $n \times 2n$ 크기의 행렬로 표현할 수 있는데, 이 행렬을 체크 행렬이라고 한다. n-큐비트 양자 상태를 체크 행렬로 표현하는 방법은 다음과 같다.

1. n-큐비트 상태의 안정자 군은 n개의 생성자를 가지므로, 체크 행렬의 각 행(row)은 하나의 생성자를 나타낸다. 따라서, n-큐비트 상태의 안정자 군은 n개의 행을 가지는 체크 행렬로 표현된다.
2. n-큐비트 상태의 안정자를 표현하기 위해서는 n개의 X 연산자와 n개의 Z 연산자를 나타내는 $2n$개의 원소가 필요하므로, 체크 행렬은 $2n$개의 열(column)을 가진다.
3. n-큐비트 양자 상태는 $n \times 2n$ 크기의 체크 행렬 M으로 표현된다. $0 \leq i, j \leq n-1$에 대해, 체크 행렬의 요소 $M_{i,j}$와 $M_{i,n+j}$는 다음과 같이 결정된다.
   - ○ $M_{i,j} = 1$일 경우, i번째 생성자가 X_j연산자를 포함한다.
   - ○ $M_{i,j} = 0$일 경우, i번째 생성자가 X_j연산자를 포함하지 않는다.
   - ○ $M_{i,n+j} = 1$일 경우, i번째 생성자가 Z_j연산자를 포함한다.
   - ○ $M_{i,n+j} = 0$일 경우, i번째 생성자가 Z_j연산자를 포함하지 않는다.

1 증명은 [NC] Nielson and Chuang, “Quantum Computation and Quantum Information” p.458

이렇게 표현된 체크 행렬에서 왼쪽 첫 n개의 열을 X열, 오른쪽 n개의 열을 Z열이라고 한다. 예를 들어, 4-큐비트 상태 $|0\rangle^{\otimes 4} = |0000\rangle$를 안정자 군으로 표현하면 $\langle IIIZ, IIZI, IZII, ZIII\rangle$이고, 이 안정자 군을 표현하는 체크 행렬은 다음과 같다.

$$\left(\begin{array}{cccc|cccc} 0 & 0 & 0 & 0 & 1 & 0 & 0 & 0 \\ 0 & 0 & 0 & 0 & 0 & 1 & 0 & 0 \\ 0 & 0 & 0 & 0 & 0 & 0 & 1 & 0 \\ 0 & 0 & 0 & 0 & 0 & 0 & 0 & 1 \end{array}\right)$$

이 체크 행렬의 첫 번째 행은 생성자 $IIIZ$을 표현하고, 두 번째, 세 번째, 네 번째 행은 각각 $IIZI$, $IZII$, $ZIII$를 순서대로 나타낸다.

체크 행렬을 이용하면 생성자 집합의 독립성을 쉽게 확인할 수 있다. 체크 행렬의 각 행 벡터들이 선형 독립이면, 생성자 집합은 독립적이다. 반대로, 생성자 집합이 독립적이라면 체크 행렬의 행 벡터들도 선형 독립이다. 위에서 제시된 체크 행렬의 네 개의 행은 서로 선형 독립이므로, 생성자 집합 $\{IIIZ, IIZI, IZII, ZIII\}$은 독립적이다.

7.5 안정자 코드

안정자 체계를 이용하면 양자 오류 진단 및 정정 과정을 게이트 연산에 의한 상태 벡터의 변환으로 설명하는 것보다 더 간단하게 설명할 수 있다. 이러한 오류 정정 코드인 안정자 코드는 양자 회로를 체계적으로 구현하는 데도 용이한 접근 방식을 제공한다. 예를 들어, 앞서 다룬 3-큐비트 비트 뒤집기 오류 코드와 3-큐비트 위상 뒤집기 오류 코드, 그리고 뒤에서 살펴볼 스틴의 7-큐비트 코드는 모두 안정자 체계로 기술이 가능하다.

안정자 체계를 통해 오류 정정 코드를 기술한다는 것은, 오류 정정 코드의 안정자 군을 생성자 집합으로 표현하고, 정정 가능한 개별 오류들이 각 생성자와 교환적(commutative)인지 반교환적(anti-commutative)인지를 분석함으로써 오류의 종류와 오류가 발생한 큐비트의 위치를 결정하는 것이다. 큐비트 개수가 많을 경우 생성자 표현을 $ZIIIIIIIX = Z_8X_0$와 같이, 항등 연산자는 생략하고 각 파울리 연산자가 작동하는 큐비트 위치를 아래 첨자를 사용하여 표기하도록 하겠다. 큐비트 위치를 지정하는 번호를 정하는 순서는 문헌에 따라 다를 수 있는데, 이 책에서는 오른쪽 끝을 0번 큐비트로 지정하는 디지털 컴퓨터의 일반적인 방식을 따르고 있다. 왼쪽부터 1번 큐비트로 시작하는 방식도 있으므로 다른 문헌을 참고할 때 주의가 필요하다.

7.5.1 안정자 코드의 코드워드 표현과 오류 증상

앞에서 설명한 바와 같이, $(n-k)$개의 독립적이고 교환법칙이 성립하는 파울리 군 P_n의 원소들로 생성되는 안정자 군 $S = \langle g_0, \ldots, g_{n-k-1} \rangle$에 의해 안정화되는 2^k 차원의 벡터 공간 V_S는 n-큐비트 상태를 사용하여 k-큐비트의 정보를 표현하는 코드 공간으로 사용할 수 있다. [n, k] 안정자 코드는 k-큐비트의 양자 정보를 표현하기 위해, n-큐비트의 양자 상태를 이용하는 코드이다. 즉, k개의 논리 큐비트의 양자 정보를 n개의 데이터 큐비트를 사용하여 코드 공간으로 인코딩한다.

코드 공간 $C(S)$에서 k-큐비트의 정보를 표현하는 n-큐비트 양자 상태(코드워드)를 생성하는 방법을 알아보자. 먼저, 코드 공간의 기저 상태 $|\bar{0}\rangle_i, |\bar{1}\rangle_i$ $(i = 1,2,\cdots,k)$에 논리적인 Z연산을 구현하는 k개의 연산자 $\bar{Z}_i \in P_n$들을 선택한다. $\bar{Z}_i$는 다음 조건을 충족한다.

$\bar{Z}_i$의 조건: $\{g_0, \ldots, g_{n-k-1}, \bar{Z}_1, \ldots, \bar{Z}_k\}$이 서로 독립적이고 교환적이어야 한다.

체크 행렬을 활용하여 위의 조건을 만족하는 $\bar{Z}_1, \ldots, \bar{Z}_k$을 찾는 방법은 다음 절에서 설명할 것이다. [n, k] 오류 정정 코드에서 논리 큐비트의 기저 상태 $|x_k, \cdots, x_1\rangle_L$은 다음의 안정자 군으로 표현되는 n-큐비트 양자 상태(코드워드)로 인코딩 된다.

$$\langle g_0, \ldots, g_{n-k-1}, (-1)^{x_1}\bar{Z}_1, \ldots, (-1)^{x_k}\bar{Z}_k \rangle$$

안정자 코드의 오류 증상 진단 회로는 코드워드 상태에 대해 안정자 군의 원소들을 측정하는 회로이다. 코드워드에 오류를 유발한 연산자와 안정자 사이의 교환 관계에 따라 측정 결과가 다르게 나타나는 것을 이용하여 오류 증상을 진단한다.

7.5.2 단일 비트 뒤집기 오류 정정 코드의 안정자 표현

세 개의 데이터 큐비트를 사용하여 단일 비트 뒤집기 오류를 정정하는 코드를 안정자 체계로 기술해 보겠다. 단일 비트 뒤집기 오류를 정정하는 3-큐비트 코드는 [3, 1] 코드이고, 코드워드는 $|\bar{0}\rangle = |000\rangle$와 $|\bar{1}\rangle = |111\rangle$이다. $|\bar{0}\rangle$와 $|\bar{1}\rangle$의 선형 결합으로 생성되는 벡터 공간 $C(S)$를 안정자 군으로 표현해 보자.

IZZ 연산자는 다음과 같이 $|000\rangle$와 $|111\rangle$ 상태를 안정화한다.

$$(I \otimes Z \otimes Z)|000\rangle = I|0\rangle \otimes Z|0\rangle \otimes Z|0\rangle = |0\rangle \otimes |0\rangle \otimes |0\rangle = |000\rangle$$
$$(I \otimes Z \otimes Z)|111\rangle = I|1\rangle \otimes Z|1\rangle \otimes Z|1\rangle = |1\rangle \otimes -|1\rangle \otimes -|1\rangle = |111\rangle$$

ZZI 연산자 또한 $|000\rangle$와 $|111\rangle$ 상태를 안정화한다.

$$(Z \otimes Z \otimes I)|000\rangle = Z|0\rangle \otimes Z|0\rangle \otimes I|0\rangle = |0\rangle \otimes |0\rangle \otimes |0\rangle = |000\rangle$$
$$(Z \otimes Z \otimes I)|111\rangle = Z|1\rangle \otimes Z|1\rangle \otimes I|1\rangle = -|1\rangle \otimes -|1\rangle \otimes |1\rangle = |111\rangle$$

따라서 $|\bar{0}\rangle = |000\rangle$와 $|\bar{1}\rangle = |111\rangle$를 기저 벡터로 생성되는 벡터 공간 $C(S)$은 $S = \langle IZZ, ZZI\rangle$의 안정자 군으로 표현할 수 있다. $n = 3$ 큐비트 상태로 표현되는 $2^k = 2^1$차원의 벡터 공간을 표현하는 안정자 군은 $n - k = 3 - 1 = 2$개의 생성자로 생성된다.

$k = 1$이므로, 코드 공간의 논리 Z 연산자는 $\bar{Z}_1$ 하나이고, 이제 $\bar{Z}_1$을 찾아보자. 생성자 IZZ, ZZI에 독립적이고 교환적인 P_3의 원소는 IIZ, IZI, ZII, ZZZ 등이 있고, 이 중 하나를 논리 연산자 $\bar{Z}_1$으로 사용할 수 있다. 예를 들어 $\bar{Z}_1 = IIZ$로 선택하면, 다음과 같이 코드워드 $|\bar{0}\rangle$, $|\bar{1}\rangle$가 결정되고, 결정된 코드워드 상태들에 대해 $\bar{Z}_1|\bar{0}\rangle = |\bar{0}\rangle$, $\bar{Z}_1|\bar{1}\rangle = -|\bar{1}\rangle$이 만족됨을 쉽게 확인할 수 있다.

- 논리 큐비트의 기저 상태 $|0\rangle$를 인코딩한 코드워드 $|\bar{0}\rangle$ $(x_1 = 0)$:
  안정자 군 $\langle g_0, g_1, (-1)^{x_1}\bar{Z}_1\rangle = \langle IZZ, ZZI, IIZ\rangle$으로 표현되는 3-큐비트 상태, 즉, $|\bar{0}\rangle = |000\rangle$이다.
- 논리 큐비트의 기저 상태 $|1\rangle$을 인코딩한 코드워드 $|\bar{1}\rangle$ $(x_1 = 1)$:
  안정자 군 $\langle g_0, g_1, (-1)^{x_1}\bar{Z}_1\rangle = \langle IZZ, ZZI, -IIZ\rangle$으로 표현되는 3-큐비트 상태, 즉, $|\bar{1}\rangle = |111\rangle$이다.

이 오류 정정 코드가 진단할 수 있는 오류는 단일 큐비트에 발생한 비트 뒤집기 오류이므로, 오류를 유발하는 연산자들은 III(오류 없음), $IIX(= X_0)$, $IXI(= X_1)$, $XII(= X_2)$이다. 이 오류 연산자들 중에서 안정자 군 S의 원소인 III를 제외한 나머지 연산자들은 S의 생성자 중 적어도 하나와 반교환적(anti-commutative)이다 (두 연산자 A, B가 반교환적이면, $AB = -BA$이다).

예를 들면, 다음과 같은 관계가 성립한다.

$$IIX \cdot IZZ = II \otimes IZ \otimes XZ = II \otimes ZI \otimes (-ZX) = -IZZ \cdot IIX$$
$$IIX \cdot ZZI = IZ \otimes IZ \otimes XI = ZI \otimes ZI \otimes IX = ZZI \cdot IIX$$

따라서, 0번 큐비트에 비트 뒤집기 오류를 유발한 연산 IIX는 생성자 IZZ와 반교환적이고, ZZI와는 교환적이다. 만약 IIX 오류가 발생했다면, $\langle IZZ, ZZI\rangle$의 코드 워드 상태가 $\langle -IZZ, ZZI\rangle$의 양자 상태로 변환된다. 이 양자 상태에 코드 생성자 IZZ, ZZI의 게이트 연산을 적용하여 그 결과로부터 $IIX(= X_0)$ 오류가 발생했음을 감지할 수 있다. 이후, 오류를 정정하

표 7-3 3-큐비트 비트-뒤집기 오류 정정 코드에서 오류 유발 연산자와 생성자 사이의 교환(+) / 반교환(-) 관계

오류유발 연산자	생성자		오류 정정 연산
	ZZI	IZZ	
III(오류 없음)	+	+	III
$IIX = X_0$	+	−	$IIX = X_0$
$IXI = X_1$	−	−	$IXI = X_1$
$XII = X_2$	−	+	$XII = X_2$

기 위해 $IIX(= X_0)$ 연산을 다시 적용한다.

마찬가지로, $IXI \cdot IZZ = -IZZ \cdot IXI$이고 $IXI \cdot ZZI = -ZZI \cdot IXI$이므로, 두 생성자 IZZ, ZZI는 모두 오류 연산자 $IXI(= X_1)$와 반교환적이다. 반면, 오류 연산자 $XII(= X_2)$는 IZZ와는 교환적이고, ZZI와 반교환적이다. 3-큐비트 비트 뒤집기 오류 정정 코드에서 오류 유발 연산자와 생성자 사이의 교환(+)/반교환(−) 관계는 다음과 같은 표로 정리할 수 있으며, 이를 바탕으로 오류를 진단하고 정정할 수 있다.

오류를 유발하는 연산자와 안정자들 사이의 교환/반교환 관계를 활용하여 단일 큐비트 양자 오류를 진단하고, 진단 결과에 따라 오류를 정정하는 과정을 스틴의 7-큐비트 코드를 통해 구체적으로 살펴보겠다.

7.6 스틴의 7-큐비트 코드

쇼어가 아홉 개의 큐비트를 사용하는 최초의 양자 오류 코드를 제안한 시기와 거의 동시에, 스틴은 한 개의 논리 큐비트의 양자 상태를 인코딩하기 위해 일곱 개의 큐비트를 사용하는 7-큐비트 양자 오류 정정 코드를 발표했다. 이 코드는 일곱 개 큐비트 중 어느 하나에서 발생하는 양자 오류를 진단하고 정정할 수 있으며, 이를 통해 논리 큐비트의 양자 상태를 안정적으로 보호한다. 단일 큐비트에서 발생하는 비트 뒤집기, 위상 뒤집기, 비트 및 위상 뒤집기 오류를 모두 감지하고 정정할 수 있는 스틴의 코드는 양자 오류 정정 이론을 발전시키고 새로운 코드를 개발하는 데 있어서 중요한 역할을 해 왔다. 이 책에서는 안정자 체계를 사용하여 스틴의 7-큐비트 오류 정정 코드에 대해 설명하겠다.

7.6.1 코드워드 상태와 안정자 군

스틴의 7-큐비트 코드에서 코드워드 $|\bar{0}\rangle$과 $|\bar{1}\rangle$은 각각 다음과 같이 주어진다.

$$|\bar{0}\rangle = \frac{1}{\sqrt{8}}(|0000000\rangle + |1010101\rangle + |0110011\rangle + |1100110\rangle + |0001111\rangle + |1011010\rangle + |0111100\rangle + |1101001\rangle)$$

$$|\bar{1}\rangle = \frac{1}{\sqrt{8}}(|1111111\rangle + |0101010\rangle + |1001100\rangle + |0011001\rangle + |1110000\rangle + |0100101\rangle + |1000011\rangle + |0010110\rangle)$$

(식 7-1)

코드워드 $|\bar{0}\rangle$와 $|\bar{1}\rangle$를 기저 벡터로 생성되는 2차원의 벡터 공간 $C(S)$를 안정화하는 안정자 군 S의 서로 독립적이고 교환 가능한 생성자 여섯 개는 다음과 같이 선택할 수 있다.

$$g_0 = X_3X_2X_1X_0,\quad g_1 = X_5X_4X_1X_0,\quad g_2 = X_6X_4X_2X_0$$

$$g_3 = Z_3Z_2Z_1Z_0,\quad g_4 = Z_5Z_4Z_1Z_0,\quad g_5 = Z_6Z_4Z_2Z_0$$

(식 7-2)

모든 i, j에 대해, $g_i|\bar{0}\rangle = |\bar{0}\rangle$, $g_i|\bar{1}\rangle = |\bar{1}\rangle$, 그리고 $g_ig_j = g_jg_i$임을 쉽게 확인할 수 있다. 따라서 안정자 군 $S = \langle g_0, g_1, g_2, g_3, g_4, g_5\rangle$는 기저 벡터 $|\bar{0}\rangle$와 $|\bar{1}\rangle$에 의해 정의되는 코드 공간 $C(S)$를 안정화한다.

이제 코드 공간의 논리 Z연산자 $\bar{Z}_1$을 찾아보자. 생성자 집합 $\{g_0, g_1, g_2, g_3, g_4, g_5\}$에 독립적이면서 교환적인(commutative) P_7의 원소로는 $ZIIIIZZ = Z_6Z_1Z_0$가 있다. (유일한 선택은 아니지만) $Z_6Z_1Z_0$를 논리 Z 연산자 $\bar{Z}_1$으로 선택하면, 다음과 같이 식 7-1의 코드워드 $|\bar{0}\rangle$와 $|\bar{1}\rangle$를 안정자 군 표현으로 재확인할 수 있다.

- 코드워드 $|\bar{0}\rangle$ $(x_1 = 0)$: 안정자 군 $\langle g_0, g_1, g_2, g_3, g_4, g_5, Z_6Z_1Z_0\rangle$으로 표현되는 상태

$$|\bar{0}\rangle = \frac{1}{\sqrt{8}}(|0000000\rangle + |1010101\rangle + |0110011\rangle + |1100110\rangle + |0001111\rangle + |1011010\rangle + |0111100\rangle + |1101001\rangle)$$

- 코드워드 $|\bar{1}\rangle$ $(x_1 = 1)$: 안정자 군 $\langle g_0, g_1, g_2, g_3, g_4, g_5, -Z_6Z_1Z_0\rangle$으로 표현되는 상태

$$|\bar{1}\rangle = \frac{1}{\sqrt{8}}(|1111111\rangle + |0101010\rangle + |1001100\rangle + |0011001\rangle + |1110000\rangle + |0100101\rangle + |1000011\rangle + |0010110\rangle)$$

7.6.2 체크 행렬의 표준화

주어진 코드 공간 $C(S)$를 안정화하는 안정자 군 S의 생성자 집합은 유일하지 않기 때문에 체크 행렬 표현 또한 유일하지 않다. 예를 들어 단일 비트 뒤집기 오류 정정을 위한 3-큐비트 코드의 안정자 군은 $S = \langle IZZ, ZZI\rangle$인데, 이를 $S = \langle IZZ, ZIZ\rangle$로도 표현할 수 있다. 마치 연립 방정식을 표현하는 행렬에 가우스 소거법을 적용하듯이, 일련의 체크 행렬 연산을 통해 안정자 군을 표현하는 체크 행렬을 표준화된 형식으로 변형할 수 있다. 이때 체크 행렬을 변형하기 위해 허용되는 연산들은 다음과 같다.

- 행 교환: 생성자들의 순서를 바꾸는 것이므로 안정자 군은 동일하다.
- 열 교환: 큐비트의 순서를 바꾸는 것이므로 동일한 코드이다. 이때 X 영역과 Z 영역의 해당 열들을 동일하게 교환해야 한다.
- 행 덧셈(모듈러-2 덧셈): 두 개의 행을 더하여 그 중 하나의 행을 갱신하는 연산으로, 두 생성자를 곱하는 것과 같은 효과를 준다. 안정자들의 곱은 안정자 군의 또 다른 원소이므로, 행 덧셈을 하더라도 안정자 군은 동일하다.

$[n, k]$ 코드의 체크 행렬은 다음과 같은 $(n-k) \times (2n)$ 크기의 행렬이다.

$$(n-k)\updownarrow \left(\overset{\overset{n}{\longleftrightarrow}}{G_X} \;\middle|\; \overset{\overset{n}{\longleftrightarrow}}{G_Z} \right)$$

행렬의 왼쪽 n개의 열들로 이루어진 G_X 행렬의 랭크(rank)를 r이라고 하면, 위에서 설명한 허용된 체크 행렬 연산들을 적용하여 G_X 행렬의 왼쪽 위 부분이 $r \times r$의 항등 행렬 I가 되도록 변환할 수 있다. 이러한 형태를 체크 행렬의 표준화 행렬이라고 한다.

$$\begin{matrix} r \updownarrow \\ (n-k-r)\updownarrow \end{matrix} \left(\begin{array}{ccc|ccc} \overset{r}{\leftrightarrow} & \overset{(n-k-r)}{\leftrightarrow} & \overset{k}{\leftrightarrow} & \overset{r}{\leftrightarrow} & \overset{(n-k-r)}{\leftrightarrow} & \overset{k}{\leftrightarrow} \\ I & A_1 & A_2 & B & 0 & C \\ 0 & 0 & 0 & D & I & E \end{array} \right)$$

스틴의 7-큐비트 코드의 안정자 군 S를 식 7-2의 생성자 집합 $\{g_0, g_1, g_2, g_3, g_4, g_5\}$으로 표현하면, 체크 행렬은 다음과 같다.

$$
\begin{array}{c}
g_0 \\ g_1 \\ g_2 \\ g_3 \\ g_4 \\ g_5 \\ \\
\end{array}
\begin{array}{c}
\left(\begin{array}{ccccccc|ccccccc}
1 & 1 & 1 & 1 & 0 & 0 & 0 & 0 & 0 & 0 & 0 & 0 & 0 & 0 \\
1 & 1 & 0 & 0 & 1 & 1 & 0 & 0 & 0 & 0 & 0 & 0 & 0 & 0 \\
1 & 0 & 1 & 0 & 1 & 0 & 1 & 0 & 0 & 0 & 0 & 0 & 0 & 0 \\
0 & 0 & 0 & 0 & 0 & 0 & 0 & 1 & 1 & 1 & 1 & 0 & 0 & 0 \\
0 & 0 & 0 & 0 & 0 & 0 & 0 & 1 & 1 & 0 & 0 & 1 & 1 & 0 \\
0 & 0 & 0 & 0 & 0 & 0 & 0 & 1 & 0 & 1 & 0 & 1 & 0 & 1
\end{array}\right) \\
\begin{array}{ccccccc|ccccccc}
q_0 & q_1 & q_2 & q_3 & q_4 & q_5 & q_6 & q_0 & q_1 & q_2 & q_3 & q_4 & q_5 & q_6
\end{array}
\end{array}
$$

이 체크 행렬의 열 순서를 $q_3\ q_5\ q_6\ q_0\ q_4\ q_2\ q_1$ 순으로 변경하면, 아래와 같은 형태의 체크 행렬을 얻으며, 이로부터 G_X 행렬의 랭크가 $r = 3$ 임을 알 수 있다.

$$
\left(\begin{array}{ccccccc|ccccccc}
1 & 0 & 0 & 1 & 0 & 1 & 1 & 0 & 0 & 0 & 0 & 0 & 0 & 0 \\
0 & 1 & 0 & 1 & 1 & 0 & 1 & 0 & 0 & 0 & 0 & 0 & 0 & 0 \\
0 & 0 & 1 & 1 & 1 & 1 & 0 & 0 & 0 & 0 & 0 & 0 & 0 & 0 \\
0 & 0 & 0 & 0 & 0 & 0 & 0 & 1 & 0 & 0 & 1 & 0 & 1 & 1 \\
0 & 0 & 0 & 0 & 0 & 0 & 0 & 0 & 1 & 0 & 1 & 1 & 0 & 1 \\
0 & 0 & 0 & 0 & 0 & 0 & 0 & 0 & 0 & 1 & 1 & 1 & 1 & 0
\end{array}\right)
$$

$n = 7, k = 1, r = 3$이므로 $n - k - r = 3$이다. G_Z 행렬 내부에 3×3 I 행렬을 만들기 위해 다음과 같은 행렬 연산을 수행한다.

- g_4번 행을 g_3번 행에 더해서 g_3번 행을 0,0,0,0,0,0,0, 1,1,0,0,1,1,0으로 갱신
- g_5번 행을 g_3번 행에 더해서 g_3번 행을 0,0,0,0,0,0,0, 1,1,1,1,0,0,0으로 갱신
- g_3번 행을 g_4번 행에 더해서 g_4번 행을 0,0,0,0,0,0,0, 1,0,1,0,1,0,1으로 갱신
- g_3번 행을 g_5번 행에 더해서 g_5번 행을 0,0,0,0,0,0,0, 1,1,0,0,1,1,0으로 갱신
- g_4번 행을 g_5번 행에 더해서 g_5번 행을 0,0,0,0,0,0,0, 0,1,1,0,0,1,1으로 갱신

그 결과 다음과 같은 표준화된 형태의 체크 행렬 $\bar{M}$를 얻을 수 있다.

$$
\begin{array}{c}
\bar{g}_0 \\ \bar{g}_1 \\ \bar{g}_2 \\ \bar{g}_3 \\ \bar{g}_4 \\ \bar{g}_5
\end{array}
\left(\begin{array}{ccccccc|ccccccc}
1 & 0 & 0 & 1 & 0 & 1 & 1 & 0 & 0 & 0 & 0 & 0 & 0 & 0 \\
0 & 1 & 0 & 1 & 1 & 0 & 1 & 0 & 0 & 0 & 0 & 0 & 0 & 0 \\
0 & 0 & 1 & 1 & 1 & 1 & 0 & 0 & 0 & 0 & 0 & 0 & 0 & 0 \\
0 & 0 & 0 & 0 & 0 & 0 & 0 & 1 & 1 & 1 & 1 & 0 & 0 & 0 \\
0 & 0 & 0 & 0 & 0 & 0 & 0 & 1 & 0 & 1 & 0 & 1 & 0 & 1 \\
0 & 0 & 0 & 0 & 0 & 0 & 0 & 0 & 1 & 1 & 0 & 0 & 1 & 1
\end{array}\right) \qquad \text{(식 7-3)}
$$

7.6.3 인코딩 회로

스틴의 7-큐비트 코드의 안정자 군 S는 다음 여섯 개의 서로 독립적이고 교환 가능한 표

준화된 생성자들로부터 생성될 수 있다(식 7-3의 표준화된 체크 행렬 참조).

$$\bar{g}_0 = X_6X_5X_3X_0, \qquad \bar{g}_1 = X_6X_4X_3X_1, \qquad \bar{g}_2 = X_5X_4X_3X_2$$

$$\bar{g}_3 = Z_6Z_5Z_3Z_0, \qquad \bar{g}_4 = Z_6Z_4Z_3Z_1, \qquad \bar{g}_5 = Z_5Z_4Z_3Z_2$$

$S = \langle \bar{g}_0, \bar{g}_1, \bar{g}_2, \bar{g}_3, \bar{g}_4, \bar{g}_5 \rangle$에 의해 안정화되는 코드 공간의 정규직교 기저 벡터 $|\bar{0}\rangle, |\bar{1}\rangle$는 다음과 같이 정의할 수 있다.

$$\begin{aligned} |\bar{0}\rangle &= \frac{1}{\sqrt{8}}(I + \bar{g}_0 + \bar{g}_1 + \bar{g}_2 + \bar{g}_1\bar{g}_0 + \bar{g}_2\bar{g}_0 + \bar{g}_2\bar{g}_1 + \bar{g}_2\bar{g}_1\bar{g}_0)|0000000\rangle \\ |\bar{1}\rangle &= \frac{1}{\sqrt{8}}(I + \bar{g}_0 + \bar{g}_1 + \bar{g}_2 + \bar{g}_1\bar{g}_0 + \bar{g}_2\bar{g}_0 + \bar{g}_2\bar{g}_1 + \bar{g}_2\bar{g}_1\bar{g}_0)|1111111\rangle \end{aligned} \qquad \text{(식 7–4)}$$

생성자 $\bar{g}_3, \bar{g}_4, \bar{g}_5$는 상태 벡터 $|0000000\rangle$와 $|1111111\rangle$의 안정자이므로, 위에서 정의한 $|\bar{0}\rangle$와 $|\bar{1}\rangle$은 안정자 군 S의 모든 연산자들에 대해 안정적이다. 이렇게 표준화된 생성자로부터 정의된 코드 공간의 벡터 $|\bar{0}\rangle$와 $|\bar{1}\rangle$는 식 7-1의 코드워드와 동일하다.

그림 7-13의 인코딩 회로는 코드워드 $|\bar{0}\rangle$ 상태를 생성하기 위한 양자 회로를 보여준다. 식 7-3의 표준화된 체크 행렬 $\bar{M}$의 부분 행렬 $\bar{G}_X$에서 항등행렬을 구성하는 세 개의 큐비트 x_0, x_1, x_2에 각각 H 게이트를 적용한다. $i = 0,1,2$ 각각에 대하여 $\bar{M}_{ij} = 1$인 인덱스 j를 찾고, 제어 큐비트가 x_i이며 타겟 큐비트가 x_j인 CX 게이트를 적용한다. 여기서 $H_i|0\rangle_i = \frac{1}{\sqrt{2}}(I + X_i)\,|0\rangle_i$와 $CX_{i,j}H_i|x\rangle_j|0\rangle_i = \frac{1}{\sqrt{2}}\left(I + X_jX_i\right)|x\rangle_j|0\rangle_i$의 관계식을 사용하면, 이 인코딩 회로의 출력 상태가 다음과 같이 코드워드 상태 $|\bar{0}\rangle$이라는 것을 확인할 수 있다.

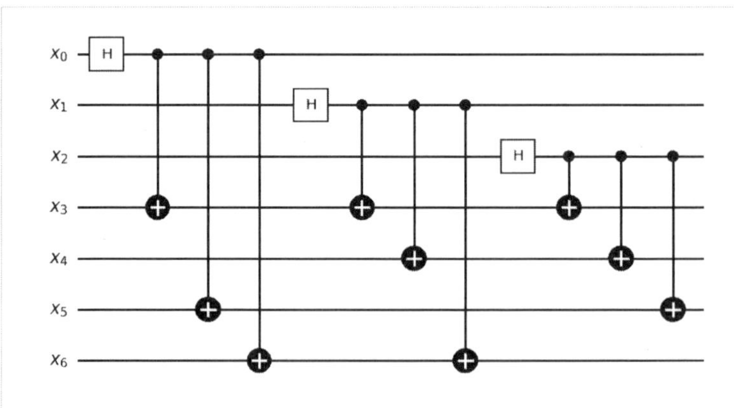

그림 7–13 스틴의 7–큐비트 코드 인코딩 회로 ($|\bar{0}\rangle$ 상태)

$$|\psi_{encoded}\rangle = \frac{1}{\sqrt{8}}(I + X_5X_4X_3X_2)(I + X_6X_4X_3X_1)(I + X_6X_5X_3X_0)|0000000\rangle$$
$$= \frac{1}{\sqrt{8}}(I + \bar{g}_2)(I + \bar{g}_1)(I + \bar{g}_0)|0000000\rangle = |\bar{0}\rangle$$

n-큐비트 연산자 $X_6X_5X_4X_3X_2X_1X_0$는 코드워드 $|\bar{0}\rangle$와 $|\bar{1}\rangle$에 작용하여, $|\bar{0}\rangle$을 $|\bar{1}\rangle$로, $|\bar{1}\rangle$을 $|\bar{0}\rangle$으로 반전하는 연산자이다. 이는 $X_6X_5X_4X_3X_2X_1X_0$가 생성자 $\bar{g}_0, \bar{g}_1, \bar{g}_2$와 서로 교환 가능하다는 사실에서 쉽게 확인할 수 있다. 즉, $X_6X_5X_4X_3X_2X_1X_0$는 코드 공간에서 논리적 X 연산자 역할을 한다. 그런데, $X_3X_2X_1X_0 = \bar{g}_0\bar{g}_1\bar{g}_2$(안정자)이므로, 연산자 $X_6X_5X_4$는 코드 공간에서 $X_6X_5X_4X_3X_2X_1X_0$와 동일한 연산을 수행한다. 따라서 $\bar{X} = X_6X_5X_4$도 코드 공간의 X 연산자이고, $\bar{X}|\bar{0}\rangle = |\bar{1}\rangle$, $\bar{X}|\bar{1}\rangle = |\bar{0}\rangle$이다.

표준화된 체크 행렬로부터 코드 공간의 논리적 X 연산자 $\bar{X}$를 다음과 같이 결정할 수 있다.

$$\bar{X} = [0\ E^T\ I \mid C^T\ 0\ 0]$$

여기서 연산자 $\bar{X}$를 나타내는 표준화된 체크 행렬의 구성 요소 0, E^T, I, C^T, 0, 0는 각각 크기가 $k \times r$, $k \times (n-k-r)$, $k \times k$, $k \times r$, $k \times (n-k-r)$, $k \times k$인 행렬이다. 식 7-3에 주어진 스틴의 7-큐비트 코드의 표준화된 체크 행렬에서 $E = \begin{bmatrix}0\\1\\1\end{bmatrix}, C = \begin{bmatrix}0\\0\\0\end{bmatrix}$이므로 $\bar{X} = [0\ 0\ 0, 0\ 1\ 1, 1 \mid 0\ 0\ 0, 0\ 0\ 0, 0]$이다. 이를 게이트 연산자로 표현하면, $\bar{X} = X_6X_5X_4$로, 앞에서 정의한 코드 공간의 논리적 X 연산자와 같다. 그림 7-14는 연산자 $\bar{X} = X_6X_5X_4$를 사용하여 코드워드 $|\bar{1}\rangle$를 인코딩하는 양자 회로를 보여 준다(아래 식 참조).

$$|\psi_{encoded}\rangle = \frac{1}{\sqrt{8}}(I + \bar{g}_0 + \bar{g}_1 + \bar{g}_2 + \bar{g}_1\bar{g}_0 + \bar{g}_2\bar{g}_0 + \bar{g}_2\bar{g}_1 + \bar{g}_2\bar{g}_1\bar{g}_0)X_6X_5X_4\,|0000000\rangle$$
$$= \frac{1}{\sqrt{8}}(I + \bar{g}_0 + \bar{g}_1 + \bar{g}_2 + \bar{g}_1\bar{g}_0 + \bar{g}_2\bar{g}_0 + \bar{g}_2\bar{g}_1 + \bar{g}_2\bar{g}_1\bar{g}_0)X_6X_5X_4X_3X_2X_1X_0|0000000\rangle$$
$$= \frac{1}{\sqrt{8}}(I + \bar{g}_0 + \bar{g}_1 + \bar{g}_2 + \bar{g}_1\bar{g}_0 + \bar{g}_2\bar{g}_0 + \bar{g}_2\bar{g}_1 + \bar{g}_2\bar{g}_1\bar{g}_0)|1111111\rangle = |\bar{1}\rangle$$

한편, 코드워드 $|\bar{0}\rangle$, $|\bar{1}\rangle$에 대해 $\bar{Z}|\bar{0}\rangle = |\bar{0}\rangle$, $\bar{Z}|\bar{1}\rangle = -|\bar{1}\rangle$ 연산을 구현하는 연산자 $\bar{Z}$는 표준화된 체크 행렬로부터 다음과 같이 결정할 수 있다(식 7-3 참조).

$$\bar{Z} = [0\ 0\ 0 \mid A_2^T\ 0\ I] = [0\ 0\ 0, 0\ 0\ 0, 0 \mid 1\ 1\ 0, 0\ 0\ 0, 1]$$

연산자 $\bar{Z} = Z_6Z_1Z_0$가 위에서 정의한 코드워드 $|\bar{0}\rangle$, $|\bar{1}\rangle$에 대해 논리적 Z연산자로 작동한다는 것은 쉽게 확인할 수 있다.

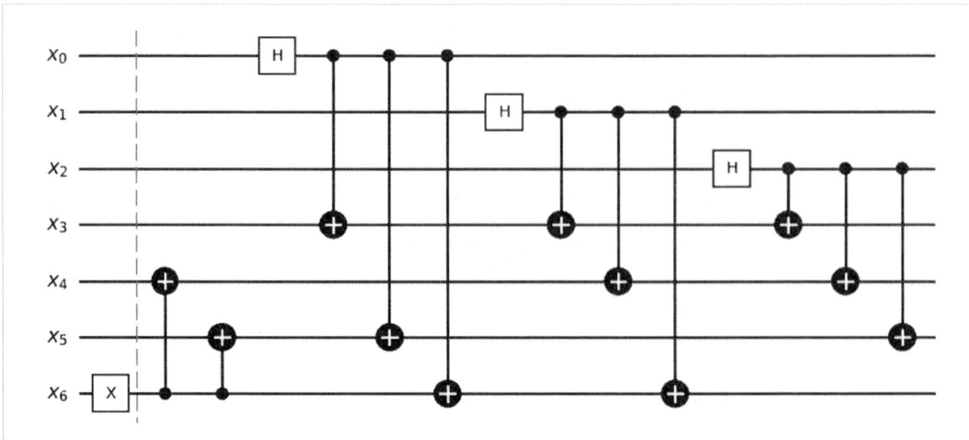

그림 7-14 스틴의 7-큐비트 코드 인코딩 회로 ($|\bar{1}\rangle$ 상태)

이상 살펴본 바와 같이, 그림 7-14의 양자 회로는 논리 큐비트 x_6의 단일-큐비트 양자 상태를 코드 공간의 7-큐비트 양자 상태로 인코딩하는 회로이다. 즉, 이 양자 회로는 논리 큐비트 x_6의 임의의 양자 상태 $\alpha|0\rangle + \beta|1\rangle$를 7-큐비트 양자 상태 $\alpha|\bar{0}\rangle + \beta|\bar{1}\rangle$로 인코딩한다.

스틴 코드뿐 아니라 일반적인 안정자 코드에 대해서도, 표준화된 체크 행렬로부터 $\bar{X} = [0\ E^T\ I \mid C^T\ 0\ 0]$ 형태의 $\bar{X}$ 연산자를 표현하는 행렬을 반환하는 함수 x_operator()를 코드 7-8에 구현하였다. 함수의 인자로 전달되는 checkZ는 표준화된 체크 행렬 중 $(n-k) \times n$ 크기의 G_Z 행렬을 이진 문자열로 표현한 객체이다. 식 7-3의 표준 체크 행렬을 표현하는 checkZ 리스트를 인자로 하여 함수 x_operator()를 수행한 결과가 출력되었다.

```
import numpy as np
# 안정자 코드의 k 개의 logical Xop 행렬을 반환
def x_operator(n,k,r,checkZ):
    x_ops = np.zeros(shape=[k,2*n], dtype=int)
    for row in range(k):  # E(t)
        for col in range(n-k-r):
            if checkZ[r+col][n-k+row] == '1':
                x_ops[row][r+col] = 1
    for row in range(k) : # I
        x_ops[row][n-k+row] = 1
    for row in range(k):  # C(t)
        for col in range(r):
            if checkZ[col][n-k+row] == '1':
                x_ops[row][n+col] = 1
    return x_ops
```

```
# standard form of check matrix
checkX = ['1001011', '0101101', '0011110', '0000000', '0000000', '0000000']
checkZ = ['0000000', '0000000', '0000000', '1111000', '1010101', '0110011']
x_ops = x_operator(7,1,3,checkZ)
print(x_ops)
```

✓ 0.0s

```
[[0 0 0 0 1 1 1 0 0 0 0 0 0 0]]
```

코드 7-8 안정자 코드의 X 연산자를 표현하는 행렬을 반환하는 함수

$\bar{X}$ 연산자와 표준화된 체크 행렬의 생성자를 사용하여, 코드 7-9에서 H, CX, CZ 게이트들을 활용한 안정자 코드 생성 회로를 구현하여 반환하는 함수 encoding_circuit()을 작성하였다. 함수의 인자로 전달되는 n은 데이터 큐비트의 개수, k는 논리 큐비트의 개수, r은 표준화된 생성자 체크 행렬 중 G_X 행렬의 랭크이다. checkX는 표준화된 체크 행렬 중 $(n-k)\times n$ 크기의 G_X 행렬을 표현하는 이진 문자열이고, checkZ는 표준화된 체크 행렬 중 $(n-k)\times n$ 크기의 G_Z 행렬을 표현하는 이진 문자열이다. 이 함수는 k=1인 경우에 대해 알고리즘을 단순화하여 구현하였다. 코드 7-8의 x_operator() 함수를 사용한다.

```
# 인코딩 회로를 생성하여 반환
def encoding_circuit(n,k,r,checkX,checkZ):
    x_op = x_operator(n,k,r,checkZ)[0]
    print("X= ", x_op)
    qx = QuantumRegister(n)
    circuit = QuantumCircuit(qx)
    # x[n-k] 가 |1> 일 경우, 논리적 X 연산 수행
    for i in range(r,n-k):
        if x_op[i] == 1:
            circuit.cx(qx[n-k],qx[i])
    for i in range(r):
        if x_op[n+i] == 1:
            circuit.cz(qx[n-k],qx[i])
    circuit.barrier()

    for i in range(r):
        circuit.h(qx[i])
        for j in range(n):
            if i == j :
                continue
            if checkX[i][j] == '1':
                circuit.cx(qx[i],qx[j])
```

```
            if checkZ[i][j] == '1':
                circuit.cz(qx[i],qx[j])
        circuit.barrier()
    circuit.name = 'encoder'
    return circuit
```

코드 7-9 코드워드 생성 알고리즘 (k=1인 경우)

코드 7-10에서 스틴의 7큐비트 코드의 인코딩 회로를 구현하였다. checkX와 checkZ의 첫 번째 원소 '1001011'과 '0000000'는 표준 형태의 체크 행렬의 첫 번째 열, 즉 생성자로 표현하면 $XXIXIIX(\bar{g}_0)$을 의미하고, 순서대로 안정자 그룹의 생성자들 XIXXIXI, IXXXXII, $IIIZZZZ$, $ZIZIZIZ$, $ZZIIZZI$를 표현한 것이다. qx[n-k] (x_6)에 먼저 X 게이트를 적용한 것은 코드워드 $|\bar{1}\rangle$를 생성하려는 것이며, $|\bar{0}\rangle$를 생성하려면 X 게이트를 제거하면 된다. checkX와 checkZ를 인자로 사용하여 encoding_circuit() 함수를 호출하여 생성된 회로를 circuit에 추가한다. encoding_circuit() 함수 내에서 x_op에 치환된 코드 공간의 X 연산자를 코드 7-10의 출력으로부터 확인할 수 있다.

```
# Steane's 7 큐비트 코드 코드워드 생성
from qiskit import QuantumCircuit, QuantumRegister

n = 7
k = 1
r = 3
qx = QuantumRegister(n,'x')
circuit = QuantumCircuit(qx)

# standard form of check matrix
checkX = ['1001011', '0101101', '0011110', '0000000', '0000000', '0000000']
checkZ = ['0000000', '0000000', '0000000', '1111000', '1010101', '0110011']

# |1> 의 코드워드 생성
circuit.x(qx[n-k]) # encoding |1>
circuit.barrier()

encoder = encoding_circuit(n,k,r,checkX,checkZ)
circuit.compose(encoder, qx, inplace=True)

circuit.draw(output='mpl', fold=-1,plot_barriers=False)
```
✓ 0.1s

```
X=  [0 0 0 0 1 1 1 0 0 0 0 0 0 0]
```

코드 7-10 스틴의 7큐비트 코드 인코딩 회로와 X 연산자 출력

코드 7-11의 출력은 코드 7-10 이 생성한 인코딩 회로의 출력 상태 벡터를 나타낸다. 이 상태 벡터는 코드워드 $|\bar{1}\rangle$이다.

```
# 회로의 양자 상태를 상태 벡터로 출력
from qiskit.quantum_info import Statevector
sv = Statevector(circuit)
sv.draw(output = 'latex')
```

✓ 0.0s

$$\frac{\sqrt{2}}{4}|0010110\rangle + \frac{\sqrt{2}}{4}|0011001\rangle + \frac{\sqrt{2}}{4}|0100101\rangle + \frac{\sqrt{2}}{4}|0101010\rangle + \frac{\sqrt{2}}{4}|1000011\rangle + \frac{\sqrt{2}}{4}|1001100\rangle +$$

코드 7-11 스틴의 7큐비트 코드 $|1\rangle$의 인코딩 결과 상태 벡터

7.6.4 오류 진단 회로

이제 스틴의 7-큐비트 코드에서 일곱 개의 데이터 큐비트 중 하나에서 발생한 양자 오류를 진단할 수 있는 양자 회로에 대해 알아보자. 그림 7-15는 코드워드 상태 $|\bar{1}\rangle$로 인코딩된 데이터 큐비트 중 하나의 큐비트 x_4에 위상 뒤집기 및 비트 뒤집기 오류를 인위적으로 유발하기 위해 Z게이트와 X게이트 연산을 적용한 양자 회로이다. 따라서 이 양자 회로의 출력 상태는 다음과 같이 주어진다.

$$X_i Z_i |\bar{1}\rangle \ \ (i = 4).$$

그림 7-15 회로의 출력 상태는 코드 7-12 에서 확인할 수 있다. 코드 7-11의 오류 발생 전의 상태 벡터와 비교하여, x_4의 비트 및 위상이 반전되었다.

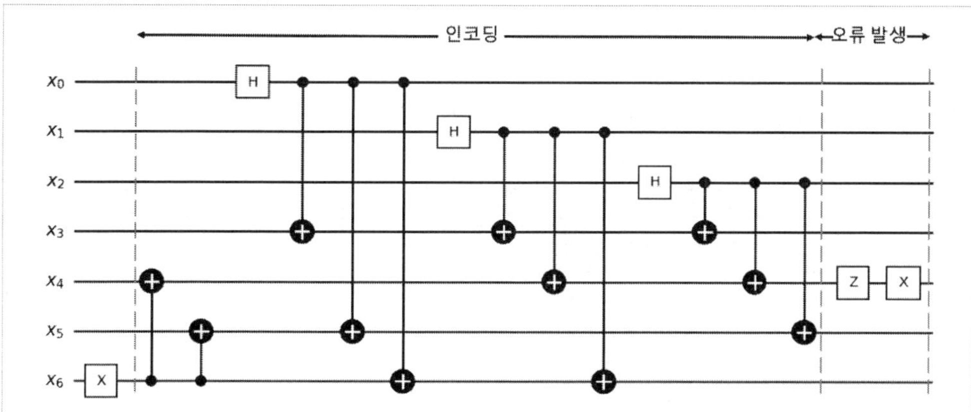

그림 7-15 스틴의 7-큐비트 코드워드 상태 $|\bar{1}\rangle$에 단일 큐비트 오류를 추가한 회로

```
# 회로의 양자 상태를 상태 벡터로 출력
from qiskit.quantum_info import Statevector
sv = Statevector(circuit)
sv.draw(output = 'latex')
```

✓ 0.0s

$$-\frac{\sqrt{2}}{4}|0000110\rangle - \frac{\sqrt{2}}{4}|0001001\rangle + \frac{\sqrt{2}}{4}|0110101\rangle + \frac{\sqrt{2}}{4}|0111010\rangle + \frac{\sqrt{2}}{4}|1010011\rangle + \frac{\sqrt{2}}{4}|1011100\rangle -$$

코드 7-12 스틴의 7큐비트 코드에 1-큐비트 오류를 추가한 회로의 상태 벡터

안정자들을 사용하면 코드공간의 양자 상태에서 단일 큐비트 오류의 발생 여부를 감지할 수 있다. 스틴의 7-큐비트 코드에서는 다음 여섯 개의 생성자를 활용한다.

$$g_0 = X_3X_2X_1X_0, \quad g_1 = X_5X_4X_1X_0, \quad g_2 = X_6X_4X_2X_0$$

$$g_3 = Z_3Z_2Z_1Z_0, \quad g_4 = Z_5Z_4Z_1Z_0, \quad g_5 = Z_6Z_4Z_2Z_0$$

그림 7-16는 단일 큐비트에서 발생한 임의의 양자 오류를 진단하기 위해 여섯 개의 보조 큐비트를 사용하는 스틴의 7-큐비트 코드의 오류 진단 회로를 보여준다. 이 오류 진단 회로는 입력 상태(t_2에서의 상태) $|000000\rangle_a \otimes X_i Z_i|\bar{1}\rangle$에 여섯 개의 보조 큐비트 각각에 H 게이트 연산을 적용한 후, 각 보조 큐비트를 제어 큐비트로 하는 CX 게이트 혹은 CZ 게이트 네 개를 적용한다. 이 때, 타겟 큐비트는 각 생성자가 작용하는 큐비트이다. 예를 들어, a_0을 제어 큐비트로 하는 네 개의 CX 게이트의 타겟은 생성자 $g_0 = X_3X_2X_1X_0$가

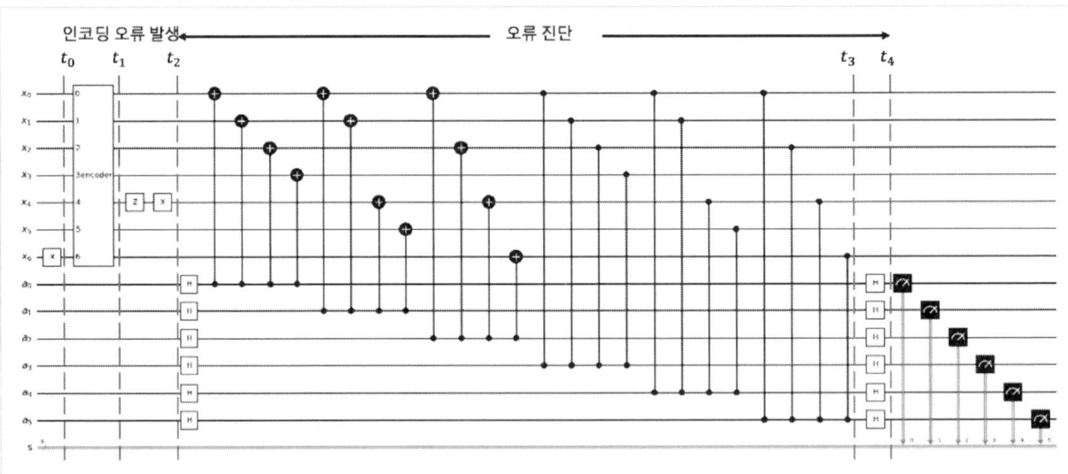

그림 7-16 스틴의 7큐비트 코드의 오류 진단 회로

작용하는 큐비트 x_0, x_1, x_2, x_3이다. 이와 같은 방식으로 오류 진단 회로를 구성하였으므로, 각 보조 큐비트의 상태는 대응되는 생성자의 특성을 반영하게 된다.

그림 7-16 회로의 t_3에서 13개 큐비트의 상태 $|\psi_3\rangle$는 다음과 같다.

$$|\psi_3\rangle = \frac{1}{8}\big(|0\rangle_{a_5} + |1\rangle_{a_5} g_5\big)\cdots\big(|0\rangle_{a_1} + |1\rangle_{a_1} g_1\big)\big(|0\rangle_{a_0} + |1\rangle_{a_0} g_0\big) X_i Z_i |\bar{1}\rangle$$

$$\therefore\ |\psi_3\rangle = \frac{1}{8}\left[\bigotimes_{j=0}^{5}\big(|0\rangle_{a_j} + |1\rangle_{a_j} g_j\big)\right] X_i Z_i |\bar{1}\rangle$$

여기서 생성자 g_j $(j = 0,1,\cdots,5)$는 보조 큐비트에 작용하는 연산자가 아니라, 코드워드 상태 $|\bar{1}\rangle$의 안정자 임에 유의하라. 즉, $g_j|\bar{1}\rangle = |\bar{1}\rangle$이다. 여섯 개의 보조 큐비트 각각에 두 번째 H 게이트를 적용한 후, t_4에서 양자 상태 $|\psi_4\rangle$는 다음과 같다.

$$|\psi_4\rangle = \frac{1}{64}\left[\bigotimes_{j=0}^{5}\Big(|0\rangle_{a_j}(I + g_j) + |1\rangle_{a_j}(I - g_j)\Big)\right] X_i Z_i |\bar{1}\rangle$$

이 식의 각 항은 다음과 같이 쓸 수 있다.

$$\Big(|0\rangle_{a_j}\big(I + g_j\big) + |1\rangle_{a_j}\big(I - g_j\big)\Big) X_i Z_i |\bar{1}\rangle = |0\rangle_{a_j}\big(I + g_j\big) X_i Z_i |\bar{1}\rangle + |1\rangle_{a_j}\big(I - g_j\big) X_i Z_i |\bar{1}\rangle$$

여기서 $g_j X_i Z_i = X_i Z_i g_j$ (교환적)이면, 다음 관계식이 성립한다.

$$(I + g_j) X_i Z_i |\bar{1}\rangle = X_i Z_i (I + g_j)|\bar{1}\rangle = 2X_i Z_i |\bar{1}\rangle,\quad (I - g_j) X_i Z_i |\bar{1}\rangle = X_i Z_i (I - g_j)|\bar{1}\rangle = 0$$

$$\therefore\ \Big(|0\rangle_{a_j}(I + g_j) + |1\rangle_{a_j}(I - g_j)\Big) X_i Z_i |\bar{1}\rangle = 2\,|0\rangle_{a_j} X_i Z_i |\bar{1}\rangle$$

마찬가지로, $g_j X_i Z_i = -X_i Z_i g_j$ (반교환적)이면 다음 관계식이 성립한다.

$$(I + g_j) X_i Z_i |\bar{1}\rangle = X_i Z_i (I - g_j)|\bar{1}\rangle = 0,\quad (I - g_j) X_i Z_i |\bar{1}\rangle = X_i Z_i (I + g_j)|\bar{1}\rangle = 2X_i Z_i |\bar{1}\rangle$$

$$\Big(|0\rangle_{a_j}\big(I + g_j\big) + |1\rangle_{a_j}\big(I - g_j\big)\Big) X_i Z_i |\bar{1}\rangle = 2\,|1\rangle_{a_j} X_i Z_i |\bar{1}\rangle$$

이로부터, g_j와 $X_i Z_i$가 교환적이면 j번째 보조 큐비트 a_j의 상태는 $|0\rangle$이고, g_j와 $X_i Z_i$가 반교환적이면 보조 큐비트 a_j의 상태는 $|1\rangle$이 된다는 것을 알 수 있다. 그림 7-16의 오류 진단 회로는 i = 4인 경우에 대한 것이기 때문에, t_4 시점에서 양자 상태 $|\psi_4\rangle$는 다음과 같이

주어진다.

$$|\psi_4\rangle = |110110\rangle_a \otimes X_4 Z_4 |\bar{1}\rangle$$

따라서 여섯 개의 보조 큐비트에 대한 측정을 하면, 측정값은 '1 1 0 1 1 0'이 될 것이다.

안정자 체계 하에서 스틴의 7-큐비트 코드를 구현할 때, 각 생성자와 단일 큐비트 양자 오류를 유발하는 연산자 사이의 교환 (+) 및 반교환 (−) 관계 여부, 그리고 이에 따른 보조 큐비트의 출력 상태를 표 7-4에 정리하였다. 이 표에 나타난 바와 같이, 보조 큐비트 a_5, a_4, a_3의 상태에 따라 비트 뒤집기 오류가 발생한 큐비트를 특정할 수 있으며, 보조 큐비트 a_2, a_1, a_0의 상태로부터 위상 뒤집기 오류가 발생한 큐비트를 알아낼 수 있다. 예를 들어, a_5, a_4, a_3의 상태가 $|101\rangle_{a_5a_4a_3}$이면 큐비트 x_2에 비트 뒤집기 오류가 발생했으며, a_2, a_1, a_0의 상태가 $|100\rangle_{a_2a_1a_0}$이면 큐비트 x_6에 위상 뒤집기 오류가 발생했다는 것을 알

표 7-4 스틴의 7-큐비트 코드에서 오류 유발 연산자와 생성자 사이의 교환(+)/반교환(−) 관계 및 오류 증상

오류 유발 연산자	생성자						오류 증상
	(g_5) $Z_6Z_4Z_2Z_0$	(g_4) $Z_5Z_4Z_1Z_0$	(g_3) $Z_3Z_2Z_1Z_0$	(g_2) $X_6X_4X_2X_0$	(g_1) $X_5X_4X_1X_0$	(g_0) $X_3X_2X_1X_0$	$\|a_5a_4a_3a_2a_1a_0\rangle$
X_0	−	−	−	+	+	+	$\|111000\rangle$
X_1	+	−	−	+	+	+	$\|011000\rangle$
X_2	−	+	−	+	+	+	$\|101000\rangle$
X_3	+	+	−	+	+	+	$\|001000\rangle$
X_4	−	−	+	+	+	+	$\|110000\rangle$
X_5	+	−	+	+	+	+	$\|010000\rangle$
X_6	−	+	+	+	+	+	$\|100000\rangle$
Z_0	+	+	+	−	−	−	$\|000111\rangle$
Z_1	+	+	+	+	−	−	$\|000011\rangle$
Z_2	+	+	+	−	+	−	$\|000101\rangle$
Z_3	+	+	+	+	+	−	$\|000001\rangle$
Z_4	+	+	+	−	−	+	$\|000110\rangle$
Z_5	+	+	+	+	−	+	$\|000010\rangle$
Z_6	+	+	+	−	+	+	$\|000100\rangle$
$X_0 Z_0$	−	−	−	−	−	−	$\|111111\rangle$
$X_1 Z_1$	+	−	−	+	−	−	$\|011011\rangle$
$X_2 Z_2$	−	+	−	−	+	−	$\|101101\rangle$
$X_3 Z_3$	+	+	−	+	+	−	$\|001001\rangle$
$X_4 Z_4$	−	−	+	−	−	+	$\|110110\rangle$
$X_5 Z_5$	+	−	+	+	−	+	$\|010010\rangle$
$X_6 Z_6$	−	+	+	−	+	+	$\|100100\rangle$

수 있다.

$[n, k]$ 코드의 안정자 그룹의 생성자를 체크 행렬로 표현한 genX와 genZ를 인자로 전달받아 오류를 진단하는 회로를 생성하여 반환하는 error_detection_circuit() 함수를 코드 7-13에 제시하였다.

```
# 오류 검출 회로를 생성하여 반환
def error_detection_circuit(n,k,genX,genZ):
    qx = QuantumRegister(n)
    qa = QuantumRegister(n-k)
    circuit = QuantumCircuit(qx,qa)
    circuit.h(qa)
    for i in range(n-k):
        for j in range(n):
            if genX[i][j] == '1':
                circuit.cx(qa[i],qx[j])
            if genZ[i][j] == '1':
                circuit.cz(qa[i],qx[j])
            circuit.barrier()
    circuit.h(qa)
    circuit.name = 'detection'
    return circuit
```

코드 7-13 오류 증상을 진단하는 회로를 생성하여 반환하는 함수

error_detection_circuit() 함수는 코드워드를 표현하는 n-큐비트 레지스터 qx와 오류 증상을 표현하는 $n-k$개의 보조 큐비트 레지스터 qa로 구성된 회로를 생성한다. qa 레지스터의 각 큐비트는 해당 생성자와 오류 연산자와의 교환/반교환 여부를 표시한다. 만약 qa의 i번째 큐비트가 $|1\rangle$ 상태에 있다면 이는 i번째 생성자가 오류 연산자와 반교환적임을 의미한다. 이 과정은 다음과 같은 단계로 구현되었다.

1. qa 레지스터의 모든 큐비트에 H 게이트를 적용한다.
2. i번째 생성자를 표현하는 genX[i]와 genZ[i]의 j번째 원소가 '1'인 경우, qa[i]를 제어 큐비트, qx[j]를 타겟 큐비트로 하는 CX 혹은 CZ게이트를 추가한다.
3. qa 레지스터의 모든 큐비트에 H 게이트를 적용한다.

```
# Steane's 7 큐비트 오류 검출
from qiskit import QuantumCircuit, QuantumRegister, ClassicalRegister
n = 7
k = 1
r = 3
```

```
qx = QuantumRegister(n,'x')
qa = QuantumRegister(n-k,'a')
cr = ClassicalRegister(n-k,'s')
circuit = QuantumCircuit(qx,qa,cr)

# generators
genX = ['1111000', '1100110', '1010101', '0000000', '0000000', '0000000']
genZ = ['0000000', '0000000', '0000000', '1111000', '1100110', '1010101']
# standard form of check matrix
checkX = ['1001011', '0101101', '0011110', '0000000', '0000000', '0000000']
checkZ = ['0000000', '0000000', '0000000', '1111000', '1010101', '0110011']

# |1> 의 코드워드 생성
circuit.x(qx[n-k]) # encoding |1>

# 코드워드 생성
encoder = encoding_circuit(n,k,r,checkX,checkZ)
circuit.append(encoder,qx)

# 오류 추가
circuit.z(qx[4])
circuit.x(qx[4])
circuit.barrier()

# 오류 진단
detector = error_detection_circuit(n,k,genX,genZ)
circuit.compose(detector,qx[:]+qa[:],inplace=True)

circuit.measure(qa,cr)
circuit.draw(output='mpl',fold=-1,plot_barriers=False)
```

코드 7-14 스틴의 7큐비트 코드의 오류 진단 회로를 생성하는 코드

코드 7-14에서는 큐비트 `qx[4]`에 비트 및 위상 뒤집기 오류를 추가한 후 `error_detection_circuit()` 함수를 호출하여 오류 진단 회로를 `circuit`에 추가한다. 보조 큐비트 qa를 측정하는 회로를 추가한 이 코드에서 생성되는 양자 회로는 그림 7-16의 오류 진단 회로이고, 회로를 실행하면 qa 레지스터의 측정값이 '110110'임을 확인할 수 있다 (코드 7-15 참조).

```
# AerSimulator 를 이용하여 circuit 회로를 측정한 결과를 출력
from qiskit.transpiler.preset_passmanagers import generate_preset_pass_manager
from qiskit_ibm_runtime import SamplerV2 as Sampler
from qiskit_aer import AerSimulator
```

```
aer_sim = AerSimulator()
pm = generate_preset_pass_manager(backend=aer_sim, optimization_level=1)

isa_circuit = pm.run(circuit)
sampler = Sampler(mode=aer_sim)
job = sampler.run([isa_circuit], shots=1000)
result = job.result()
count = result[0].data.s.get_counts()
print (count)
```

✓ 0.5s

```
{'110110': 1000}
```

코드 7-15 스틴의 7큐비트 코드의 오류 진단 회로의 측정 결과

코드 7-14에서 오류 진단을 위해 사용된 genX와 genZ는 다음의 생성자 집합을 나타낸다.

$$\{IIIXXXX, IXXIIXX, XIXIXIX, IIIZZZZ, IZZIIZZ, ZIZIZIZ\}$$

인코딩 회로를 생성할 때 사용된 checkX와 checkZ 역시 생성자들의 표현이기 때문에, genX, genZ 대신 checkX, checkZ를 사용해도 오류 진단과 정정이 가능하다. 오류 진단에 사용한 생성자 집합에 따라 오류 증상이 다르게 나타나므로, 아래에서 설명하는 오류 정정 회로 또한 이에 따라 다르게 구현되어야 한다.

7.6.5 오류 정정 회로

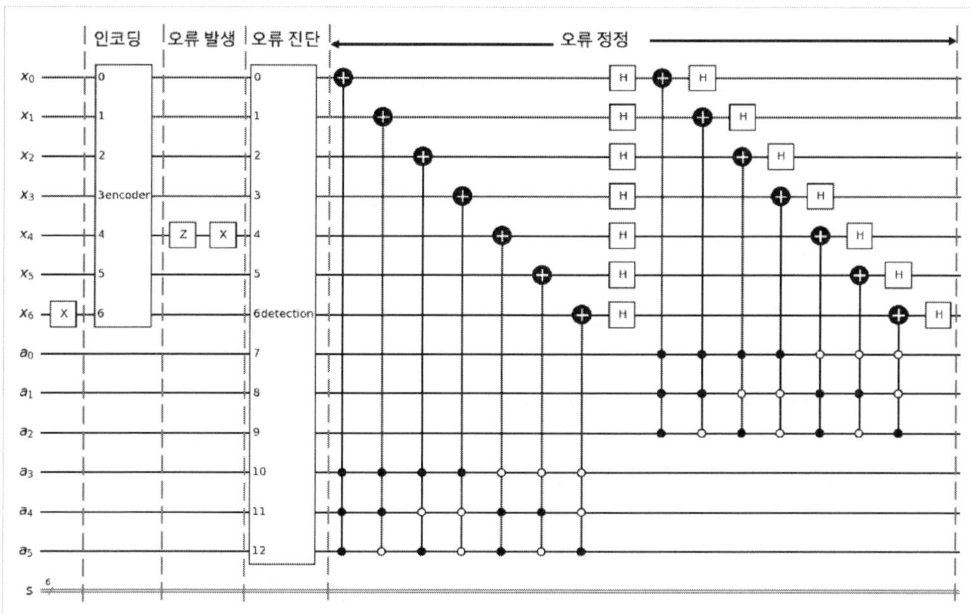

그림 7-17 스틴의 7-큐비트 코드의 오류 정정 회로

앞에서 설명한 바와 같이, 식 7-2의 생성자 g_0, g_1, g_2, g_3, g_4, g_5를 사용하여 스틴의 7-큐비트 코드를 구현하면, 오류가 발생한 큐비트의 위치 및 오류 종류에 따라 오류 진단 회로의 보조 큐비트 출력 상태가 표 7-4에 정리한 바와 같이 결정된다. 이 오류 증상을 통해 다음과 같은 오류 정정 절차를 수행할 수 있다.

1. 비트 뒤집기 오류는 보조 큐비트 a_5, a_4, a_3의 상태로부터 발생 위치를 특정할 수 있다. 이에 따라, 이들 보조 큐비트를 제어 큐비트로 사용하여 다중제어 X 게이트를 적용하여 오류를 정정한다.
2. 위상 뒤집기 오류는 보조 큐비트 a_2, a_1, a_0의 상태로부터 오류 발생한 위치를 알 수 있다. 따라서 이들 보조 큐비트를 제어 큐비트로 사용하여 다중제어 Z 게이트를 적용하여 오류를 정정한다.

그림 7-17의 오류 정정 회로는 이러한 원리에 따라 설계되었다. 다중제어 Z 게이트는 `QuantumCircuit`의 멤버 함수에 포함되어 있지 않기 때문에, 그림 7-17의 회로에서는 $HXH = Z$의 관계로부터 두 개의 H 게이트와 한 개의 다중제어 X 게이트로 다중제어 Z 게이트를 대체하여 회로를 구성하고 있다.

코드 7-16은 스틴의 7-큐비트 코드의 오류 정정 회로를 구현한다. `syndromeX`는 비

```
# 오류 진단
detector = error_detection_circuit(n,k,genX,genZ)
circuit.append(detector,qx[:]+qa[:])

# 오류 정정
syndromeX = ['111', '011', '101', '001', '110', '010', '100']
syndromeZ = syndromeX

for i in range(n):
    circuit.mcx(qa[3:6],qx[i],ctrl_state=syndromeX[i])
    circuit.barrier()
for i in range(n):
    circuit.h(qx[i])
    circuit.mcx(qa[:3],qx[i],ctrl_state=syndromeZ[i])
    circuit.h(qx[i])

circuit.draw(output='mpl', fold=-1,plot_barriers=False)
```

코드 7-16 스틴의 7큐비트 코드의 오류 정정 회로를 생성하는 코드

트 뒤집기 오류 발생 유무에 따른 보조 큐비트 `qa[5]`, `qa[4]`, `qa[3]`의 상태를 나타내고, `syndromeZ`는 위상 뒤집기 오류 발생 유무에 따른 `qa[2]`, `qa[1]`, `qa[0]`의 상태를

나타낸다(표 7-4참조). 첫 번째 for 반복문에서 비트 뒤집기 오류를 정정한다. qa[5], qa[4], qa[3]를 제어 큐비트로 하고, qx[i]를 타겟으로 하는 다중제어 X 게이트를 적용하여 큐비트 qx[i]의 비트 뒤집기 오류를 정정한다. 다중제어 X 게이트를 적용하기 위해 QuantumCircuit.mcx() 함수를 사용하고, syndrome[i]를 이 함수의 ctrl_state 인자로 전달한다. 같은 방법으로 두 번째 for 반복문에서 위상 뒤집기 오류를 정정한다. QuantumCircuit 클래스에서 다중제어 Z 게이트를 구현하는 함수는 제공되지 않으므로, 다중제어 X 게이트와 두 개의 H 게이트로 대체한다($Z = HXH$). 코드 7-16을 실행하여 그림 7-17의 오류 정정 회로를 완성했다. 회로의 출력 상태 벡터는 코드 7-17에서 확인할 수 있다. qa 레지스터(왼쪽 여섯 개 큐비트)의 상태는 오류 증상을 표현하는 $|110110\rangle$이고, qx 레지스터(오른쪽 일곱 개 큐비트)의 상태는 Z_4X_4 오류를 정정함으로써 코드워드 상태 $|\bar{1}\rangle$로 복구되었다.

```
# 회로의 양자 상태를 상태 벡터로 출력
from qiskit.quantum_info import Statevector
sv = Statevector(circuit)
sv.draw(output = 'latex')
```

✓ 0.0s

$$\frac{\sqrt{2}}{4}|1101100010110\rangle + \frac{\sqrt{2}}{4}|1101100011001\rangle + \frac{\sqrt{2}}{4}|1101100100101\rangle + \frac{\sqrt{2}}{4}|1101100101010\rangle + \frac{\sqrt{2}}{4}|11($$

코드 7-17 스틴의 7큐비트 코드의 오류 정정 결과 상태 벡터

7.7 다양한 오류 정정 코드의 개발과 전망

양자 오류 정정은 양자 컴퓨팅을 실용적으로 활용하기 위한 필수적인 단계이다. 이 단원에서는 먼저 단일 큐비트 비트 뒤집기 및 위상 뒤집기 오류를 정정하는 3-큐비트 코드에 대해 자세히 살펴보았다. 이러한 기본 코드를 확장하여, 하나의 논리 큐비트를 다섯 개 이상의 데이터 큐비트에 인코딩할 경우 단일 큐비트에서 발생하는 모든 양자 오류를 정정할 수 있다. 스틴의 7-큐비트 코드뿐만 아니라, 쇼어의 9-큐비트 코드와 라플라메의 5-큐비트 코드는 모두 하나의 논리 큐비트를 다섯 개 이상의 데이터 큐비트에 인코딩하여 단일 큐비트 오류로부터 보호한다. 이들 코드는 안정자 체계를 사용하여 일관된 방식으로 기술되며, 양자 회로로 쉽게 구현될 수 있다. 데이터 큐비트 수를 늘리면 다수의 큐비트에서 발생하는 오류를 효과적으로 진단하고 정정할 수 있는 오류 정정 코드의 개발이 가능

하다.

안정자 코드의 특별한 형태인 표면 코드(surface code)는 2차원 격자 형태로 배열된 큐비트를 이용하여 양자 정보를 보호하고 오류를 효과적으로 정정한다. 이 코드는 현재의 기술로 비교적 쉽게 구현할 수 있으며, 다양한 유형의 오류에 대해 강한 내성을 보인다. 또한, 표면 코드는 격자를 확장함으로써 오류 정정 능력을 쉽게 증가시킬 수 있기 때문에 대규모 양자 컴퓨터 구현에 적합한 오류 정정 코드로 평가받고 있다. 이와 같은 특성 때문에 최근 표면 코드에 대한 연구가 활발히 진행되고 있다.

연습문제

1. 파울리 행렬 X가 $|+\rangle$를 안정화하는 것을 행렬 연산으로 확인하라.

2. $\frac{1}{\sqrt{2}}(|00\rangle + i|11\rangle)$의 안정자 군을 찾고 생성자 집합으로 표현하라.

3. 단일 큐비트의 비트-뒤집기 오류를 정정하는 3-큐비트 코드의 코드워드 벡터 공간을 생성자 집합으로 표현하라.

4. 문제 3의 생성자 집합을 체크 행렬로 표현하라.

5. 문제 4의 체크 행렬을 표준화하라. G_X 행렬의 랭크는 얼마인가?

6. 문제 5의 표준화된 행렬을 코드 7-8의 `checkX`, `checkZ`로 표현하고 `x_operator()` 함수를 호출하여 코드 공간의 X 연산자를 구하라.

7. 문제 6의 `checkX`, `checkZ`에 대하여 코드 7-9의 `encoding_circuit()` 함수를 호출하여 인코딩 회로를 출력하라.

8. 문제 7의 회로의 0번 데이터 큐비트에 비트 뒤집기 오류를 추가한 후, 코드 7-13의 `error_detection_circuit()` 함수를 호출하여 오류 진단 회로를 출력하라. 이때, `error_detection_circuit()` 함수의 인자 `genX`, `genZ`로는 문제 4의 체크 행렬의 해당 문자열을 사용하라.

9. 문제 8의 회로에 대한 오류 진단표를 만들고, CX 게이트를 사용하여 오류 정정 회로를 완성하라. 안정자 체계를 이용하여 생성한 오류 정정 회로가 그림 7-6의 오류 정정 회로와 같음을 확인하라.

부록 A

그로버 알고리즘 : 불켜기 게임 2단계 해법

5.5, 5.6절에서 불켜기 게임 1단계의 문제 구성과 그로버 알고리즘을 이용한 해결 방법에 대해 살펴보았다. 불켜기 게임 2단계는 몇 개의 주어진 1단계 문제 중에서 특정 조건을 만족하는 문제를 찾는 것이다. 그림 A-1은 네 개의 주어진 1단계 문제 중에서 다섯 개의 스위치를 작동해야 모든 방의 램프를 켤 수 있는 문제를 찾는 2단계 게임을 보여준다.

그림 A-1에 주어진 2단계 불켜기 문제를 해결하기 위해선 다음과 같은 과정을 거쳐야 한다.

- 1단계 그로버 회로를 이용하여 주어진 네 개의 문제에 대한 해를 찾는다.
- 1단계에서 찾은 각 문제의 해로부터 작동해야 하는 스위치 개수를 계산하고, 그 중 다섯 개의 스위치 작동을 요구하는 문제를 찾는다. 예를 들어, 그림 A-1의 2단계 문

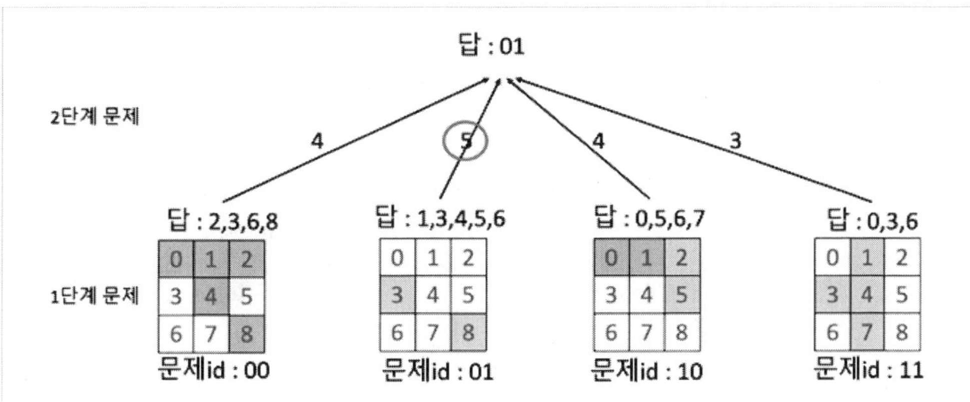

그림 A-1 불켜기 2단계 문제

제의 해는 [1,3,4,5,6]번의 스위치를 작동해야 하는 01번이다.

여기에서는 2단계 불켜기 문제를 해결하기 위한 그로버 양자 회로를 구현하는 방법을 살펴본다. 이 과정에서 다음과 같은 양자 회로를 소개할 것이다.

- 임의의 진리표를 구현하는 회로: 디지털 회로에서 0과 1로 표현되는 입력 값에 대한 출력 값의 관계를 표현한 것을 진리표라고 한다. 각 큐비트의 기저 상태 $|0\rangle$과 $|1\rangle$에 대해 임의의 진리표를 만족하는 양자 회로를 구현할 수 있다.
- 1의 개수를 세어 출력하는 계수기 회로: 입력 레지스터의 큐비트 중에서 $|1\rangle$ 상태에 있는 큐비트의 개수를 이진수로 표현하여 출력 레지스터의 양자 상태로 반환하는 회로를 구현한다. 예를 들어, 입력 레지스터가 $|001011001\rangle_{\text{in}}$ 상태라면 $|1\rangle$의 상태인 큐비트가 네 개이므로, 출력 레지스터는 4를 이진수로 표현한 상태 $|0100\rangle_{\text{out}}$이 된다. n-큐비트 입력 레지스터에 대해 작동하는 계수기 회로가 수행하는 양자 연산을 수식으로 표현하면 다음과 같다.

$$\text{For } x \in \{0,1\}^n, \qquad |0\rangle_{\text{out}}|x\rangle_{\text{in}} \xrightarrow{\text{계수기}} |x_{n-1} + x_{n-2} + \cdots + x_0\rangle_{\text{out}}|x\rangle_{\text{in}}$$

  이 때 출력 레지스터의 큐비트 개수는 $\log_2 n$ 보다 커야 한다.

1단계 불켜기 문제를 하위 문제로 하는 상위 문제를 그로버 알고리즘으로 해결하는 회로를 구성해 보자. 표 A-1은 그림 A-1에 주어진 네 개의 1단계 불켜기 문제에 대해 문제 표현과 해답을 정리하여 보여 준다. 네 개의 문제 중 단 하나만이 다섯 개의 스위치를 작동하여 모든 방의 불을 켤 수 있다. 문제 번호가 0, 1, 2, 3인 네 문제 중에서 어느 문제가 다섯 개의 스위치를 작동하여 모든 방의 불을 켜는지 찾는 것이 목표이다.

이 문제의 첫 번째 단계는 개별 불켜기 문제를 해결하는 것이며, 두 번째 단계는 불켜기 문제들 중에서 특정 조건을 만족하는 문제를 찾는 것이다.

표 A-1 다섯 개 스위치를 작동하여 모든 불을 켤 수 있는 문제 찾기 (2단계 불켜기 문제)

	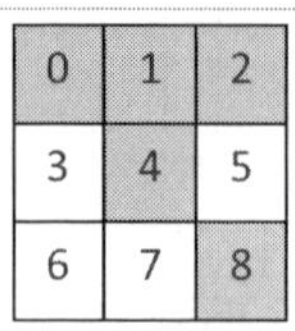	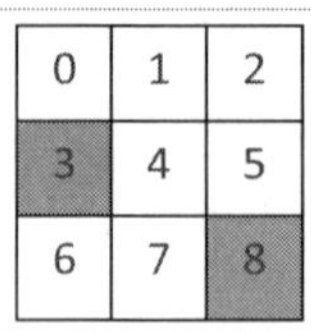	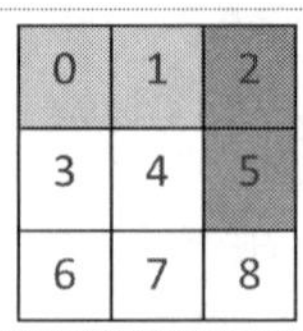	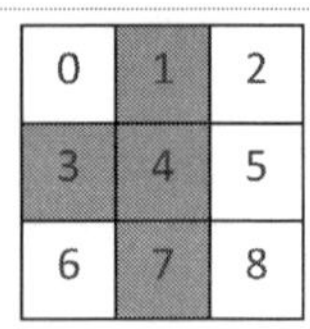
문제번호	00	01	10	11
문제표현	000101110	111011110	000110111	101001101
해답	001100101	010111100	100001110	100100100
작동 스위치 개수	$4 = 0100_2$	$5 = 0101_2$	$4 = 0100_2$	$3 = 0011_2$

각 문제의 1단계 불켜기 해답을 찾는 회로로는 $n = 3$ 불켜기 그로버 회로를 활용할 것이다. 그로버 알고리즘의 첫 번째 단계에서 개별 문제에 대한 해답(모든 방의 불이 켜진 상태가 되는 스위치 조합)을 찾은 후, 두 번째 단계에서는 해당 조건을 만족하는 문제 번호를 식별한다. 이 문제 번호(2-비트 숫자)를 나타내기 위해 2-큐비트 상태 레지스터 p를 사용한다.

2단계 문제의 해는 2비트 숫자이므로 문제 번호를 표현하는 2-큐비트 상태 레지스터 p를 사용하여 $U_f|p,y\rangle = |p, y \oplus f(p)\rangle$ 연산을 구현하는 오라클 회로와 2-큐비트 확산자 회로를 사용하여 찾을 수 있다. 여기서 함수 $f(p)$는 다음과 같이 정의된 함수이다.

$$f(p) = \begin{cases} 1, & \text{문제 } p\text{의 해답이 스위치 다섯 개의 작동을 요구하는 경우} \\ 0, & \text{otherwise} \end{cases} \quad \text{(식 A–1)}$$

함수 값 $f(p)$를 계산하기 위해서 다음과 같은 양자 레지스터들이 필요하다.

- 해당 문제의 초기 상태(방들의 램프 상태)를 표현하는 9-큐비트 양자 레지스터 r
- 그에 대한 해답(스위치의 상태)을 표현하는 9-큐비트 양자 레지스터 x
- 양자 레지스터 x에서 $|1\rangle$ 상태에 있는 큐비트의 수를 이진수로 표현하는 4-큐비트 양자 레지스터 c

해의 개수가 하나이고($M = 1$), 문제 번호를 나타내는 레지스터가 두 개의 큐비트로 이루어져 있으므로($n = 2$), 2단계 문제를 해결하기 위한 최적의 "그로버 반복" 적용 횟수는 $k_{max} = \left\lfloor \frac{\pi}{4}\sqrt{\frac{2^2}{1}} \right\rfloor \approx \lfloor 1.57 \rfloor = 1$이다. 즉, 그림 A-2와 같이, 단 한 번의 그로버 오라클

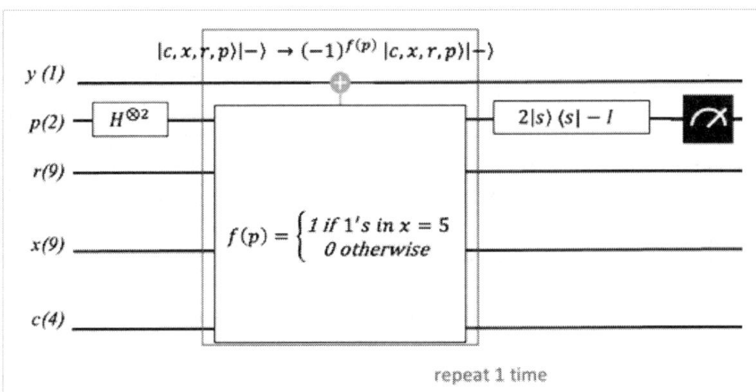

그림 A–2 불켜기 2단계 문제의 그로버 회로 블록도 (c == '0101')

회로와 확산자 회로를 적용하여 해를 찾는다. 아래에서는 2단계 불켜기 문제를 해결하기 위해 필요한 양자 회로들에 대해 자세히 살펴보도록 한다.

1) 이진 진리표를 구현하는 양자 회로

디지털 회로에서 입력과 출력 간의 관계를 나타내는 표를 진리표라고 한다. 예를 들어, 입력이 2 비트이고 출력이 9 비트인 회로로 표 A-1에 제시된 네 개의 불켜기 문제의 초기 상태를 표현할 수 있으며, 이를 표 A-2와 같은 진리표로 표현할 수 있다. 진리표의 '입력'은 양자 회로의 초기 상태를 설정하는데 사용되는 레지스터에 의해 구현되고, 진리표의 '출력'은 양자 회로의 연산 결과를 표현하는데 사용되는 레지스터에 의해 구현된다.

표 A-2의 진리표는 그림 A-3의 양자 회로로 구현할 수 있다. 이 회로에서 두 개의 큐비트로 이루어진 레지스터 p는 진리표의 입력 상태를, 아홉 개의 큐비트로 구성된 레지스터 r은 진리표의 출력 상태를 나타내기 위해 사용된다. 배리어로 구분된 네 개의 영역 각각이 진리표의 한 행을 구현한다. 그림 A-3에서처럼 입력 상태가 $|000000000\rangle_r|00\rangle_p$일 때는, 회로의 모든 CCX 게이트 중 첫 번째 영역의 네 개 CCX 게이트만 타겟 레지스터 r의 상태를 변화시킨다. 이에 따라 이 회로의 출력 상태는 $|011101000\rangle_r|00\rangle_p$이 된다. 마

표 A-2 불켜기 2단계의 문제 번호와 문제 초기 상태를 표현하는 진리표

입력		출력								
p_1	p_0	r_0	r_1	r_2	r_3	r_4	r_5	r_6	r_7	r_8
0	0	0	0	0	1	0	1	1	1	0
0	1	1	1	1	0	1	1	1	1	0
1	0	0	0	0	1	1	0	1	1	1
1	1	1	0	1	0	0	1	1	0	1

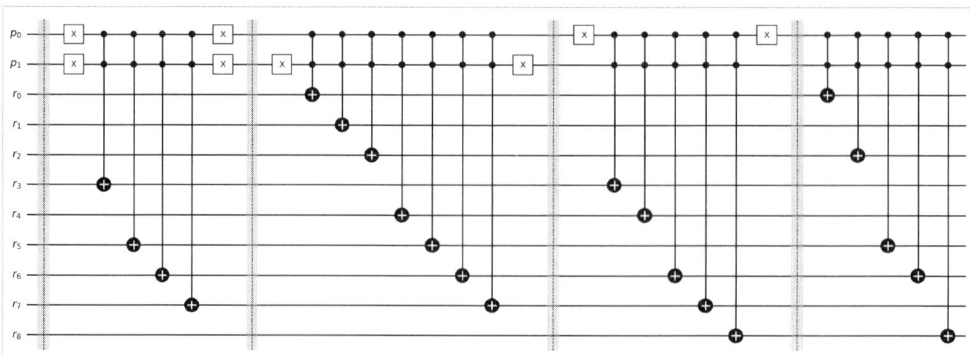

그림 A-3 2-비트 입력 p와 9-비트 출력 r의 진리표를 구현한 양자 회로

찬가지로, 회로의 입력 상태가 $|000000000\rangle_r|01\rangle_p$일 때는 두 번째 영역의 일곱 개 CCX 게이트에 의해 출력 상태는 $|011110111\rangle_r|01\rangle_p$이 된다. 그림 A-3회로는 코드 A-1의 `problem_map()` 함수를 호출하여 생성한다.

```
# 2-비트 qp 이진 입력에 대해 9-비트 qr 이진 출력의 진리표를
# 양자 회로로 구현하여 반환하는 함수
def problem_map(qp, qr, problems):
    circuit = QuantumCircuit(qp,qr)
    for p in range(4):
        circuit.barrier()
        rooms = problems[p]
        if p//2 == 0:     # p1 == 0
            circuit.x(qp[1])
        if p%2 == 0:      # p0 == 0
            circuit.x(qp[0])
        for i in range(9):
            if rooms[i] == '1':
                circuit.ccx(qp[0],qp[1],qr[i])
        if p//2 == 0:     # p1 == 0
            circuit.x(qp[1])
        if p%2 == 0:      # p0 == 0
            circuit.x(qp[0])
    circuit.name = "Problem"
    return circuit
```

코드 A-1 진리표를 양자 회로로 구현하여 반환하는 함수

그림 A-3의 회로에서 레지스터 p의 입력 상태를 $H|0\rangle \otimes H|0\rangle = |++\rangle = \frac{1}{2}(|00\rangle + |01\rangle + |10\rangle + |11\rangle)$으로 설정하면, 회로의 출력은 다음과 같이 네 가지 상태가 중첩되어 나타난다.

$$\frac{1}{2}(|011101000\rangle_r|00\rangle_p + |011110111\rangle_r|01\rangle_p + |111011000\rangle_r|10\rangle_p + |101100101\rangle_r|11\rangle_p)$$

이와 같이 레지스터 p와 r의 상태가 서로 얽히게 되면서 표 A-2의 진리표가 11-큐비트 양자 상태로 구현되었다.

코드 A-2에서 그림 A-4의 양자회로를 생성하고 이를 시뮬레이션하면, 표 A-2의 각 행에 해당하는 네 개의 측정값이 각각 ¼ 의 빈도로 측정되는 것을 확인할 수 있다(그림 A-5 참조). 이 때 각 측정값의 이진 문자열 순서는 $r_8, r_7, \cdots, r_0, p_1, p_0$임에 유의하라. 그림 A-4의 양자 회로(측정 장치 제외)는 그림 A-2의 그로버 회로에서 p와 r 레지스터들을

초기화하는 회로로 사용된다.

```
# 불켜기 문제 그로버 회로 2단계 초기화
problems = ['000101110','111011110','000110111','101001101']

qp = QuantumRegister(2,name='p') # 문제 번호 00,01,10,11 을 표현하는 양자 레지스터
qr = QuantumRegister(9,name='r') # room 의 불켜짐=1, 불꺼짐=0 을 표현하는 양자 레지스터
circuit = QuantumCircuit(qp,qr)

# p[0,1] = |++>
circuit.h(qp)

circuit.compose(problem_map(qp,qr,problems),qp[0:2]+qr[0:9],inplace=True)
```

코드 A-2 problem_map() 함수를 호출하여 중첩된 입력 상태에 대한 출력을 측정하는 회로를 생성하는 코드

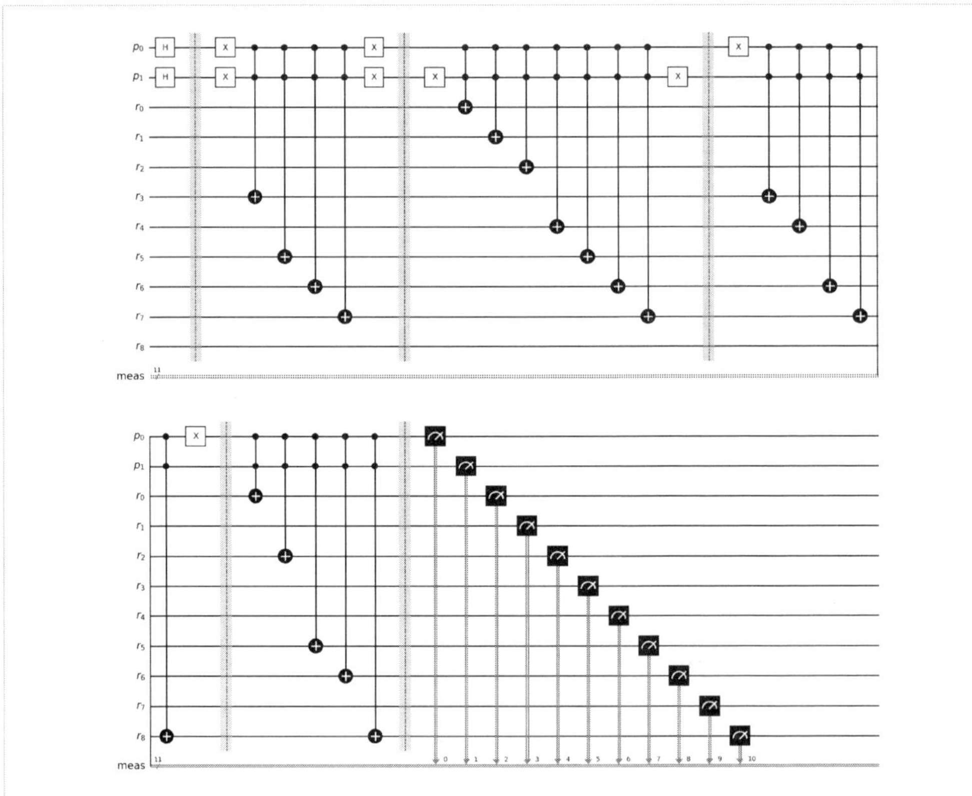

그림 A-4 진리표를 구현한 양자 회로의 입력 상태를 중첩 상태로 만들고 측정하는 회로

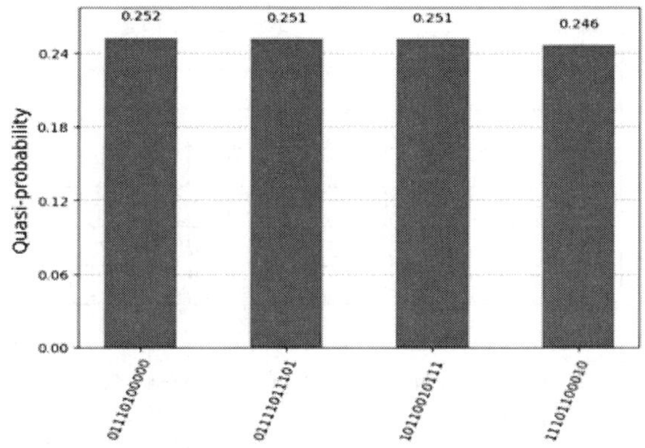

그림 A-5 진리표를 구현한 양자 회로의 입력 상태를 중첩 상태로 만들고 측정한 결과

2) 계수기 양자 회로

2단계 문제의 해를 구하기 위해서, 1단계 불켜기 문제의 해를 구성하는 스위치 조합에서 작동 상태인 스위치 개수를 세는 계수기(counter)가 필요하다. 이에 따라 1단계 불켜기 그로버 회로가 완료된 후, qx 레지스터의 아홉 개 큐비트 중 $|1\rangle$ 상태에 있는 큐비트의 개수를 세는 계수기 양자 회로를 구현한다.

```
# n 비트 이진 스트링 q_str 의 1의 갯수를 세어 4비트 2진수로 표현하는 회로
def count1(n,q_str,q_cnt):
  circuit = QuantumCircuit(q_str, q_cnt)
  for i in range(n):
    circuit.mcx([q_str[i],q_cnt[0],q_cnt[1],q_cnt[2]],q_cnt[3])
    circuit.mcx([q_str[i],q_cnt[0],q_cnt[1]],q_cnt[2])
    circuit.ccx(q_str[i],q_cnt[0],q_cnt[1])
    circuit.cx(q_str[i],q_cnt[0])
  circuit.name = 'Count'
  return circuit

qc = QuantumRegister(4,name='count')
qx = QuantumRegister(9,name='x')
circuit = QuantumCircuit(qx,qc)

circuit.x(qx[:3])
circuit.barrier()
circuit.compose(count1(9,qx,qc),qx[:]+qc[:],inplace=True)
circuit.measure_all()
circuit.draw(output='mpl', fold=-1)
```

코드 A-3 계수기 양자 회로를 생성하는 count1() 함수

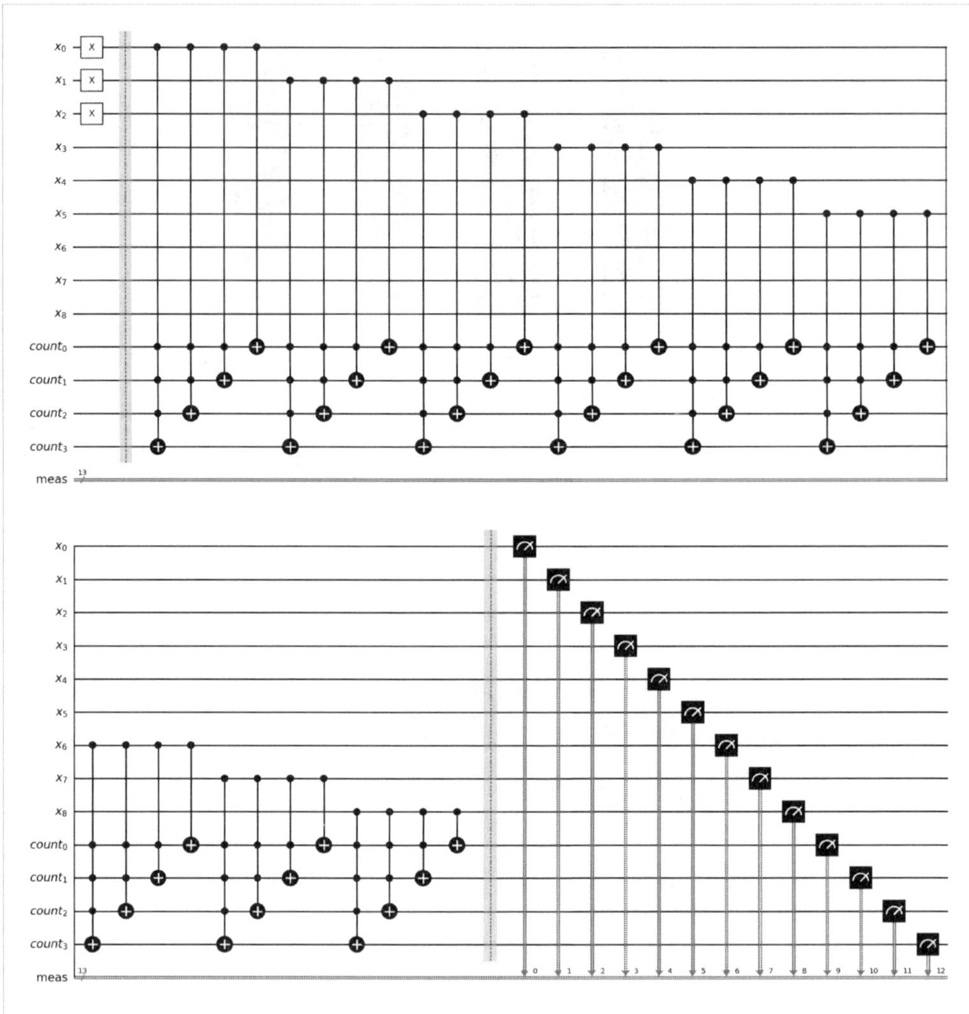

그림 A-6 계수기 양자 회로

코드 A-3의 `count1()` 함수는 레지스터 `q_str`의 *n*개 큐비트 중에서 |1⟩ 상태에 있는 큐비트의 개수를 `q_cnt` 레지스터의 양자 상태로 변환해 주는 계수기 양자 회로를 만들고 반환한다. 그림 A-6에서 배리어 오른쪽에 있는 회로가 `count1()` 함수가 생성한 계수기 회로이다. 이 회로는 양자 레지스터 x의 |1⟩ 상태에 있는 각 큐비트에 대해, `count` 레지스터에 다음과 같은 연산 (1)~(4)를 적용한다.

(1) $\text{count}_{2,1,0}$의 상태가 |111⟩이면, 그 윗 자릿수를 표현하는 count_3의 상태를 반전시킨다.

(2) $\text{count}_{1,0}$의 상태가 |11⟩이면, 그 윗 자릿수를 표현하는 count_2의 상태를 반전시킨다.

(3) $count_0$의 상태가 $|1\rangle$이면, 상위 자릿수를 표현하는 $count_1$의 상태를 반전시킨다.
(4) $count_0$의 상태를 반전시킨다.

이에 따라 계수기 회로의 입력 상태가 $|0000\rangle_{count}|000001101\rangle_x$인 경우(그림 A-6의 경우), 출력 상태는 $|0011\rangle_{count}|000001101\rangle_x$이 된다.

3) 2단계 문제의 그로버 오라클 회로

코드 A-4에서는 problem_map(), lights_oracle3(), diffuser_circuit(), switch_func3(), count1() 함수를 차례로 호출하여 그림 A-7의 양자 회로 객체 c1을 생성한다. c1은 그림 A-9의 완성된 2단계 그로버 양자 회로에서 'LightsOn+'로 표시된 회로이며, 이 회로를 실행하면 1단계 불켜기 문제의 해답으로부터 계수기 레지스터 qc의 상태가 결정된다. 코드 A-4에서는 또한 c1 회로의 역계산(uncomputation)을 수행하는 회로 객체 inv_c1을 생성한다. 이는 QuantumCircuit.inverse() 함수를 사용하여 구현되었으며, 그림 A-9의 완성된 회로에서 'LightsOn-'로 표시된 회로이다. 2단계 문제의 그로버 오라클 연산 $U_f|c,x,r,p,y\rangle = |c,x,r,p,y \oplus f(p)\rangle$를 구현하는 회로는 'LightsOn+' 회로와 다중제어-X 게이트, 그리고 'LightsOn-' 회로로 구성된다 (그림 A-9 참조).

```
# 불켜기 문제를 하위 문제로 하는 그로버 알고리즘 2단계 회로
problems = ['000101110','111011110','000110111','101001101']

qp = QuantumRegister(2, name='p') # 문제 번호 00,01,10,11 을 표현하는 양자 레지스터
qr = QuantumRegister(9,name='r') # room 의 불켜짐=1, 불꺼짐=0 을 표현하는 양자 레지스터
qx = QuantumRegister(9,name='x') # 스위치의 동작=1, 동작않음=0 을 표현하는 양자 레지스터
qc = QuantumRegister(4,name='c') # 스위치 중 1의 갯수를 이진수로 표현하는 양자 레지스터
qy = QuantumRegister(1,name='y') # 그로버 회로의 Uf|x,y>=|x,f(x)XOR y> 의 y (오라클 큐비트)
solution = ClassicalRegister(2,name='solution') # qp를 측정할 2-bit 고전 레지스터

# c1 : 상위 문제의 f() 함수를 계산하기 위해 qp 에 대한 하위 문제를 그로버 반복 2회로 구현하고
#      얻어진 해 (qx) 의 1의 갯수를 qc 에 2진수로 표현하는 회로
c1 = QuantumCircuit(qy, qp, qr, qx, qc)

c1.append(problem_map(qp,qr,problems),qp[:]+qr[:])

for _ in range(2):  # n=3 불켜기 문제 그로버 반복 2회
  c1.append(lights_oracle3(qy,qr,qx), qy[:]+qr[:]+qx[:])
  c1.append(diffuser_circuit(3), qx[:3])

c1.append(switch_func3(qx,qr), qx[:]+qr[:])
c1.append(count1(9,qx,qc),qx[:]+qc[:])
c1.name = 'LightsOn+'
```

```
inv_c1 = c1.inverse()                    # inv_c1 : c1 회로의 역계산 회로
inv_c1.name = 'LightsOn-'

c1.draw(output='mpl')
```

코드 A-4 불켜기 1단계 문제의 해를 찾고 1의 갯수를 세는 회로 c1과 그 역계산 회로 inv_c1

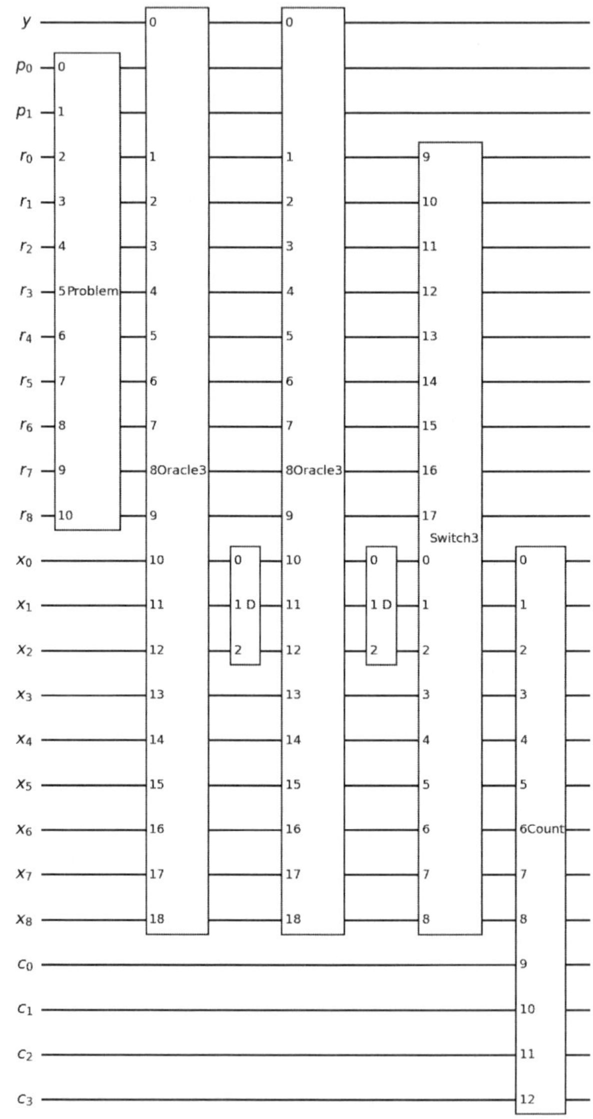

그림 A-7 불켜기 2단계 문제의 오라클 회로 중 전반부(computation) 회로(LightsOn+)

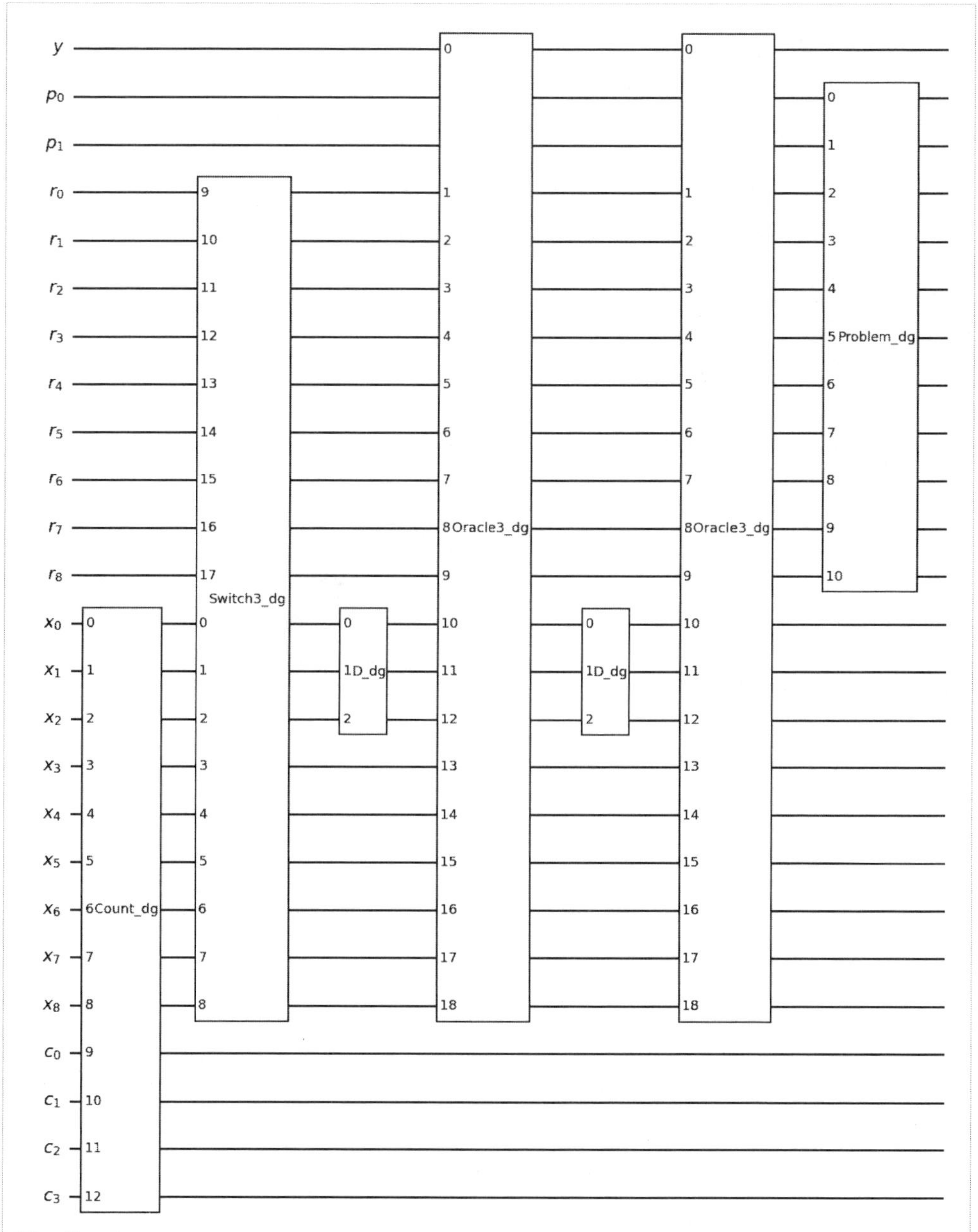

그림 A-8 불켜기 2단계 문제의 오라클 회로 중 후반부(uncomputation) 회로(LightsOn-)

4) 2단계 문제의 그로버 회로와 측정 결과

코드 A-5는 2단계 문제의 해를 구하기 위해 앞에서 구현한 회로들을 사용하여 다음과 같은 그로버 회로를 생성한다. n = 2일 때 "그로버 반복"의 최적 회수는 한 번이므로, 이 회로는 반복되지 않는다.

- 초기 상태 설정: $y = |-\rangle,\ p = |++\rangle,\ x = |000000+++\rangle$
- c1 회로를 추가하여 각 문제의 1단계 해를 구하고, 계수기 회로를 통해 작동해야 하는 스위치 개수를 레지스터 qc의 양자 상태로 표현
- 다중제어 X 게이트를 적용하여, $y \rightarrow y \oplus f(p)$ 구현
- 역계산 inv_c1 회로 구현
- n = 2의 확산자 회로를 qp[0,1]에 적용
- 레지스터 qp[0,1]를 측정하여 측정값을 solution[0,1]에 할당

코드 A-5에 의해 생성된 그로버 회로는 그림 A-9와 같다.

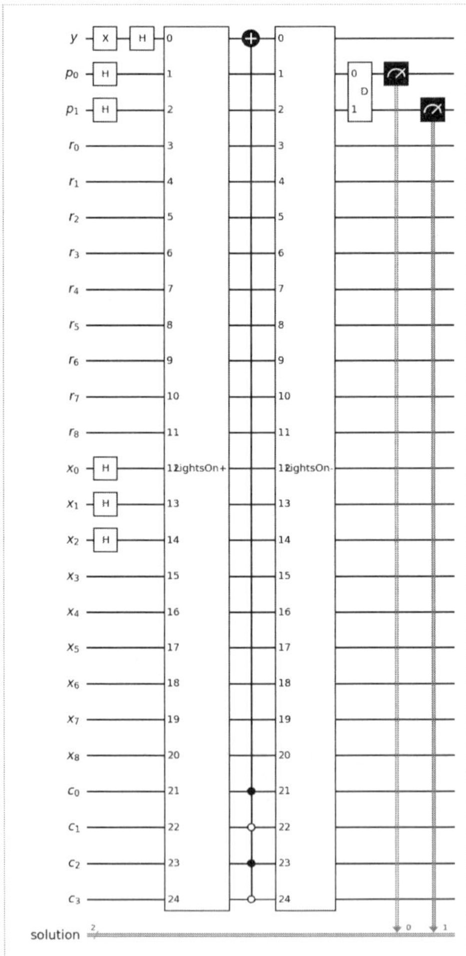

그림 A-9 2단계 불켜기 문제의 그로버 회로

```
# 불켜기 문제를 하위 문제로 하는 그로버 알고리즘 2단계 회로
problems = ['000101110','111011110','000110111','101001101']

qp = QuantumRegister(2, name='p') # 문제 번호 00,01,10,11 을 표현하는 양자 레지스터
qr = QuantumRegister(9,name='r') # room 의 불켜짐=1, 불꺼짐=0 을 표현하는 양자 레지스터
qx = QuantumRegister(9,name='x') # 스위치의 동작=1, 동작않음=0 을 표현하는 양자 레지스터
qc = QuantumRegister(4,name='c') # 스위치 중 1의 갯수를 이진수로 표현하는 양자 레지스터
qy = QuantumRegister(1,name='y') # 그로버 회로의 Uf|x,y>=|x,f(x)XOR y> 의 y (오라클 큐비트)
solution = ClassicalRegister(2,name='solution') # qp를 측정할 2-bit 고전 레지스터
circuit = QuantumCircuit(qy, qp, qr, qx, qc, solution)
# y 를 |-> 로 초기화
circuit.x(qy)
circuit.h(qy)

# p[0,1] = |++>
circuit.h(qp)

# x[0,1,2] = |+++>
circuit.h(qx[:3])

# 상위 문제 그로버 오라클 회로
circuit.append(c1,range(25))       # c1 회로를 이용하여 p 의 해를 구하고 1의 갯수를 세는 회로
circuit.mcx(qc[:],qy,ctrl_state='0101') # y XOR f(p) 를 계산
circuit.append(inv_c1,range(25))  # c1의 역계산 회로를 사용하여 Uf|p,y>->|p,f(p)XOR y>

# 상위 문제 그로버 확산자 회로
circuit.append(diffuser_circuit(2), qp)

circuit.measure(qp,solution)
circuit.draw(output='mpl', fold=-1)
```

코드 A-5 불켜기 2단계 문제의 그로버 회로를 구현하는 코드

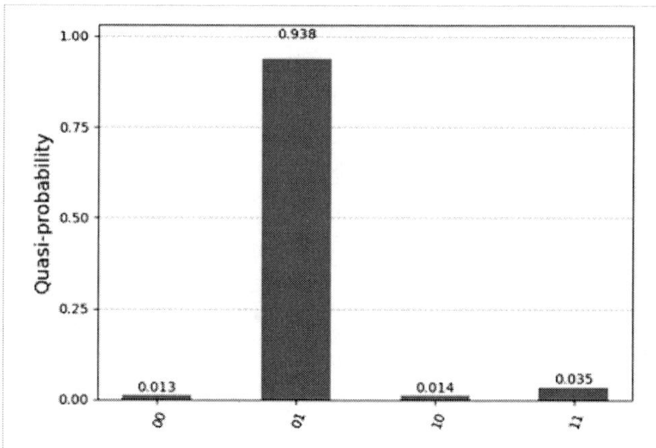

그림 A-10 불켜기 2단계 그로버 회로의 측정 결과

그림 A-9의 회로를 실행한 결과, '01'의 측정 빈도가 약94%로 나타났다(그림 A-10 참조). 01번 문제는 아래 그림과 같이 초기 점등 상태가 111011110이고, 해는 010111100이다. 즉, 1,3,4,5,6번 스위치, 총 다섯 개를 작동해야 모든 방의 불을 켤 수 있다. 주어진 네 개의 문제 중 다섯 개의 스위치 작동을 요구하는 문제를 정확히 찾았다.

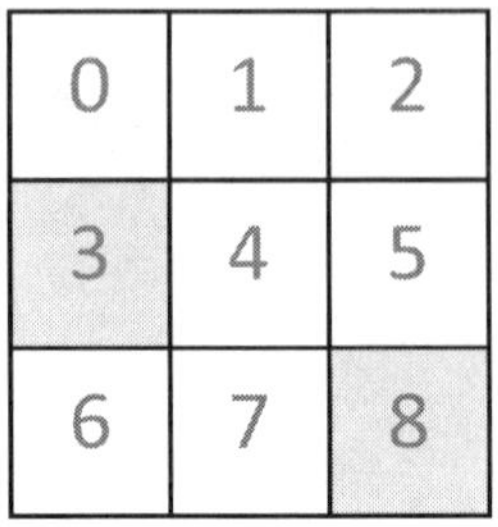

부록 B

임의의 사이먼 주기를 갖는 오라클 회로 생성 코드

사이먼 함수 $f(x)$의 주기를 찾는 사이먼 알고리즘을 구현하는 그림 6-2의 양자 회로는 다음과 같은 연산을 하는 오라클 회로를 포함한다.

$$U_f\colon |a\rangle|c\rangle \rightarrow |a\rangle|c \oplus f(a)\rangle \quad \text{for} \;\; a, c \in \{0,1\}^n$$

코드 B-1에서는 임의의 n-비트 정수 b를 주기로 가지는 특정한 형태의 사이먼 함수 $f(x)$에 대한 오라클 회로를 생성하는 파이썬 함수 `simon_oracle()`를 소개한다. 이 파이썬 함수는 다음과 같이 작성되었다.

- 0이 아닌 n-비트 정수 b를 무작위로 선택하여, 사이먼 주기로 삼는다.
- `ra` 레지스터의 입력 상태가 $|x\rangle$일 때, `rc` 레지스터의 상태가 다음과 같이 변환되도록 회로를 구현한다.

$$\begin{cases} b_i = 0\text{인 경우}, & c_i \rightarrow c_i \oplus x_i \\ b_i = 1\text{인 경우}, & c_i \rightarrow c_i \oplus x_i \oplus x_k \quad (\text{for some } k \text{ where } b_k = 1) \end{cases}$$

오라클 회로를 위와 같이 구성하면, $y = x \oplus b$에 대해 다음 관계식이 성립한다.

(a) $b_i = 0$: $\; c_i \rightarrow c_i \oplus y_i = c_i \oplus (x_i \oplus b_i) = c_i \oplus (x_i \oplus 0) = c_i \oplus x_i$

(b) $b_i = 1$:

$$\begin{aligned} c_i \rightarrow c_i \oplus y_i \oplus y_k &= c_i \oplus (x_i \oplus b_i) \oplus (x_k \oplus b_k) \\ &= c_i \oplus x_i \oplus x_k \;\; (\because b_i = b_k = 1) \end{aligned}$$

따라서 $f(x \oplus b) = f(x)$이고, b는 사이먼 함수 $f(x)$의 주기이다.

그림 B-1은 `simon_oracle()` 함수를 호출하여 생성된 주기 `b=10010`에 대한 사이면 오라클 회로를 보여 준다.

```
# n-큐비트 사이먼 오라클 함수를 구현하는 회로와 random b 를 반환하는 회로
def simon_oracle(rc, ra, n):
    qc = QuantumCircuit(rc, ra)
    np.random.seed()
    k = np.random.randint(1,n+1)
    b1 = np.random.permutation(n)[:k]
    b = []
    for i in range(n):
        if i in b1: b += [1]
        else :      b += [0] # 임의의 non-zero b 를 생성

    qc.barrier()
    for i in range(n): # c[i] ^= a[i]
        qc.cx(ra[i],rc[i])
    qc.barrier()
    for bi in b1:      # c^f(x^b) 를 c^f(x) 와 같게 만듦
        qc.cx(ra[n-1-b1[0]],rc[n-1-bi])

    return qc,b

# 양자 레지스터와 고전 레지스터를 정의하고 이들을 사용하는 양자 회로를 초기화
n = 5
ra = QuantumRegister(n,'a')
rc = QuantumRegister(n,'c')
rm = ClassicalRegister(n,'m')
qc = QuantumCircuit(rc, ra, rm)

# 사이먼 오라클 회로를 양자 회로로 구현
oracle, b = simon_oracle(rc,ra,n)
print(f"b={b}")
oracle.draw(output='mpl', fold=-1)
```

코드 B-1 무작위의 n-큐비트 사이먼 오라클 회로 객체를 생성하는 함수

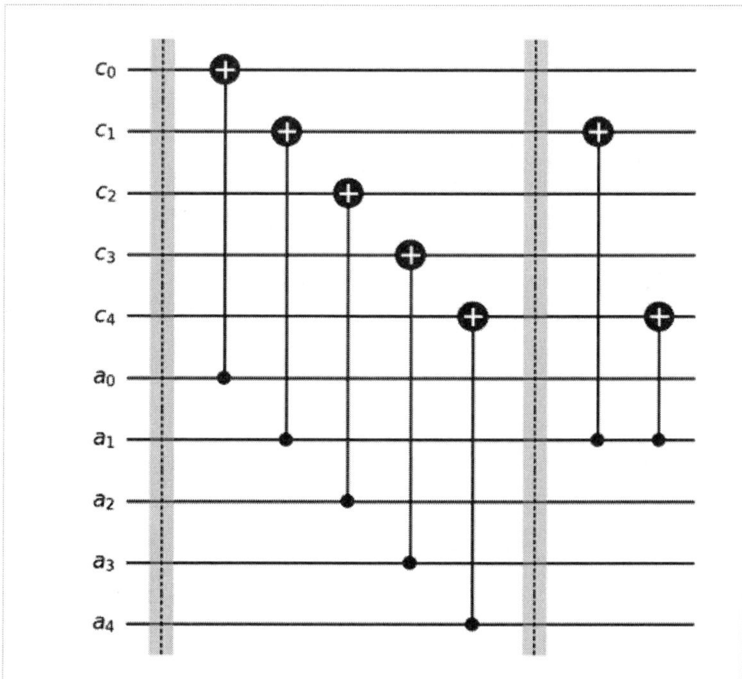

그림 B-1 b=[1,0,0,1,0] 인 사이먼 오라클 회로의 예

부록 C

위상 추정 값의 확률 분포

6.3.1 절에서는 t개의 평가 큐비트로 구성된 양자 위상 추정(QPE) 회로를 분석하면서, 위상 θ를 이진 표현 $x2^{-t}$ ($x \in \{0,1\}^t$)으로 정확히 나타낼 수 있을 경우 측정 결과가 100% 확률로 x가 되는 것을 확인했다. 만약 위상 θ를 $x2^{-t}$ 형태로 표현할 수 없다면, 추정된 위상 값은 평가 큐비트의 수에 의해 결정되는 특정 확률 분포를 따르게 된다. 이제 위상 추정 값이 어떤 확률 분포를 따르는지 자세히 살펴 보겠다.

그림 6-12의 1단계 양자 위상 추정 회로에서 평가 큐비트 t개의 출력 상태는 다음과 같다.

$$|\phi_{out}\rangle = \frac{1}{\sqrt{2^t}}(|0\rangle + e^{2\pi i\theta 2^{t-1}}|1\rangle) \otimes \cdots \otimes (|0\rangle + e^{2\pi i\theta 2^1}|1\rangle) \otimes (|0\rangle + e^{2\pi i\theta 2^0}|1\rangle)$$

위의 식은 θ가 이진 표현 $x2^{-t}$으로 나타낼 수 없는 경우에도 성립한다(그림 6-12에 명시된 출력 상태 참조). 이 식은 다음과 같이 정리할 수 있다.

$$|\phi_{out}\rangle = \frac{1}{\sqrt{2^t}}\left(\sum_{y_{t-1}=0}^{1} e^{2\pi i\theta y_{t-1}2^{t-1}}|y_{t-1}\rangle\right) \otimes \cdots \otimes \left(\sum_{y_1=0}^{1} e^{2\pi i\theta y_1 2^1}|y_1\rangle\right) \otimes \left(\sum_{y_0=0}^{1} e^{2\pi i\theta y_0 2^0}|y_0\rangle\right)$$

$$\therefore |\phi_{out}\rangle = \frac{1}{\sqrt{2^t}}\sum_{y=0}^{2^t-1} e^{2\pi i\theta y}|y\rangle$$

다음과 같이 위의 상태 $|\phi_{out}\rangle$을 역푸리에 변환(Inverse Quantum Fourier Transform, IQFT) 하면 양자 위상 추정 회로의 출력 상태 $|\phi_{QPE}\rangle$를 얻을 수 있다(그림 6-13 참조).

$$|\phi_{QPE}\rangle = U_{QFT}^{\dagger}|\phi_{out}\rangle = \frac{1}{\sqrt{2^t}}\sum_{y=0}^{2^t-1} e^{2\pi i\theta y}\, U_{QFT}^{\dagger}|y\rangle \qquad \text{(식 C-1)}$$

본문 식 6-3의 QFT 변환식으로부터 IQFT 변환은 다음과 같이 정의된다.

$$U_{QFT}^{\dagger}|y\rangle = \frac{1}{\sqrt{2^t}} \sum_{x=0}^{2^t-1} e^{-\frac{2\pi i}{2^t}xy} \ |x\rangle$$

이 관계식을 이용하면 식 C-1은 다음과 같다.

$$|\phi_{QPE}\rangle = \frac{1}{\sqrt{2^t}} \sum_{y=0}^{2^t-1} e^{2\pi i\theta y} \left(\frac{1}{\sqrt{2^t}} \sum_{x=0}^{2^t-1} e^{-\frac{2\pi i}{2^t}xy} \ |x\rangle \right) = \frac{1}{2^t} \sum_{x=0}^{2^t-1} \sum_{y=0}^{2^t-1} e^{2\pi i\left(\theta - \frac{x}{2^t}\right)y} |x\rangle$$

따라서 $|\phi_{QPE}\rangle$ 상태에 있는 평가 레지스터 x를 측정하면, 측정값이 특정한 t-비트 정수 x일 확률 P_x는 다음과 같이 주어진다.

$$P_x = \left| \frac{1}{2^t} \sum_{y=0}^{2^t-1} e^{2\pi i\left(\theta - \frac{x}{2^t}\right)y} \right|^2 \qquad \text{(식 C-2)}$$

만약 어떤 t-비트 정수 x'에 대하여 $\theta = 2^{-t}x'$인 경우라면, 위의 확률 분포 P_x는 다음과 같이 주어진다($x' - x$는 정수, $0 \leq y2^{-t} < 1$임에 유의).

$$P_x = \left| \frac{1}{2^t} \sum_{y=0}^{2^t-1} e^{2\pi i(x'-x)\frac{y}{2^t}} \right|^2 = \begin{cases} 1, & x = x' \\ 0, & x \neq x' \end{cases}$$

이에 따라 측정 결과는 100%의 확률로 x'이 된다. 이는 6.3.1 절의 분석 결과와 같다.

한편, 위상 θ를 이진 형태로 표현할 수 없는 경우, 등비 급수 공식에 따라 식 C-2의 확률 분포는 다음과 같이 주어진다.

$$P_x = \frac{1}{2^{2t}} \left| \frac{1 - e^{2\pi i(2^t\theta - x)}}{1 - e^{2\pi i\left(\theta - \frac{x}{2^t}\right)}} \right|^2 = \frac{1}{2^{2t}} \frac{\sin^2\left(\pi(2^t\theta - x)\right)}{\sin^2\left(\pi\left(\theta - \frac{x}{2^t}\right)\right)}$$

위 식에서 관계식 $\left|1 - e^{2i\varphi}\right|^2 = 4\sin^2\varphi$이 사용되었다. x가 정수이기 때문에 P_x는 다음과 같다.

$$P_x = \frac{1}{2^{2t}} \frac{\sin^2(\pi 2^t\theta)}{\sin^2\left(\pi 2^{-t}(2^t\theta - x)\right)}$$

위 식에서 보는 바와 같이, 정수 x가 $2^t\theta$에 가까울수록 확률 P_x는 큰 값을 가지게 된다. 이에 따라 평가 큐비트의 개수 t가 증가할 수록 위상 추정 값의 정확도는 높아지며, 이는 6.3.3 절의 $P(\frac{2\pi}{3})$ 게이트에 대한 위상 추정 결과와 부합한다.

.

[NC] Michael A. Nielsen, Isaac L. Chuang. "*Quantum Computation and Quantum Information. 10th Anniversary Edition*". Cambridge University Press, 2010.

[DM] N. David Mermin. "*Quantum Computer Science: An Introduction*". Cambridge University Press, 2007.

[Choi] 최만수,이민철. "*혼자서 풀어보는 양자 컴퓨팅*". Springer, 청범 출판사, 2023.

[DG] Daniel Gottesman. "*Stabilizer codes and quantum error correction*". Doctoral dissertation, California Institute of Technology. 1997. arXiv:quant-ph/9705052.

[Simon] Daniel R. Simon. "*On the Power of Quantum Computation*". SIAM Journal on Computing, vol. 26, no. 5, 1997, pp.1474-1483. https://doi.org/10.1137/S0097539796298637

[Shor] Peter W. Shor. "*Polynomial-Time Algorithms for Prime Factorization and Discrete Logarithms on a Quantum Computer.*" SIAM Journal on Computing, vol. 26, no. 5, 1997, pp. 1484–1509. https://doi.org/10.1137/S0097539795293172.

[QISKIT] Javadi-Abhari, A., Treinish, M., Krsulich, K., Wood, C. J., Lishman, J., Gacon, J., Martiel, S., Nation, P. D., Bishop, L. S., Cross, A. W., Johnson, B. R., & Gambetta, J. M. "*Quantum computing with Qiskit*". 2024. arXiv. https://doi.org/10.48550/arXiv.2405.08810

찾아보기

저자 소개

임은진
서울대학교 컴퓨터공학과
서울대학교 컴퓨터공학과 석사
University of California at Berkeley, Department of EECS 공학박사
현) 국민대학교 소프트웨어학부 교수

권용경
서울대학교 물리학과
서울대학교 물리학과 이학석사
University of Illinois at Urbana-Champaign, Department of Physics 이학박사
현) 건국대학교 물리학과 교수

프로그래밍으로 배우는
양자컴퓨팅 with 파이썬

저 자 임은진·권용경
발 행 인 김지영
발 행 처 자유아카데미
주 소 경기도 파주시 회동길 37-42
파주출판도시
전 화 031-955-1321
팩 스 031-955-1322
홈페이지 www.freeaca.com
전자우편 main@freeaca.com (대표)
editor@freeaca.com (편집)
crm@freeaca.com (영업)
등 록 제406-2003-017호, 1980. 7. 12
제1판1쇄 2025년 3월 5일 발행
제1판2쇄 2025년 12월 20일 발행

저자와의 협의하에 인지생략

ISBN 979-11-5808-654-1 93000